엑셀은 컴퓨터를 잘 알지 못하는 사람들까지도 그 이름을 들어보았을 만큼 많이 사용 되는 프로그램입니다. 많은 사람들이 엑셀을 사용한다는 사실은 엑셀이 굉장히 편리한 프로그램이기 때문이라는 것은 다시 설명할 필요조차 없는 증거일 것입니다. 그런 이유 때문에 엑셀 책들은 굉장히 많이 나와 있지만, 실제로 각각의 엑셀 책들을 구입해서 공부해 보면 좋은 기능인 것 같기는 한데, 정확히 어떤 상황에 활용할 수 있는지도 알기 힘들고, 사용자의 실제적인 업무에 어떻게 각 기능들을 적용해야 할지 난감해지기 일쑤 입니다.

이 책은 이런 문제를 보완하기 위해 일반적으로 엑셀 사용자들이 가장 많이 작업하게 되는 예제들을 직접 작성하는 형태의 구성으로 이루어져 있습니다. 메뉴별 기능만을 설명하는 매뉴얼 형식의 서적에 비해 각 단계별로 구성된 예제들을 하나씩 따라하다 보면, 자신도 모르는 사이에 엑셀의 기초적인 기능부터 고급 기능을 활용하는 방법까지 익힐 수 있게 될 것입니다.

엑셀 2010 입문에서 활용까지

엑셀 2010 쉽게 따라하기

엑셀 2010 연구회 지음

도서내용 문의 : taegyu58@empal.com

본서에 사용된 예제파일은 www.webhard.co.kr에서 다운로드 받으실 수 있습니다.(ID : sjb114, SN : sjb1234)

www.sejinbooks.kr

머리말

엑셀은 컴퓨터를 잘 알지 못하는 사람들까지도 그 이름을 들어보았을 만큼 많이 사용되는 프로그램입니다. 많은 사람들이 엑셀을 사용한다는 사실은 엑셀이 굉장히 편리한 프로그램이기 때문이라는 것은 다시 설명할 필요조차 없는 증거일 것입니다. 그런 이유 때문에 엑셀 책들은 굉장히 많이 나와 있지만, 실제로 각각의 엑셀 책들을 구입해서 공부해 보면 좋은 기능인 것 같기는 한데, 정확히 어떤 상황에 활용할 수 있는지도 알기 힘들고, 사용자의 실제적인 업무에 어떻게 각 기능들을 적용해야 할지 난감해지기 일쑤입니다.

이 책은 이런 문제를 보완하기 위해 일반적으로 엑셀 사용자들이 가장 많이 작업하게 되는 예제들을 직접 작성하는 형태의 구성으로 이루어져 있습니다. 메뉴별 기능만을 설명하는 매뉴얼 형식의 서적에 비해 각 단계별로 구성된 예제들을 하나씩 따라하다 보면, 자신도 모르는 사이에 엑셀의 기초적인 기능부터 고급 기능을 활용하는 방법까지 익힐 수 있게 될 것입니다. 좀 더 구체적으로 말하자면, 이 책은 엑셀을 처음 공부하는 사용자들이 원하는 기능을 좀 더 쉽고 빠르게 학습할 수 있도록 하기 위해, 다음과 같은 몇 가지 기준에 의해 진행됩니다.

첫째, 모든 내용을 예제와 따라하기 형식으로 설명해서, 가장 쉽게 엑셀의 기능과 활용 방법들을 익힐 수 있도록 합니다.

둘째, 반복되는 내용이라 하더라도 중요한 부분에 대한 설명은 서로 다른 예제에서 중복 설명함으로써 자연히 엑셀의 중요 기능들을 익힐 수 있도록 합니다.

마지막으로, 설명되는 모든 내용들은 최대한 정확하고 간결한 문장을 사용하고, 각 단계에 해당하는 그림을 통해 필요한 내용을 설명함으로써 독자가 각 단계를 쉽게 따라할 수 있도록 설명하였습니다.

이 책을 쓰는 동안 필자가 생각한 것은, 이 책이 엑셀을 어렵게 생각하는 많은 독자들에게 조금이나마 엑셀의 강력한 기능을 익히는데 도움이 되었으면 하는 것이었습니다. 물론, 한 권의 책에 있는 모든 내용을 익힌다는 것이 쉬운 일은 아니겠지만, 이 책을 구입하는 모든 독자분들이 이 책의 마지막 페이지까지 모두 익혀서, 자신의 업무에 활용할 수 있게 되시길 바라겠습니다.

저자 씀

차례

엑셀을 시작하기 전에

1. 엑셀에 대하여... — 11
    아무리 어려운 계산이라도 자동으로 ★ 11
    마술처럼 그려지는 차트 기능 ★ 12
    데이터 관리도 척척 ★ 12

2. 엑셀의 기초 — 13
    엑셀 실행하기 ★ 13
    엑셀의 화면 구성 ★ 14
    마우스 포인터 ★ 17

Chapter 1

주소록 만들기 – 데이터 입력하기 19

1. 셀 선택하기 — 20
    마우스로 셀 선택하기 ★ 20
    방향키 사용해서 이동하기 ★ 21
2. 주소록 제목 입력하기 — 23
3. 항목 이름 입력하기 — 25
4. 항목 이동시키기 — 28
5. 이름 입력하기 — 32
6. 범위 지정해서 입력하기 — 34
7. 이름을 가나다순으로 정렬하기 — 41
8. 모든 내용이 화면에 표시되도록 하기 — 43

9. 맞춤 형태 지정하기 ——————————— 46
셀 범위 지정 후 맞춤 형태 지정하기 ★ 46
행/열 머리글을 범위로 선택한 후 맞춤 형식 지정하기 ★ 49
병합하고 가운데 맞춤 형태 지정하기 ★ 51

10. 내용 수정하기 ——————————— 53
한 글자씩 수정하기 ★ 53
셀의 내용 전체 수정하기 ★ 56

11. 글꼴 지정하기 ——————————— 59
글꼴 모양 변경하기 ★ 59
글꼴 크기 변경하기 ★ 61

12. 테두리선 그리기 ——————————— 64

13. 파일 저장하기 ——————————— 67

14. 파일 열기 ——————————— 69

15. 엑셀 종료하기 ——————————— 71

Chapter 2

성적표 만들기 - 간단한 수식 계산하기 73

1. 내용 입력하기 ——————————— 74

2. 한자 입력하기 ——————————— 76

3. 자동 채우기로 번호 입력하기 ——————————— 79

4. 행/열 너비값 지정하기 ——————————— 83
입력 상자를 사용해서 지정하기 ★ 83
마우스 드래그에 의한 지정 ★ 87

5. 세로 방향의 맞춤 형식 지정하기 — 90
6. 기본 내용 입력하기 — 94
7. 수식 입력하기 — 99
   - 셀 주소 입력으로 수식 입력하기 ★ 99
   - 연산자 입력과 마우스 클릭에 의한 입력 ★ 101
8. 수식의 자동 채우기 — 105
9. 테두리선 그리기 — 108
10. 셀의 배경색과 글꼴 색상 지정하기 — 113
11. 파일 저장하기 — 116

Chapter 3

견적서 만들기 – 각종 서식과 카메라 사용하기 119

1. 열 간격 조절하기 — 120
2. 기본 내용 입력하기 — 124
3. 행 높이 조절하기 — 133
4. 전체 영역에 같은 서식 지정하기 — 137
5. 테두리선 그리기와 반복 실행 — 140
6. 하나의 셀에 여러 줄의 내용 입력하기 — 144
7. 공급자 표 작성하기 — 147
8. 카메라 도구단추 표시하기 — 156
9. 카메라 사용하기 — 158
10. 인쇄하기 — 161

Chapter 4

급여 명세서 만들기 – 수식과 함수 사용하기 — 163

1. 기본 내용 입력하기 —————————————— 164
2. 문자열의 맞춤 형태 지정하기 ————————— 166
3. 테두리선 그리기 ——————————————— 171
4. 기본 함수식 입력하기 ———————————— 175
5. 공제액 기준표 작성하기 ——————————— 180
6. 갑근세 계산식 입력하기 ——————————— 183
7. 공제액 계산 함수식 입력하기 ————————— 192
8. 급여 명세서 인쇄하기 ———————————— 198

Chapter 5

판매 분석 자료 만들기 – 차트/워드아트 사용하기 — 203

1. 기본 데이터 입력하기 ———————————— 204
2. 합계와 평균값 구하기 ———————————— 207
3. 테두리선 그리기와 워드아트 삽입하기 ————— 213
4. 차트 그리기 ————————————————— 220
5. 차트의 위치와 크기 조절하기 ————————— 227
6. 차트 계열의 종류 변경하기(혼합형 차트 사용하기) — 231
7. 3차원 차트 적용하기 ————————————— 233

8. 3차원 차트의 방향 조절하기 ——————— 235
9. 배경 채우기 효과 지정하기 ——————— 236

Chapter 6
주소록 관리하기 – 데이터 정렬과 검색하기 237

1. 파일 불러오기와 정리하기 ——————— 238
2. 데이터 정렬하기 ——————— 241
3. 복잡한 데이터 정렬하기 ——————— 244
4. 레코드 관리하기 ——————— 248
4. 원하는 데이터만 화면에 표시 설정하기 ——————— 254
6. 조건을 사용해서 원하는 내용 표시하기 ——————— 258

Chapter 7
성적 관리표 만들기 – 함수를 이용한 데이터 관리하기 263

1. 파일 불러오기와 기본 틀 만들기 ——————— 264
2. 평균값 구하기 ——————— 267
3. 반올림 처리하기 ——————— 271
4. 등급 매기기 ——————— 275
    [VLOOKUP] 함수식 입력하기 ★ 275
    [VLOOKUP] 함수식 복사하기 ★ 281

5. 합격 여부 지정하기 ──────────────── 284
6. 석차 구하기 ──────────────────── 288
7. 합격자와 불합격자 수 구하기 ─────────── 295
8. 인원수가 표시되는 표시 형식 지정하기 ────── 299

Chapter 8

판매 분석표와 차트 작성하기 – 통합 문서 관리하기 303

1. 1사분기 판매 분석표 만들기 ─────────── 304
2. 시트 복사하기 ──────────────── 312
3. 판매 분석표 만들기 ──────────────── 317
4. 분석 데이터 값 연결하기 ─────────── 322
5. 판매 분석 차트 그리기 ─────────── 327
6. 데이터 표 표시하기 ──────────────── 333

Chapter 9

매크로 사용하기 339

1. 키 조작에 의한 매크로 기본기 ─────────── 340
   매크로 레코더 실행시키기 ★ 340
   내용 입력 매크로 기록하기 ★ 341
   매크로 실행시키기 ★ 345

엑셀을 시작하기 전에

1. 엑셀에 대하여...

이미 많은 사람들이 알고 있듯이 엑셀 프로그램은 굉장히 다양한 기능들을 갖추고 있는 프로그램이다. 하지만, 엑셀의 기능에 대해 많이 알고 있다고 해서 엑셀을 잘 쓰는 것은 아닐 것이다. 이 책을 통해 엑셀의 가장 핵심적인 기능들을 직접 다루어 보면서 엑셀의 사용법을 익혀 보도록 하자. 다음은 엑셀로 할 수 있는 일들을 정리해 놓은 것이다.

아무리 어려운 계산이라도 자동으로

엑셀에서는 아무리 복잡하고 어려운 계산이라고 하더라도 모두 자동으로 계산할 수 있기 때문에, 굳이 여러 단계의 계산을 할 필요가 없다.

단위(천)	1분기	2분기	3분기	4분기	년간
이상식	6,525	4,587	759	875	12,746
김영종	15,992	2,500	9,619	4,587	32,698
정종수	16,629	5,293	5,906	23,114	50,942
호상민	225	1,679	760	758	3,422
우희진	13,457	4,862	11,834	456	30,609
이준규	29,669	30,258	38,625	25,505	124,057
박나나	32,920	1,749	16,043	458	51,170
고명숙	21,512	32,460	14,979	15,351	84,302
분기	136,929	83,388	98,525	71,104	389,946

마술처럼 그려지는 차트 기능

간단한 내용의 표만 작성되어 있으면 엑셀에서는 마술처럼 빠르면서도 환상적인 차트를 작성할 수 있다.

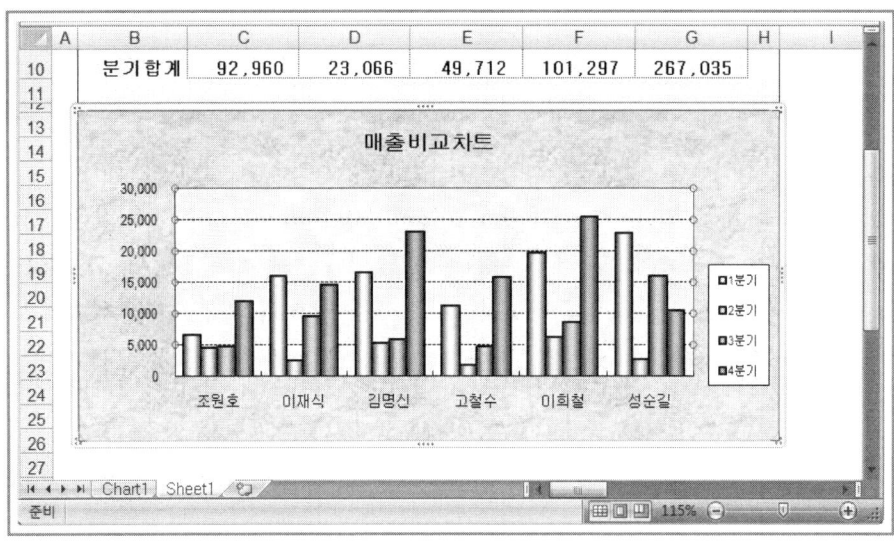

데이터 관리도 척척

엑셀은 강력한 데이터 관리 기능을 가지고 있어서 많은 양의 데이터들을 아주 효과적으로 관리할 수 있으며, 그밖에 각종 그래픽 기능과 함수식 그리고 매크로 기능을 사용해서 사용자가 원하는 기능을 직접 만들어서 사용할 수도 있다.

2. 엑셀의 기초

이제 프로그램의 설치가 끝난 뒤에 컴퓨터가 재부팅되면, 엑셀을 사용할 준비가 모두 끝난 것이다. 이번에는 엑셀을 실행시키는 방법에 대해 알아보자.

엑셀 실행하기

엑셀 프로그램을 실행시키는 방법은 바탕 화면에서 [시작] 버튼을 눌러 나타나는 [프로그램] 항목에서 엑셀을 선택하여 실행시키거나 바탕 화면에 만들어 놓은 엑셀 아이콘을 눌러 실행시키는 등 여러 가지 방법이 있다. 또 탐색기에서 직접 엑셀이 있는 폴더를 찾아 엑셀 프로그램을 실행시킬 수도 있지만, 여기서는 가장 일반적인 바탕 화면에서 [시작] 버튼을 눌러 실행시키는 방법을 알아보기로 한다.

Step 01 윈도우즈의 바탕 화면에서 하단에 있는 작업 표시줄에서 [시작] 단추를 마우스로 클릭한 다음 아래 그림처럼 나타나는 메뉴에서 [모든 프로그램]-[Microsoft Office]-[Microsoft Office Excel 2010]을 차례로 선택해서 클릭한다.

Step 02 엑셀의 로고 화면이 잠시 표시된 뒤에 프로그램이 실행된다.

엑셀의 화면 구성

엑셀 프로그램이 실행되면 화면에 표시되는 무수히 많은 수의 사각형들이 사용자에게 겁을 주기 마련이다. 이번에는 엑셀의 작업 화면을 구성하고 있는 각 구성 요소들의 이름과 각각의 기능에 대해 알아보도록 하자.

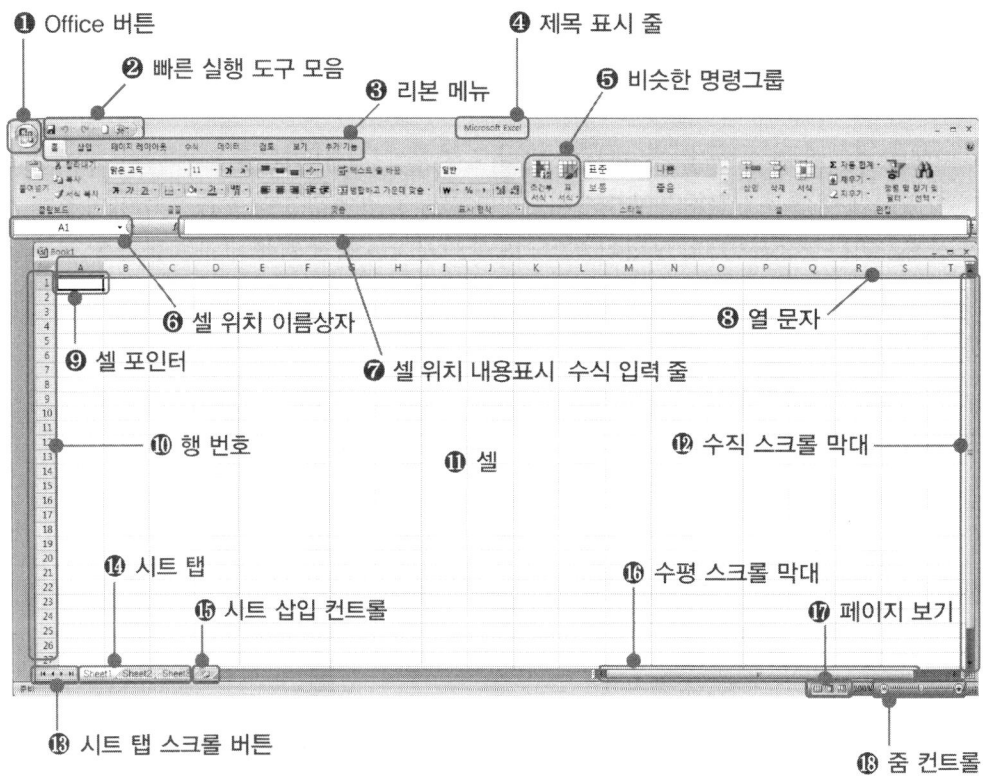

❷ 빠른 실행 도구 모음

말 그대로 빠르게 실행할 수 있는 도구들의 모음이다. 여기에는 자주 사용하는 도구들을 등록해 두면 편리하다. 빠른 실행 도구 모음 오른쪽에 있는 사용자 지정 단추를 클릭하면 일반적으로 자주 사용하는 명령 목록이 나타난다. 체크 표시가 되어 있는 명령은 이미 도구 모음에 표시되어 있는 것이고 체크 표시가 되지 않은 새로 추가할 명령을 클릭하면 도구 모음에 해당 명령이 표시된다.

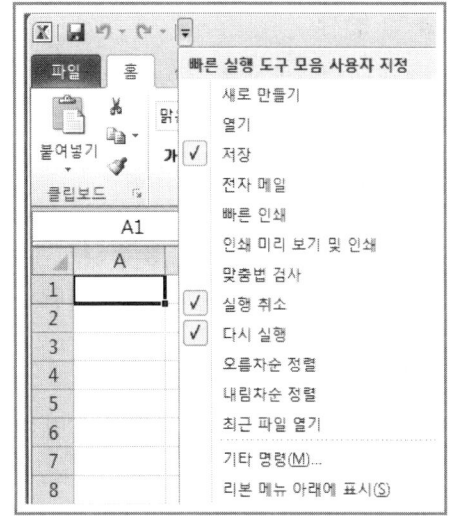

❸ 리본 메뉴

이전 버전의 메뉴와 도구 모음을 통합해 놓은 것이라고 보면 된다. 엑셀을 사용하면서 거의 모든 명령을 이 리본 메뉴를 통해 실행한다고 생각하면 된다. 리본 메뉴는 파일, 홈, 삽입, 페이지 레이아웃, 수식, 데이터, 검토, 보기 등 8개의 기본 탭이 있고 각 탭마다 여러 개의 그룹으로 명령이 분류되어 있다. 즉, 비슷한 것들끼리 한 그룹에 넣어뒀다.

❹ 제목 표시 줄

대부분의 프로그램에 표시되는 부분으로, 엑셀 프로그램의 이름과 현재 작업 중인 파일의 이름이 표시된다. 그리고 이 부분을 사용해서 작업 창의 위치를 이동하거나 더블클릭해서 크기를 조절할 수 있다.

❺ 비슷한 명령그룹

동일한 유형의 명령의 집합이다. 여러 개의 명령으로 구성되며 그룹 하단 오른쪽의 화살표 버튼을 클릭하면 추가로 팝업 창이 표시되어 더 많은 작업을 할 수 있다.

❻ 이름 상자

현재 선택되어 있는 셀의 위치가 표시되는 부분이다. 범위 이름이나 인쇄 영역을 지정한 경우에는 이동할 범위명을 선택하거나 현재 범위의 이름을 확인하는데 사용할 수도 있다.

❼ 수식 입력 줄

현재 선택되어 있는 셀의 내용이 표시되는 부분이다. 기본적으로는 셀에 표시되는 내용과 수식 입력 줄에 표시되는 내용이 같지만, 수식이나 기타 함수식이 입력되어 있을 때에는 서로 다른 내용이 화면에 표시된다.

❽ 열 문자

A에서 XFD까지 총 16,384개의 열이 있다. 또한 열 문자를 직접 클릭하면 해당 열 전체가 선택된다.

❾ 셀 포인터

여러 개의 셀 중에서 내용을 입력하거나 편집하기 위해, 셀을 선택할 때 사용하며 셀 포인터가 위치되어 있는 곳의 셀을 [활성 셀] 또는 [현재 셀]이라고 부른다.

❿ 행 번호

1에서 1,048,576개의 행이 있으며 행 번호를 직접 클릭하면 해당 행 전체가 선택된다.

⓫ 셀

작업 화면을 가득 채우고 있는 작은 사각형 모양 하나 하나를 셀이라고 부르는데, 이 셀은 엑셀에서 모든 내용을 입력하고 관리하는 기본 단위로 사용된다.

⓬ 수직 스크롤 막대

워크시트를 위, 아래로 이동시킨다.

⓭ 시트 탭 스크롤 버튼

여러 개의 작업 시트가 있는 경우, 시트를 이동시켜 보이게 한다.

⓮ 시트 탭

하나의 워크북에는 개수에 제한 없이 여러 개의 시트가 삽입될 수 있다. 시트 탭 위에서 마우스 오른쪽 버튼을 클릭하면 시트를 조절할 수 있는 메뉴가 표시된다. 원하는 시트 탭을 클릭하면 해당 시트가 표시된다.

⓯ 시트 삽입 콘트롤

이 버튼을 클릭하면 기존 시트 뒤에 새로운 시트가 삽입된다.

⓰ 수평 스크롤 막대

워크시트를 좌, 우로 이동시킨다.

⓱ 페이지 보기

필요한 페이지 수를 정확히 인쇄하려는 경우 페이지 나누기 미리 보기를 사용하여 페이지 나누기를 빠르게 조정할 수 있다. 또한 페이지 나누기 미리 보기는 자동 페이지 나누기에 영향을 주는 페이지 방향 및 서식 변경 등의 다른 변경 내용을 확인하는 데 특히 유용하다. 예를 들어 행 높이와 열 너비를 변경하면 자동 페이지 나누기의 위치도 변경된다. 현재 프린터 드라이버의 여백 설정에 따라 영향을 받는 페이지 나누기를 변경할 수도 있다.

⑱ 줌 컨트롤

워크시트의 크기를 확대, 축소할 수 있다.

마우스 포인터

마우스를 사용해서 각종 명령들을 실행시키거나, 셀을 선택할 때 사용되는 포인터로서, 엑셀에서는 각 작업 상황에 따라 마우스 포인터의 모양이 다양하게 바뀐다.

마우스 사용법

엑셀은 화면에 표시되는 메뉴나 그림들을 마우스로 선택하고, 이동시키는 등의 동작을 통해서 원하는 작업을 하게 되기 때문에, 마우스의 사용법은 엑셀을 사용하는 가장 기초적이면서 중요한 기능이라고 할 수 있다.

★ **더블클릭**(Double-Click) : 연속해서 마우스의 왼쪽 단추를 두 번 클릭하는 동작을 말한다. 엑셀에서는 주로 셀에 입력된 내용을 편집하거나, 그려 넣은 그림들의 속성을 바꾸는데 사용한다.

★ **드래그&드롭**(Drag&Drop) : 마우스의 왼쪽 단추를 누른 상태에서 마우스를 이동시킨 뒤에 마우스 단추에서 손을 떼는 동작을 말한다. 엑셀에서는 입력된 내용을 다른 셀로 이동하거나 자동으로 내용을 채워 넣을 때 주로 사용된다.

★ **오른쪽-클릭**(Right-Click) : 마우스의 오른쪽 단추를 클릭하는 동작을 말한다. 이 동작은 주로 바로 가기 메뉴를 화면에 불러올 때 사용된다.

Chapter 1

부록 파일 주소록.xlsx

주소록 만들기
– 데이터 입력하기

호글이나 MS 워드를 사용해 본 사용자들이라면 공감하겠지만, 이런 프로그램들의 가장 중요한 기능은 당연히 내용을 입력하는 것이다. 원하는 내용을 입력할 수 없다면 프로그램이 아무리 좋아도 필요 없지 않겠는가!

이 장에서는 주소록을 만들면서 엑셀에서 사용할 수 있는 다양한 방법의 데이터 입력 방법에 대해 익혀 보도록 하자.

1. 셀 선택하기

화면에 표시되는 여러 개의 작은 사각형들을 셀이라고 부르는데, 엑셀에서는 이 셀들을 단위로 내용을 입력하기 때문에, 내용을 입력하기 전에 먼저 내용을 입력할 셀을 선택하는 방법을 알아야 한다.

마우스로 셀 선택하기

초보자들이 가장 쉽게 사용할 수 있는 셀 선택 방법은 마우스 포인터를 이용하는 것이다. 화면에 표시되는 십자 모양의 마우스 포인터로 하나의 셀을 클릭하면 해당 셀에 굵은 테두리선이 표시되는데, 이 테두리는 내용이 입력될 셀을 표시하는 셀 포인터이다.

Step 01 다음 화면과 같은 위치에 마우스 포인터를 위치시킨다.

Step 02 마우스 왼쪽 단추를 클릭하면, 해당 셀에 셀 포인터가 표시된다.

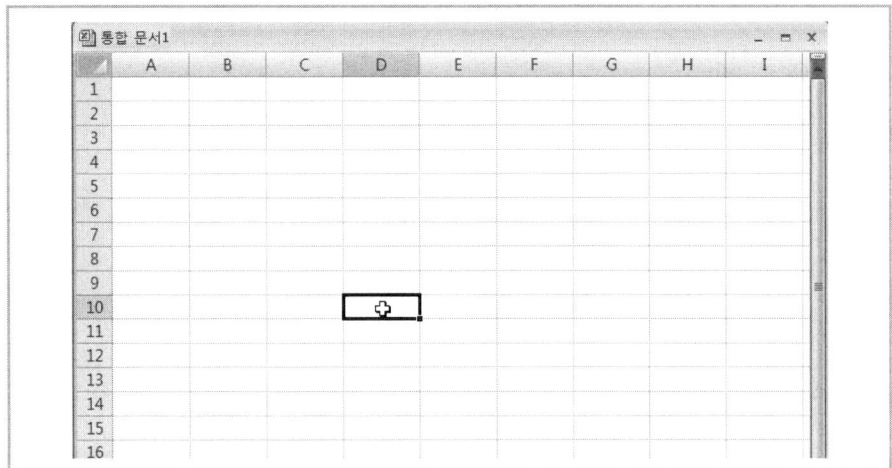

방향키 사용해서 이동하기

마우스를 사용해서 셀을 이동시키는 방법은 사용법이 쉽기는 하지만, 마우스를 익숙하게 사용하지 못하는 경우에는 조금 불편할 것이다. 대부분의 경우 마우스를 사용하는 방법은 현재 셀 포인터가 위치해 있는 셀(이하 [현재 셀]이라고 부름)에서 멀리 떨어져 있는 셀을 선택할 때 사용하고 그 외의 경우에는 키보드의 방향키를 사용하는 것이 훨씬 편리하다.

Step 01 키보드에서 →모양의 방향키를 누른다.

Step 02 셀 포인터가 현재 셀에서 한 칸 오른쪽으로 이동되는데, 이처럼 방향키를 누를 때마다 해당 방향으로 셀 포인터가 한 칸씩 이동하게 된다.

Step 03 이번에는 [Page Down]키를 눌러보자. 셀 포인터가 한 화면 뒤로 이동되는 것을 확인할 수 있을 것이다. 이처럼 [Page Up]키나 [Page Down]키를 누르면 셀 포인터가 현재 위치로부터 한 화면씩 위나 아래쪽으로 이동하게 된다.

화면 단위로 이동하기

엑셀에서 화면 단위로 이동하기 위해서는 숫자 키패드에 있는 [Page Up]키와 [Page Down]키를 사용한다.

2. 주소록 제목 입력하기

이제 원하는 셀로 이동하는 방법을 배웠으니 주소록의 내용들을 입력해 보도록 하자.

Step 01 마우스 포인터를 [A1] 셀에 위치시킨다.

셀 주소

엑셀 화면에 표시되는 여러 개의 셀들은 각각의 주소를 가지고 있는데, 이런 주소를 셀 주소라고 부른다. 셀 주소는 각 셀의 가장 왼쪽과 위쪽에 있는 행/열 문자를 사용해서 부여하게되며, 먼저 열 문자의 이름을 읽고, 다음으로 행 문자의 이름을 읽으면 해당 셀의 주소가 되는 것이다. 예를 들어, [D]열의 [5]번 행에 있는 셀 주소는 [D5] 셀이 된다.

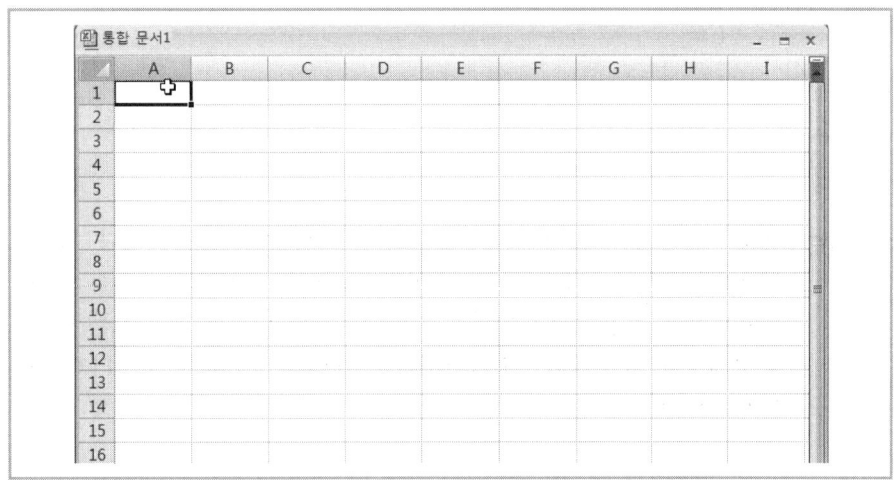

Step 02 키보드를 사용해서 [나의 주소록]이라고 입력한다.

Step 03 현재 화면에 표시되는 [나의 주소록]이라는 글씨는 허상일 뿐이다. 워드프로세서 프로그램들과는 다르게 엑셀에서는 화면에 표시된 내용을 셀에 등록시키는 작업을 해주어야 한다. 가장 간단한 방법은 역시 키보드의 Enter↵키를 누르는 것이다. Enter↵키를 눌러보자. 화면에 표시되었던 내용이 셀에 등록되고 셀 포인터가 자동적으로 한 칸 밑으로 이동된다.

3. 항목 이름 입력하기

엑셀에서 만들어지는 표의 머리말, 즉, [이름], [주소]와 같은 내용들을 항목 이름이라고 부른다. 이번에는 작성할 주소록의 항목 이름들을 입력해 보자.

Step 01 [A3] 셀을 선택한다.

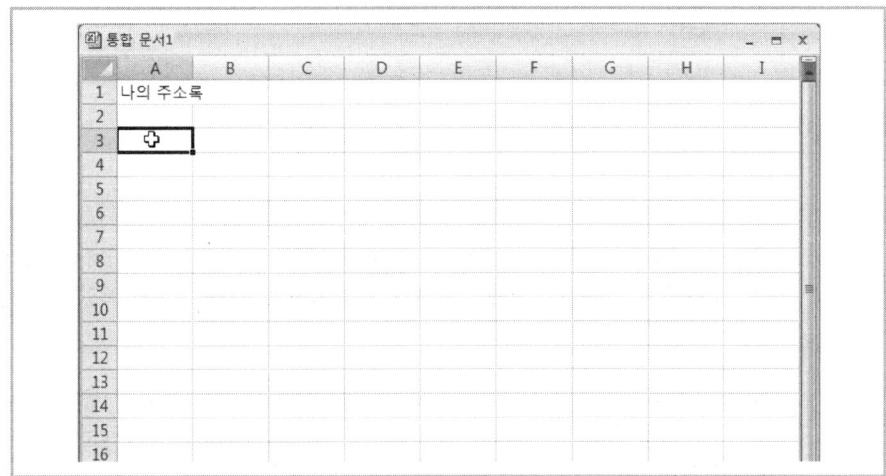

Step 02 키보드를 사용해서 [이름]이라고 입력한다.

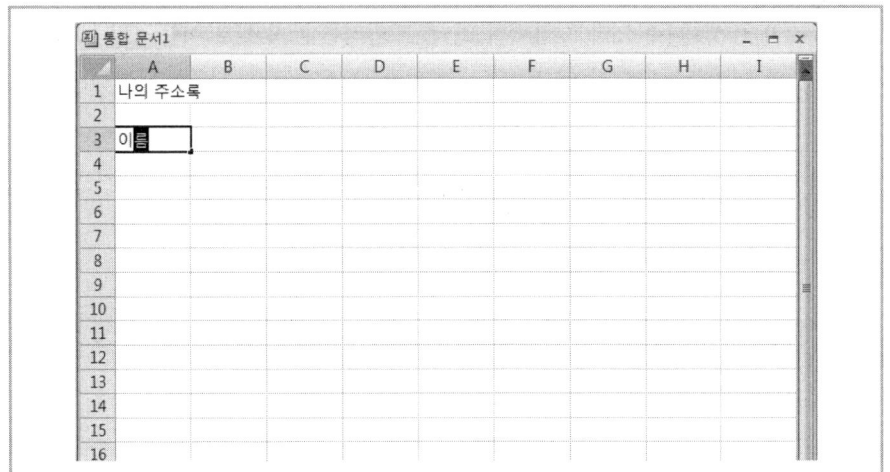

Step 03 →모양의 방향키를 누른다.

잠깐!

이번에는 Enter↵키를 사용하지 않는다. 물론, Enter↵키를 사용할 수도 있지만 그렇게 하면 셀 포인터가 아래쪽으로 이동될 것이고, 그러면 다시 방향키나 마우스 포인터를 사용해서 [B3] 셀을 선택해야만 할 것이다.

이번에는 이런 수고를 덜기 위해 키보드의 방향키를 사용해 보기로 한다. 셀에 원하는 내용을 표시한 뒤에 방향키를 사용하면 셀 포인터가 해당 방향으로 이동하기 때문에 항목 이름을 입력할 때는 Enter↵키보다는 방향키를 사용하는 것이 훨씬 편리하다.

Step 04 [A3] 셀에 표시된 내용이 등록되고 셀 포인터가 [B3] 셀로 이동한다. 같은 방법으로 [B3] 셀에 [주소]라고 입력하고, 셀 포인터는 [C3] 셀로 이동시켜 보자.

Chapter 1 주소록 만들기 - 데이터 입력하기

Step 05 같은 작업을 반복해서 다음 화면처럼 내용을 입력한다.

	A	B	C	D	E	F	G	H	I
1	나의 주소록								
2									
3	이름	주소	성별	전화	휴대폰	팩스			
4									
5									
6									
7									
8									
9									
10									
11									
12									
13									
14									
15									
16									

4. 항목 이동시키기

그런데, 내용을 입력해 놓고 보니 [주소]와 [성별] 항목의 위치가 바뀌는 것이 좋을 것 같다. 이럴 때는 어떻게 해야 할까? 엑셀은 셀 단위로 내용을 입력하기 때문에 이런 경우에 쉽게 원하는 내용들의 위치를 이동시킬 수 있다. 이번에는 [성별]과 [주소] 항목의 위치를 이동시키는 방법에 대해 알아보자.

Step 01 먼저 [C3] 셀을 선택한다. 셀의 선택은 마우스 포인터를 이동하여 해당 셀에 위치시킨 상태에서 마우스 왼쪽 버튼을 눌러주면 된다.

Step 02 셀 포인터의 테두리 부분에 마우스 포인터를 가만히 위치시켜서 마우스 포인터가 다음 그림처럼 상하좌우(✥) 화살표 위에 화살표 모양으로 바뀌도록 한다.

마우스로 드래그란?

셀의 경계선에 마우스를 위치시켜 마우스 커서가 상하좌우(✥)화살표 모양으로 바뀌면 마우스 왼쪽 버튼을 누른 상태에서 마우스를 끌어 이동시키는 것을 말한다.

Step 03 선택한 셀을 마우스로 드래그해서 아래쪽으로 이동시킨다.

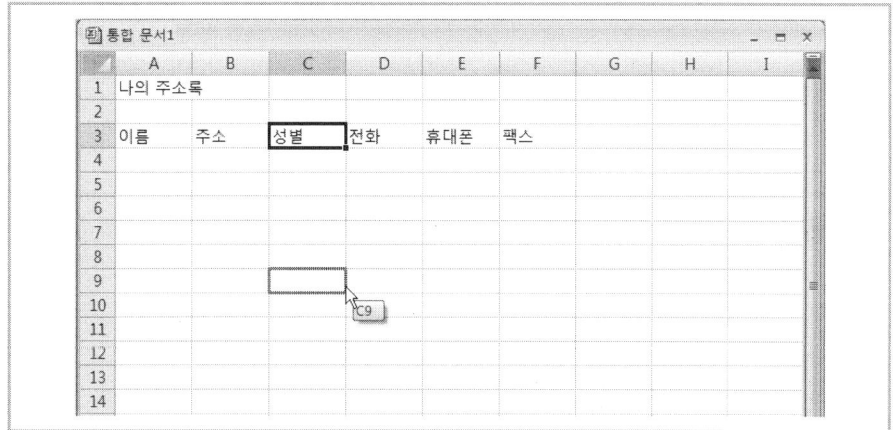

마우스 드래그로 인한 이동

마우스 드래그를 이용한 이동은 그 셀의 내용을 다른 셀로 이동시키는 것이며, 일반적인 복사와는 다르다.

Step 04 이동시킨 부분으로 [성별]이란 내용이 이동된다.

Step 05 이번에는 [B3] 셀을 선택한 뒤, 셀 포인터의 테두리에 마우스 포인터를 위치시킨다.

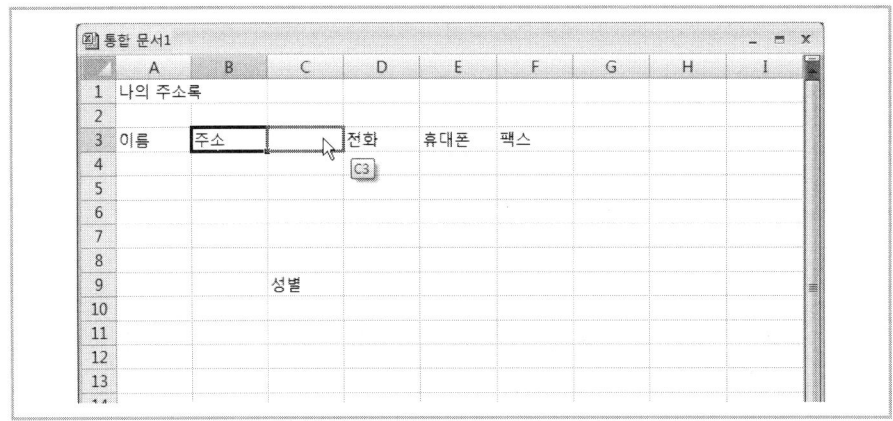

Step 06 마우스를 드래그해서 [C3] 셀로 이동시킨다.

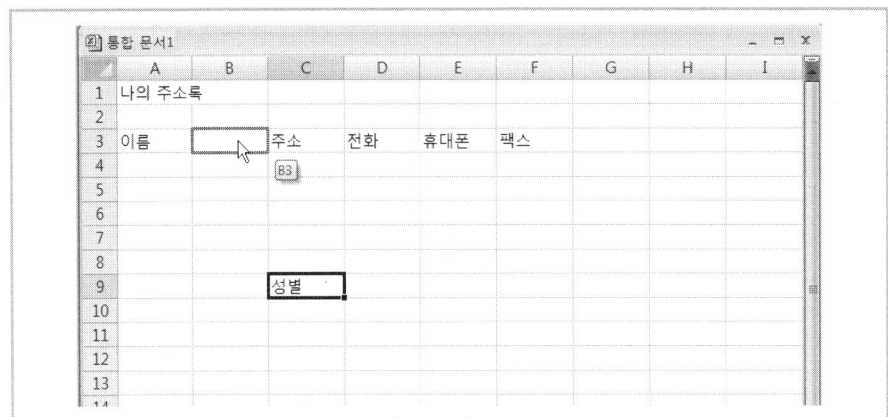

Step 07 [주소] 항목이 [C3] 셀로 이동되면 이번에는 [성별]이라고 입력되어 있는 셀의 내용을 [B3] 셀로 드래그한다.

Chapter 주소록 만들기 – 데이터 입력하기

Step 08 원하는 대로 [성별]과 [주소]의 위치가 바뀐 것을 확인할 수 있다.

셀 이동시키기

엑셀에서 입력해 놓은 내용을 이동시키려면, 다음 순서대로 실행시키면 된다.

❶ 이동시킬 내용이 입력되어 있는 셀을 선택한다.
❷ 셀 포인터의 테두리 부분으로 마우스 포인터를 이동시켜서 포인터가 상하좌우(✥)화살표 모양이 되도록 한다.
❸ 마우스를 드래그해서 원하는 위치로 이동시킨다.

셀을 이동시킬 때 키보드의 Ctrl 키를 누르면 마우스 포인터의 오른쪽에 [+] 모양이 표시되는데, 이렇게 하면 선택된 셀의 내용을 복사할 수 있다.

5. 이름 입력하기

이번에는 주소록에 사람들의 이름을 입력해 보도록 하자. 사람들의 성별이나 주소뿐만 아니라 전화, 휴대폰, 팩스 번호 역시 동일한 방식으로 입력할 수 있다.

Step 01 사람들의 이름을 입력하기 위해 [A4] 셀을 선택한다.

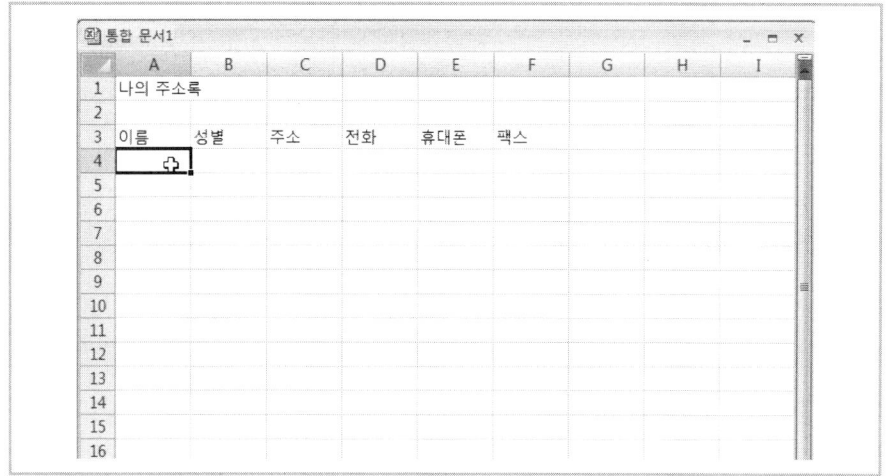

Step 02 [강일수]이라고 입력하고, Enter 키를 눌러 내용을 입력한다.

Step 03 이번에는 [김문진]이라고 내용을 입력하고 Enter↵ 키를 누른다.

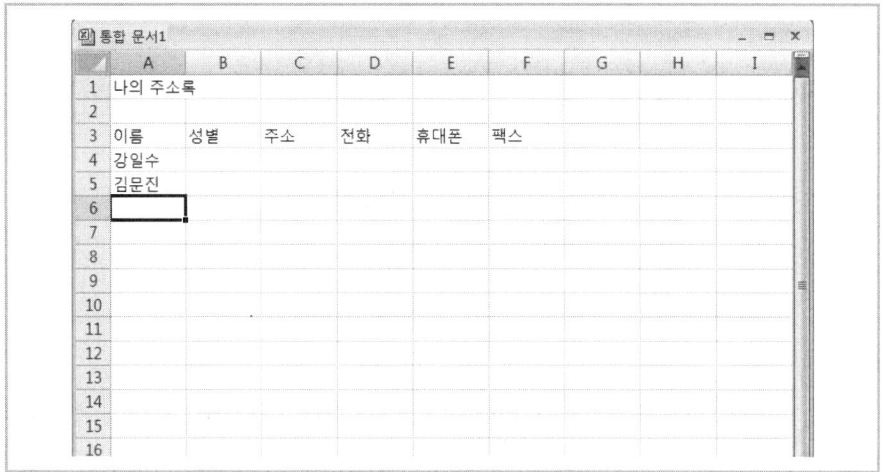

Step 04 같은 방법으로 다음 화면처럼 사람들의 이름을 입력한다.

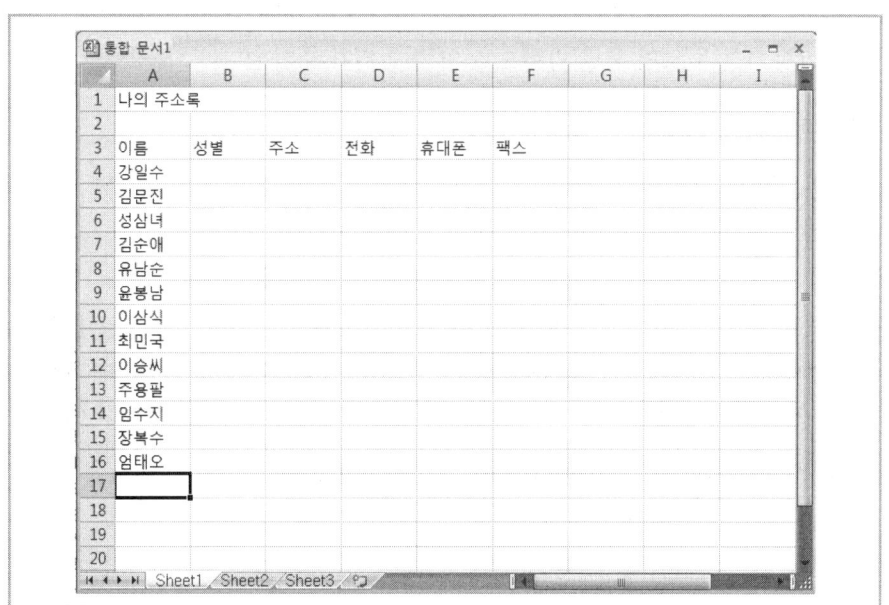

6. 범위 지정해서 입력하기

　이번에는 범위를 지정하여 입력해보자. 입력 범위를 지정하기 위해서 일반적으로 다음과 같은 3가지 방법을 사용할 수 있다. 셀 포인터는 범위로 지정된 입력 범위의 안쪽에서만 한 칸씩 이동된다.

❶ 마우스 드래그에 의한 범위 지정

　범위로 지정할 시작 셀에서부터 끝 셀까지를 마우스로 드래그하면, 마우스로 드래그 된 범위가 지정된다.

❷ Shift 키와 방향키에 의한 지정

　범위로 지정할 시작 셀에 셀 포인터를 위치시킨 뒤, 키보드의 Shift 키를 누른 채로 키보드의 방향키를 누르면 해당 방향으로 입력 범위가 추가된다.

❸ Shift 키와 마우스 클릭에 의한 지정

　먼저, 범위로 지정할 시작 셀에 셀 포인터를 위치시킨 뒤에, 키보드의 Shift 키를 누른 상태에서 범위로 지정할 마지막 셀을 클릭하면 해당 범위가 지정된다.

　현재 셀 포인터가 [A17] 셀에 있으므로 마우스를 사용하거나 키보드의 방향키를 여러 번 눌러야만 [B4] 셀에 원하는 내용을 입력할 수 있고, 이것은 [주소]나 [전화] 항목에서도 동일하다. 그러나 셀들을 범위로 지정한 다음, 내용을 입력하면 이렇게 마우스나 키보드로 해당 셀을 찾아 이동하는 번거로움을 덜 수 있다.

Chapter 1 주소록 만들기 – 데이터 입력하기

Step 01 [B4] 셀을 선택한다.

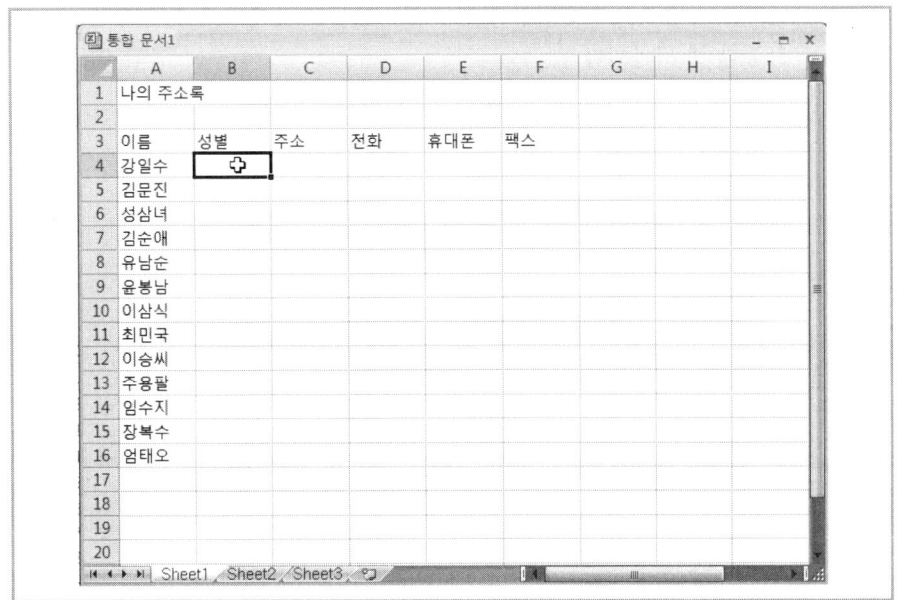

Step 02 마우스를 [F16] 셀까지 드래그하면 연한 보라색으로 채워지는데, 이렇게 색칠이 된 부분을 입력 범위라고 부른다.

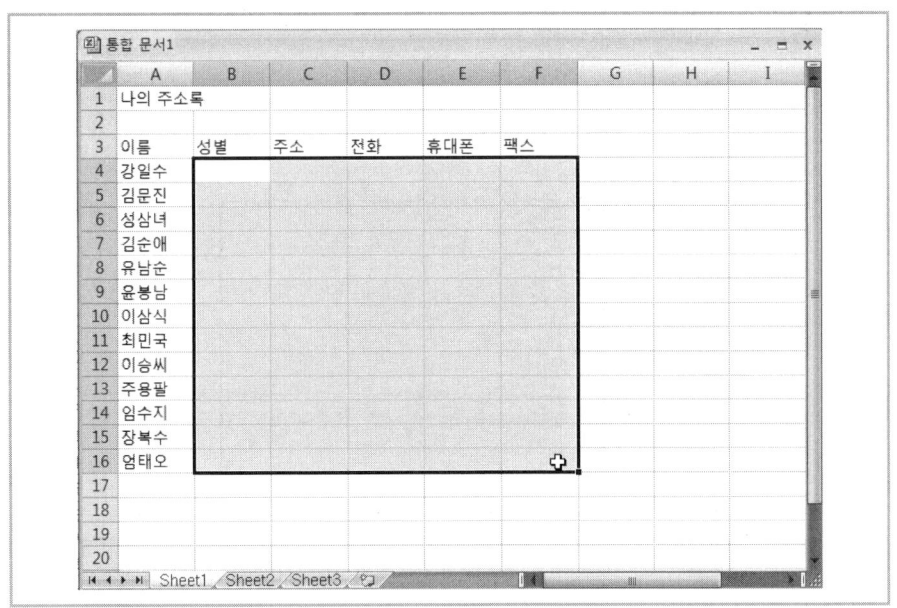

Step 03 [B4] 셀에 [남]이라고 입력하고 Enter↵키를 누르면 흰색 부분이 [B5] 셀로 이동된다. 참고로 이렇게 입력범위가 지정된 상태에서는 흰색으로 표시된 부분이 현재 입력이 가능한 셀 위치이다.

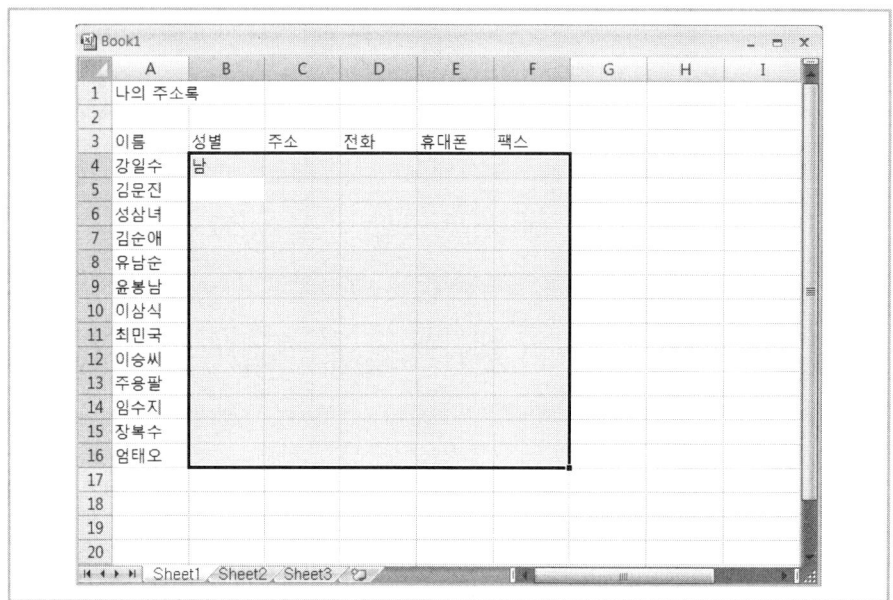

Step 04 같은 방법으로 [B15] 셀까지 각 사람들의 성별을 입력한다.

Step 05 이제 [B16] 셀에 [남]이라고 입력하고 Enter 키를 누른 뒤, 셀 포인터가 어디로 이동하는지 잘 지켜보자.

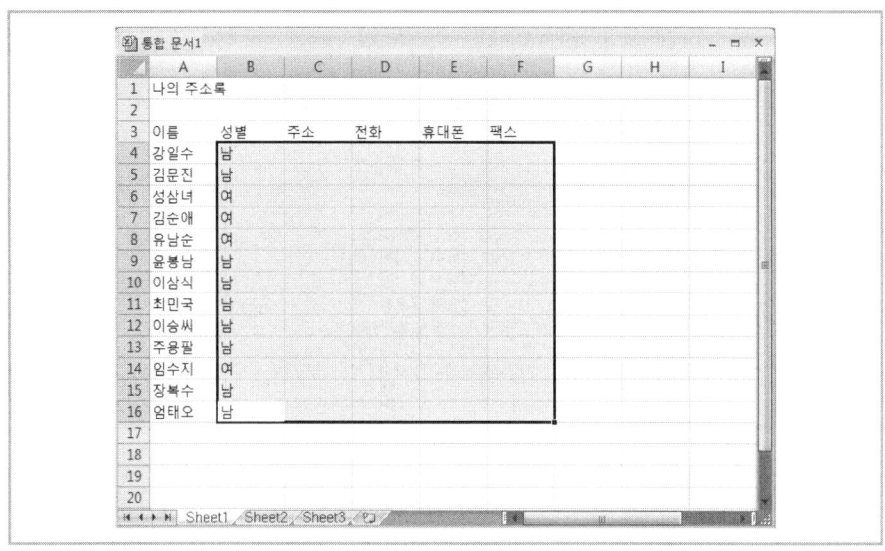

주의!!

범위를 지정한 상태로 내용을 입력할 때에는 방향키를 사용하거나 마우스로 다른 셀을 사용해서는 절대로 안 된다. 만약, 방향키를 누르거나 마우스를 사용해서 다른 셀을 선택하면, 입력 범위가 자동으로 해제되어 버린다.

Step 06 앞에서도 말했듯이 입력범위로 지정한 범위에서만 셀 포인터가 이동하기 때문에, 여기에서는 셀 포인터가 [C4] 셀로 이동한다.

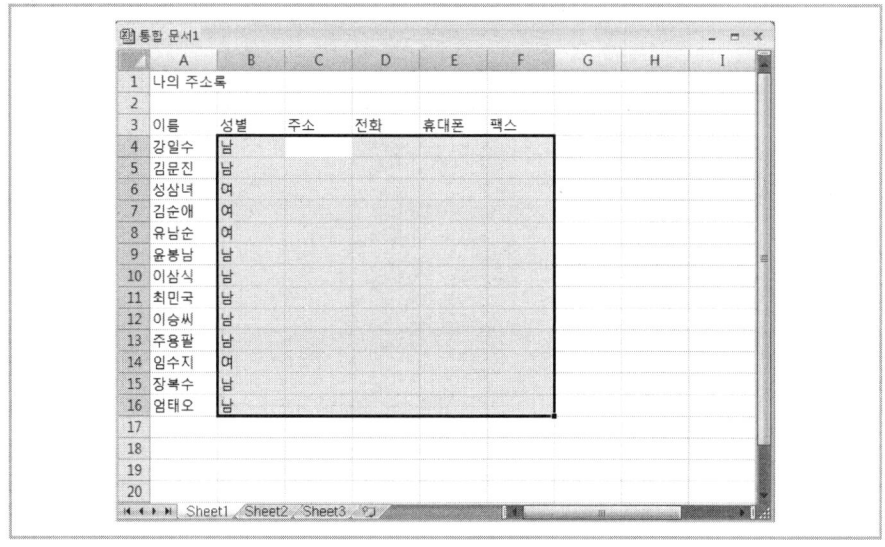

Step 07 이번에는 다음 화면처럼 각 사람들의 주소를 입력해 보자.

	A	B	C	D	E	F
1	나의 주소록					
2						
3	이름	성별	주소	전화	휴대폰	팩스
4	강일수	남	서울 영등포구 여의도동			
5	김문진	남	서울 용산구 한남동			
6	성삼녀	여	서울 영등포구 당산동			
7	김순애	여	서울 송파구 가락동			
8	유남순	여	서울 금천구 가산동			
9	윤봉남	남	서울 마포구 공덕동			
10	이삼식	남	서울 강남구 삼성동			
11	최민국	남	서울 강남구 역삼동			
12	이승씨	남	서울 성북구 보문동			
13	주용팔	남	서울 노원구 공릉1동			
14	임수지	여	서울 서초구 서초동			
15	장복수	남	서울 광진구 광장동			
16	엄태오	남	서울 강동구 암사동			

Step 08 이번에는 다음 화면과 같이 전화번호를 입력한다. 이때 전화번호를 입력하려고 D4 셀로 이동 했을 때 C4셀 포인터에 주소가 입력된 내용이 겹쳐서 표시되어 나타나지만 그냥 무시하고 입력하면 된다. 이는 C4셀의 주소가 지워지는 것이 아니다. 그 예로 D4셀에 전화번호를 입력한 후 셀 포인터를 C4셀로 이동시켜 보면 셀 위치 내용표시 수식 입력 줄에 C4셀의 주소가 온전하게 모두 표시되는 것을 확인할 수 있다. 그 이유는 셀 포인터의 길이가 입력된 데이터보다 짧기 때문에 나타나는 일시적인 현상이다. 셀 폭의 크기 조절은 뒤에서 자세히 설명할 것이다.

	A	B	C	D	E	F
1	나의 주소록					
2						
3	이름	성별	주소	전화	휴대폰	팩스
4	강일수	남	서울 영등	357-1111		
5	김문진	남	서울 용산	652-0123		
6	성삼녀	여	서울 영등	665-4428		
7	김순애	여	서울 송파	223-5579		
8	유남순	여	서울 금천	213-0101		
9	윤봉남	남	서울 마포	321-7531		
10	이삼식	남	서울 강남	251-2013		
11	최민국	남	서울 강남	159-1596		
12	이승씨	남	서울 성북	115-3201		
13	주용팔	남	서울 노원	703-5123		
14	임수지	여	서울 서초	123-3541		
15	장복수	남	서울 광진	201-1023		
16	엄태오	남	서울 강동	320-5500		

Step 09 같은 방법으로 다음 화면처럼 휴대폰 번호를 입력한다.

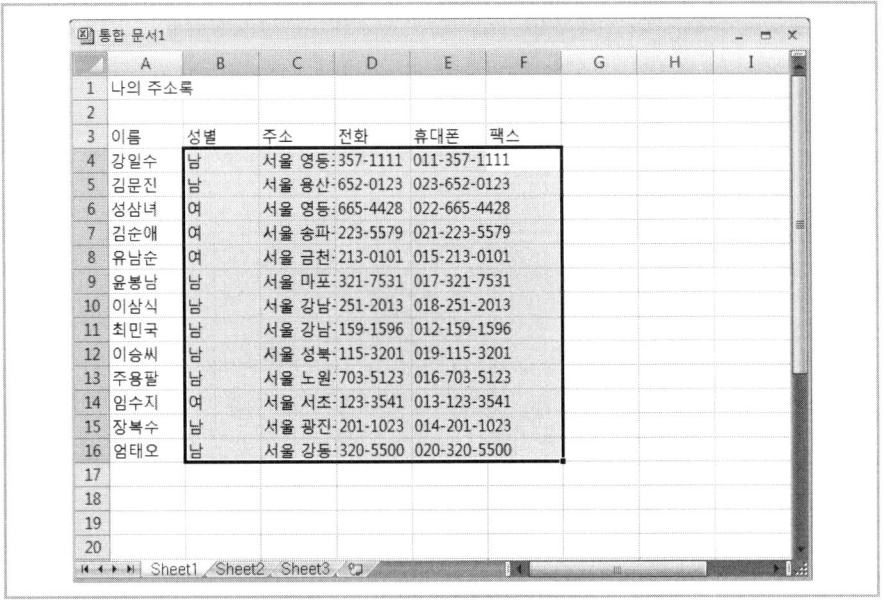

Step 10 이번에는 팩스 번호를 입력해 보자. [F16] 셀에 내용을 입력한 뒤, Enter⏎ 키를 누르면 셀 포인터가 어디로 이동되는지 확인해 두자.

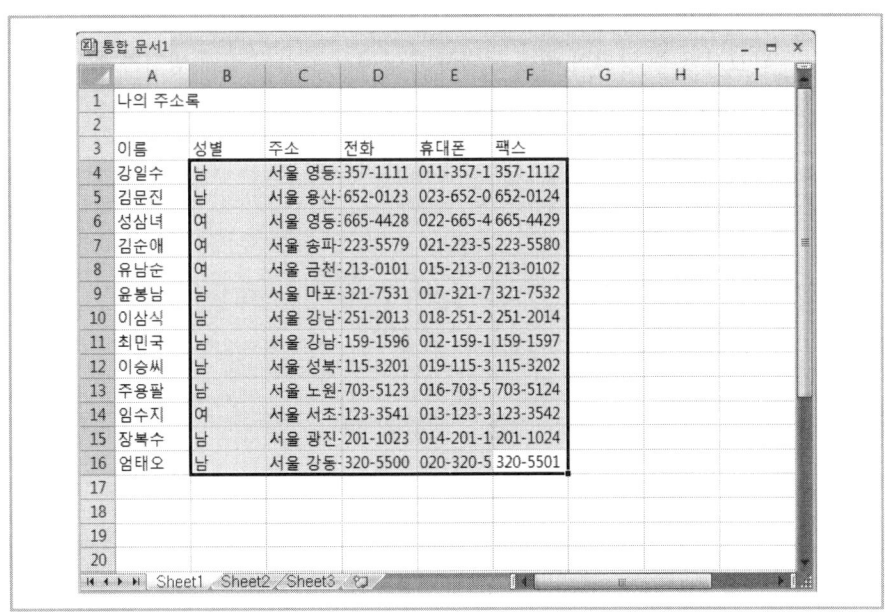

Step 11 셀 포인터가 [B4] 셀로 이동한 것을 알 수 있다. 이렇게 데이터를 입력할 범위를 지정해두면 각 셀에 데이터를 입력한 다음, 자동으로 마우스 포인터는 다음 입력 대상 셀로 이동하게 된다.

Step 12 입력 범위를 해제하기 위해 키보드의 방향키를 누르거나 마우스 포인터를 사용해서 워크시트 중 임의의 셀을 선택하면 앞에서 설정된 입력 범위가 해제된 것을 확인할 수 있다.

7. 이름을 가나다순으로 정렬하기

지금까지 입력한 주소록은 순서 없이 입력되어 있다. 주소록을 찾기 쉽도록 가나다순으로 정렬시켜 보자. 엑셀에서는 이런 작업을 매우 간단하게 처리할 수 있다.

Step 01 마우스를 드래그해서 [A4]부터 [F16] 셀까지를 범위로 지정한다.

Step 02 이어서 리본 메뉴의 [홈]을 클릭한 후 화면의 오른쪽 끝 부분의 [정렬 및 필터]를 클릭한다. 이어서 나타나는 메뉴에서 [텍스트 오름차순 정렬]을 클릭한다.

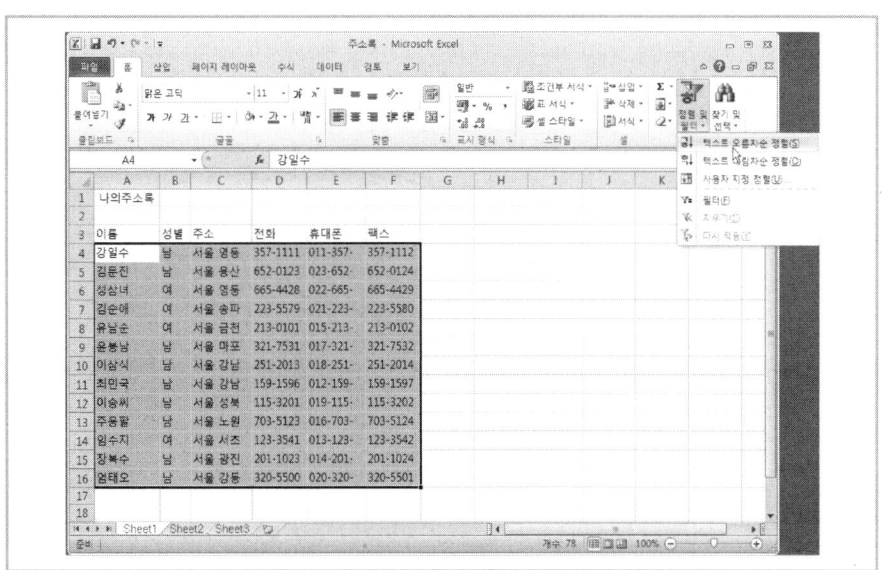

Step 03 모든 내용들이 다음 그림과 같이 이름을 기준으로 자동 정렬된다.

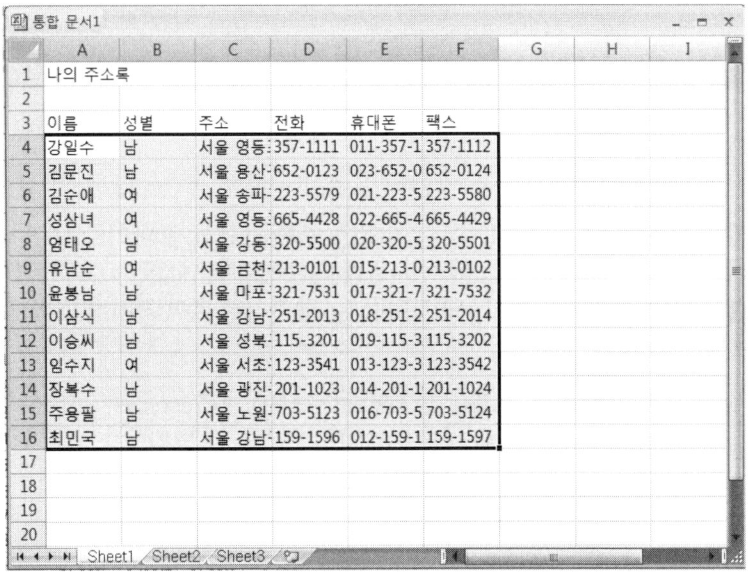

통합 문서1

	A	B	C	D	E	F	G	H	I
1	나의 주소록								
2									
3	이름	성별	주소	전화	휴대폰	팩스			
4	강일수	남	서울 영등	357-1111	011-357-1	357-1112			
5	김문진	남	서울 용산	652-0123	023-652-0	652-0124			
6	김순애	여	서울 송파	223-5579	021-223-5	223-5580			
7	성삼녀	여	서울 영등	665-4428	022-665-4	665-4429			
8	엄태오	남	서울 강동	320-5500	020-320-5	320-5501			
9	유남순	여	서울 금천	213-0101	015-213-0	213-0102			
10	윤봉남	남	서울 마포	321-7531	017-321-7	321-7532			
11	이삼식	남	서울 강남	251-2013	018-251-2	251-2014			
12	이승씨	남	서울 성북	115-3201	019-115-3	115-3202			
13	임수지	여	서울 서초	123-3541	013-123-3	123-3542			
14	장복수	남	서울 광진	201-1023	014-201-1	201-1024			
15	주용팔	남	서울 노원	703-5123	016-703-5	703-5124			
16	최민국	남	서울 강남	159-1596	012-159-1	159-1597			
17									
18									
19									
20									

Sheet1 Sheet2 Sheet3

8. 모든 내용이 화면에 표시되도록 하기

현재 화면을 보면 주소와 휴대폰의 내용이 잘라져서 보이지 않는다. 엑셀에서는 기본적으로 모든 셀의 크기가 동일하게 설정되어 있기 때문인데, 이런 경우 아주 간단한 방법으로 모든 내용이 화면에 표시될 수 있도록 하는 기능이 있다.

Step 01 마우스 포인터를 열 문자 [A]에 위치시킨 후 열 문자 [A]를 클릭해서 선택한다.

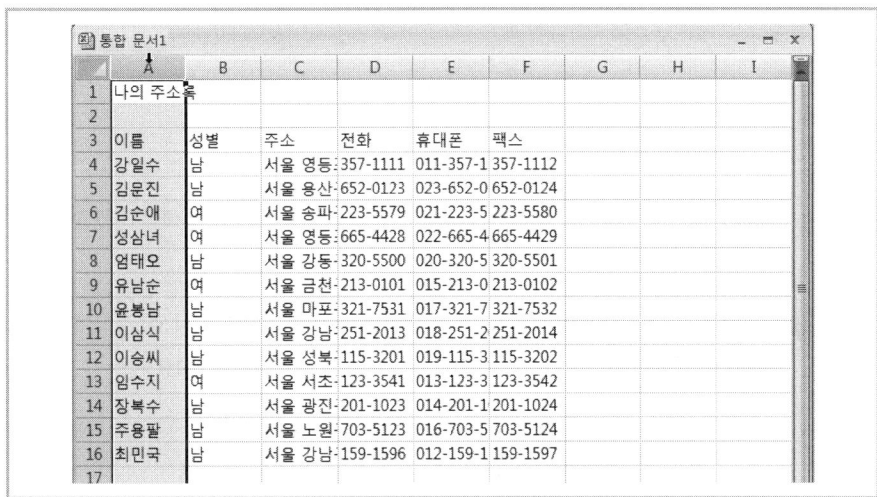

Step 02 다음 그림처럼 마우스를 오른쪽으로 드래그해서 열 문자 [F]까지 이동시킨다.

Step 03 마우스 포인터를 [A] 열부터 [F] 열중에서 아무 곳에나 열 경계 부분에 위치시킨 면 마우스포인터가 ╬ 모양으로 변한다. 이때 마우스를 더블클릭한다.

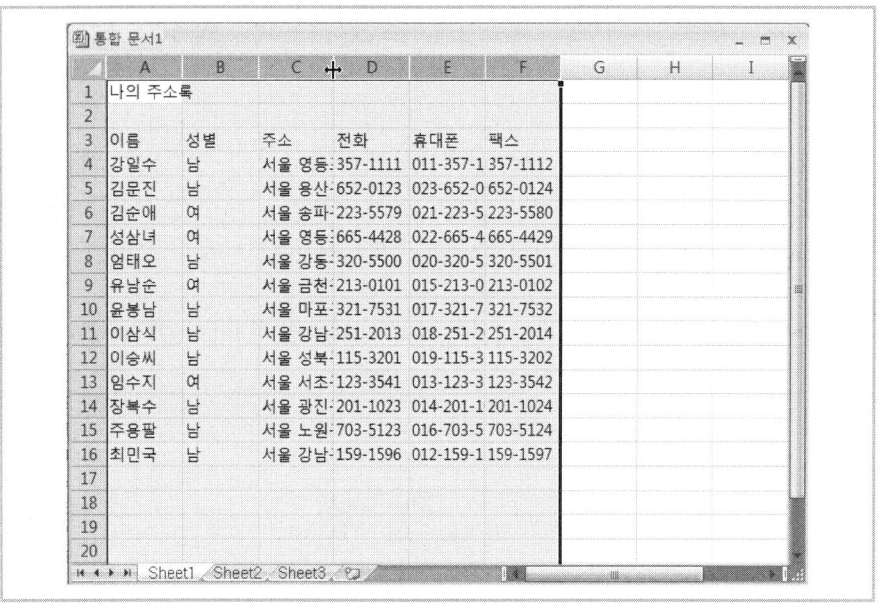

Step 04 이 결과 다음 그림처럼 숨겨졌던 모든 내용이 화면에 표시되고, 입력된 내용에 비해 너무 좁았던 셀들의 너비 값이 적당한 크기로 자동 조절된다.

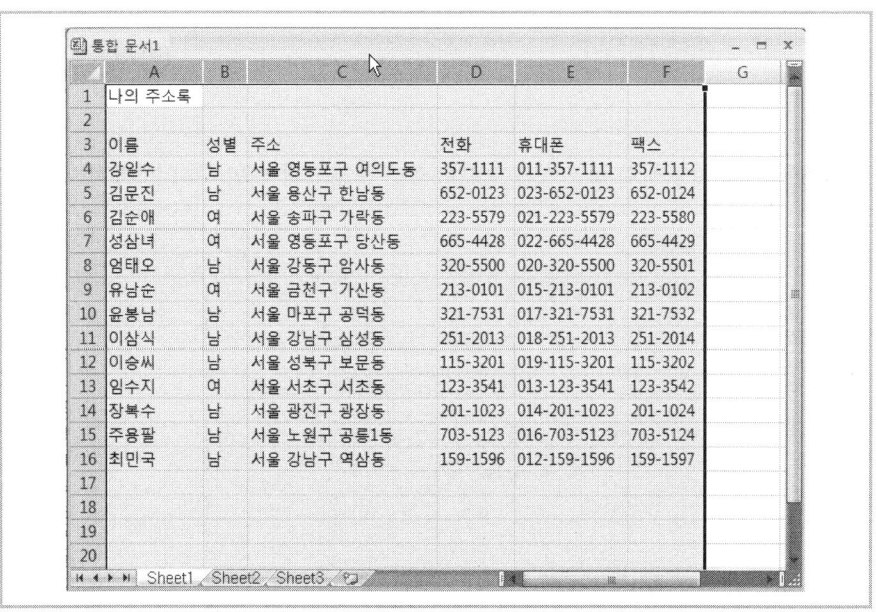

Chapter 1 주소록 만들기 – 데이터 입력하기

Step 05 이제 선택되었던 범위를 해제하기 위해 아무 셀이나 하나를 선택해서 클릭한다. 다음 그림처럼 앞에서 지정되었던 입력 범위 설정이 해제된 것을 볼 수 있다.

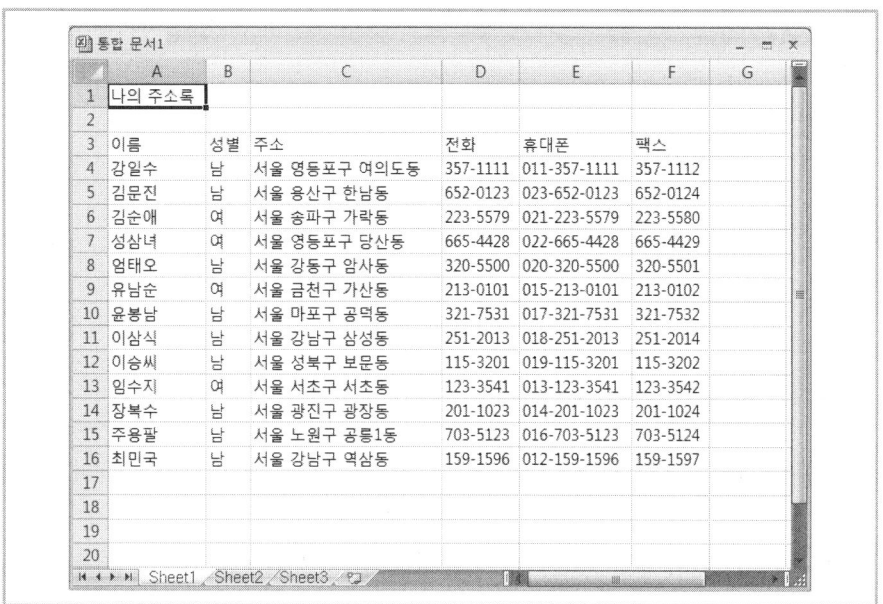

9. 맞춤 형태 지정하기

현재 입력되어 있는 내용들은 모두 각 셀의 왼쪽을 기준으로 정렬되어 있다. 이제, 이 내용들에 적당한 맞춤 형태를 지정해 보자.

셀 범위 지정 후 맞춤 형태 지정하기

엑셀에서는 각 셀마다 다른 맞춤 형태를 지정할 수 있다. 따라서 각각의 항목에 따라 별도로 셀 범위를 지정하고, 그에 따른 맞춤 형식을 지정해 보기로 하자.

여기에서는 먼저 항목 이름이 입력되어 있는 셀 범위를 지정하고, 가운데 맞춤 형식을 지정해 보기로 한다.

Step 01 [A3] 셀을 클릭한다.

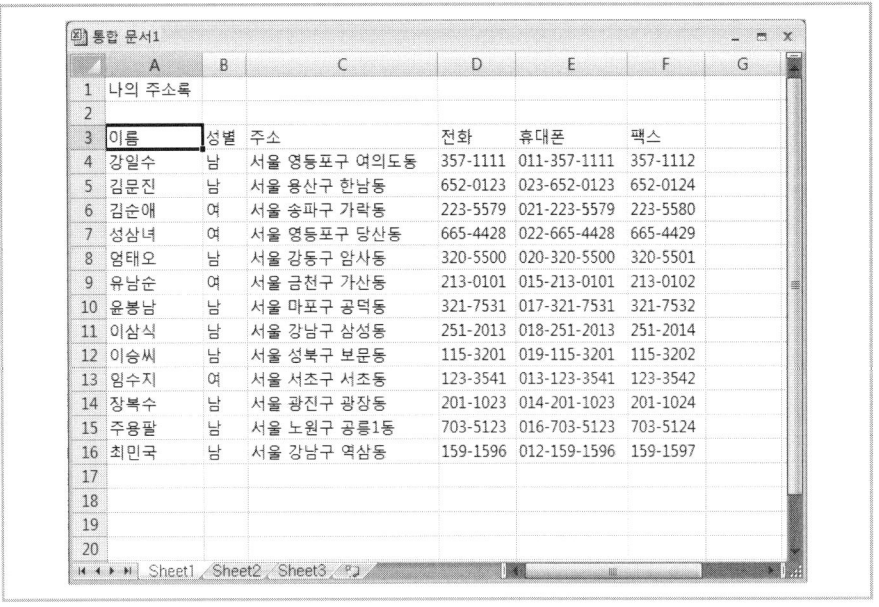

Chapter 1 주소록 만들기 – 데이터 입력하기

Step 02 키보드의 Shift 키를 누른 상태에서 [F3] 셀을 클릭해서 셀 범위를 지정한다.

Step 03 리본 메뉴의 [홈]을 클릭한 후 도구모음의 [가운데 맞춤] 단추를 클릭한다.

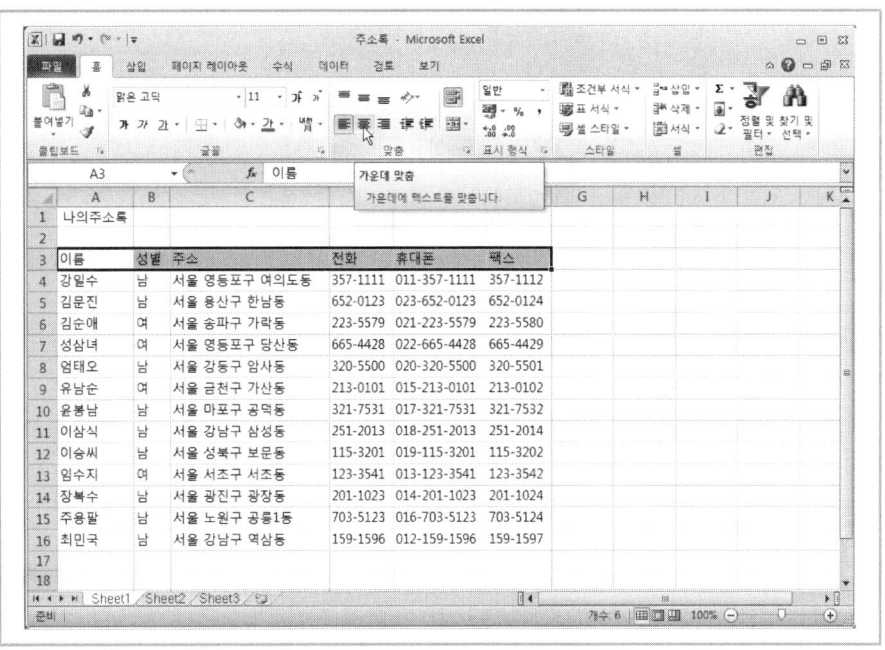

Step 04 항목 이름들이 각 셀의 중간 부분을 기준으로 정렬된다.

Step 05 아무 셀이나 하나를 선택해서 범위를 해제한다.

행/열 머리글을 범위로 선택한 후 맞춤 형식 지정하기

이번에는 열 머리글 [A]와 [B]를 범위로 지정한 뒤에 [가운데 맞춤] 형식을 적용해 보자.

Step 01 열 문자 [A] 부분에 셀 포인터를 위치시킨다.

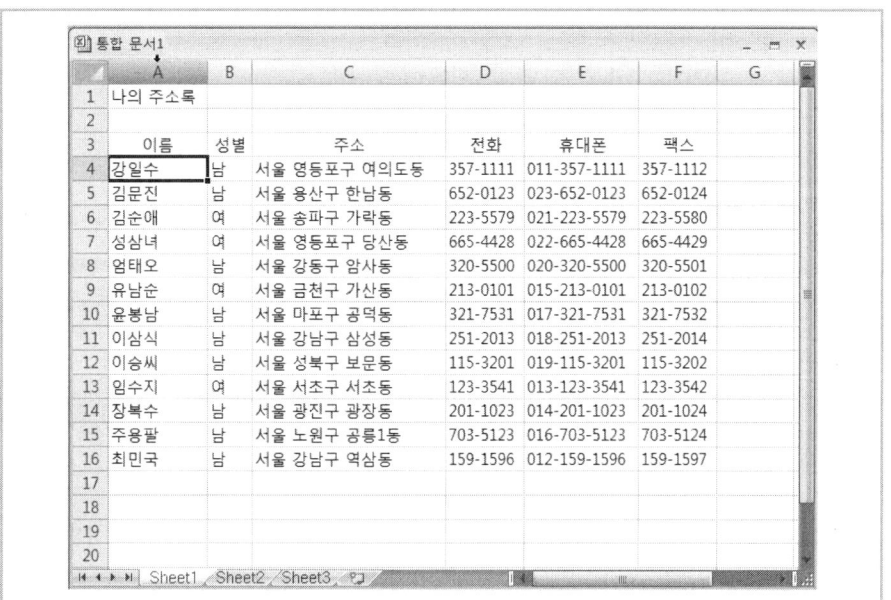

Step 02 열 문자 [B]까지 마우스를 드래그해서 두개의 열을 범위로 지정한다.

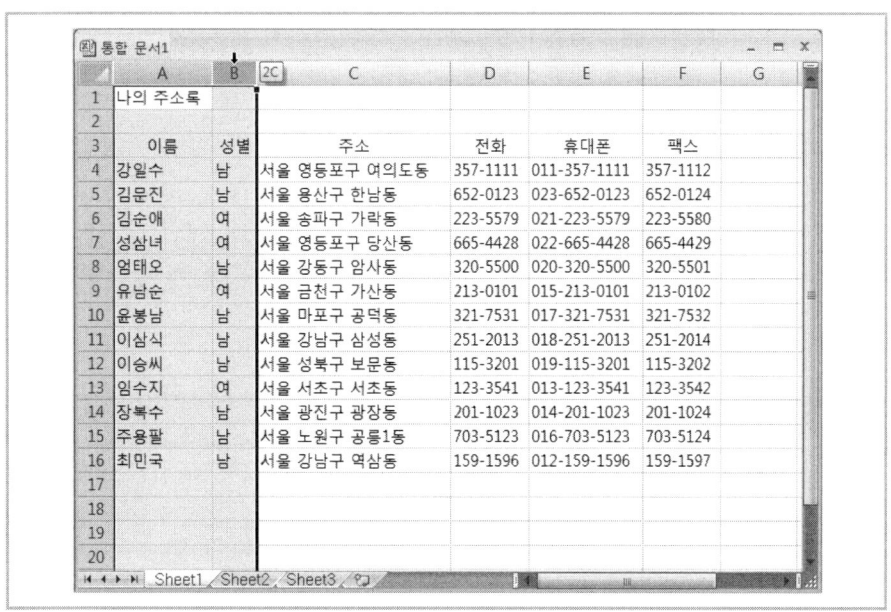

Step 03 리본 메뉴의 [홈]을 클릭한 후 도구모음의 [가운데 맞춤] 단추를 클릭한다.

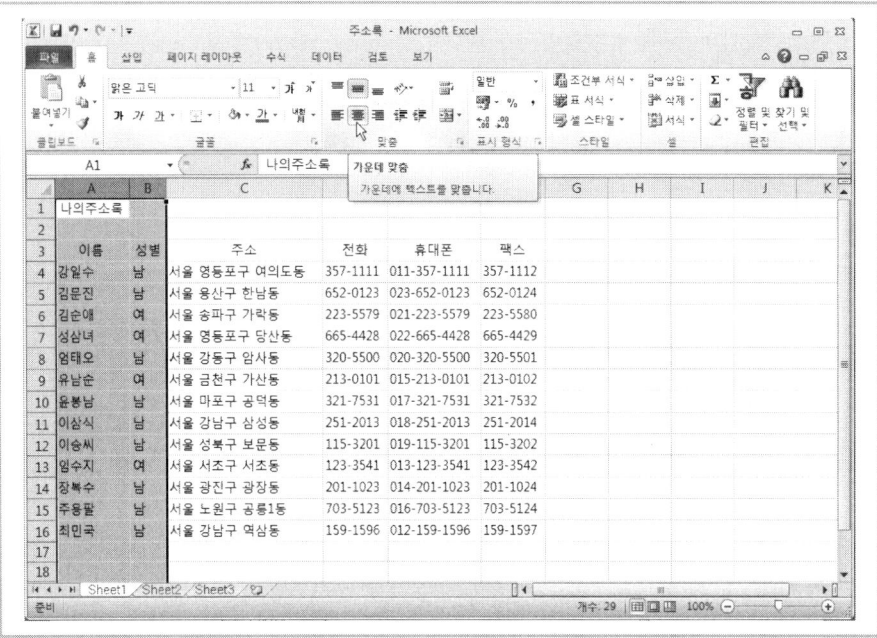

Step 04 [A]와 [B] 열에 입력된 내용들이 각 셀의 중간 부분을 기준으로 정렬된다.

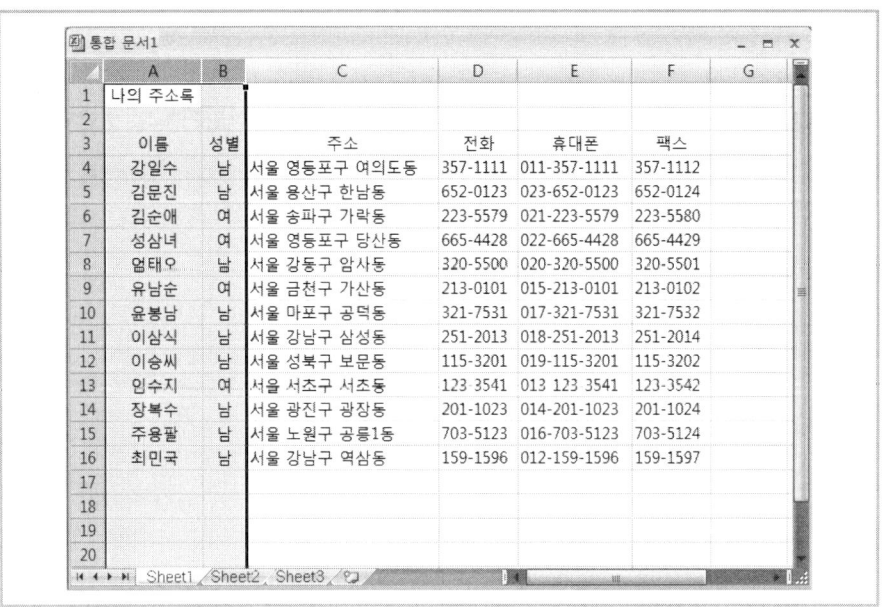

Chapter 1 주소록 만들기 – 데이터 입력하기

Excel 2010
병합하고 가운데 맞춤 형태 지정하기

시트의 제목인 [나의 주소록]이라는 글씨가 전체 표의 왼쪽에 있기 때문에 별로 보기에 좋지 않다. 제목을 전체 표의 중간에 위치시켜 좀 더 보기 좋게 만들어 보도록 하자.

Step 01 마우스 포인터를 [A1] 셀에 위치시킨다.

Step 02 마우스를 [F1] 셀까지 드래그해서 범위를 지정한다.

51

Step 03 리본 메뉴의 [홈]을 클릭한 후 도구모음의 [병합하고 가운데 맞춤]을 누른다.

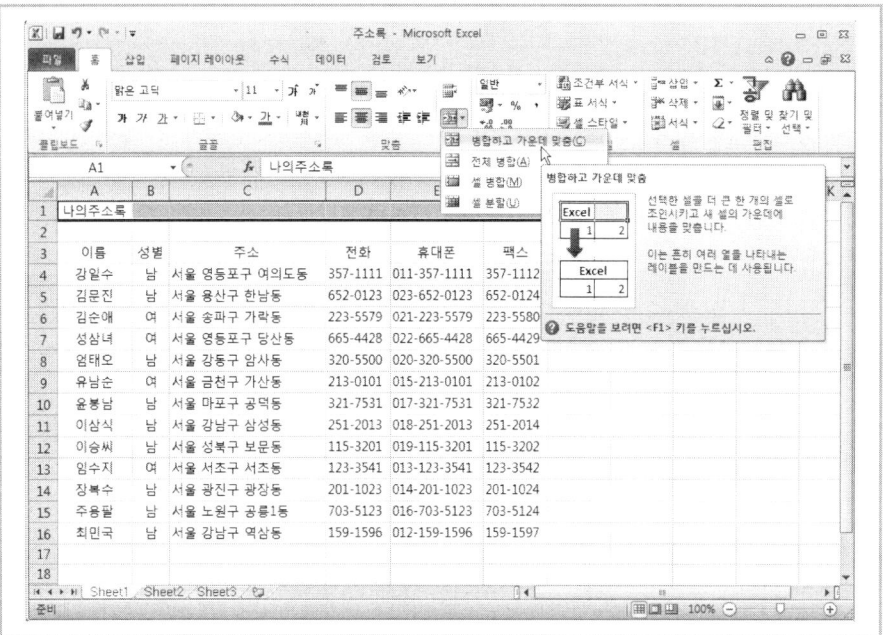

Step 04 범위로 선택된 전체 셀의 중간 부분에 내용이 정렬된다.

이렇게 하면 범위로 선택된 모든 셀이 하나로 취급되며, 셀 주소는 범위로 지정된 가장 앞쪽 셀의 주소를 사용하게 된다.

10. 내용 수정하기

이제 주소록의 모양이 대강 갖춰진 것 같기는 하지만, 아직도 뭔가 부족한 듯한 느낌이 가시지 않는다. 주소록을 만들기는 하였지만, 요즘 같은 시대에는 수시로 이사를 가거나 자리 이동이 많으므로 주소는 수시로 바뀌게 된다. 따라서 주소록은 항시 수정, 변경해야 할 필요가 있으므로, 이번에는 주소록의 내용을 수정하는 방법을 알아보도록 하자.

엑셀에서는 셀의 내용을 수정하기 위해 일반적으로 두 가지 방법을 제공하고 있는데, 그 하나는 한 글자씩 수정하는 방법이며, 다른 하나는 셀의 전체 내용을 수정하는 방법이다.

한 글자씩 수정하기

한 글자씩 수정하는 방법은 대개 내용 입력시 철자가 틀렸거나 오타로 인해 틀린 글자가 있을 때, 사용하는 방법이다. 여기에서는 먼저 한 글자씩 내용을 수정하는 방법에 대해 알아보기 위해 각 항목 이름들의 안쪽에 공백을 추가해 보자.

Step 01 먼저 [A3] 셀을 선택한다.

	A	B	C	D	E	F	G
1			나의 주소록				
2							
3	이름	성별	주소	전화	휴대폰	팩스	
4	강일수	남	서울 영등포구 여의도동	357-1111	011-357-1111	357-1112	
5	김문진	남	서울 용산구 한남동	652-0123	023-652-0123	652-0124	
6	김순애	여	서울 송파구 가락동	223-5579	021-223-5579	223-5580	
7	성삼녀	여	서울 영등포구 당산동	665-4428	022-665-4428	665-4429	
8	엄태오	남	서울 강동구 암사동	320-5500	020-320-5500	320-5501	
9	유남순	여	서울 금천구 가산동	213-0101	015-213-0101	213-0102	
10	윤봉남	남	서울 마포구 공덕동	321-7531	017-321-7531	321-7532	
11	이삼식	남	서울 강남구 삼성동	251-2013	018-251-2013	251-2014	
12	이승씨	남	서울 성북구 보문동	115-3201	019-115-3201	115-3202	
13	임수지	여	서울 서초구 서초동	123-3541	013-123-3541	123-3542	
14	장복수	남	서울 광진구 광장동	201-1023	014-201-1023	201-1024	
15	주용팔	남	서울 노원구 공릉1동	703-5123	016-703-5123	703-5124	
16	최민국	남	서울 강남구 역삼동	159-1596	012-159-1596	159-1597	

Step 02 키보드의 F2키를 누르거나 마우스로 더블클릭하면 다음 화면처럼 현재 셀에 커서가 표시된다.

Step 03 방향키를 사용해서 커서를 [름]자의 앞쪽으로 이동시킨 뒤, Space Bar 를 세번 눌러서 공백을 추가한다.

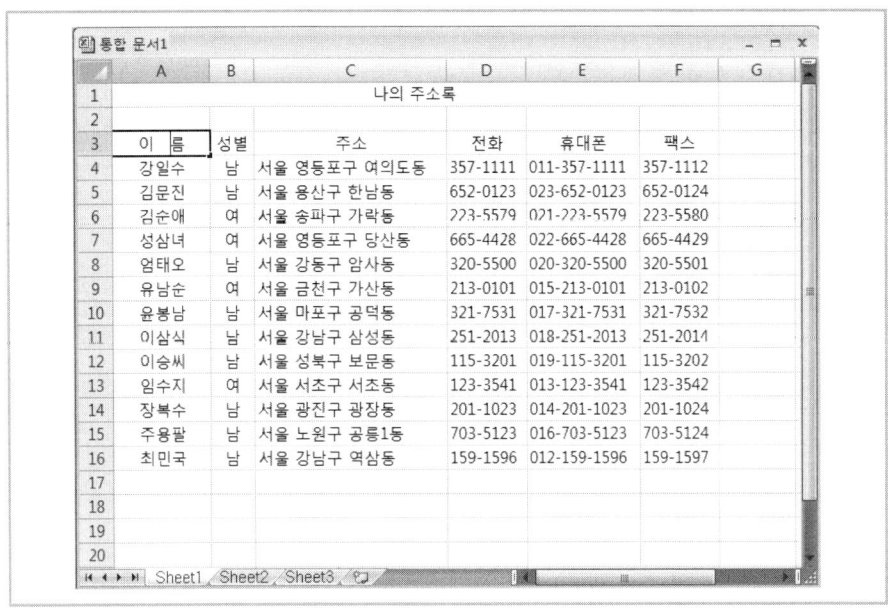

Step 04 마우스로 [B3] 셀을 선택해서 수정한 내용을 등록시킨다.

Step 05 같은 방법으로 나머지 항목 이름들의 모양도 다음 그림처럼 변경시킨다.

한 글자씩 내용 수정하기

셀에 입력된 내용을 한 글자씩 수정하기 위해서는 수정할 내용이 입력되어 있는 셀에 커서가 표시되도록 해야 하는데, 엑셀에서는 다음과 같이 3가지 방법을 통해 원하는 셀에 커서를 표시할 수 있다.

★ **F2키 사용하기** : 내용을 수정할 셀을 선택한 뒤, F2키를 누르면, 해당 셀에 커서가 표시된다.

★ **더블클릭** : 수정할 내용이 있는 셀을 더블클릭하면, 해당 셀에 커서가 표시된다.

★ **수식입력 줄 사용하기** : 수식입력 줄에는 현재 셀에 입력되어 있는 내용이 표시되어 있는데, 마우스로 수식입력 줄의 수정할 부분을 클릭하면 해당 부분에 커서가 표시된다.

셀의 내용 전체 수정하기

앞에서 한 글자씩 수정하는 방법을 살펴보았는데, 한 글자씩 수정하는 방법으로 셀의 내용들을 수정하는 방법은 그 셀의 내용을 완전히 새롭게 수정하고자 할 경우에는 기존의 내용들을 한 글자씩 삭제하고, 다시 입력해야 하므로 상당히 번거로운 작업이 된다.

예를 들어, 현재 주소록에 입력되어 있는 사람의 이름 중에서 [을지문덕] 대신에 [임꺽정]이라고 입력하고자 할 경우, 먼저 [A10] 셀을 선택한 뒤, F2키를 누르고 Back Space 키를 사용해서 해당 셀에 입력되어 있는 내용을 한 글자씩 지운 다음, 다시 [임꺽정]이라고 입력해야만 한다.

이러한 경우 기존의 내용을 일일이 한 글자씩 삭제하지 않고, 단지 새로운 내용만 입력하여 기존의 내용을 대체할 수 있다면 훨씬 작업이 간편해질 것이다. 엑셀에서는 이렇게 굳이 기존의 내용을 한 글자씩 일일이 지우지 않고, 새로운 내용을 입력하므로 써 간단히 기존의 내용들을 대체할 수 있는 기능을 제공하고 있다.

이번에는 이렇게 셀 내의 문자들을 일일이 삭제하지 않고, 전체 내용을 수정하는 방법을 알아보도록 하자. 여기서는 [A10] 셀에 있는 [윤봉남]을 [변경남]으로 수정하도록 한다.

Chapter 1 주소록 만들기 – 데이터 입력하기

Step 01 먼저 [A10] 셀을 선택한다.

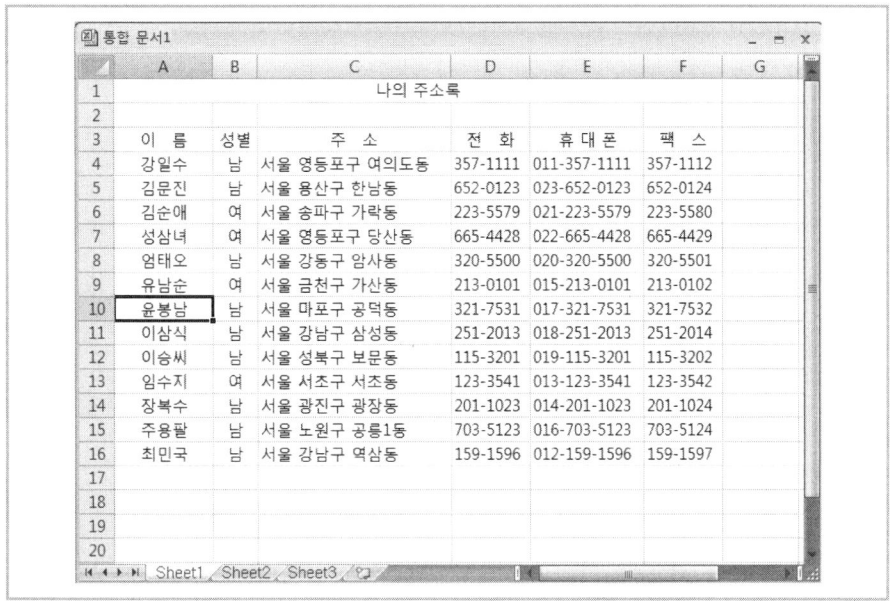

Step 02 아래 그림처럼 새로운 내용을 [변경남]을 입력하면 이전에 입력되어 있던 내용이 화면에서 사라지고, 새로운 내용만 표시된다.

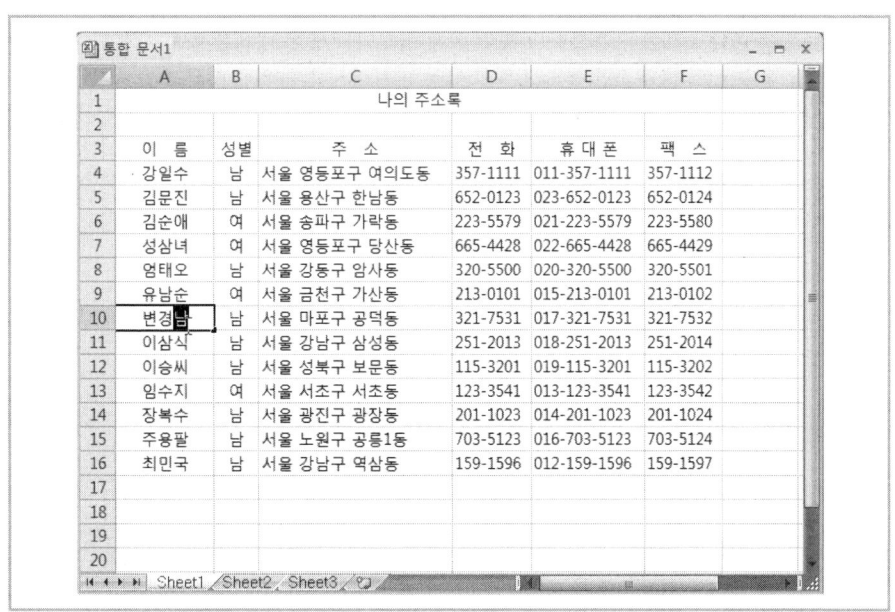

Step 03 키보드의 Enter↵키를 누르면, 새로 입력한 내용이 등록된다.

셀 단위 내용 수정

셀 단위로 내용을 수정하던 도중 원래 입력되어 있던 내용을 다시 사용해야 한다면, 키보드의 Esc키를 누르면 새로 입력한 내용이 사라지고 원래 입력되어 있던 내용이 표시된다. 하지만 이 방법은 내용을 입력중인 경우에만 적용할 수 있고, 만약 Enter↵키를 사용해서 새로운 내용이 등록된 상태라면 [빠른 실행 도구모음]에 있는 [실행 취소]단추 ⌐-를 사용해야 한다.

11. 글꼴 지정하기

현재 입력된 데이터의 모든 내용이 똑같은 모양과 크기로 입력되어 있기 때문에, 미관상 보기 좋은 주소록이라고 할 수 없다. 이번에는 각 셀에 적당한 글꼴과 크기를 지정하는 방법에 대해 알아보자.

엑셀에서는 일반 워드프로세서처럼 다양한 글꼴과 크기를 지정하여 사용할 수 있게 하고 있을 뿐만 아니라, 이러한 기능들을 도구단추로 제공하고 있어 마치 워드프로세서를 사용하듯이 매우 편리하게 이용할 수 있다. 여기에서는 각종 글꼴들을 이용하여 주소록을 좀 더 예쁘게 꾸미기 위해 글꼴 지정과 관련된 간단한 도구단추들을 사용하도록 한다.

글꼴 모양 변경하기

먼저 주소록 제목이 일반 글꼴로 되어 있으므로 좀 더 눈에 잘 보일 수 있도록 글꼴 모양을 바꾸어 보도록 하자.

Step 01 마우스 포인터로 제목이 있는 [A1] 셀을 선택한다.

	A	B	C	D	E	F	G
1			나의주소록				
2							
3	이 름	성별	주 소	전 화	휴 대 폰	팩 스	
4	강일수	남	서울 영등포구 여의도동	357-1111	011-357-1111	357-1112	
5	김문진	남	서울 용산구 한남동	652-0123	023-652-0123	652-0124	
6	김순애	여	서울 송파구 가락동	223-5579	021-223-5579	223-5580	
7	성삼녀	여	서울 영등포구 당산동	665-4428	022-665-4428	665-4429	
8	엄태오	남	서울 강동구 암사동	320-5500	020-320-5500	320-5501	
9	유남순	여	서울 금천구 가산동	213-0101	015-213-0101	213-0102	
10	변경남	남	서울 마포구 공덕동	321-7531	017-321-7531	321-7532	
11	이삼식	남	서울 강남구 삼성동	251-2013	018-251-2013	251-2014	
12	이승씨	남	서울 성북구 보문동	115-3201	019-115-3201	115-3202	
13	임수지	여	서울 서초구 서초동	123-3541	013-123-3541	123-3542	
14	장복수	남	서울 광진구 광장동	201-1023	014-201-1023	201-1024	
15	주용팔	남	서울 노원구 공릉1동	703-5123	016-703-5123	703-5124	
16	최민국	남	서울 강남구 역삼동	159-1596	012-159-1596	159-1597	

Step 02 엑셀 리본 메뉴 바 아래에 있는 명령그룹에서 [글꼴 탭] 단추를 눌러 엑셀에서 제공하는 글꼴 목록들이 나타나게 한다.

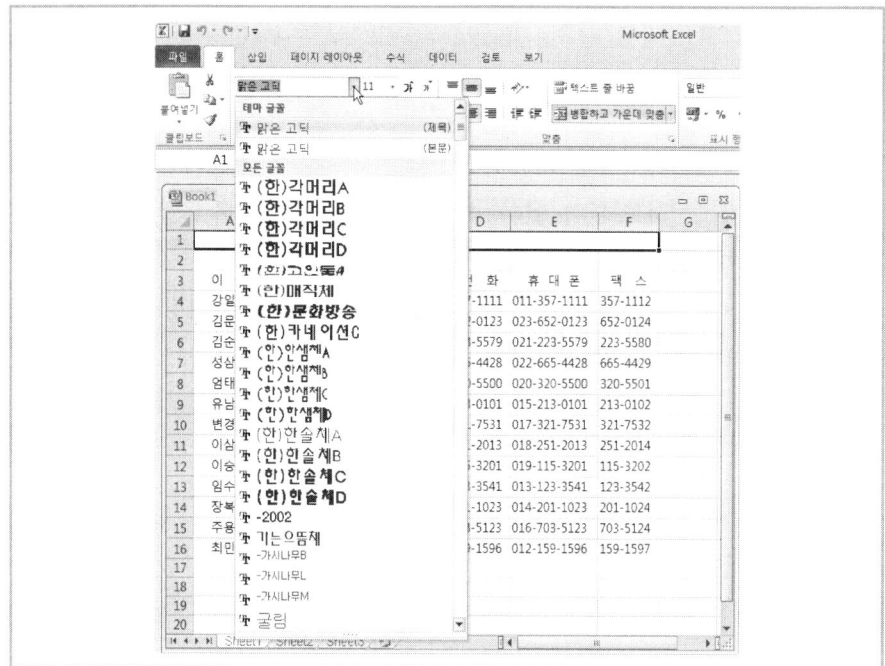

Step 03 화면에 표시되는 글꼴 목록에서 아래로 이동하여 [휴먼옛체]를 선택한다.

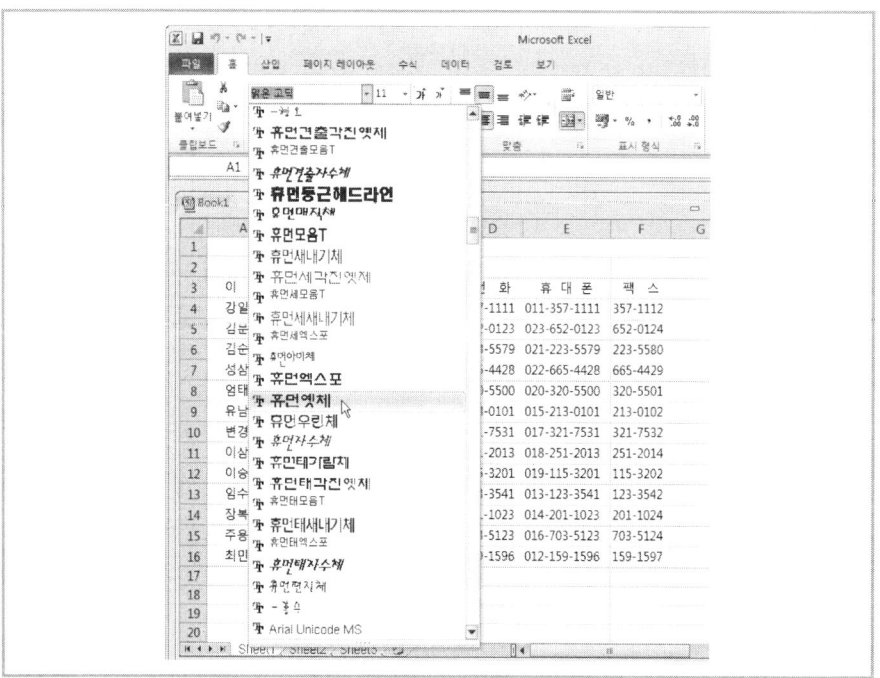

Step 04 [A1] 셀에 있는 [나의 주소록]에 [휴먼옛체]가 적용되어 나타나는 것을 확인할 수 있다.

글꼴 크기 변경하기

제목의 글꼴을 변경하였지만, 크기가 작아서 그다지 눈에 두드러져 보이지 않는다. 이번에는 [나의 주소록]의 글자 크기를 변경해 보기로 하자.

Step 01 글꼴의 크기를 변경하기 위해 [A1] 셀을 선택한다.

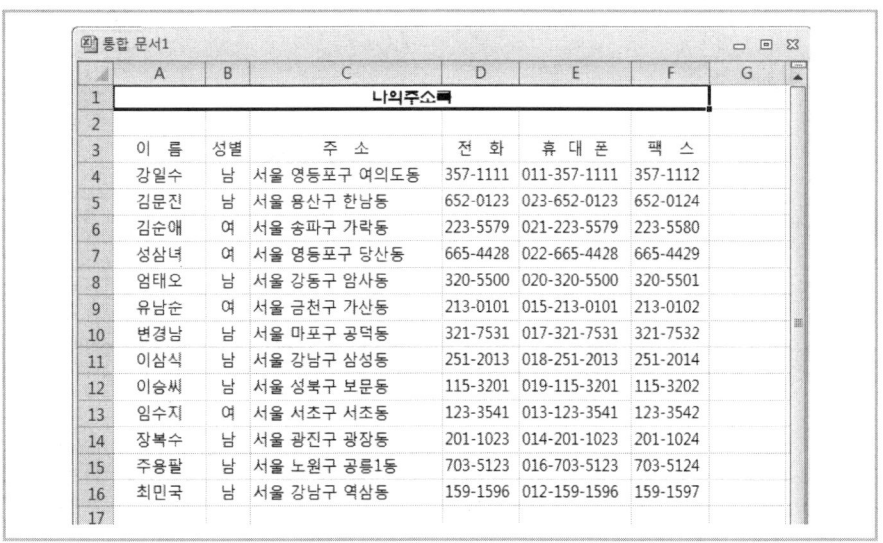

Step 02 [글꼴] 명령 옆에 있는 [글꼴 크기 탭] 단추를 누른다.

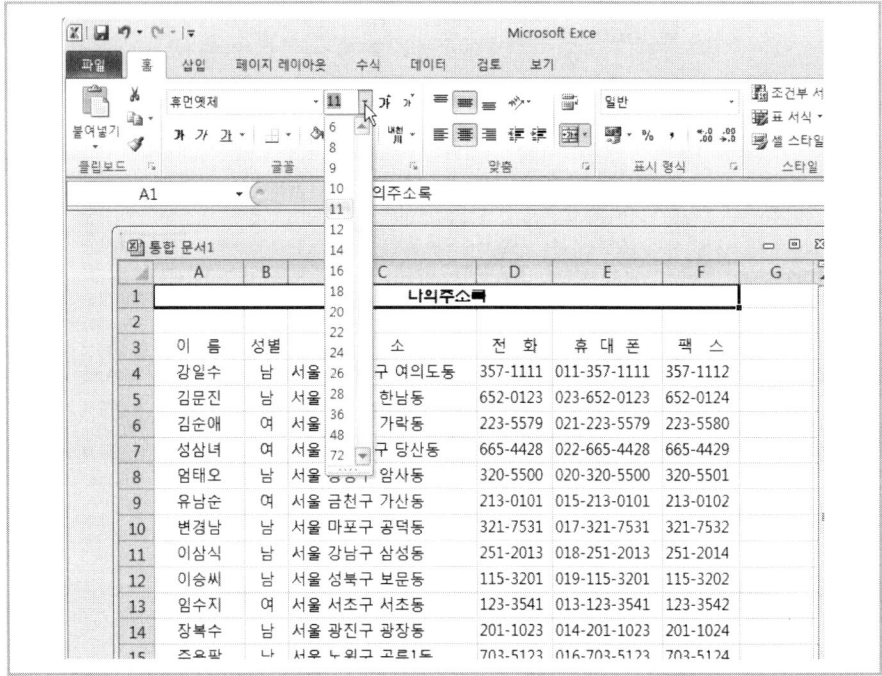

Step 03 화면에 표시되는 글꼴 크기 목록에서 [20]을 선택한다.

Chapter 주소록 만들기 – 데이터 입력하기

Step 04 선택한 크기의 글꼴이 [A1] 셀에 적용되고, 해당 행의 높이 값이 자동으로 조절된다.

	A	B	C	D	E	F
1			나의주소록			
2						
3	이 름	성별	주 소	전 화	휴 대 폰	팩 스
4	강일수	남	서울 영등포구 여의도동	357-1111	011-357-1111	357-1112
5	김문진	남	서울 용산구 한남동	652-0123	023-652-0123	652-0124
6	김순애	여	서울 송파구 가락동	223-5579	021-223-5579	223-5580
7	성삼녀	여	서울 영등포구 당산동	665-4428	022-665-4428	665-4429
8	엄태오	남	서울 강동구 암사동	320-5500	020-320-5500	320-5501
9	유남순	여	서울 금천구 가산동	213-0101	015-213-0101	213-0102
10	변경남	남	서울 마포구 공덕동	321-7531	017-321-7531	321-7532
11	이삼식	남	서울 강남구 삼성동	251-2013	018-251-2013	251-2014
12	이승씨	남	서울 성북구 보문동	115-3201	019-115-3201	115-3202
13	임수지	여	서울 서초구 서초동	123-3541	013-123-3541	123-3542
14	장복수	남	서울 광진구 광장동	201-1023	014-201-1023	201-1024
15	주용팔	남	서울 노원구 공릉1동	703-5123	016-703-5123	703-5124
16	최민국	남	서울 강남구 역삼동	159-1596	012-159-1596	159-1597

여기에서, 자동으로 행의 높이 값이 조절되는 것은 사용자가 별도의 행 높이 값을 지정해 놓지 않았기 때문이며, 만약 행의 높이를 지정한 적이 있다면 행의 높이 값이 변경되지 않고, 해당 셀의 내용도 제대로 보이지 않는다.

12. 테두리선 그리기

엑셀 화면에 표시되어 있는 각 셀에 그려있는 선들은 실제 선이 아니라, 단지 각 셀을 구분하기 위한 보조선일 뿐이다. 따라서 주소록을 인쇄하면 글씨만 인쇄되고, 각 셀들의 보조선은 인쇄되지 않는다. 현재 만들어진 주소록에 선들을 넣기 위해서는 엑셀에서 제공하는 테두리선 그리기 기능을 이용해야 한다. 엑셀에서는 테두리선을 그리기 위해 명령모음에서 [테두리] 도구단추를 제공하고 있으므로, 이 도구단추를 사용하여 시트 내의 원하는 부분에 테두리선을 그릴 수 있다.

앞에서 만들어 놓은 주소록에 테두리선을 그리기 위해서는 먼저 테두리선을 그릴 영역을 범위 지정하고, [테두리] 도구단추 옆에 있는 역삼각형의 [펼침 탭] 단추를 눌러 나타나는 테두리선 목록에서 원하는 테두리선을 선택해 주면 된다.

여기서는 제목을 제외한 주소록 전체를 범위로 지정하여 각 셀마다 구분선이 그려지도록 해보자.

Step 01 테두리선을 그릴 범위의 시작 지점으로 이동하여 마우스 왼쪽 버튼을 눌러준다. 여기서는 [A3] 셀이 시작 지점이므로 [A3] 셀을 선택한다.

Chapter 1 주소록 만들기 – 데이터 입력하기

Step 02 [A3] 셀에서 마우스 왼쪽 버튼을 누른 상태로 [F16] 셀까지 마우스를 드래그해서 범위로 지정한다.

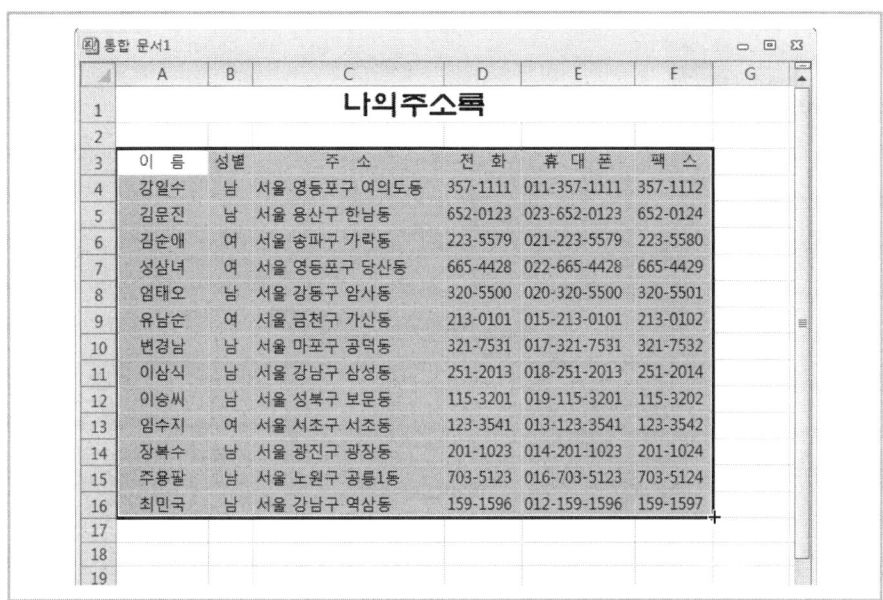

Step 03 범위가 지정되었으면 화면과 같이 [테두리] 도구단추 옆에 있는 [펼침 탭] 단추를 누른다.

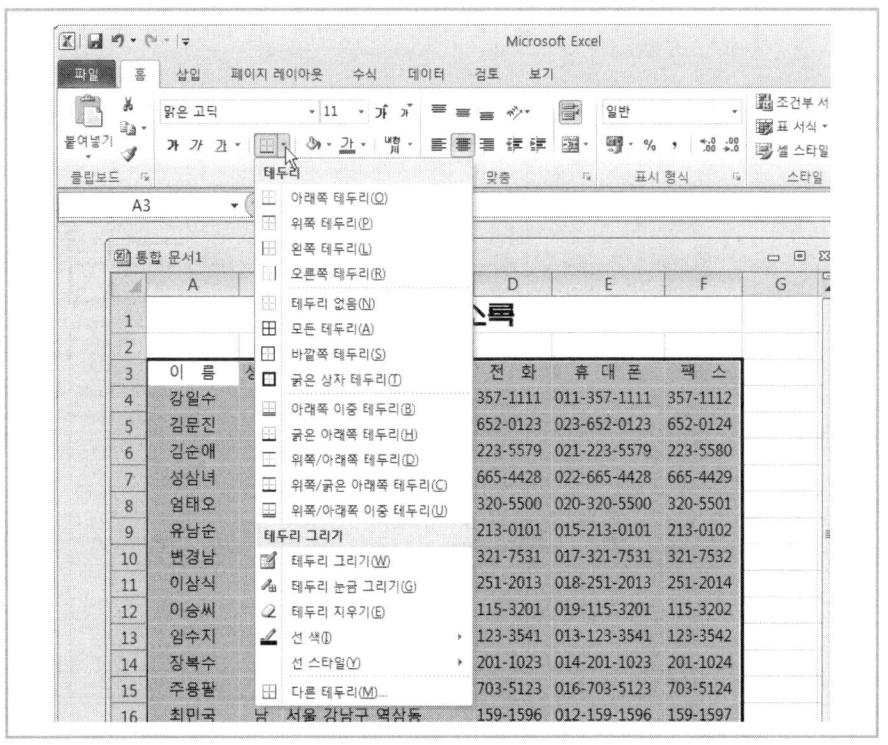

Step 04 테두리선들의 형태가 나타나는데, 이중에서 시트에 적용할 테두선을 선택한다. 여기에서는 각 셀마다 구분선을 그리는 [모든 테두리] 모양을 선택하였다.

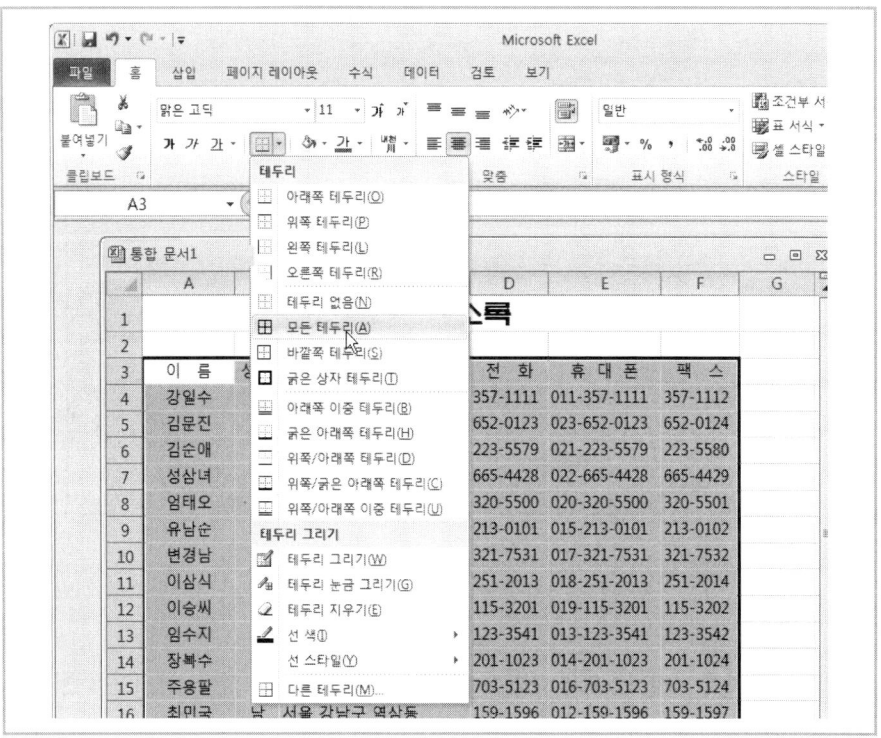

Step 05 선택한 모양의 테두리선이 다음 그림처럼 해당 범위에 그려지면, 시트 중에서 임의의 셀을 선택해 범위를 해제한다.

13. 파일 저장하기

이번에는 엑셀을 사용해서 만든 주소록 파일을 저장하는 방법에 대해 알아보도록 하자. 이것을 소홀히 하면 애써 작성한 파일이 사라질 뿐만 아니라 자신도 모르는 곳에 저장될 수도 있으니 반드시 작성한 파일은 저장하는 습관을 갖도록 한다.

Step 01 [파일]을 눌러서 나타나는 메뉴에서 [저장]을 선택한다.

Step 02 [다른 이름으로 저장] 대화상자가 표시되면 다음 화면과 같이 [내 문서] 폴더로 이동한다.

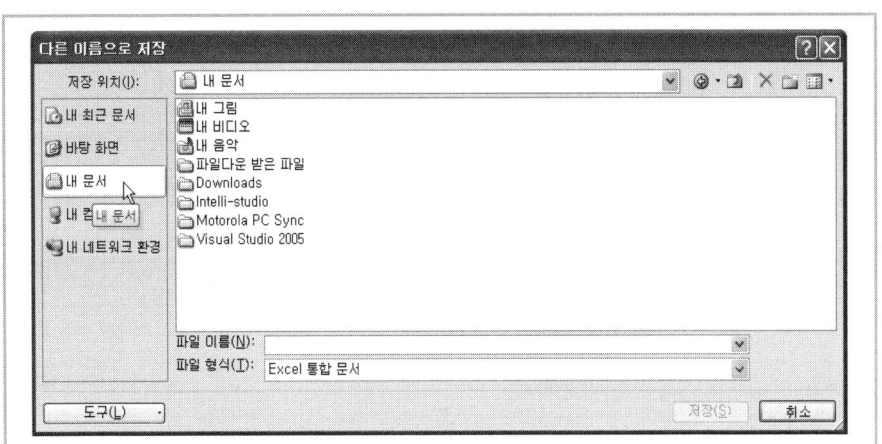

Step 03 이번에는 [파일 이름(N)] 입력상자에 [주소록]이라고 입력한다. 여기서는 [내 문서] 폴더에 [주소록]이라는 이름으로 파일이 저장될 것이다. 만약 저장 폴더를 변경하고자 한다면, 먼저 저장해 둘 위치를 지정한 후 저장해 주면 된다.

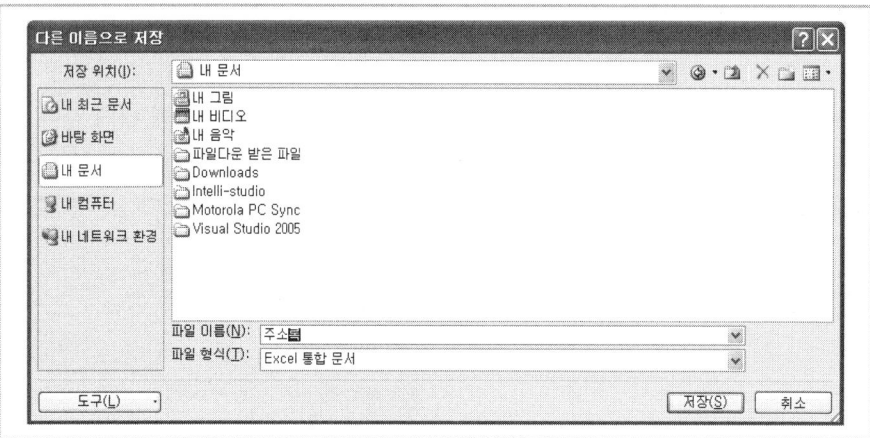

Step 04 [저장] 단추를 눌러 파일을 저장한다. 이렇게 저장된 파일은 [내 문서] 폴더에서 언제든지 다시 불러올 수 있다. 저장이 끝나면 파일의 이름이 엑셀 작업창의 맨 위쪽에 [주소록]처럼 표시된다.

	A	B	C	D	E	F
1			나의주소록			
2						
3	이 름	성별	주 소	전 화	휴 대 폰	팩 스
4	강일수	남	서울 영등포구 여의도동	357-1111	011-357-1111	357-1112
5	김문진	남	서울 용산구 한남동	652-0123	023-652-0123	652-0124
6	김순애	여	서울 송파구 가락동	223-5579	021-223-5579	223-5580
7	성삼녀	여	서울 영등포구 당산동	665-4428	022-665-4428	665-4429
8	엄태오	남	서울 강동구 암사동	320-5500	020-320-5500	320-5501
9	유남순	여	서울 금천구 가산동	213-0101	015-213-0101	213-0102
10	변경남	남	서울 마포구 공덕동	321-7531	017-321-7531	321-7532
11	이삼식	남	서울 강남구 삼성동	251-2013	018-251-2013	251-2014
12	이승씨	남	서울 성북구 보문동	115-3201	019-115-3201	115-3202
13	임수지	여	서울 서초구 서초동	123-3541	013-123-3541	123-3542
14	장복수	남	서울 광진구 광장동	201-1023	014-201-1023	201-1024
15	주용팔	남	서울 노원구 공릉1동	703-5123	016-703-5123	703-5124
16	최민국	남	서울 강남구 역삼동	159-1596	012-159-1596	159-1597

14. 파일 열기

이번에는 앞에서 저장한 주소록 파일을 다시 불러오는 방법을 알아보기로 한다.

Step 01 먼저 [창 닫기] 단추를 눌러 현재 사용 중인 [주소록] 파일 창을 닫는다.

Step 02 이제 앞에서 저장해 놓은 [주소록] 파일을 열기 위해 [파일]을 눌러서 나타나는 메뉴에서 [열기]를 선택한다.

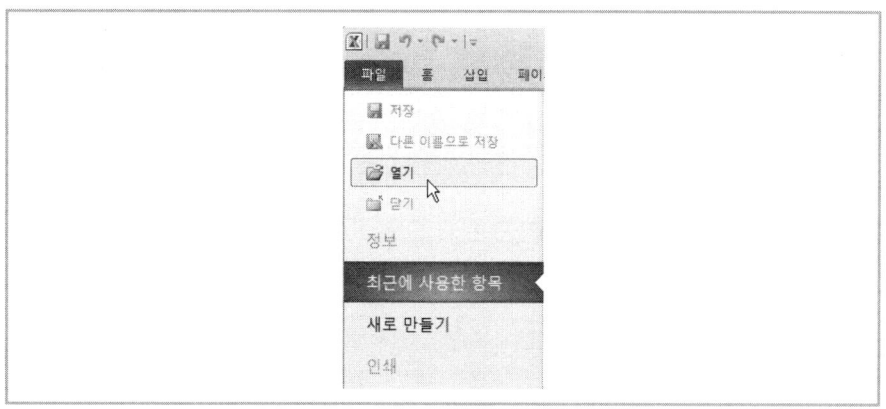

Step 03 [파일 열기] 대화상자가 나타나면 [내 문서] 폴더에서 화면에 표시되는 파일 목록 중 [주소록]을 더블클릭한다. 또는 [주소록]을 선택한 다음, [열기] 단추를 클릭한다.

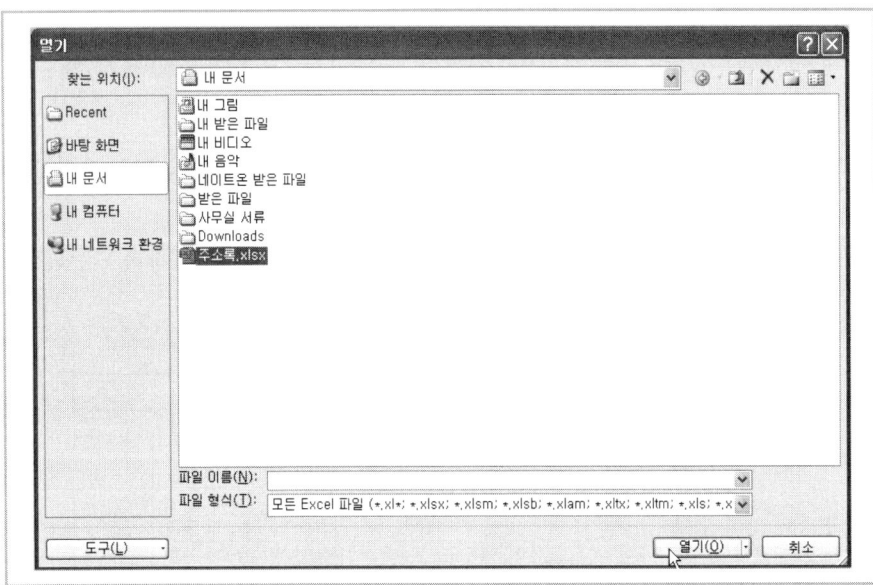

Step 04 앞에서 작성했던 주소록이 화면에 표시되는 것을 볼 수 있다.

	A	B	C	D	E	F
1			나의주소록			
2						
3	이 름	성별	주 소	전 화	휴 대 폰	팩 스
4	강일수	남	서울 영등포구 여의도동	357-1111	011-357-1111	357-1112
5	김문진	남	서울 용산구 한남동	652-0123	023-652-0123	652-0124
6	김순애	여	서울 송파구 가락동	223-5579	021-223-5579	223-5580
7	성삼녀	여	서울 영등포구 당산동	665-4428	022-665-4428	665-4429
8	엄태오	남	서울 강동구 암사동	320-5500	020-320-5500	320-5501
9	유남순	여	서울 금천구 가산동	213-0101	015-213-0101	213-0102
10	변경남	남	서울 마포구 공덕동	321-7531	017-321-7531	321-7532
11	이삼식	남	서울 강남구 삼성동	251-2013	018-251-2013	251-2014
12	이승씨	남	서울 성북구 보문동	115-3201	019-115-3201	115-3202
13	임수지	여	서울 서초구 서초동	123-3541	013-123-3541	123-3542
14	장복수	남	서울 광진구 광장동	201-1023	014-201-1023	201-1024
15	주용팔	남	서울 노원구 공릉1동	703-5123	016-703-5123	703-5124
16	최민국	남	서울 강남구 역삼동	159-1596	012-159-1596	159-1597

15. 엑셀 종료하기

　모든 작업이 끝난 뒤, 엑셀을 종료하는 방법으로는 여러 가지 방법이 있지만 주로 다음과 같은 방법을 사용한다.

최근에 사용한 항목

엑셀 2010에서는 최근에 사용했던 파일들에 대해서는 언제든지 [열기] 메뉴를 사용하지 않고 간단하게 불러올 수 있게 하는 기능을 제공하고 있다. 즉, [파일] 메뉴에서 [최근에 사용한 항목]을 선택하면 최근에 사용한 엑셀 문서들의 목록과 저장 폴더 위치까지 표시되므로, 이들을 다시 불어오고자 할 경우에는 간단히 이 목록 중 원하는 항목을 선택하여 언제든지 워크시트 화면으로 불러올 수 있다.

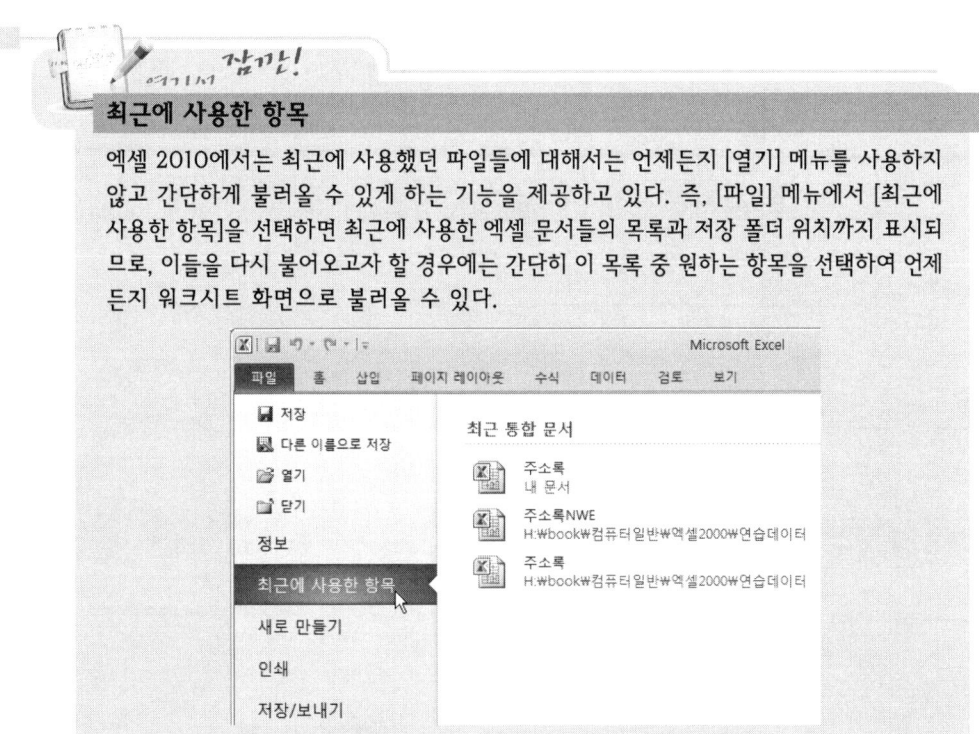

Step 01 엑셀 작업창의 [닫기] 단추를 누른다.

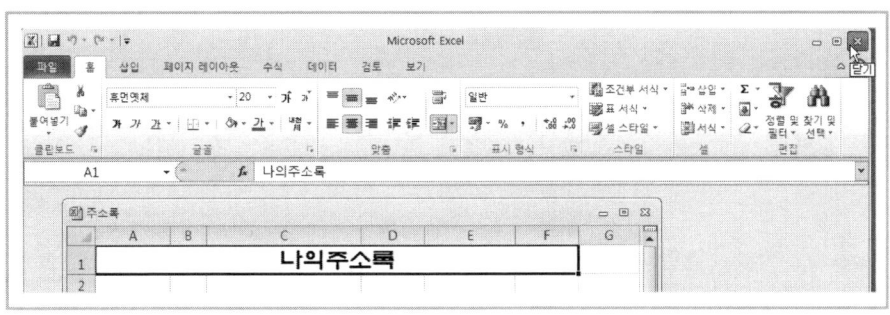

Step 02 또는 [파일] → [끝내기] 또는 단축키 Alt+F4키를 누른다.

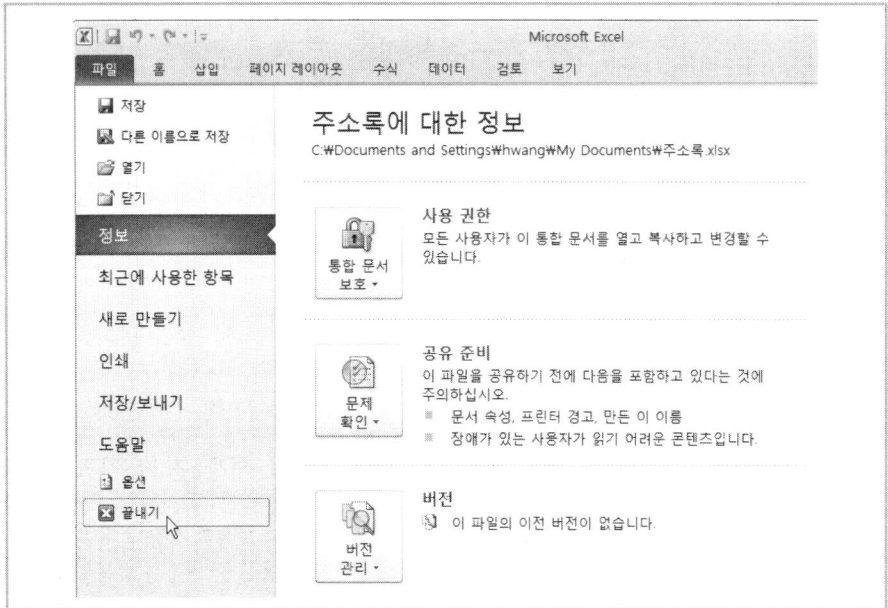

Chapter 2

부록 파일 성적표.xlsx

성적표 만들기
- 간단한 수식 계산하기

Excel 2010

엑셀을 사용하는 가장 큰 목적 중의 하나는 바로 복잡한 계산을 자동으로 해결해 주는 엑셀의 수식 기능일 것이다.
사실상 전자계산기를 사용할 경우에는 한번의 계산을 위해 최소 계산기를 2번 정도는 두들겨 보아야 하는 것이 원칙이다.
이것은 계산 결과에 오류가 있을 것에 대비하여 반드시 검증을 해야 하기 때문이다.
뿐만 아니라 그 검증 결과가 다르다면 다시 한번 계산기를 두들겨야 하지만, 엑셀에서는 입력된 수치들을 항상 화면으로 확인할 수 있으므로, 수치들만 정확히 입력되어 있다면 계산 결과에 대해서는 걱정할 필요가 없다.
특히 엑셀에서는 간단한 사칙연산에 대해서는 수식으로 입력할 수도 있으므로 계산상의 오류를 걱정할 필요가 없다.
이 장에서는 엑셀의 수식 기능들을 이용하여 간단한 성적표를 작성해 보기로 한다.

Excel 2010

1. 내용 입력하기

아무리 뛰어난 계산 기능을 지닌 엑셀이라고 하더라도, 아무런 내용을 입력하지 않았는데 자동으로 계산을 처리할 수는 없다. 여기에서는 먼저 성적표의 기본 틀에 사용될 내용들을 입력해 보도록 하자.

Step 01 다음 화면과 같이 성적표에서 사용할 각 항목들의 이름을 입력한다.

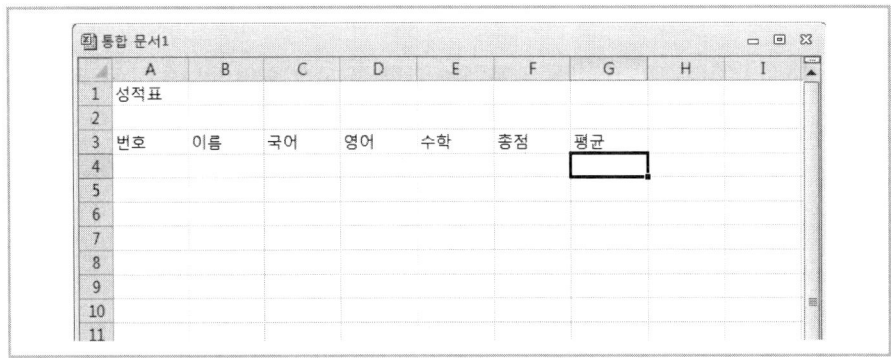

Step 02 [A1]에서 [G1]까지의 범위를 마우스 드래그로 지정한 뒤, 도구모음 바에서 [병합하고 가운데 맞춤] 단추를 눌러, 제목을 시트의 중간에 위치시킨다.

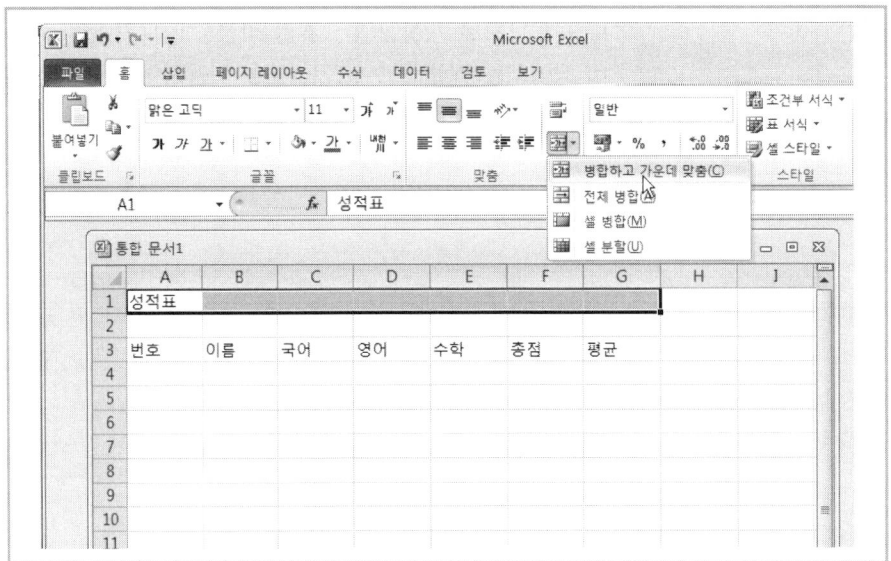

Step 03 제목을 중간에 위치시켰다면, 이제 각 필드 항목들이 각각의 셀 중앙에 위치하도록 한다. [A3]부터 [G3]까지의 범위를 마우스 드래그로 지정한 다음, [가운데 맞춤] 단추를 누른다.

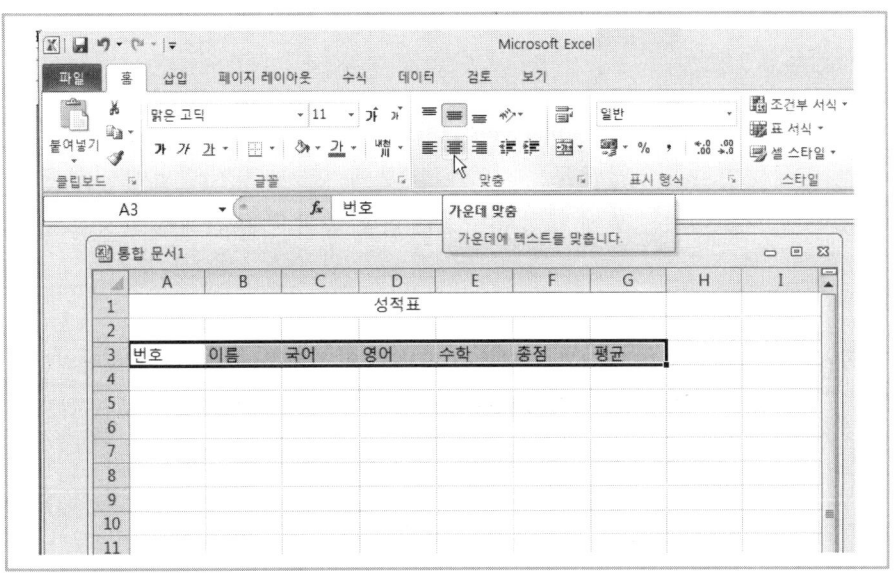

Step 04 항목 이름들이 각 셀의 중앙에 위치하였다면, 이번에는 각 항목 이름들 중간에 공백을 삽입해서 보기 좋게 만든다. 여기서는 앞에서 설명한 한 글자씩 수정하기 방법으로 공백을 삽입한다.

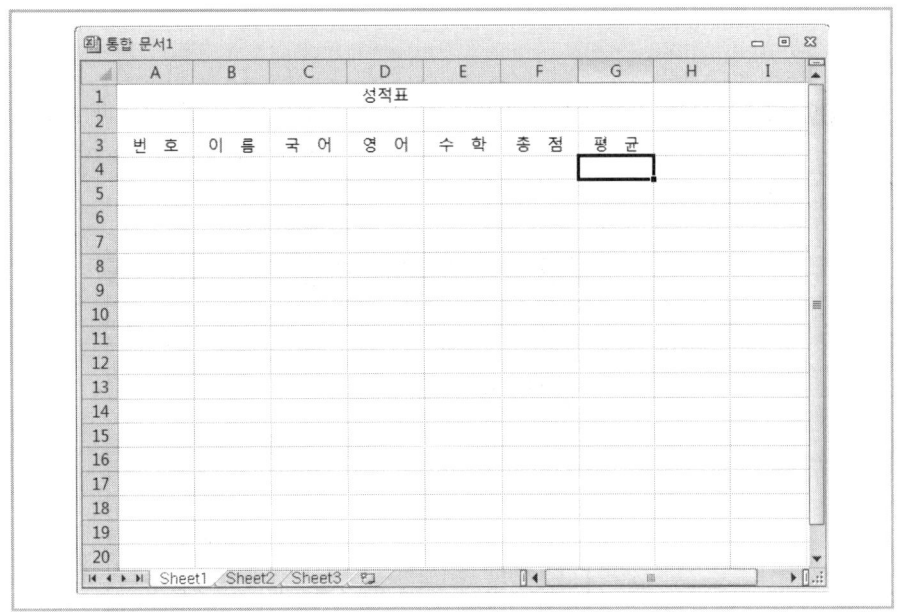

2. 한자 입력하기

엑셀에서는 워드프로세서처럼 다양한 한글 글꼴 외에도 한자 입력을 지원하고 있으므로, 이번에는 한자를 입력해 보도록 하자. 엑셀에서는 두 가지 방법에 의해 한자를 입력할 수 있는데, 여기에서는 셀에 입력되어 있는 한글 음의 단어 전체를 한자로 변환해 보도록 하자.

Step 01 한자로 변환할 단어가 입력되어 있는 셀을 선택한다. 단, 한자를 입력하기 위해서는 반드시 해당 셀을 더블클릭해 주어야 한다. 여기에서는 [A1] 셀을 선택하였다.

Step 02 키보드에서 [한자]키를 누르면 다음과 같이 [한글/한자 변환] 대화상자가 나타난다. 화면에 표시되는 한자 목록에서 원하는 한자의 모양을 선택한 뒤, [변환] 단추를 누른다.

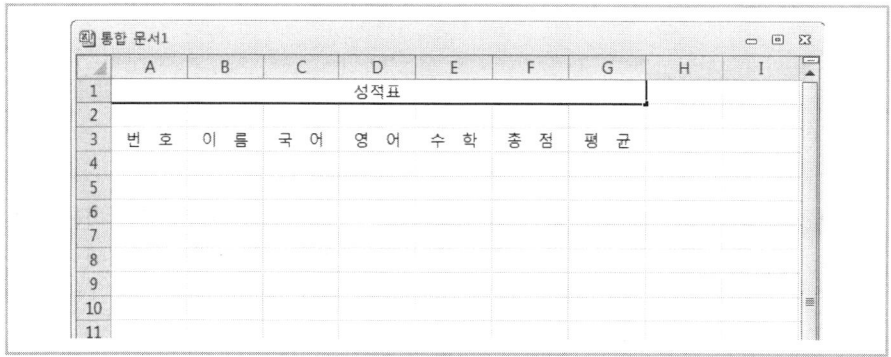

Step 03 앞에서 선택한 한자가 해당 셀에 표시되는 것을 볼 수 있다.

Step 04 입력된 한자가 정확하다면 [Enter↵]키를 눌러 [A1] 셀에 한자를 등록시킨다. 만약 입력된 한자가 틀리다면 [Esc]키나 실행 취소 버튼 을 눌러 그 한자의 입력을 취소할 수도 있다.

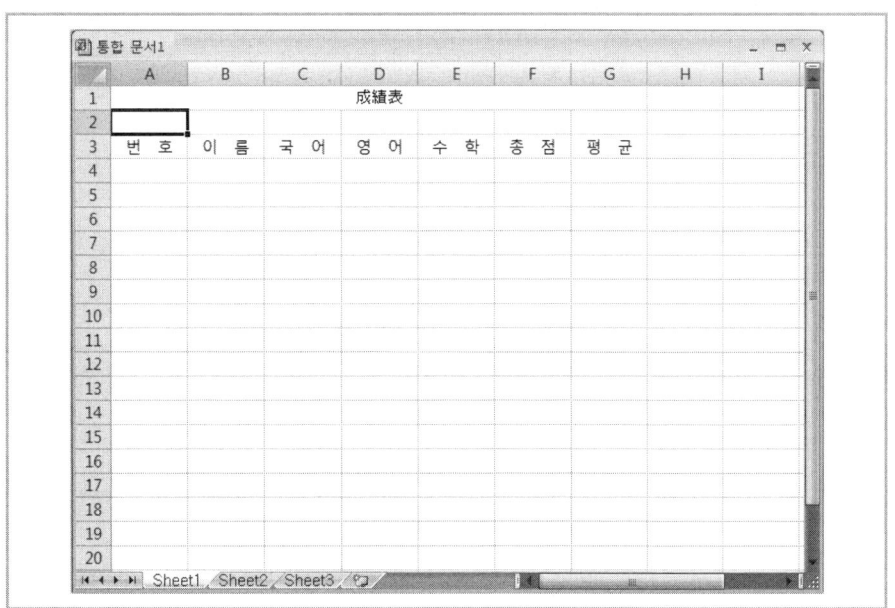

엑셀의 한자 입력

엑셀에서는 크게 두 가지 방법에 의해서 한자를 입력할 수 있는데, 그 하나는 앞에서 다룬 것과 같이 입력되어 있는 내용을 사용해서 한 단어씩 한자로 변환하는 방법이고, 다른 하나는 한 글자씩 한자로 변환하는 방법이다.

❶ 입력할 한자의 음을 한글로 입력한 후 키보드의 [한자]키를 누르면 해당 글자에 대한 한자 목록이 표시된다.

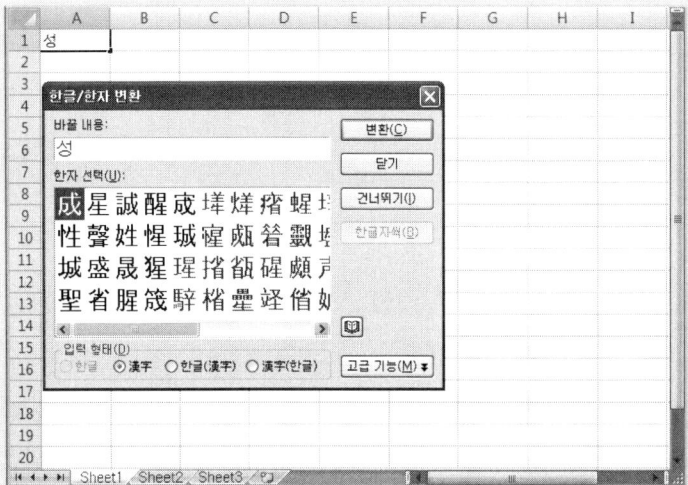

❷ 여기에서 입력할 한자의 모양을 선택한 후 [변환] 버튼을 클릭한다.

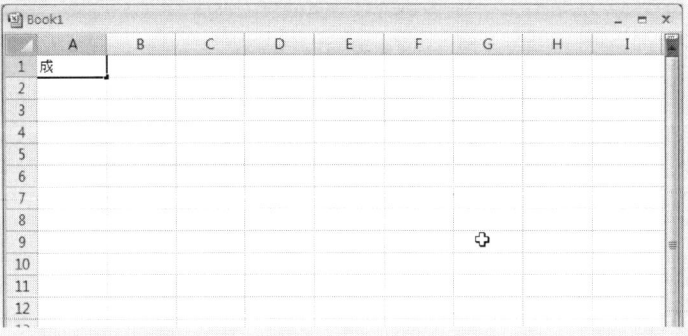

3. 자동 채우기로 번호 입력하기

이번에는 각 학생들의 번호를 자동으로 입력해 보자.

성적표를 만들기 위해서는 필연적으로 학생들의 일련번호를 입력해야 하는데, 엑셀에서는 이렇게 연속적으로 부여되는 데이터들에 대해서는 자동으로 입력할 수 있는 기능을 제공하고 있다. 이런 기능을 자동 채우기라고 하는데, 자동 채우기 기능을 이용하여 학생들의 번호를 입력해 보자.

Step 01 [A4] 셀에 [1번]이라고 입력하고 Enter키를 누른다.

Step 02 다시 [A4] 셀을 선택한다.

Step 03 마우스 포인터를 셀 포인터의 오른쪽 아래의 코너부분으로 이동시킨다. 이때 마우스 포인터의 모양이 얇은 십자 모양으로 바뀌어야 한다.

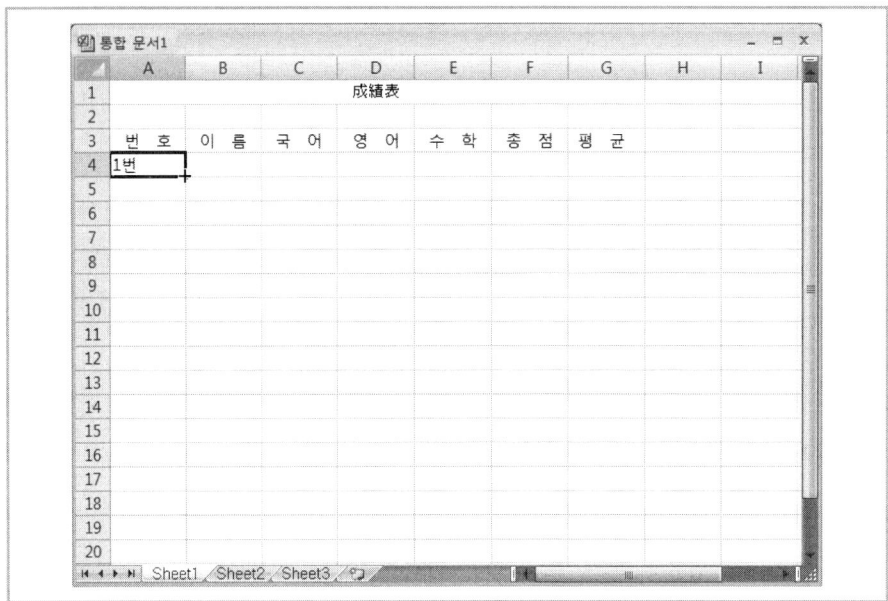

Step 04 마우스를 [A13] 셀까지 드래그 한다.

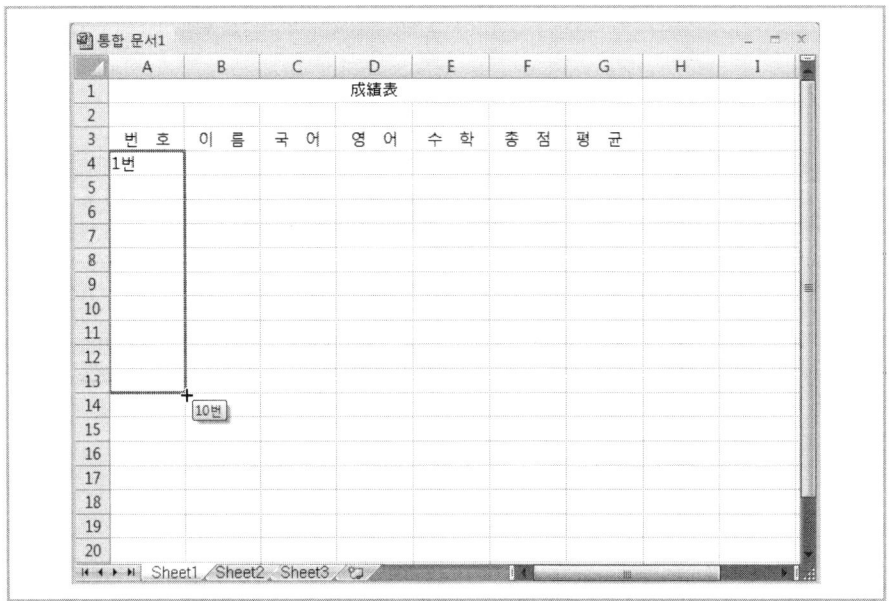

Step 05 마우스 단추에서 손을 떼면 1번부터 10번까지의 내용이 자동으로 입력된다. 여기서는 1번에서 10번까지만 자동 채우기를 하였지만, 원한다면, 100번, 1,000번까지도 자동 채우기를 할 수 있다.

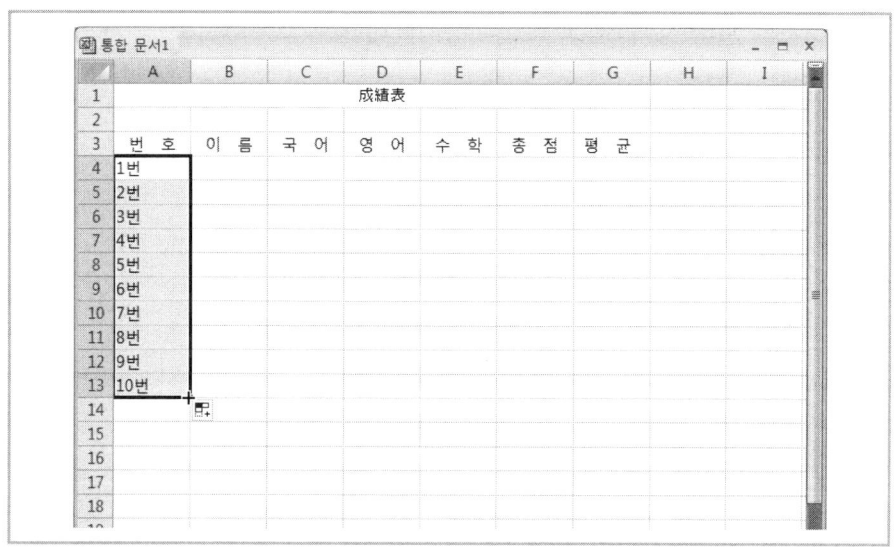

Step 06 [서식] 도구모음의 [가운데 맞춤] 단추를 눌러서 이 내용들을 셀 가운데 정렬시킨다.

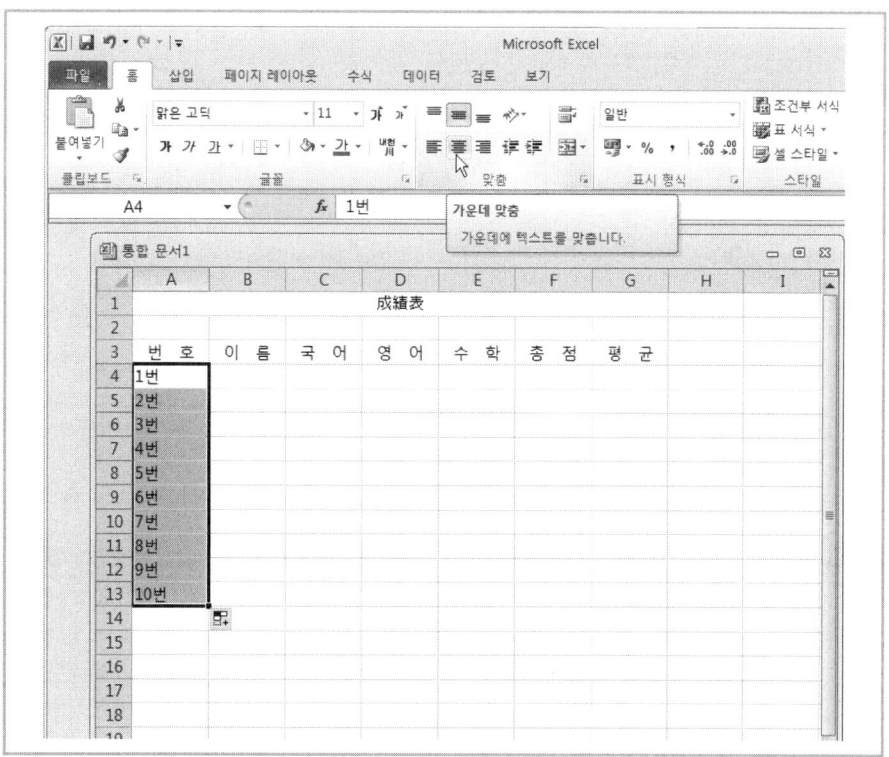

Step 07 각 셀의 내용들이 셀의 가운데 정렬된 것을 볼 수 있다. 아무 셀이나 하나를 선택해서 범위를 해제한다.

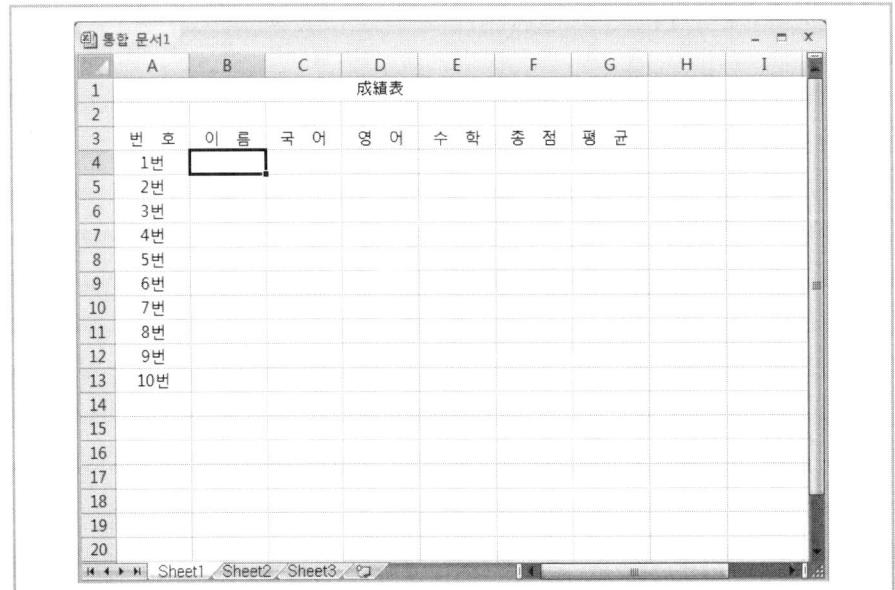

4. 행/열 너비값 지정하기

앞에서는 열의 너비 값을 자동으로 조절하는 방법에 대해서만 알아보았다. 하지만 엑셀에서는 입력된 내용의 너비 값과는 관계없이 원하는 크기의 행/열 너비값을 지정할 수 있는 방법도 지원하고 있다. 일반적으로 엑셀의 기본적인 행 높이는 입력되는 내용에 비해서 여백이 작게 지정되어 있으므로, 인쇄해 보면 별로 보기에 좋지 않은 모습으로 나타난다.

이번에는 엑셀의 워크시트를 인쇄할 때 좀 더 보기 좋은 모습으로 만들기 위해 내용이 입력되어 있는 셀들의 행 높이를 늘려 좀 더 넓게 지정하는 방법에 대해 알아보기로 하자.

엑셀에서는 일반적으로 행이나 열의 너비값을 지정하는 방법으로 두 가지 방법을 지원하고 있는데, 한 가지는 입력상자에서 셀의 행이나 열을 지정하는 것이며, 다른 하나는 간단히 마우스로 행이나 열을 늘리거나 줄이는 방법이다.

입력 상자를 사용해서 지정하기

여기에서는 먼저 입력 상자를 사용해서 행/열의 너비값을 지정하는 방법에 대해 알아본다.

Step 01 행 머리글 [2]에 마우스 포인터를 위치시킨다.

Step 02 마우스를 드래그해서 [2]에서 [13] 행을 범위로 지정한다.

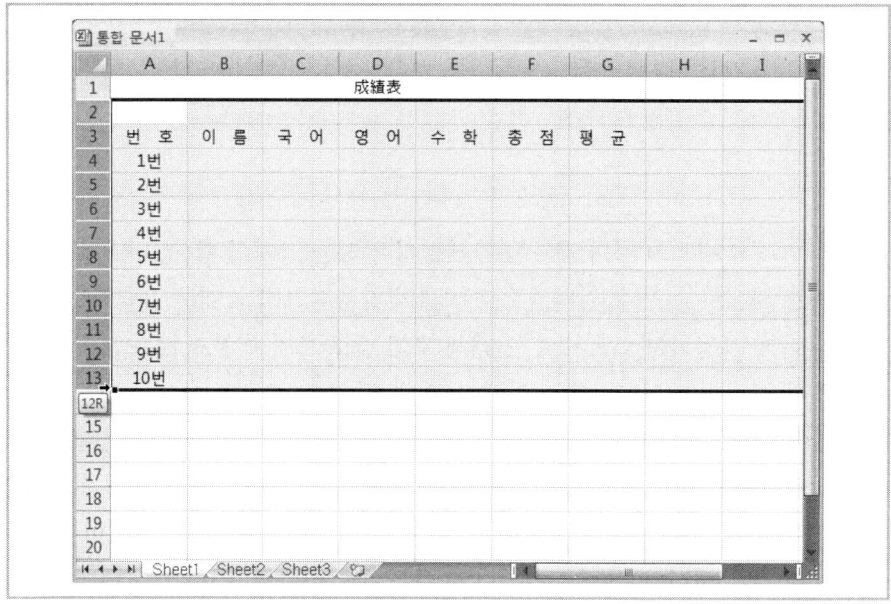

Step 03 행 머리글의 위쪽에서 마우스 오른쪽 단추를 클릭하면 다음과 같이 [바로 가기] 메뉴가 나타난다.

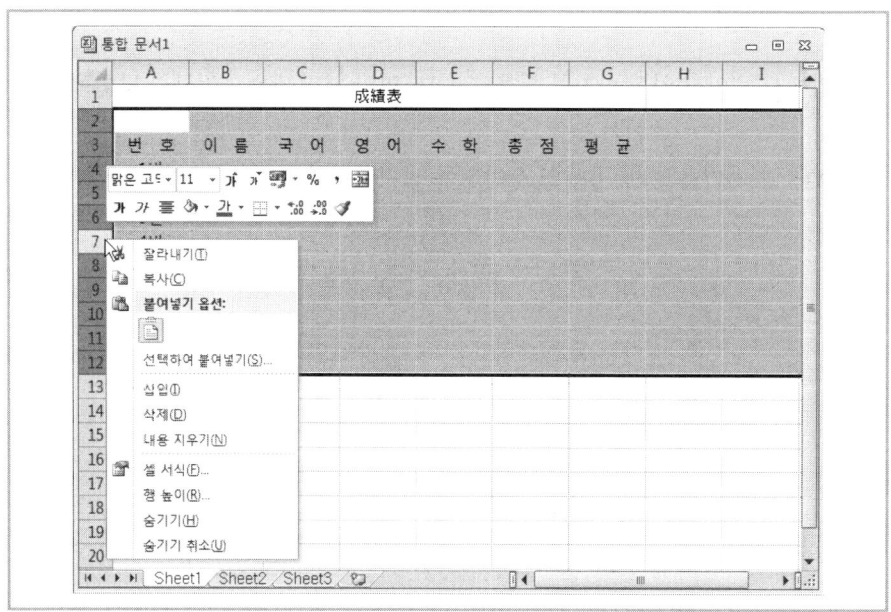

Step 04 [바로 가기] 메뉴에서 [행 높이]를 선택한다.

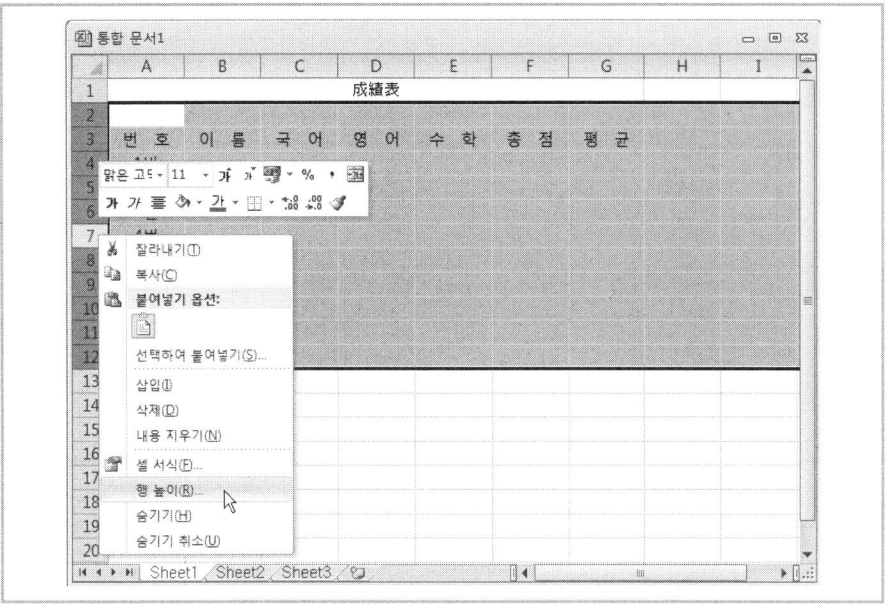

Step 05 다음과 같이 [행 높이] 입력상자가 나타나면 [행 높이]에 [18]이라고 입력하고, [확인] 단추를 클릭한다.

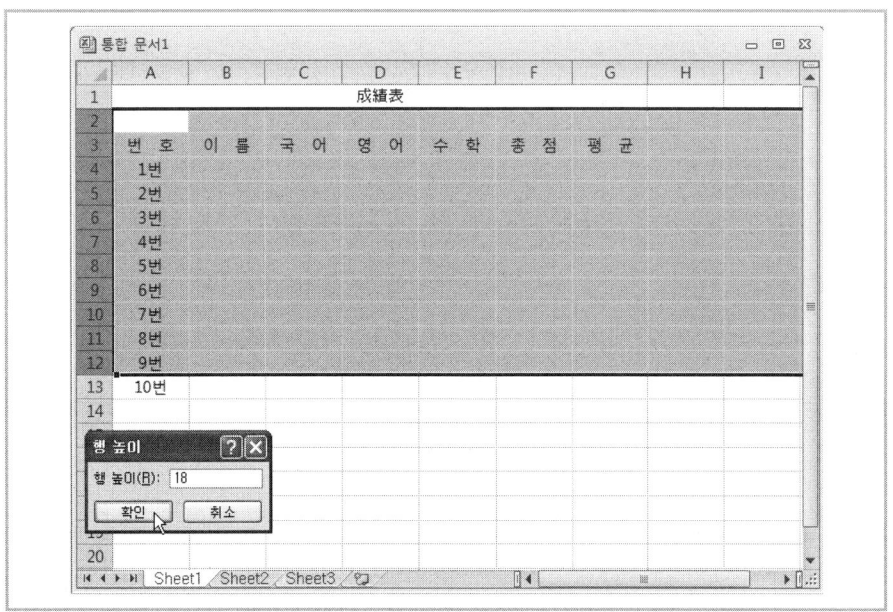

Step 06 앞에서 지정한 [행 높이 18]로 지정 범위 내에 있는 셀들의 높이가 조정된 것을 확인할 수 있다.

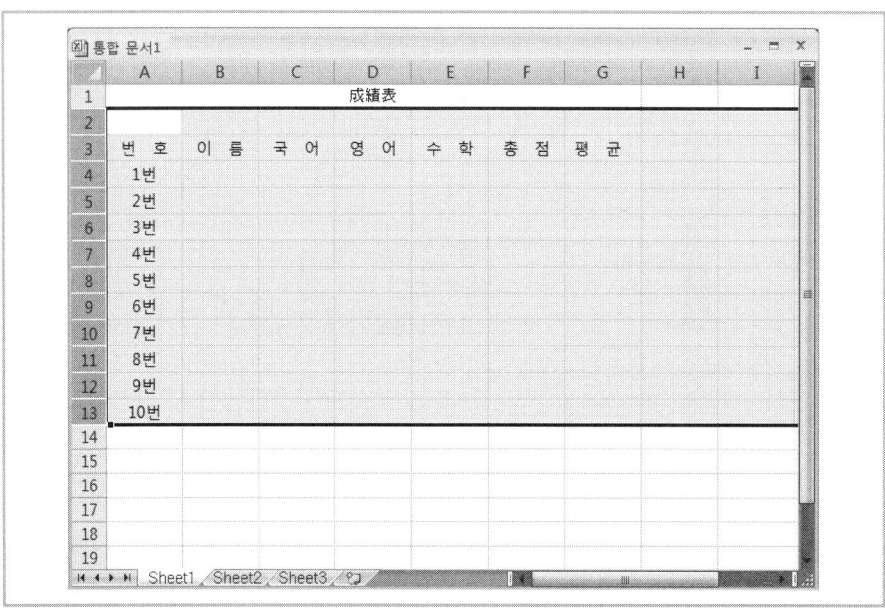

Step 07 워크시트에서 임의의 셀을 선택하면 앞에서 지정한 범위가 해제된다.

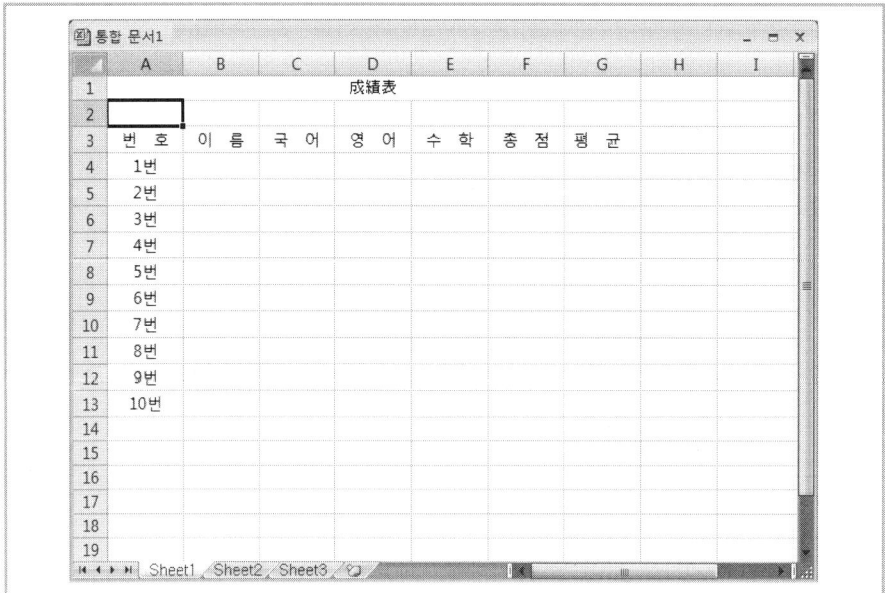

마우스 드래그에 의한 지정

엑셀에서는 간단히 행/열 머리글의 경계 부분을 마우스로 드래그해서 행이나 열의 너비 값을 지정할 수도 있다. 이것은 앞에서 입력상자를 이용하여 수치값을 입력하는 것과는 달리 행이나 열의 너비값을 각 셀에 정확하게 지정할 수는 없지만, 매우 편리하다.

Step 01 [A1] 셀을 선택한다.

Step 02 다음 화면과 같이 [A1] 셀의 글꼴(휴먼옛체)과 글꼴 크기(24)값을 지정한다.

Step 03 마우스 포인터를 행 머리글 [1]의 아래쪽 경계에 위치시킨다.

Step 04 마우스를 아래쪽으로 천천히 드래그해서 행의 높이 값이 [36]이 되도록 한다. 이때 마우스를 아래쪽으로 잡아끌면 화면에서처럼 마우스 이동에 따른 높이값의 수치가 나타나므로, 원하는 수치값이 나타날 때 마우스에서 손을 떼면 된다.

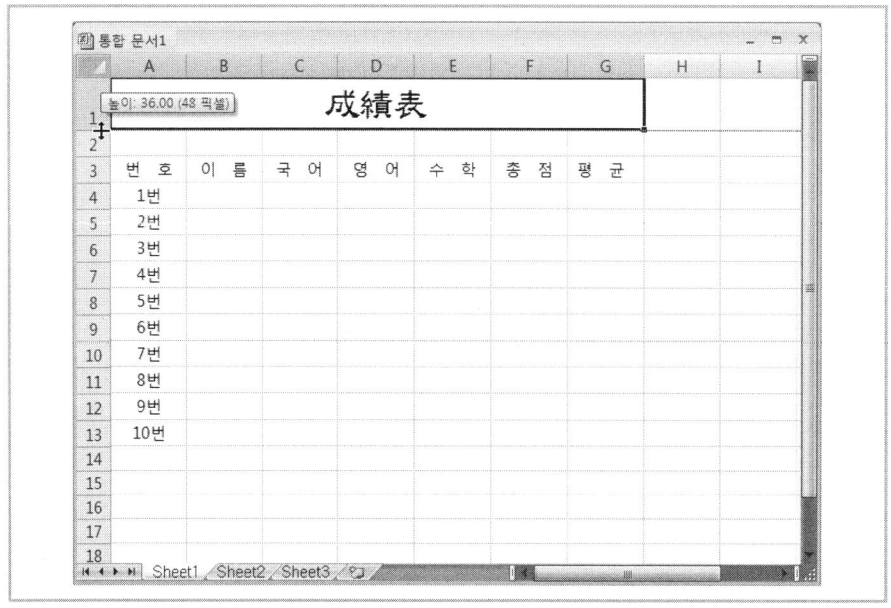

Step 05 마우스 버튼에서 손을 떼면 새로운 높이 값이 적용된다.

5. 세로 방향의 맞춤 형식 지정하기

앞에서 입력된 내용은 셀의 아래쪽에 정렬되어 있다. 이번에는 입력해 놓은 모든 내용을 세로 방향으로 중앙에 정렬되도록 지정해 보자. 세로 방향의 맞춤 형식을 지정하려면 [셀 서식] 대화상자를 사용해야 한다.

Step 01 행 머리글 [1]에 마우스 포인터를 위치시킨다.

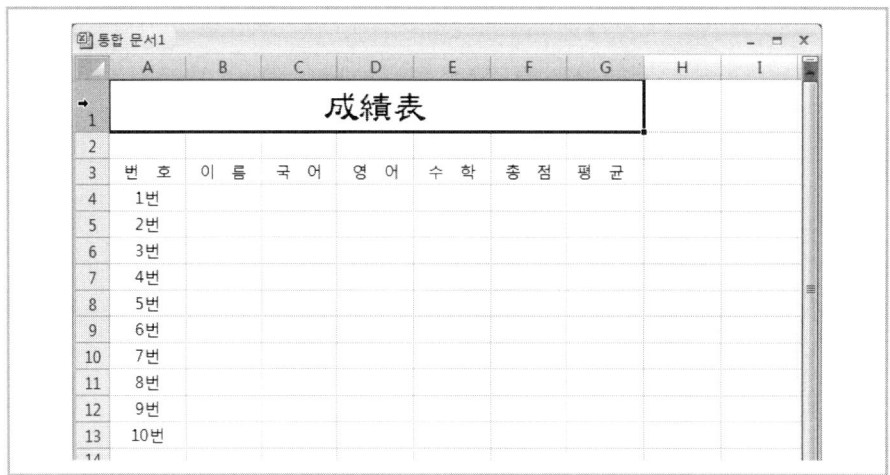

Step 02 마우스 포인터를 행 머리글에[1]서부터 [13]까지 드래그해서 범위로 지정한다.

Step 03 행 머리글 위에서 마우스 오른쪽 단추를 클릭하면 다음과 같이 [바로 가기] 메뉴가 나타난다.

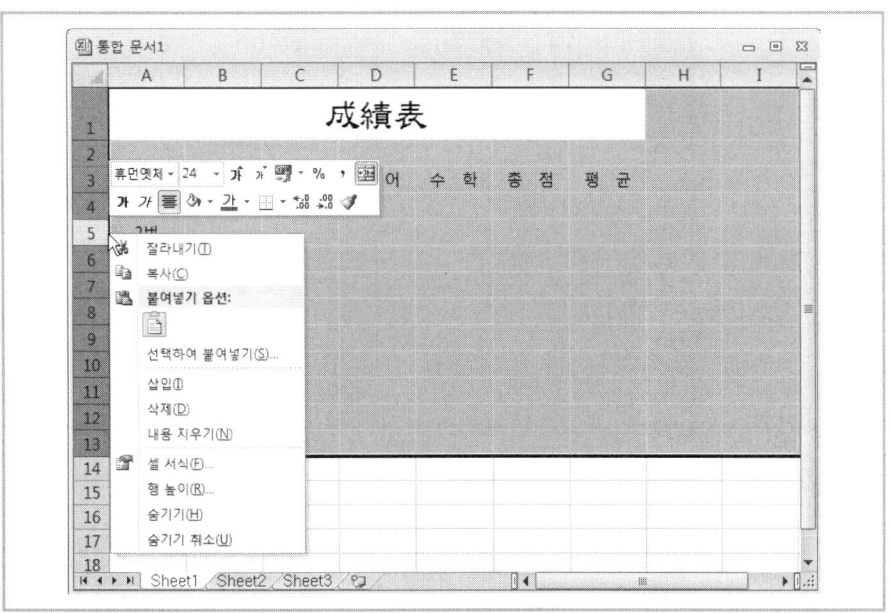

Step 04 [바로 가기] 메뉴에서 [셀 서식] 메뉴 항목을 선택한다.

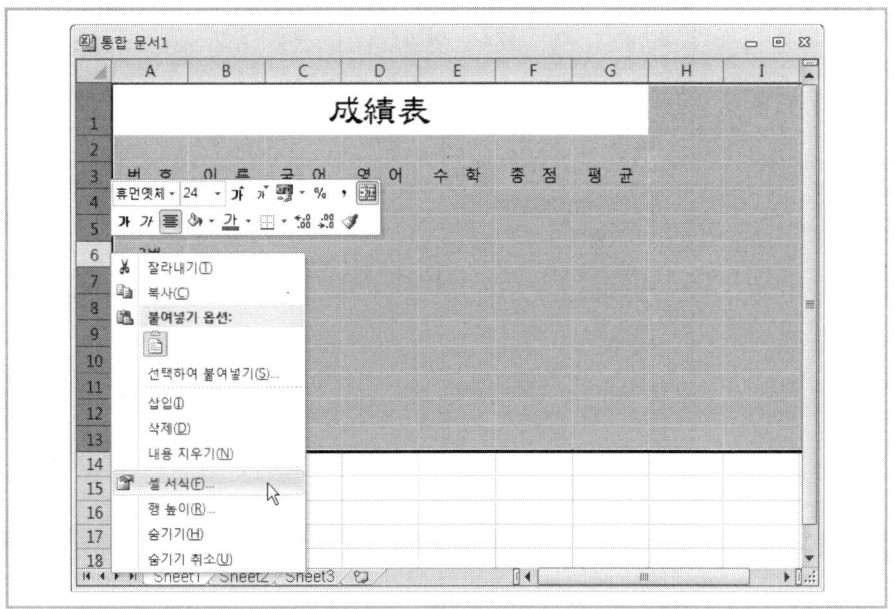

Step 05 다음과 같이 [셀 서식] 대화상자가 표시되면 두 번째의 [맞춤] 탭을 클릭한다.

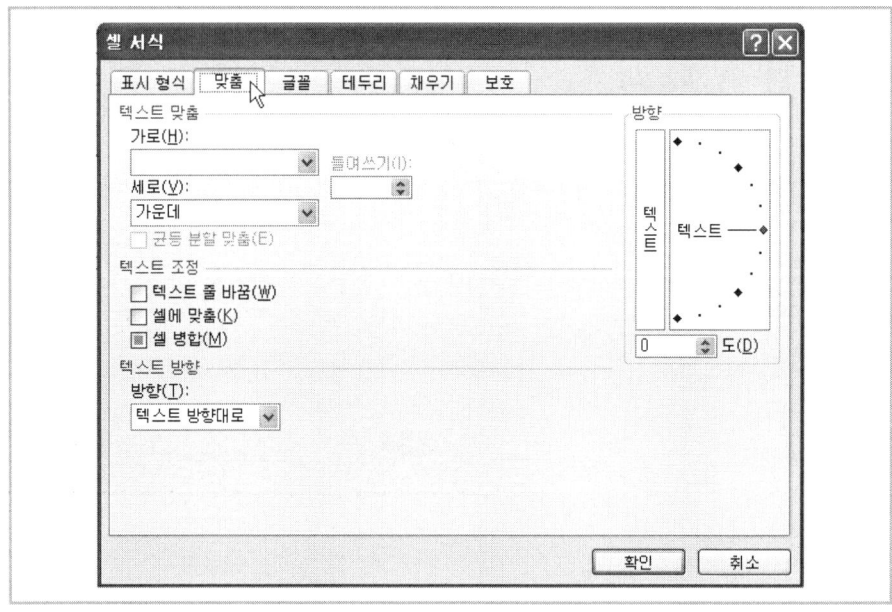

Step 06 [세로 방향의 맞춤 형식] 목록에서 [가운데]를 선택한다.

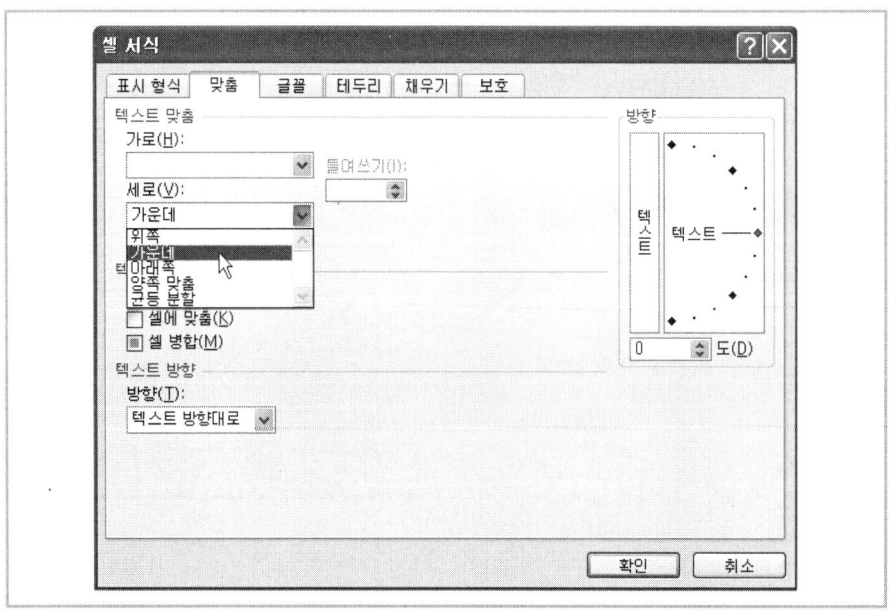

Step 07 [확인] 단추를 누른다.

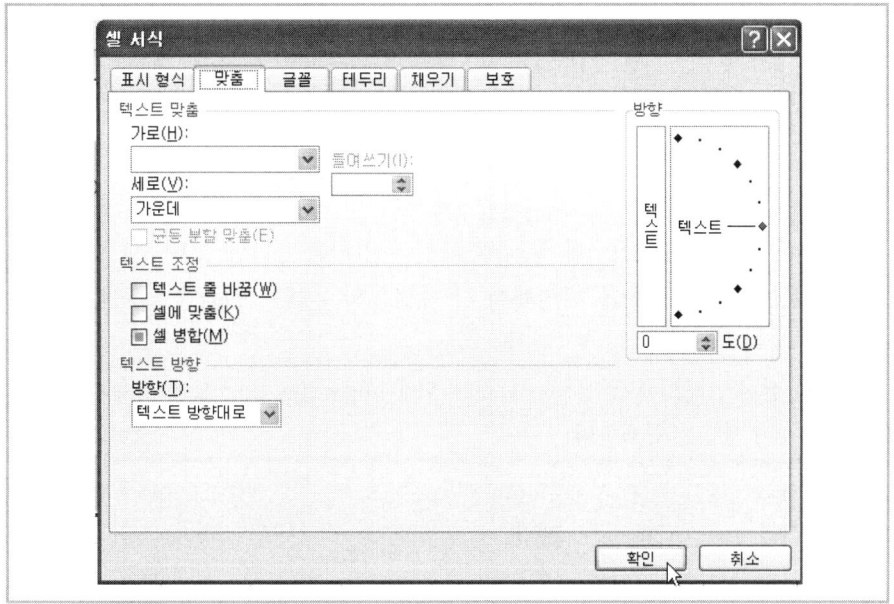

Step 08 아무 셀이나 하나를 선택해 범위를 해제한다. 선택한 행에 입력되어 있는 모든 내용들이 각 셀의 세로 방향으로 중앙에 정렬된 것을 확인할 수 있다.

6. 기본 내용 입력하기

이번에는 키보드의 Enter 키를 누를 때마다 셀 포인터가 한 칸씩 오른쪽으로 이동하도록 해보자. 엑셀은 Enter 키를 눌러 셀 포인터를 이동시킬 수 있다. 셀 포인터의 이동방향을 지정한 뒤, 입력 범위를 지정해서 각 학생들의 이름과 성적을 입력해 보도록 하자.

Step 01 셀 포인터의 이동 방향을 바꾸기 위해 [빠른 실행 도구 모음 사용자 지정] → [기타 명령] 메뉴를 선택한다.

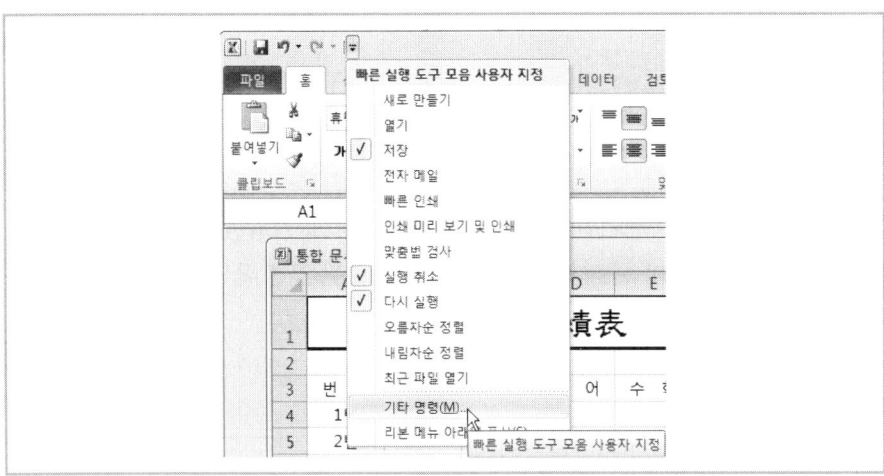

Step 02 [Excel 옵션] 대화상자가 표시되면 [고급] 탭을 클릭한다.

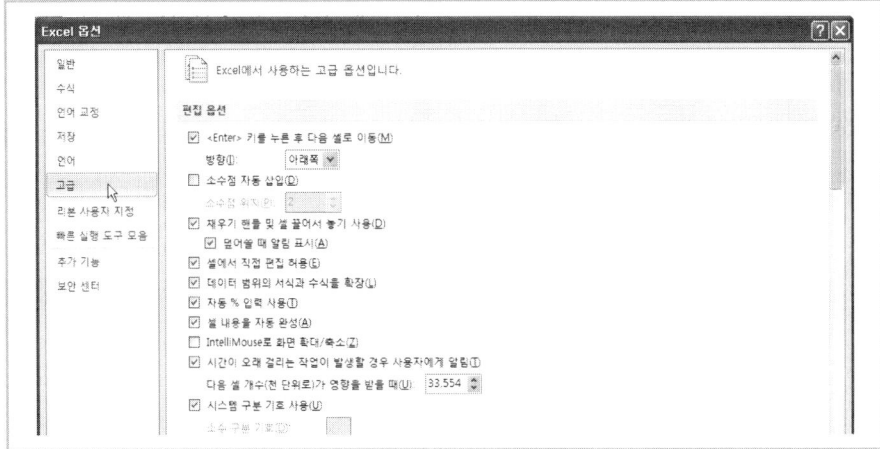

Chapter 성적표 만들기 – 간단한 수식 계산하기

Step 03 [〈Enter〉키를 누른 후 다음 셀로 이동] 옵션의 [방향] 목록에서 [오른쪽]을 선택한다.

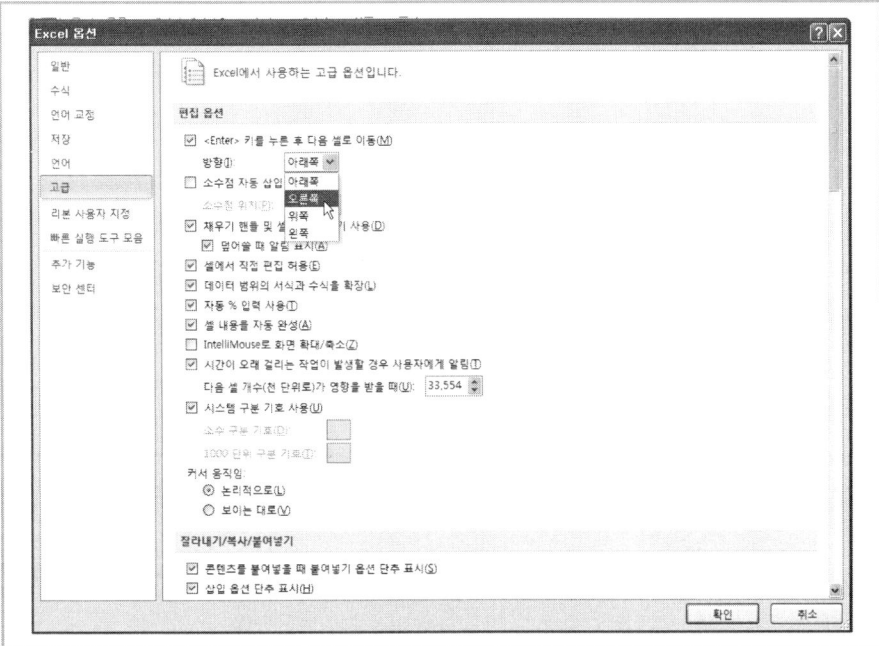

Step 04 [확인] 단추를 눌러 지정한 이동 방향을 등록시킨다.

Step 05 마우스를 드래그해서 [B4]에서 [E13] 셀을 범위로 지정한다.

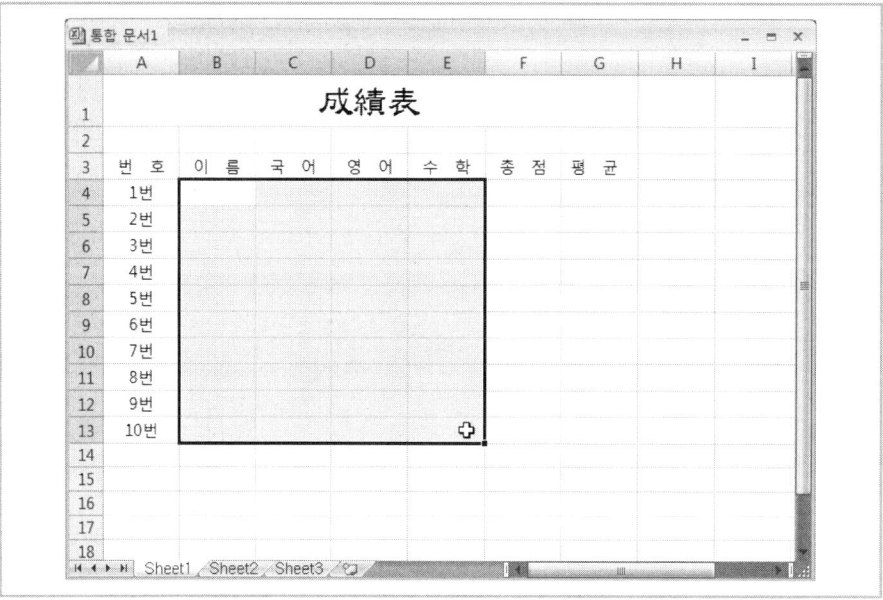

Step 06 [B4] 셀에 [강감찬]이라고 입력하고 Enter 키를 누른다.

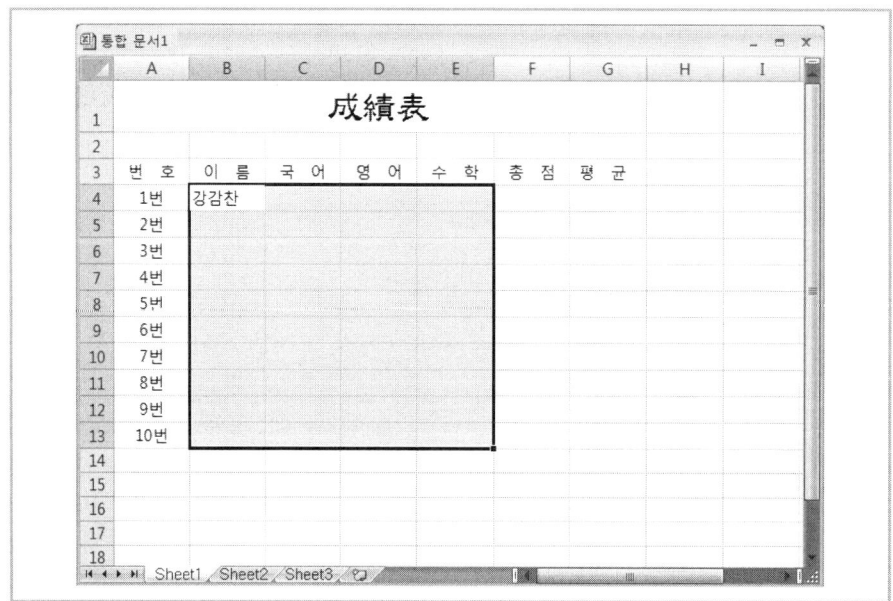

Step 07 셀 포인터가 자동적으로 한 칸 오른쪽으로 이동된 것을 알 수 있다.

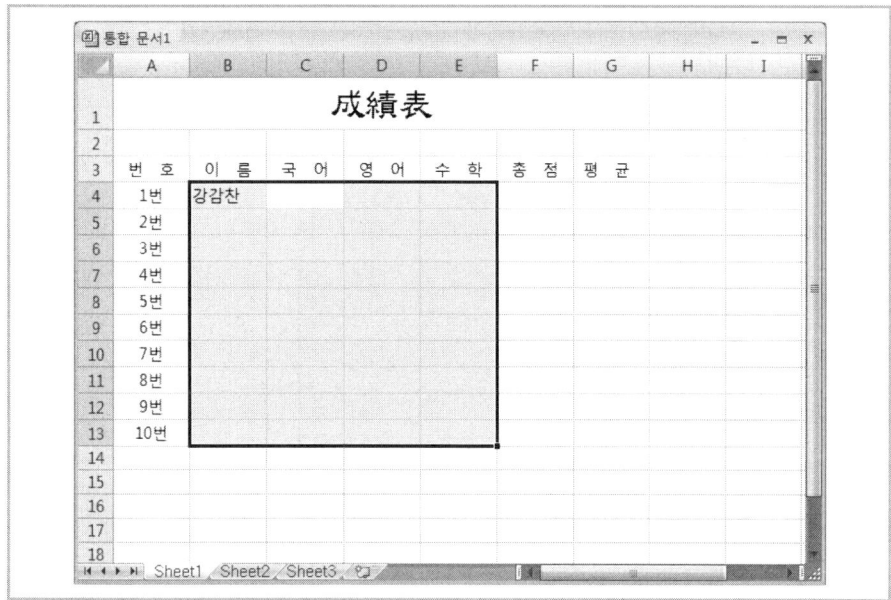

Step 08 같은 방법으로 1번 학생의 성적을 입력한다.

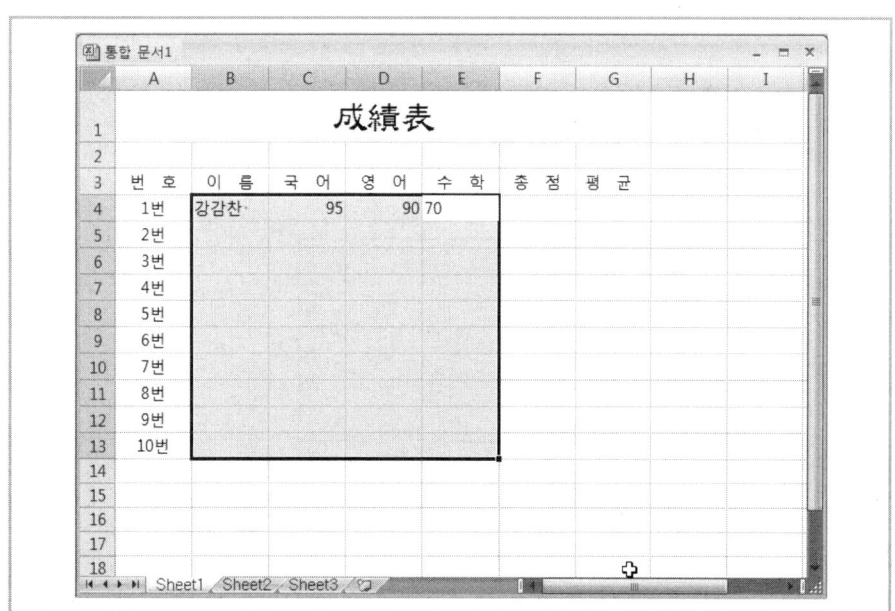

Step 09 [E4] 셀의 내용을 입력하고 Enter 키를 누르면 셀 포인터가 [A5] 셀로 이동한다.

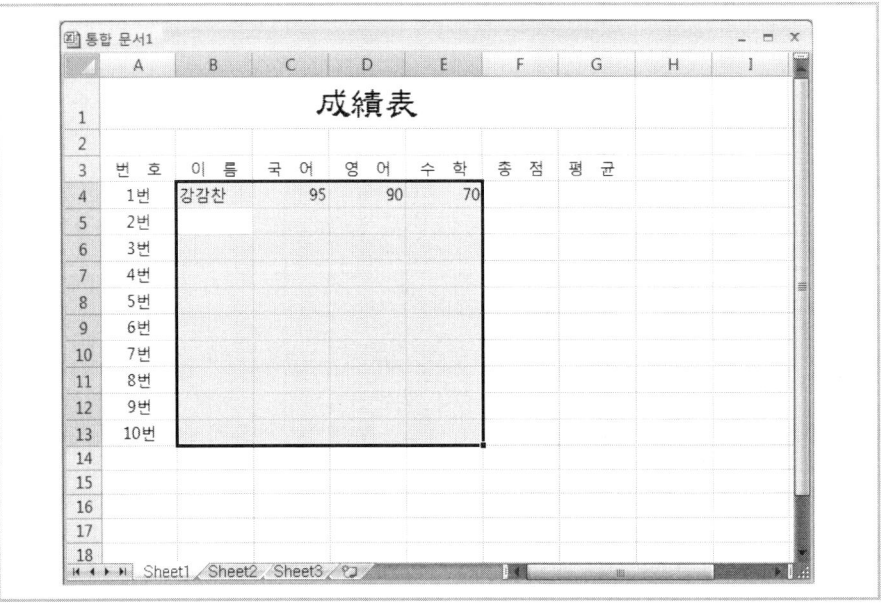

Step 10 다음 화면을 참고해서 나머지 셀의 내용들을 차례로 입력한 뒤, 아무 셀이나 하나를 선택해서 범위를 해제한다.

7. 수식 입력하기

엑셀에서 입력된 수치데이터들을 사용하면 아무리 복잡한 계산이라도 쉽고 빠르면서도 정확하게 계산해 낼 수 있다. 엑셀에서는 일반적으로 두 가지 방법에 의해 수식을 입력할 수 있는데, 하나는 수식에 직접 셀 주소를 입력하는 방법이며, 다른 하나는 마우스 클릭만으로 간단히 연산자를 입력하는 방법이다.

이번에는 엑셀의 수식 기능중 덧셈 기능을 사용해서 학생들의 총점을 구하는 방법을 익혀 보도록 하자.

셀 주소 입력으로 수식 입력하기

먼저 수식에 직접 셀 주소를 입력하는 방법을 사용해서 학생들의 총점을 구해 보도록 한다. 여기서는 1번 학생의 총점을 구하는 수식을 작성해 보자. 단, 엑셀에서는 모든 수식의 앞에 등호(=) 표시를 입력해 주어야 한다.

Step 01 수식을 입력할 [F4] 셀을 선택한다.

	A	B	C	D	E	F	G
1			成績表				
2							
3	번 호	이 름	국 어	영 어	수 학	총 점	평 균
4	1번	강감찬	95	90	70		
5	2번	장보고	80	85	65		
6	3번	유관순	75	80	65		
7	4번	이율곡	80	70	60		
8	5번	윤봉길	80	90	75		
9	6번	이사부	85	80	75		
10	7번	이완용	70	60	80		
11	8번	홍길동	85	95	90		
12	9번	심순애	90	70	65		
13	10번	성춘향	60	80	90		

Step 02 [F4] 셀에 총점을 나타내기 위해 [F4] 셀에 마우스 포인터를 위치시키고, 먼저 등호(=) 표시를 입력한다. 엑셀의 모든 수식에는 반드시 등호 표시가 선행되어야 한다.

Step 03 국어, 영어, 수학의 점수를 더하기 위해 각 셀의 주소와 덧셈 연산자를 이용하여 [C4+D4+E4]와 같이 입력한다.

Chapter 2 성적표 만들기 – 간단한 수식 계산하기

Step 04 Enter↵ 키를 누르면 입력한 수식의 결과값이 표시된다.

[성적표 스프레드시트 화면: 강감찬 95 90 70 255 등의 데이터]

여기서 잠깐!

셀 주소 입력에 의한 수식 작성하기

엑셀에서 수식을 입력하는 방법은 의외로 간단하다. 계산된 값이 표시될 셀의 맨 앞쪽에 등호[=]를 입력한 뒤, 계산할 값이 입력되어 있는 셀의 주소와 연산자들을 사용해서 수식을 작성하기만 하면 된다.

예) =A3+B4-C5

이 수식은 [A3] 셀에 입력되어 있는 값에 [B4] 셀의 값을 더한 뒤, [C5] 셀의 내용을 뺀 결과 값을 구하는 것이다.

Excel 2010
연산자 입력과 마우스 클릭에 의한 입력

엑셀을 처음 사용하는 사람들의 경우에는 각 셀의 주소 값을 빨리 찾을 수 없기 때문에, 앞에서 사용한 방법을 사용하면 잘못된 수식을 입력하게 되는 경우가 굉장히 많다. 엑셀에서는 이런 문제를 해결하기 위해서, 마우스 클릭만으로도 계산에 사용할 셀의 주소를 입력할 수 있도록 지원하고 있다.

Step 01 1번 학생의 평균을 구하는 수식을 입력할 [G4] 셀을 선택한다.

Step 02 평균값을 구하기 위해서는 먼저 총점으로 사용할 각 점수들을 더한 뒤, 3으로 나누어야 하기 때문에 등호[=]와 소괄호[(]를 입력한다. 이 소괄호 표시는 연산자의 사용 규칙에 의한 것으로, 연산 규칙에 의해 덧셈보다 곱셈을 먼저 하지 않고, 덧셈을 모두 한 뒤, 곱셈을 하기 위한 것이다. 당연히 덧셈이 끝나는 위치에서 괄호를 닫아 주어야 한다.

Step 03 마우스 포인터로 [C4] 셀을 클릭하면, 다음 화면처럼 클릭한 셀의 주소가 수식에 입력된 것을 볼 수 있다.

Step 04 다시 덧셈(+) 기호를 입력하고, 다음에 더할 셀을 마우스로 지정해준다. 이런 식으로 [E4] 셀까지 지정하여 다음과 같이 수식을 입력한다.

Step 05 덧셈 연산이 끝났으므로 괄호를 닫은 다음, 나눗셈 연산자 [/]과 [3]을 입력한다.

Step 06 Enter↵ 키를 누르면, 다음 화면처럼 1번 학생의 평균값이 나타나는 것을 확인할 수 있다.

수식에 연결된 셀 값의 변화에 따른 결과 값

수식에 연결되어 있는 셀의 값이 변경되면 그 셀의 값을 사용하는 수식의 결과 값도 자동으로 변경된다.

8. 수식의 자동 채우기

앞에서 학생의 번호를 자동으로 입력했던 것과 같이 총점과 수식을 입력하는 수식 역시 자동 채우기를 통해 자동으로 입력할 수 있다.

Step 01 수식이 입력되어 있는 [F4]와 [G4] 셀을 범위로 지정한다.

Step 02 마우스 포인터를 셀 포인터의 오른쪽 아래의 코너점에 위치시킨다. 이때 마우스 포인터의 모양이 얇은 십자 모양이어야 한다.

Step 03 마우스 왼쪽 단추를 누른 상태에서 마우스를 [G13] 셀까지 드래그 한다.

번호	이름	국어	영어	수학	총점	평균
1번	강감찬	95	90	70	255	85
2번	장보고	80	85	65		
3번	유관순	75	80	65		
4번	이율곡	80	70	60		
5번	윤봉길	80	90	75		
6번	이사부	85	80	75		
7번	이완용	70	60	80		
8번	홍길동	85	95	90		
9번	심순애	90	70	65		
10번	성춘향	60	80	90		

Step 04 마우스 왼쪽 단추에서 손을 떼면 모든 학생의 총점과 평균값이 구해진 것을 확인할 수 있다.

번호	이름	국어	영어	수학	총점	평균
1번	강감찬	95	90	70	255	85
2번	장보고	80	85	65	230	76.66667
3번	유관순	75	80	65	220	73.33333
4번	이율곡	80	70	60	210	70
5번	윤봉길	80	90	75	245	81.66667
6번	이사부	85	80	75	240	80
7번	이완용	70	60	80	210	70
8번	홍길동	85	95	90	270	90
9번	심순애	90	70	65	225	75
10번	성춘향	60	80	90	230	76.66667

Step 05 만약 앞의 화면에 표시된 평균값처럼 소수점 이하의 자릿수들이 전부 다르게 표시되는 경우, 소수점의 자릿수를 1자리까지만 표시되도록 하기 위해서 [자릿수 줄임] 단추를 계속해서 클릭한다. 이것은 소수점 둘째자리의 값을 반올림해서 소수점 첫째자리까지의 점수만 화면에 표시해 준다.

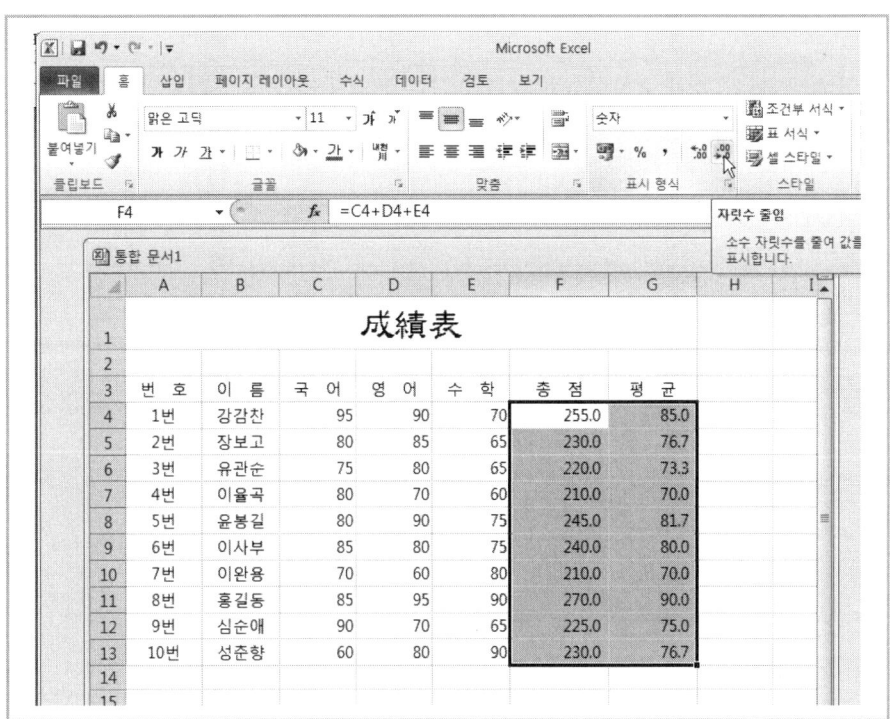

Step 06 아무 셀이나 하나를 선택해서 범위를 해제한다.

9. 테두리선 그리기

앞에서 [서식] 도구모음의 [테두리 선] 단추로 테두리선을 그려보았지만, 좀 더 다양한 모양의 테두리선을 그리기 위해서는 [셀 서식] 대화상자의 [테두리] 탭을 사용해야 한다.

Step 01 먼저 테두리선이 그려질 범위를 지정한다.

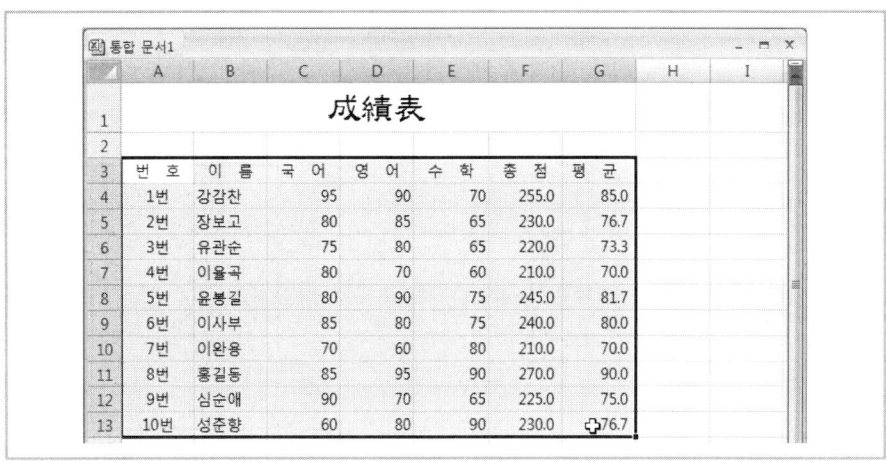

Step 02 범위로 지정된 셀의 안쪽에서 마우스 오른쪽 단추를 눌러 [바로 가기] 메뉴를 표시한다.

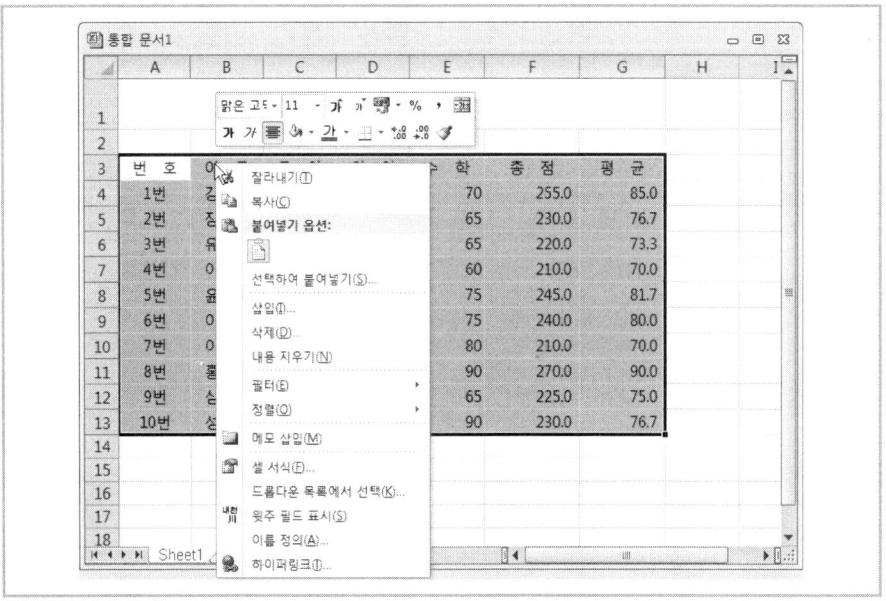

108

Step 03 [바로 가기] 메뉴에서 [셀 서식]을 선택한다.

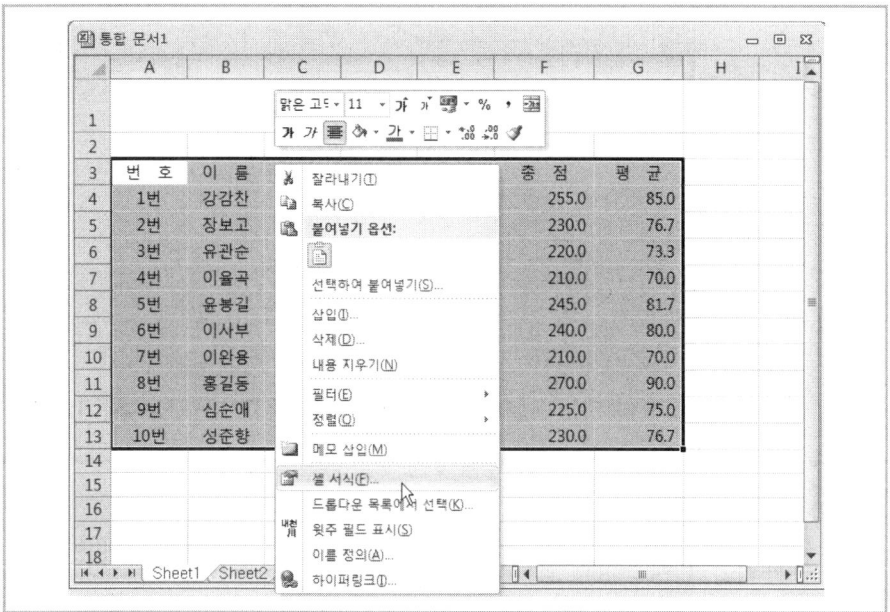

Step 04 [셀 서식] 대화상자가 나타나면 [테두리] 탭을 클릭한다.

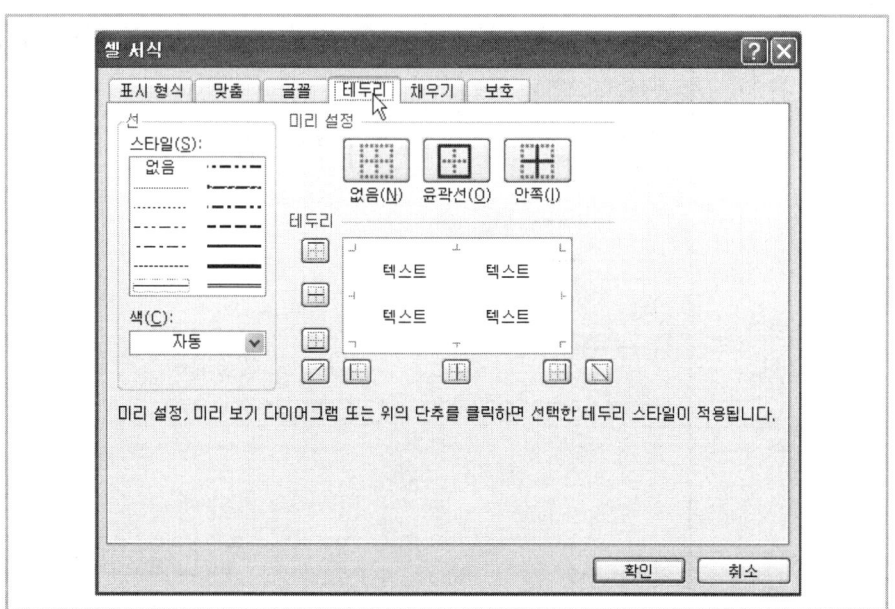

Step 05 선 [스타일] 목록에서 원하는 선 모양인 [얇은 점선]을 선택한다.

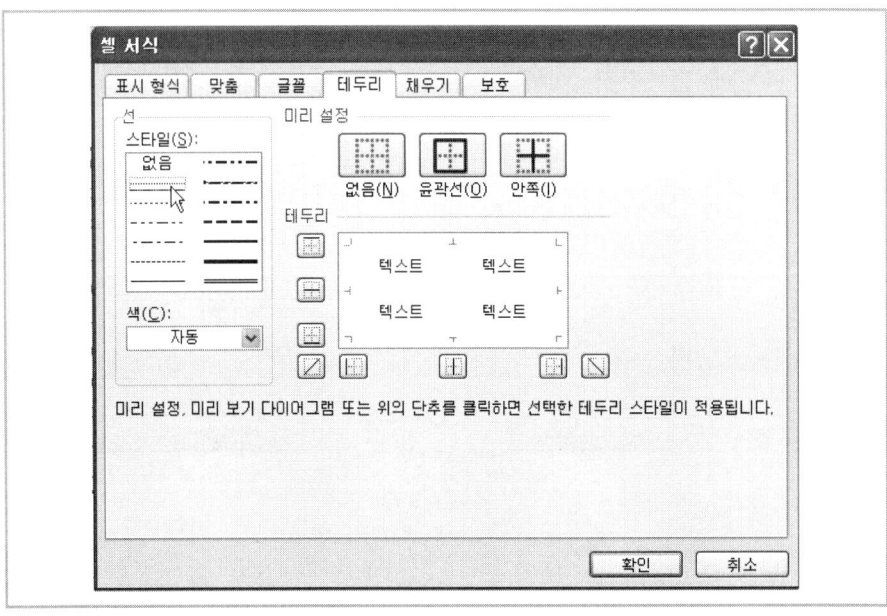

Step 06 앞에서 선택한 모양의 선이 그려질 부분으로 [안쪽]을 선택한다.

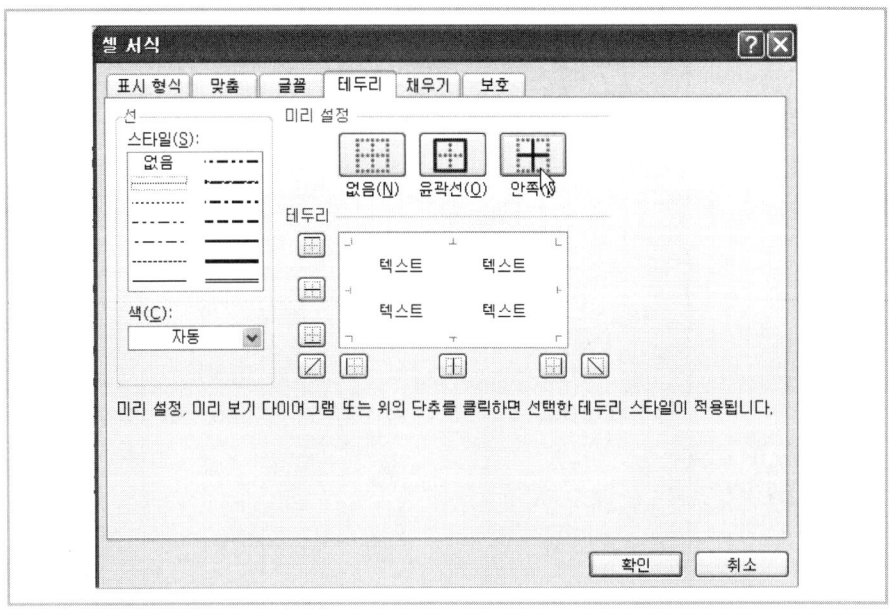

Step 07 같은 방법으로 [바깥쪽]에는 얇은 실선을 적용한다.

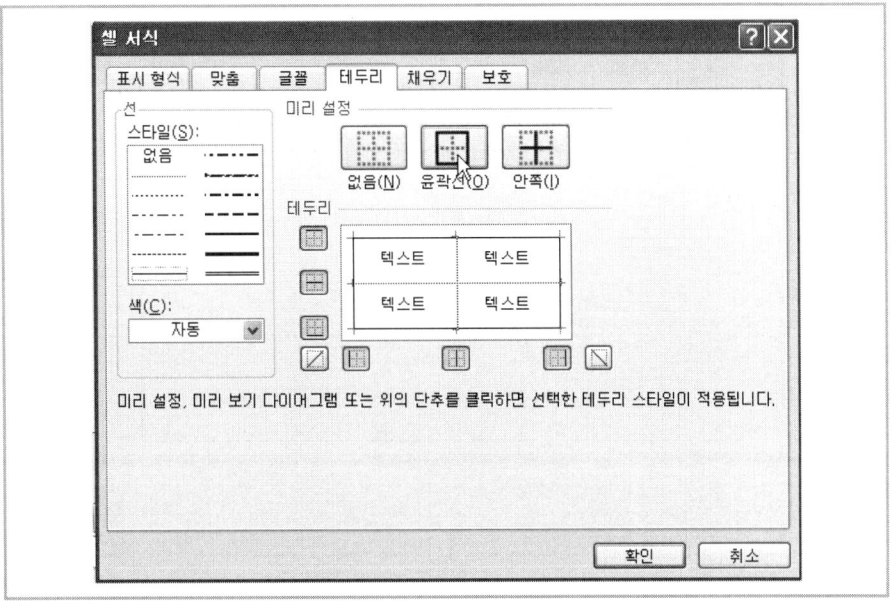

Step 08 앞에서 지정한 모양에 따라 테두리 선이 그려진다.

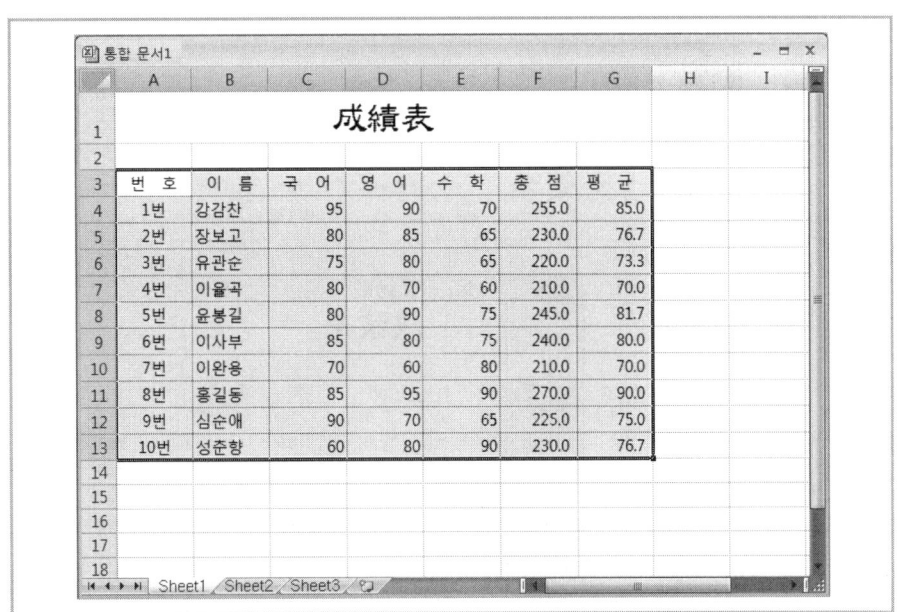

Step 09 아무 셀이나 하나를 선택해서 범위를 해제한다.

	A	B	C	D	E	F	G
1				成績表			
2							
3	번 호	이 름	국 어	영 어	수 학	총 점	평 균
4	1번	강감찬	95	90	70	255.0	85.0
5	2번	장보고	80	85	65	230.0	76.7
6	3번	유관순	75	80	65	220.0	73.3
7	4번	이율곡	80	70	60	210.0	70.0
8	5번	윤봉길	80	90	75	245.0	81.7
9	6번	이사부	85	80	75	240.0	80.0
10	7번	이완용	70	60	80	210.0	70.0
11	8번	홍길동	85	95	90	270.0	90.0
12	9번	심순애	90	70	65	225.0	75.0
13	10번	성춘향	60	80	90	230.0	76.7

Step 10 학생들의 이름이 입력되어 있는 범위의 맞춤 형태를 [가운데 맞춤]으로 지정해서 성적표의 모양을 정리한다.

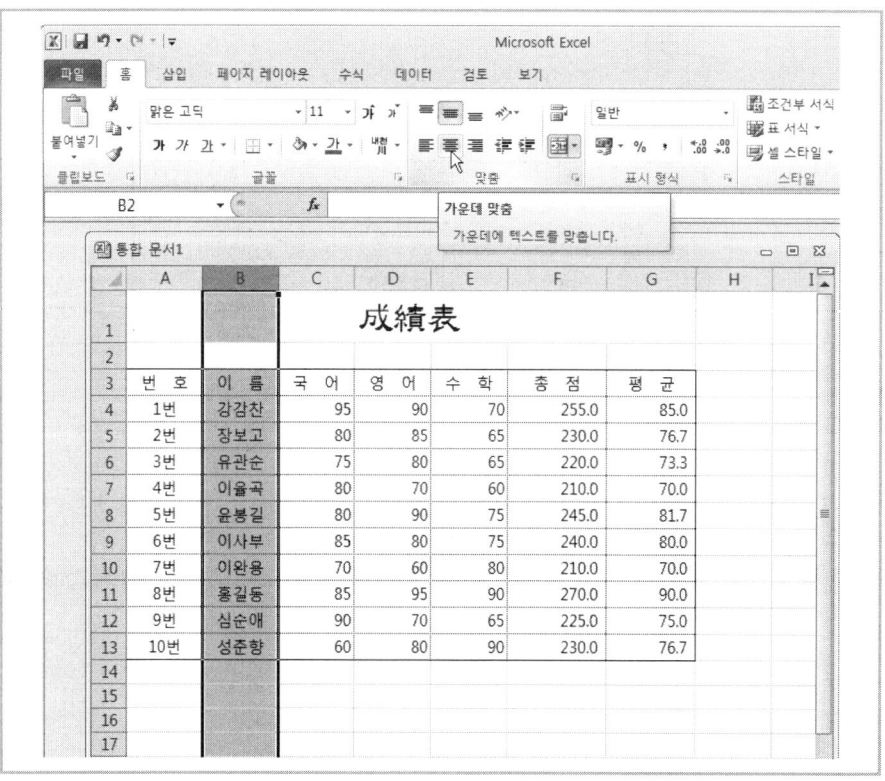

10. 셀의 배경색과 글꼴 색상 지정하기

이번에는 항목명이 입력되어 있는 셀의 바탕색과 글꼴색을 변경해 보도록 하자.

Step 01 [A3]부터 [G3]까지의 범위를 지정한다.

Step 02 [채우기 색]의 목록 단추를 누른다.

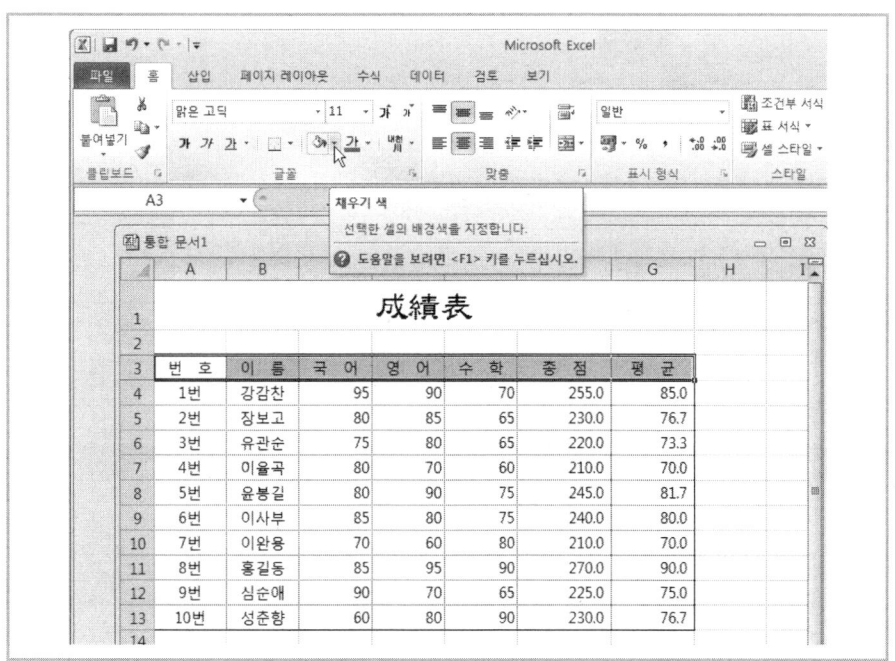

Step 03 나타나는 색상 목록에서 원하는 색상을 선택한다. 여기서는 셀의 바탕색으로 파랑색을 지정하였다.

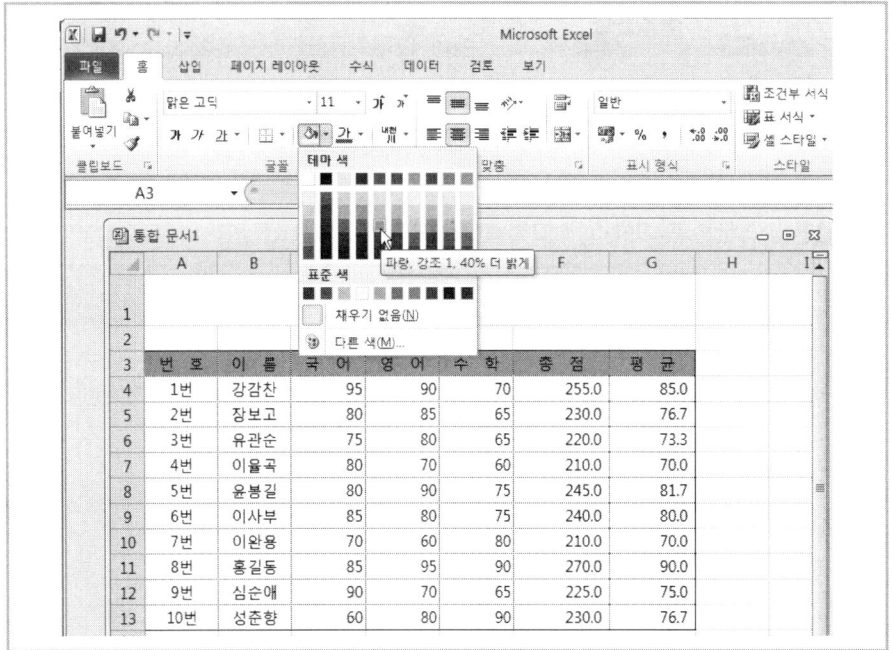

Step 04 바탕색이 파란색이므로 검정 글씨가 잘 보이지 않으므로, 이번에는 글꼴의 색상을 흰색으로 지정해 보자. 먼저 [글꼴 색] 도구단추의 옆에 있는 [펼침 목록] 단추를 누른다.

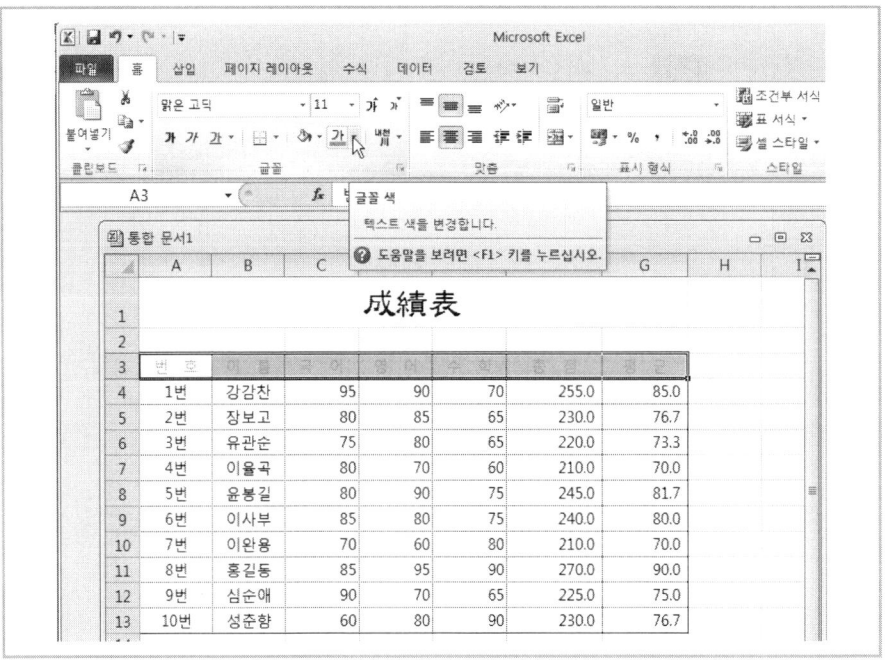

Step 05 글꼴 색상표가 나타나는데, 글꼴의 색으로 흰색을 선택한다.

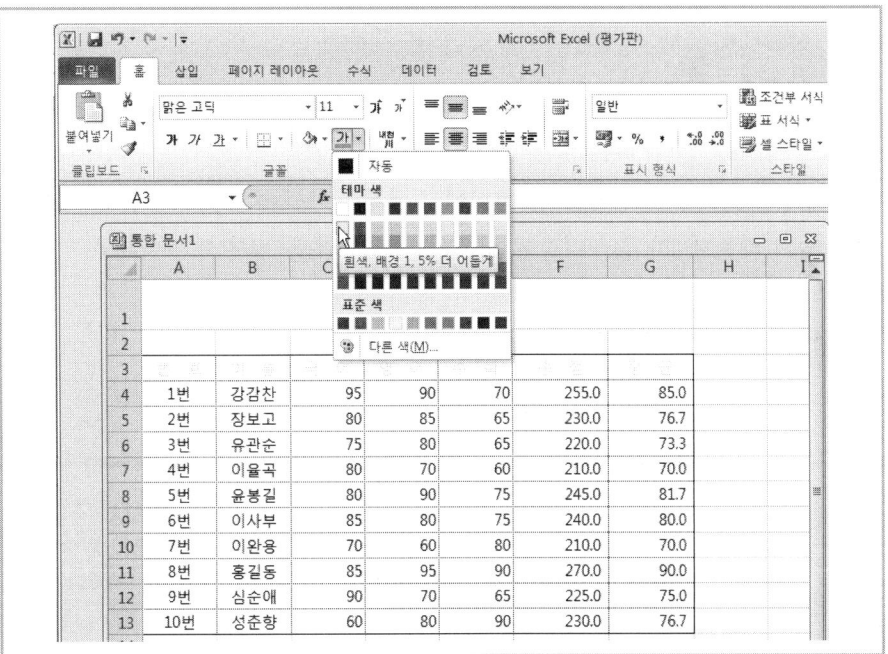

Step 06 항목 이름의 바탕색과 글꼴색을 지정하였지만, 좀 더 글씨가 잘 보이도록 하기 위해 글씨를 굵게 표시해 보자, 도구모음 바에서 [굵게] 단추를 누르면 항목 이름이 굵게 강조되어 표시되므로 좀 더 보기 좋은 성적표가 된다.

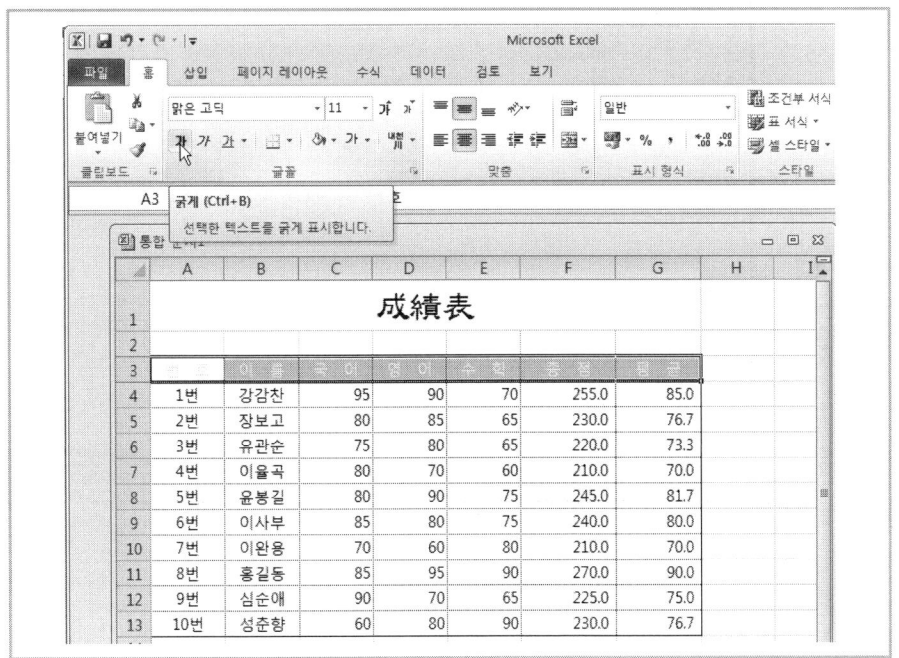

11. 파일 저장하기

이제 성적표 파일을 저장하자. 여기에서 예제로 만들어 놓은 파일들은 나중에 다시 사용해야 되기 때문에, 파일이 저장된 위치와 파일 이름을 정확히 기억해 두어야 한다.

Step 01 빠른 실행 메뉴에서 [저장] 단추를 누른다.

Step 02 [다른 이름으로 저장] 대화상자가 나타나면 [내 문서] 폴더에 [성적표]라는 이름으로 저장한다.

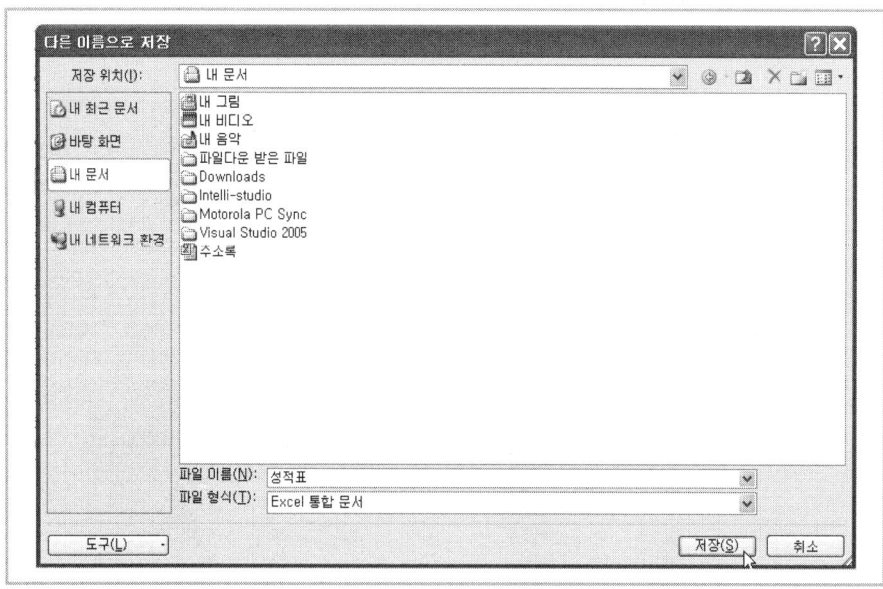

Chapter 성적표 만들기 – 간단한 수식 계산하기

Step 03 [저장] 단추를 누른 뒤, 엑셀 작업창의 위쪽에 지정한 파일 이름이 표시되는지 확인한다.

번호	이름	국어	영어	수학	총점	평균
1번	강감찬	95	90	70	255.0	85.0
2번	장보고	80	85	65	230.0	76.7
3번	유관순	75	80	65	220.0	73.3
4번	이율곡	80	70	60	210.0	70.0
5번	윤봉길	80	90	75	245.0	81.7
6번	이사부	85	80	75	240.0	80.0
7번	이완용	70	60	80	210.0	70.0
8번	홍길동	85	95	90	270.0	90.0
9번	심순애	90	70	65	225.0	75.0
10번	성춘향	60	80	90	230.0	76.7

Chapter 3

부록 파일 견적서.xlsx

견적서 만들기

– 각종 서식과 카메라 사용하기

Excel 2010

엑셀 2010에서는 앞에서 다룬 것 이외에도 다양한 종류의 서식을 사용할 수 있다.
이번 장에서는 다음 그림과 같은 모양의 견적서를 만들어 보면서 엑셀에서 사용할 수 있는 각종 서식과 카메라 단추의 사용법에 대해 알아보도록 하자.

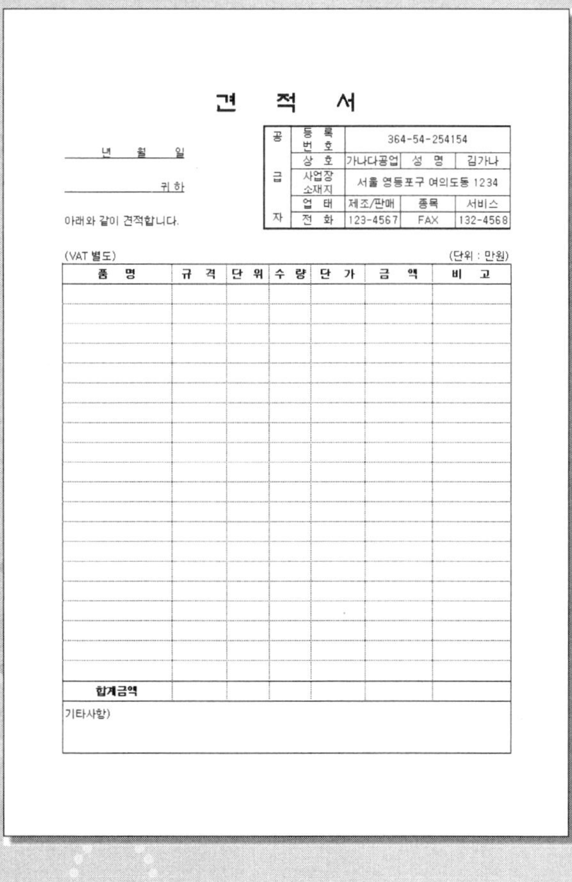

견 적 서

년 월 일

귀하

아래와 같이 견적합니다.

공급자	등록번호	364-54-254154		
	상 호	가나다공업	성 명	김가나
	사업장 소재지	서울 영등포구 여의도동 1234		
	업 태	제조/판매	종목	서비스
	전 화	123-4567	FAX	132-4568

(VAT 별도) (단위 : 만원)

품 명	규 격	단 위	수 량	단 가	금 액	비 고
합계금액						

기타사항)

1. 열 간격 조절하기

견적서와 같이 서식을 만들 때 가장 힘든 부분이 바로 적당한 열 간격을 맞추어 주는 일로서, 특히 견적서나 보고서 같은 서식들은 작성자 자신보다는 다른 사람에게 보여주는 것이 실제 목적이라고 할 수 있다.

Step 01 다음 그림처럼 마우스 드래그를 통한 방법으로 [A] 열의 너비값을 [17]로 지정한다.

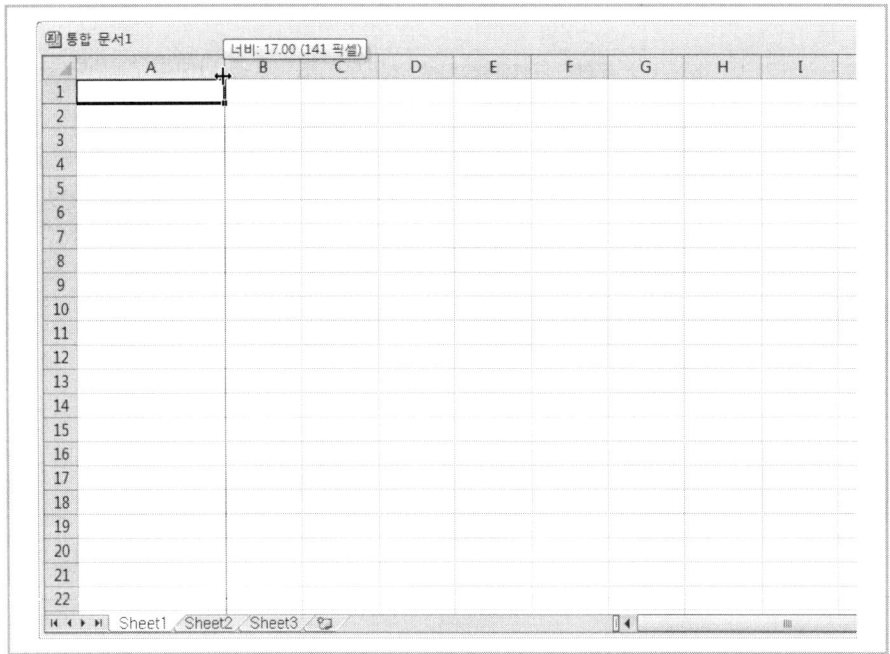

Step 02 이번에는 마우스 드래그를 통한 방법으로 열 머리글 [C]와 [D]를 범위로 지정한다.

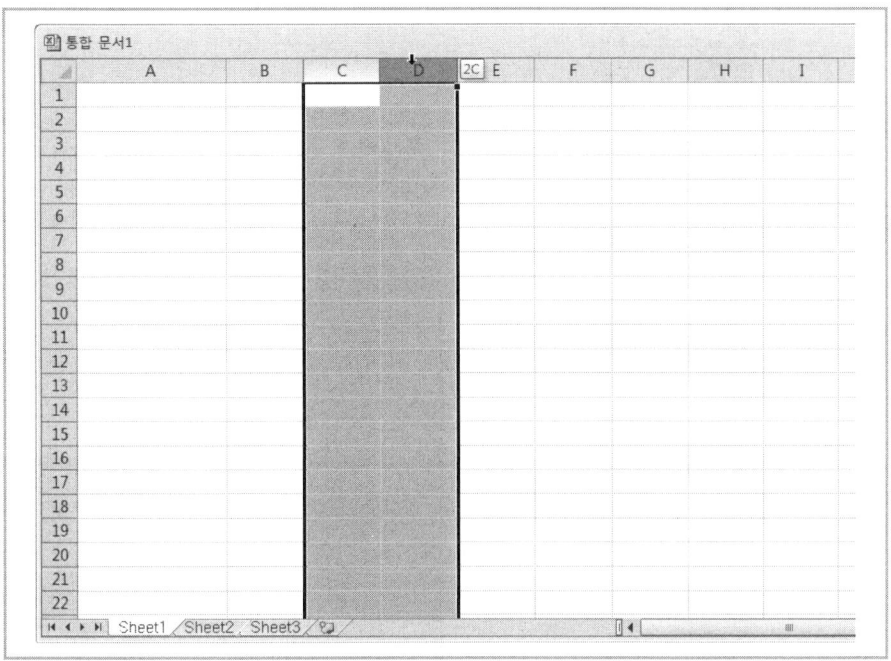

Step 03 범위로 지정한 열 머리글의 위에서 마우스의 오른쪽 단추를 눌러서 [바로 가기] 메뉴를 표시한다.

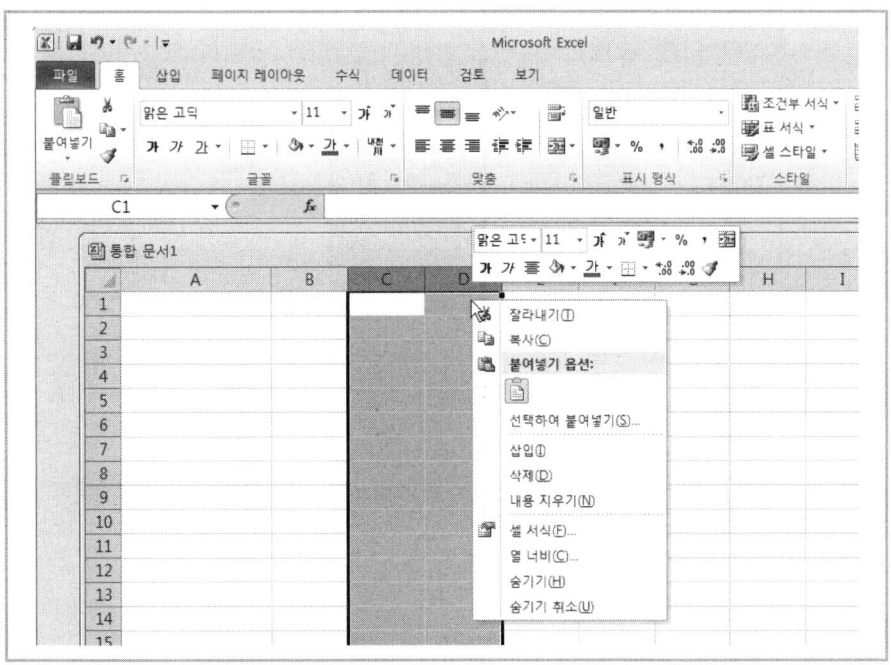

Step 04 [바로 가기] 메뉴에서 [열 너비]를 선택한다.

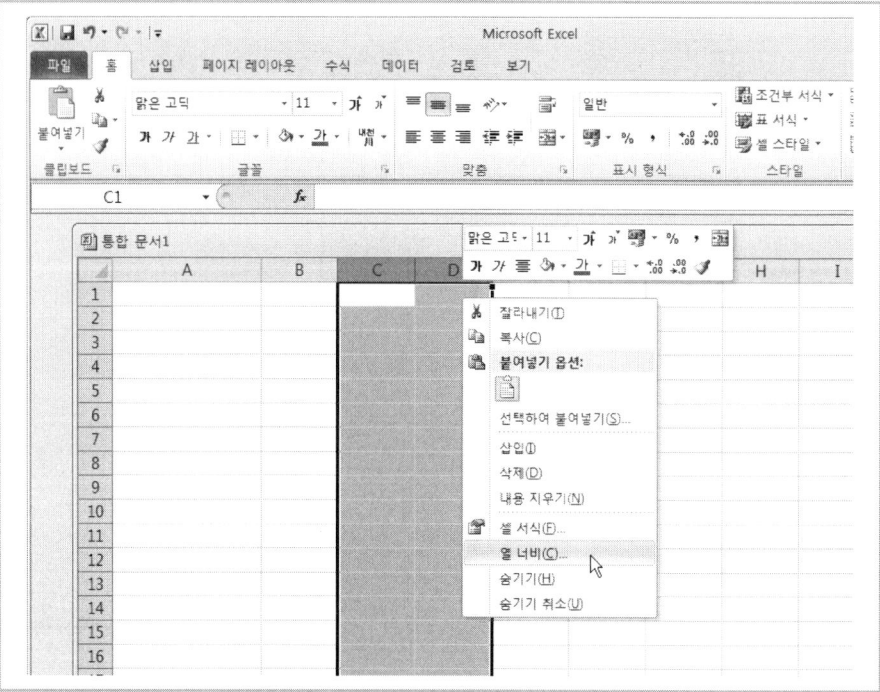

Step 05 [열 너비] 입력상자에 [6]이라고 입력하고 [확인] 단추를 누른다.

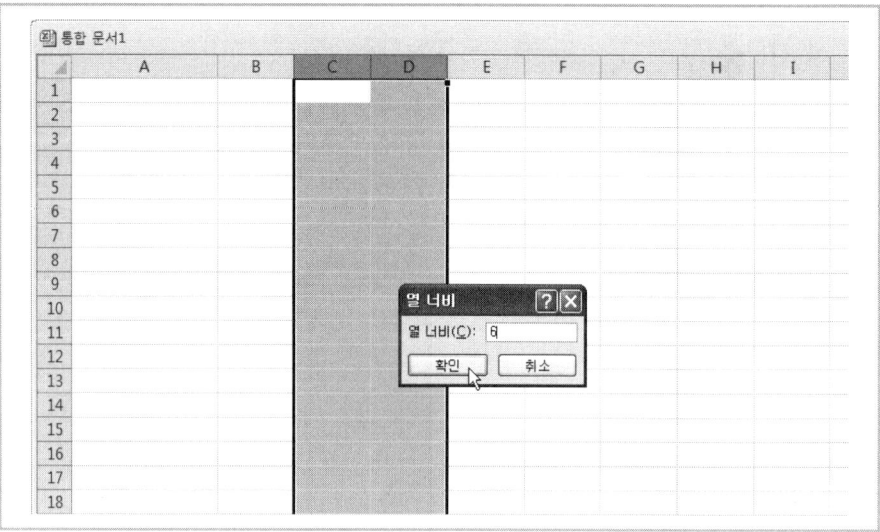

Step 06 같은 방법으로 [F]열의 너비를 [10]으로 지정한다.

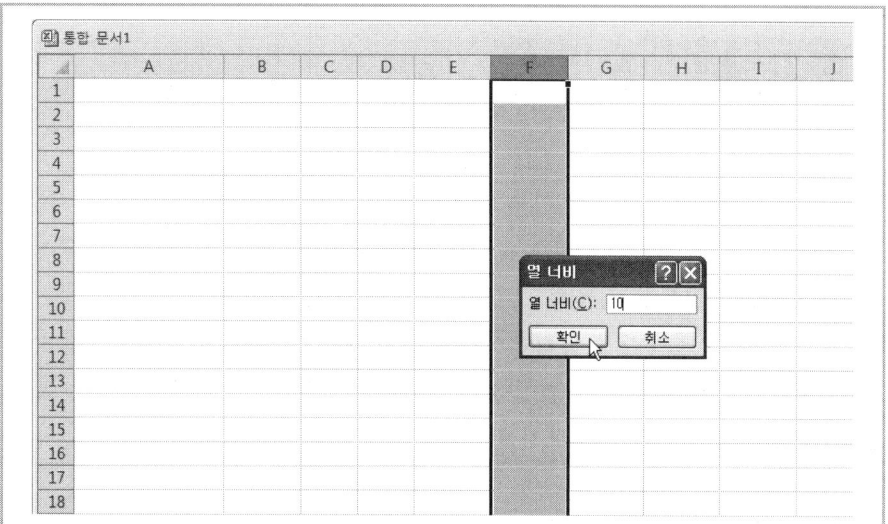

Step 07 마지막으로 [G]열의 너비를 [12]로 지정한다.

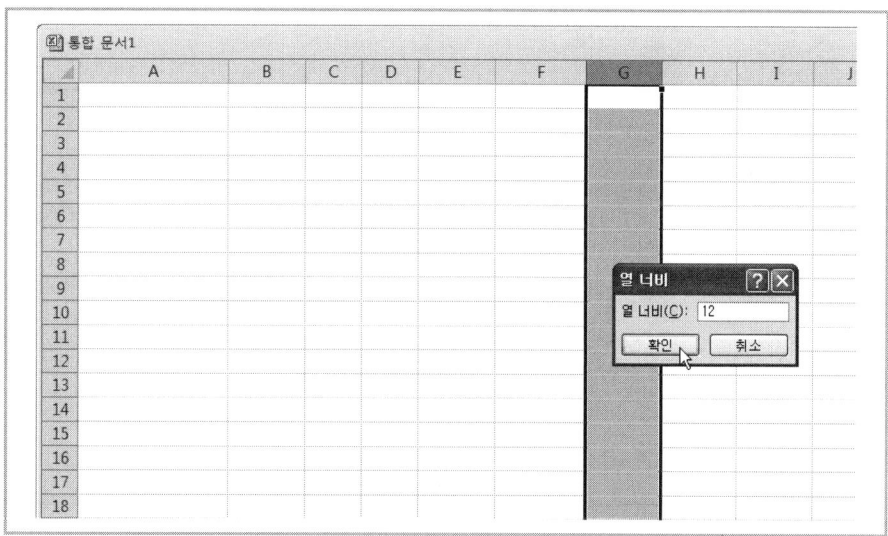

엑셀에서의 열 너비

앞에서 지정한 열 너비 값은 일반적으로 적용할 수 있는 너비에 불과하다. 엑셀에서는 사용 중인 프린터의 종류에 따라 같은 간격의 열 너비라도 조금씩 다르게 인쇄되기 때문에, 각자 자신의 프린터에 맞는 열 너비값으로 조절해 주어야 정확한 모양의 인쇄물을 얻을 수 있다. 인쇄와 관련된 자세한 내용은 조금 뒤에서 다루도록 하자.

2. 기본 내용 입력하기

이번에는 견적서에 사용될 기본 내용을 입력해 보도록 하자. 또한 여기에서는 좀 더 보기 좋게 꾸미기 위해서 각 내용들에 다른 형식의 서식, 즉, 셀을 병합하고 데이터를 정렬하거나, 다양한 글꼴들을 적용하고, 크기 및 글꼴 색 등을 지정해보자.

견적서의 기본적인 내용 입력에서는 앞에서 배운 여러 가지 데이터 입력 방법과 문서를 좀 더 예쁘게 꾸밀 수 있는 방법들을 사용할 것이므로, 앞에서 배운 내용을 복습하는 과정으로 생각하고, 자세히 살펴보기 바란다.

Step 01 제목을 입력하기 위해 [A1] 셀에 [견적서]라고 입력한다.

Chapter 3 견적서 만들기 – 각종 서식과 카메라 사용하기

Step 02 제목을 시트의 중앙에 정렬시켜 보기 좋게 만들기 위해 [A1]부터 [G1] 셀까지를 범위로 지정한 뒤, [병합하고 가운데 맞춤] 단추를 누른다.

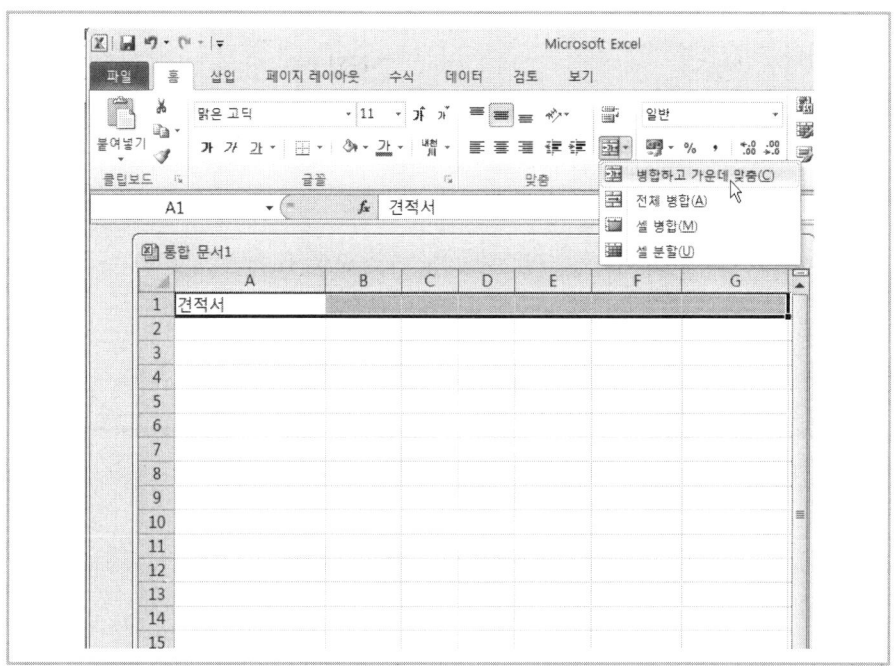

Step 03 제목의 글꼴과 크기를 보기 좋게 하기 위해 [글꼴] 단추를 눌러 [휴먼 옛체]를 지정하고, [글꼴 크기] 단추를 눌러 글꼴의 크기를 [24]로 지정한다.

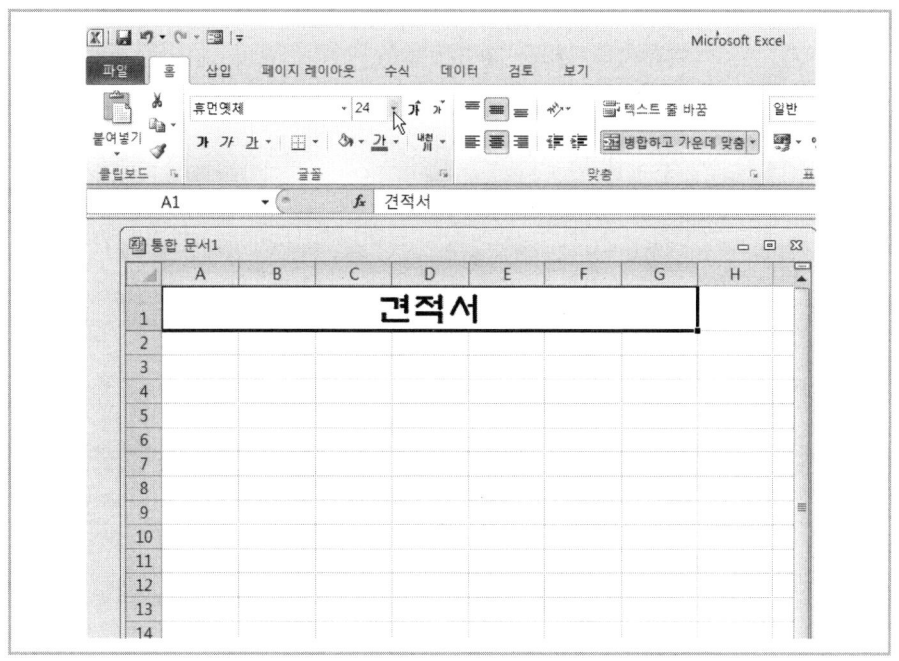

Step 04 다음 화면과 같이 [A3] 셀에 날짜 입력과 관련된 내용을 입력한다.

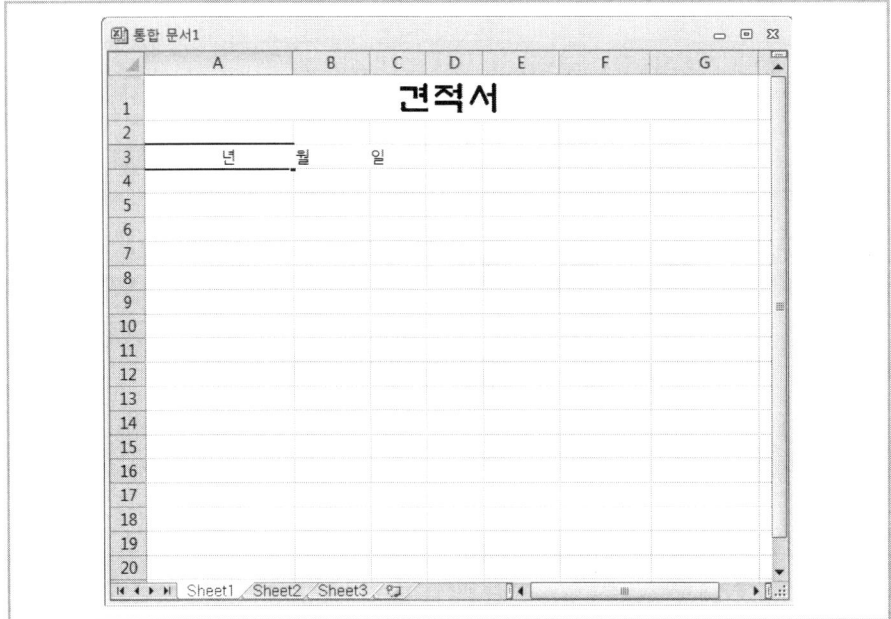

Step 05 다음 화면처럼 [A5] 셀에 여러 개의 공백을 입력한 뒤, [귀하]라고 입력한다.

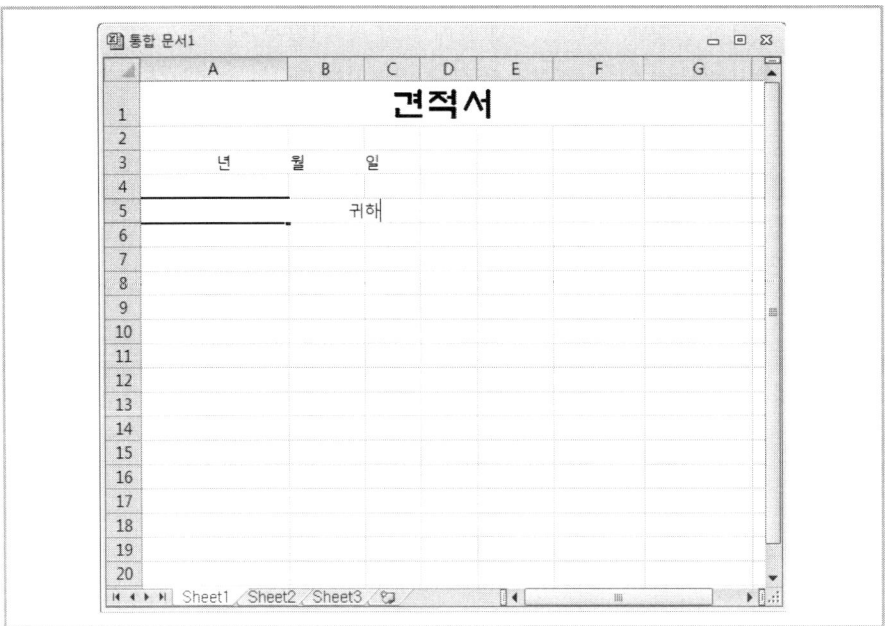

Step 06 [A3] 셀을 범위로 지정하고 [밑줄] 단추를 클릭한다.

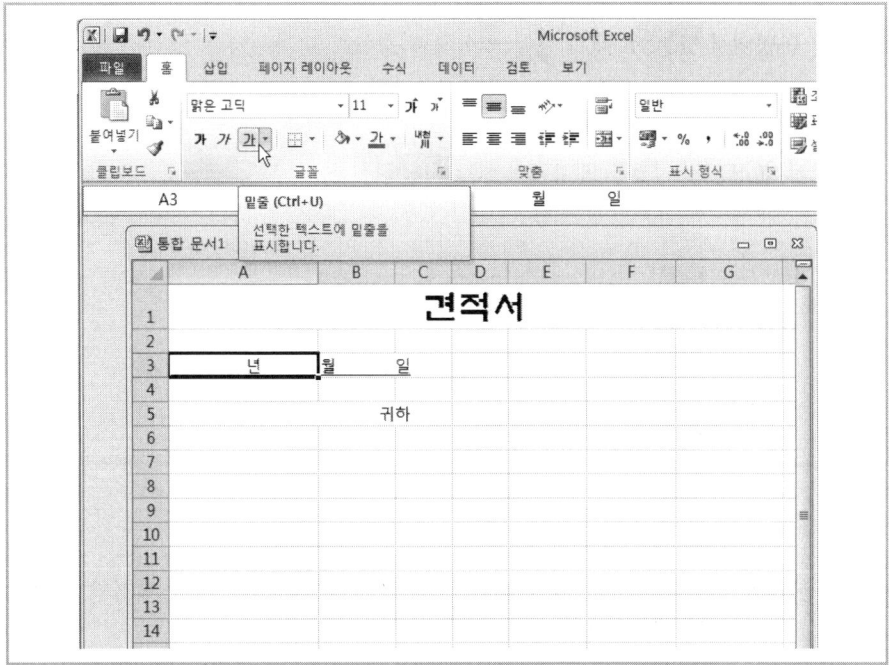

Step 07 [A5]셀을 범위로 지정하고 [밑줄] 단추를 클릭한다.

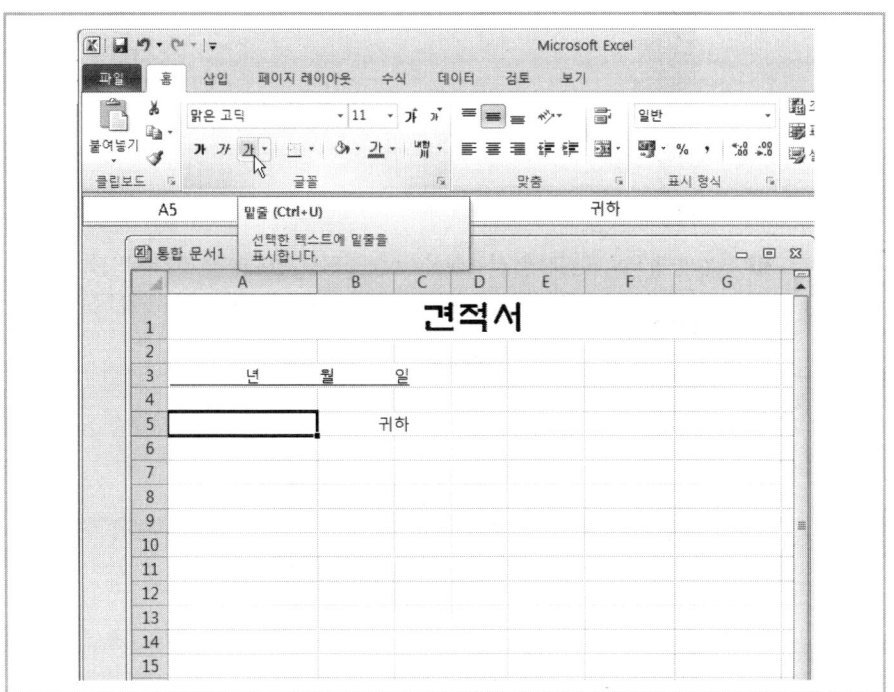

떨어져 있는 두 개의 셀을 범위로 지정하기

앞의 작업에서와 같이 연속되지 않는 둘 또는, 여러 개의 셀이나 범위를 지정하려면 다음과 같은 방법을 사용하면 된다.

❶ 범위로 지정할 셀 중에서 하나를 선택한다.

❷ 키보드의 Ctrl키를 누른 상태에서 범위로 지정할 다른 셀을 선택하면, 앞에서 지정한 범위에 새로 지정한 셀이 추가된다.

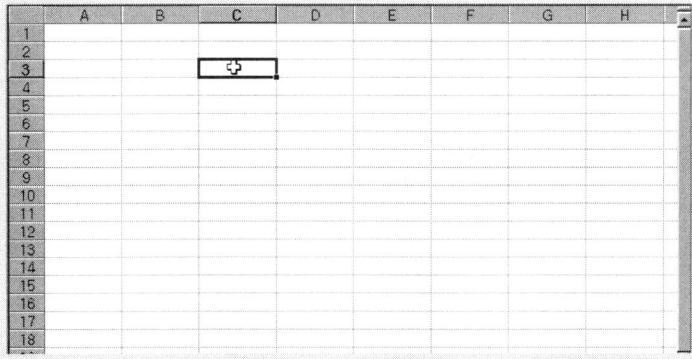

❸ 같은 방법으로 Ctrl키를 사용해서 다른 셀이나 범위들을 추가시킨다.

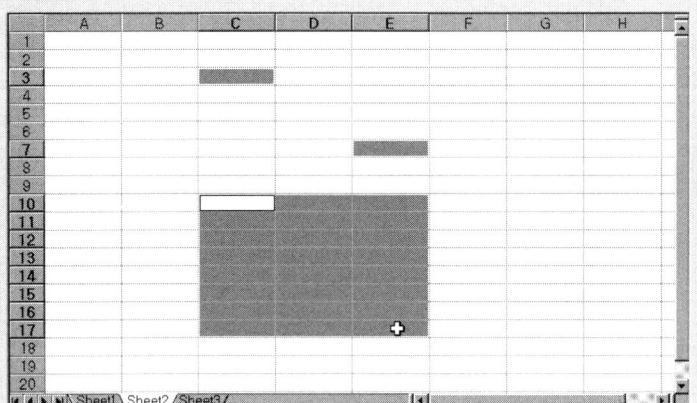

Step 08 [A7] 셀에 [아래와 같이 견적합니다.]라고 입력한다.

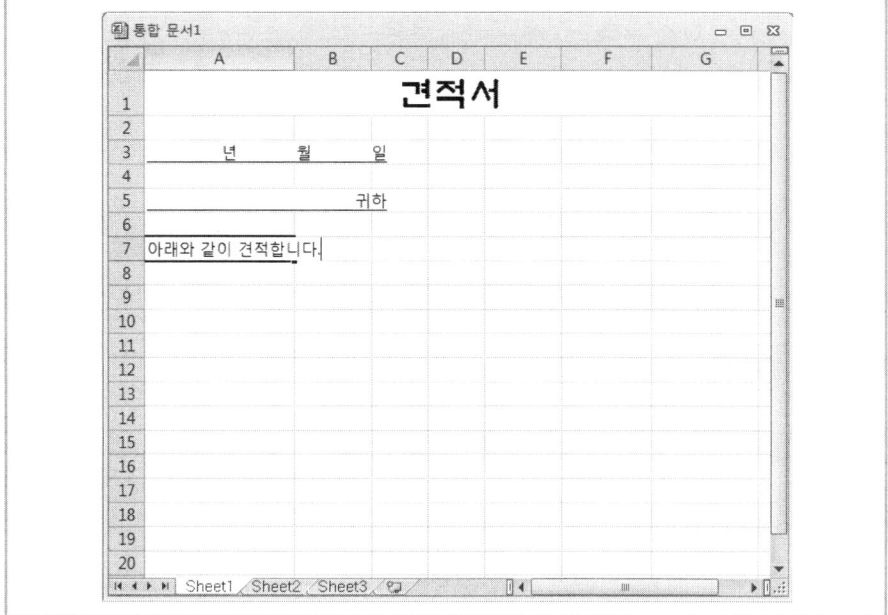

Step 09 [A9] 셀에 [(VAT 별도)]라고 입력한다.

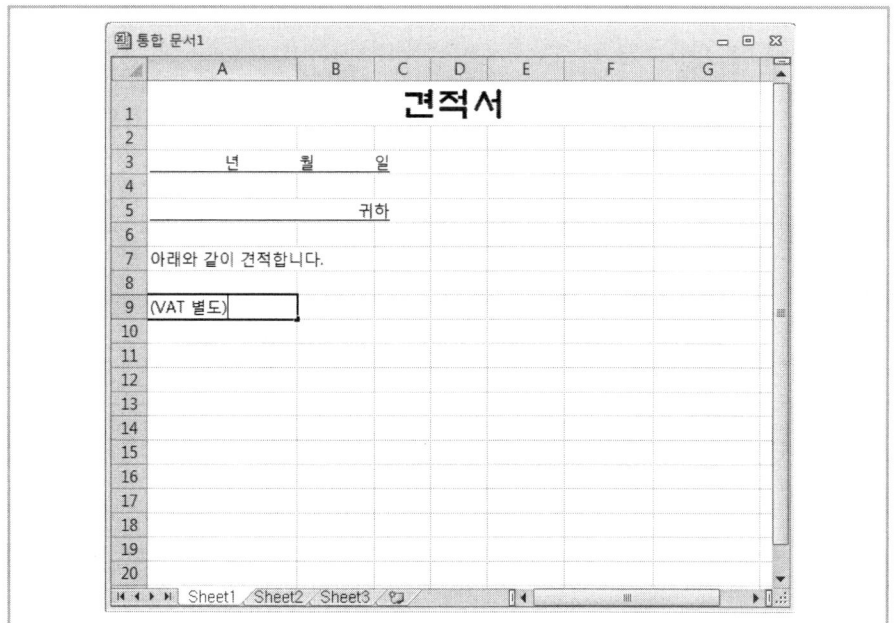

Step 10 이번에는 [G9] 셀에 [(단위 : 만원)]이라고 입력한다.

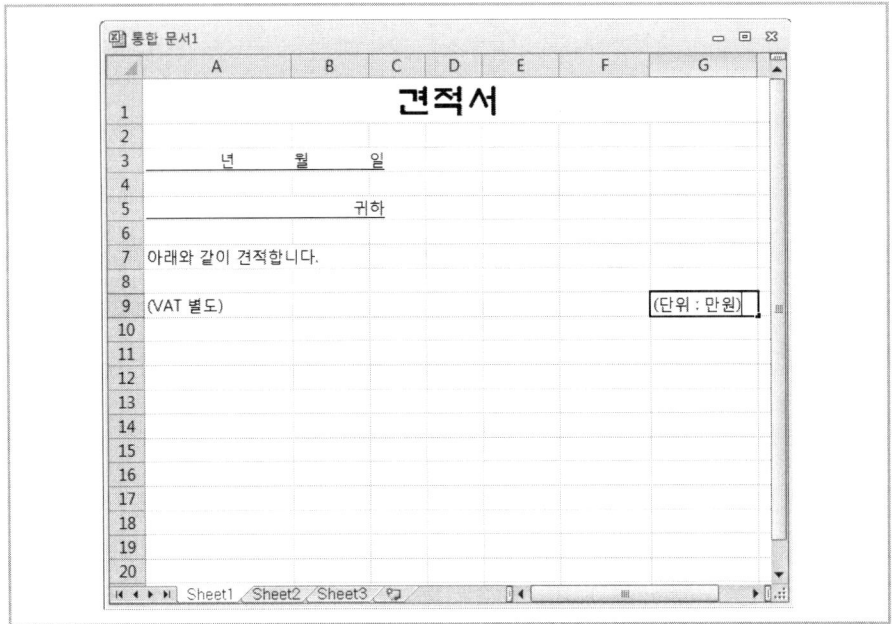

Step 11 [G9] 셀을 선택한 뒤, [텍스트 오른쪽 맞춤] 단추를 누른다.

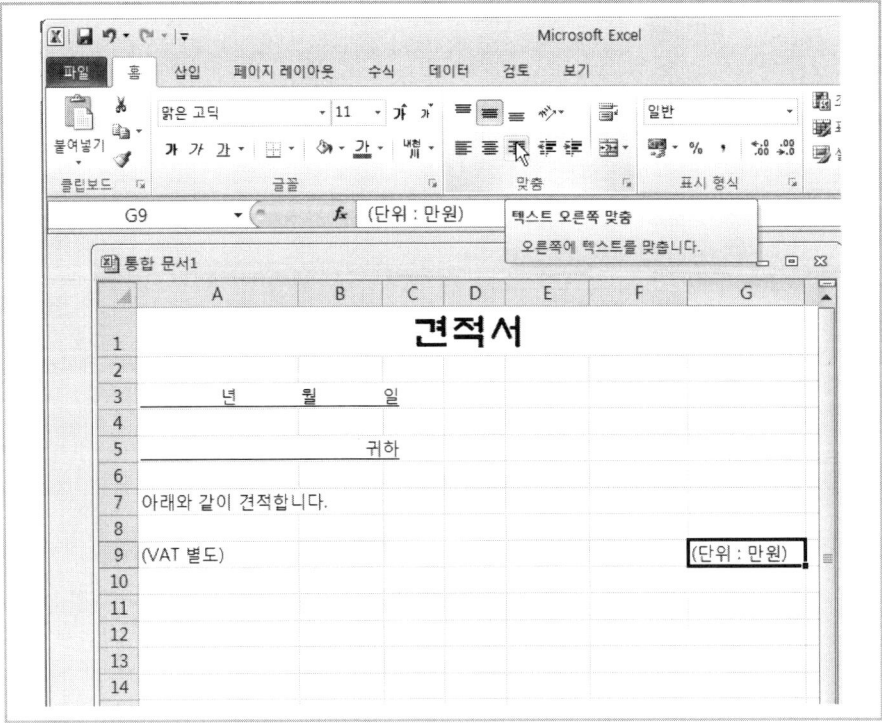

Step 12 다음 화면과 같이 [A10]부터 [G10] 셀까지의 범위에 각각의 내용을 입력한다.

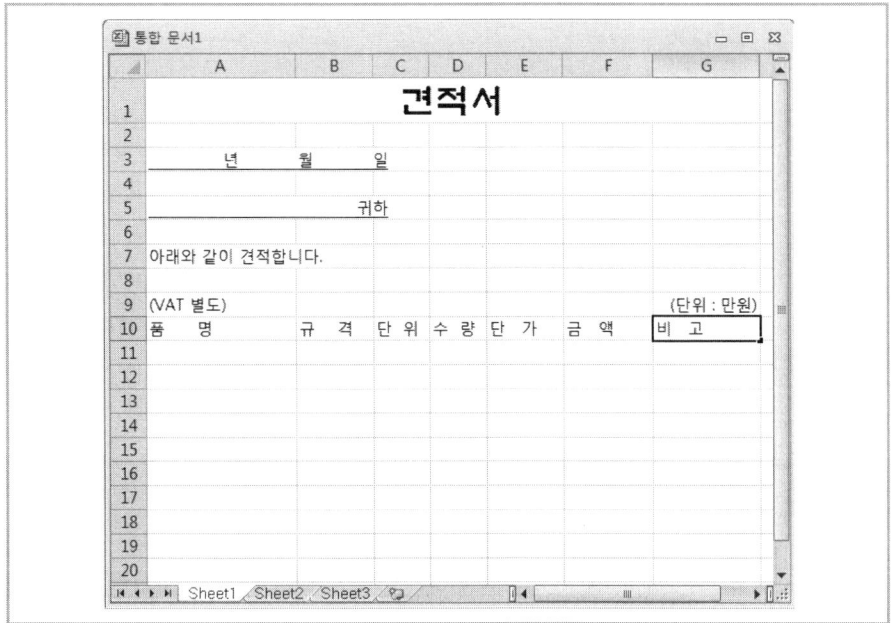

Step 13 [A10]부터 [G10] 셀까지 범위로 지정하고 [가운데 맞춤] 형식을 지정한다.

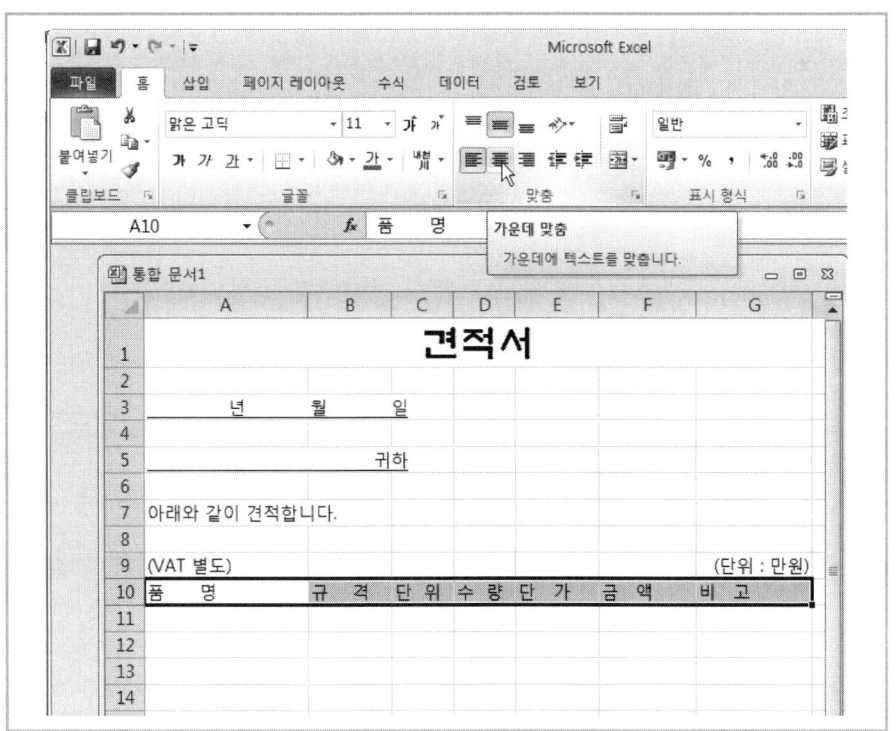

Step 14 항목 이름을 강조 표시하기 위해 [A10] ~ [G10] 셀에 [굵게] 서식을 지정한다.

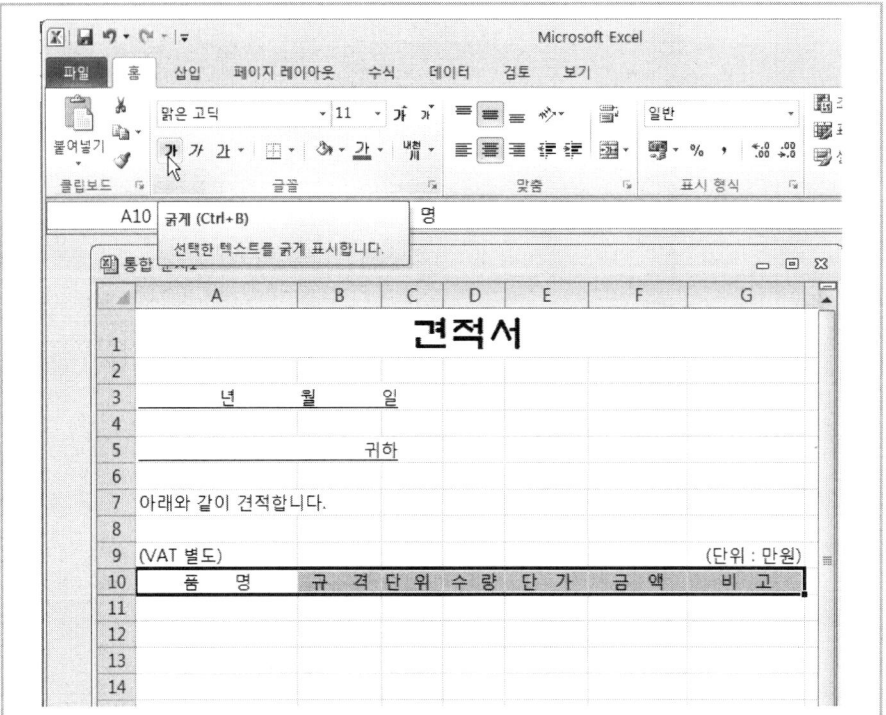

3. 행 높이 조절하기

이번에는 견적서의 각 부분에 적당한 행의 간격을 지정해 보도록 하자.

Step 01 [2] 행에서 [9] 행까지를 범위로 지정한다.

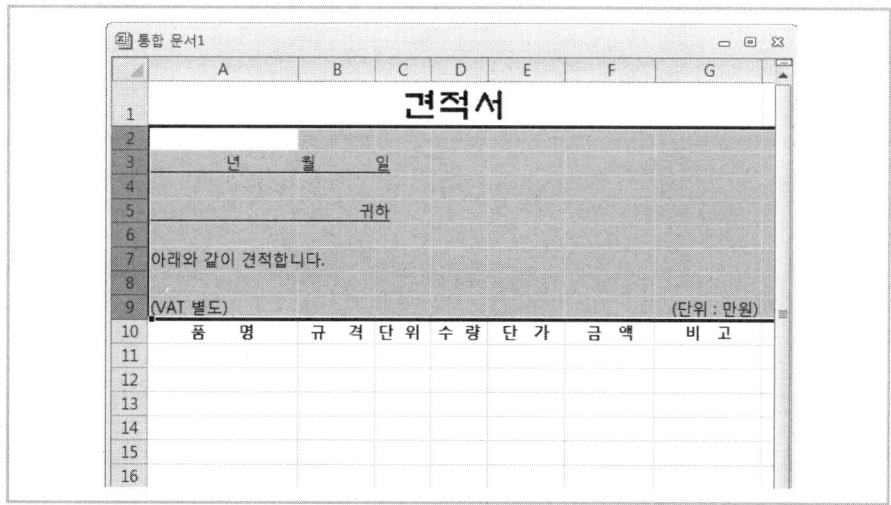

Step 02 범위로 지정된 행 머리글 위에서 마우스의 오른쪽 단추를 클릭해서 [바로 가기] 메뉴를 표시한다.

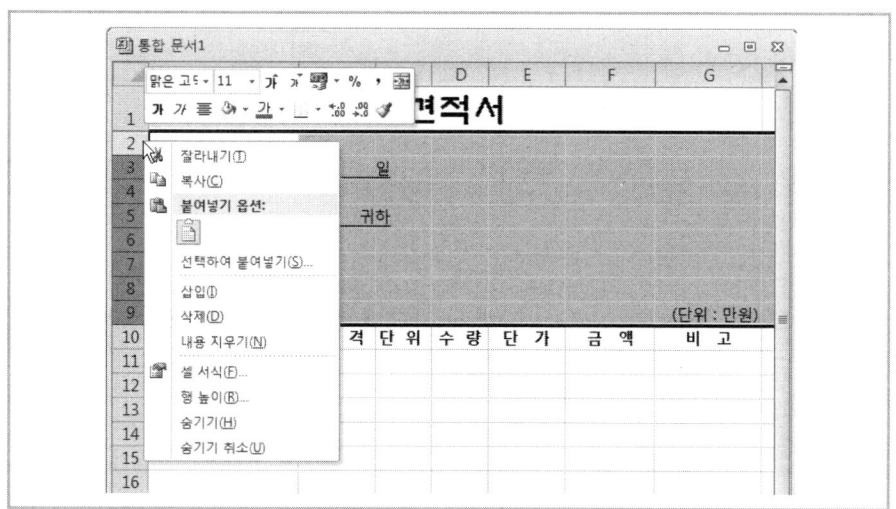

Step 03 [바로 가기] 메뉴에서 [행 높이]를 선택한다.

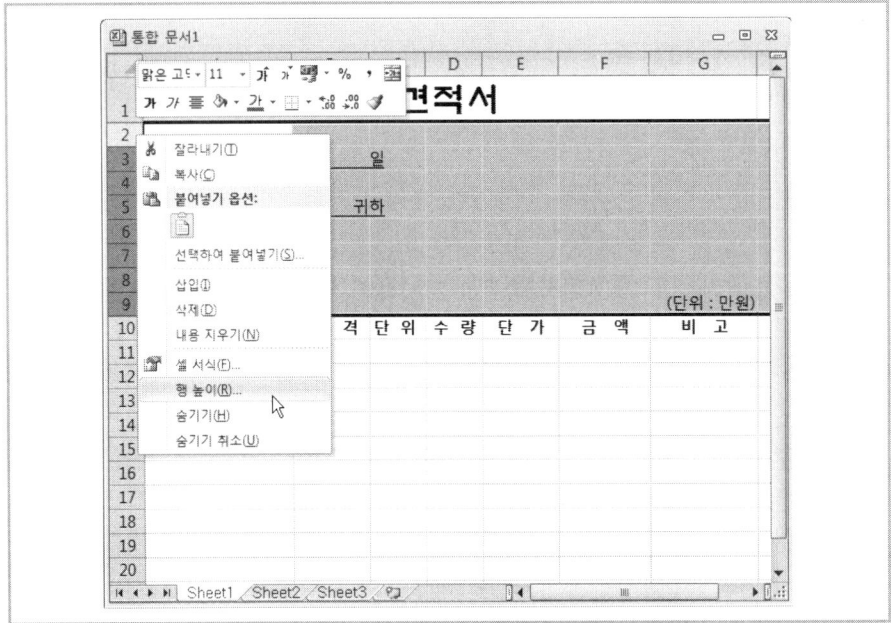

Step 04 [행 높이] 입력상자가 나타나면 [17.5]라고 입력하고 [확인] 단추를 누른다.

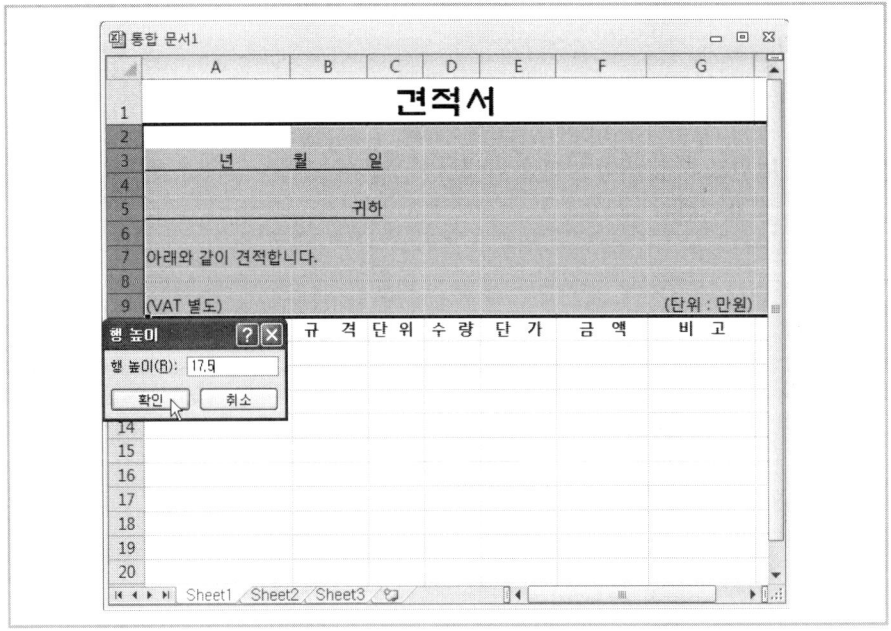

Step 05 이번에는 [10] 행에서 [31] 행까지를 범위로 지정한다.

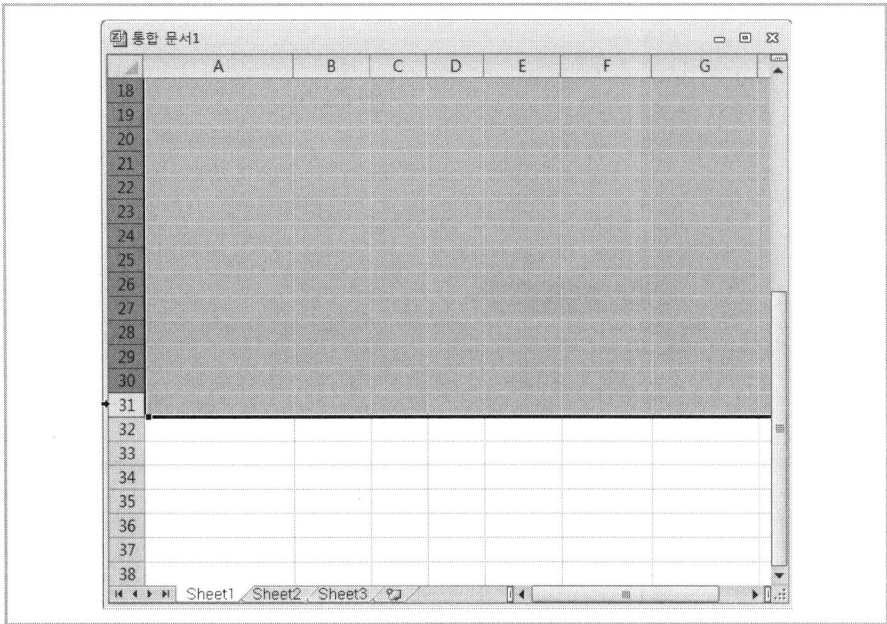

Step 06 [바로 가기] 메뉴를 표시한 뒤, [행 높이]를 선택한다.

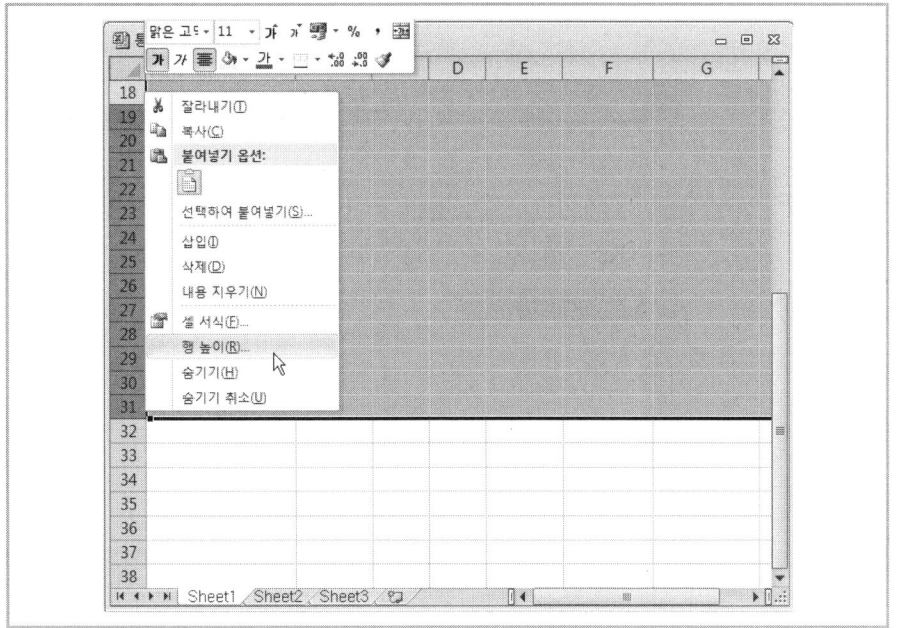

Step 07 행 높이 값을 [20]으로 지정하고 [확인] 단추를 누른다.

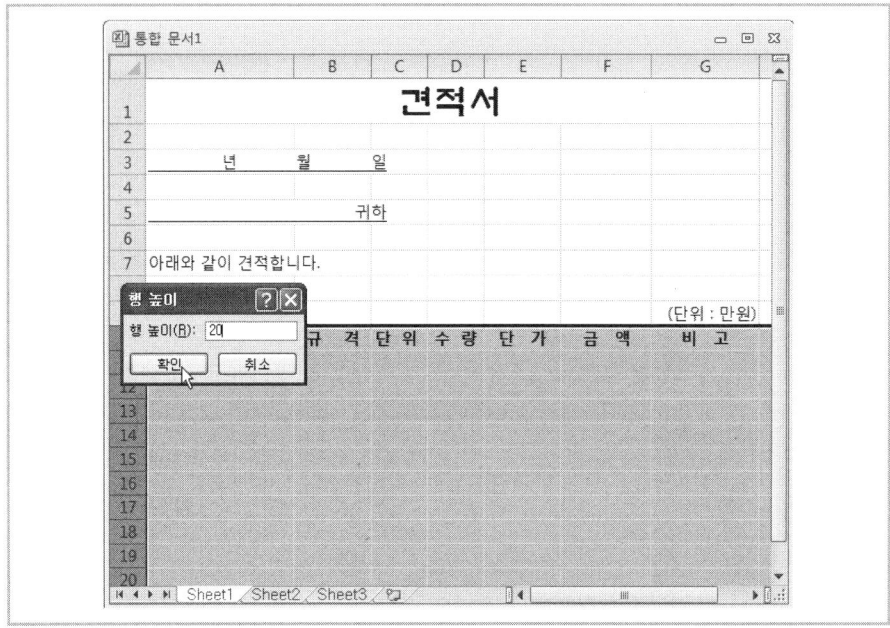

Step 08 같은 방법으로 [1] 행의 높이 값을 [48]로 지정한다.

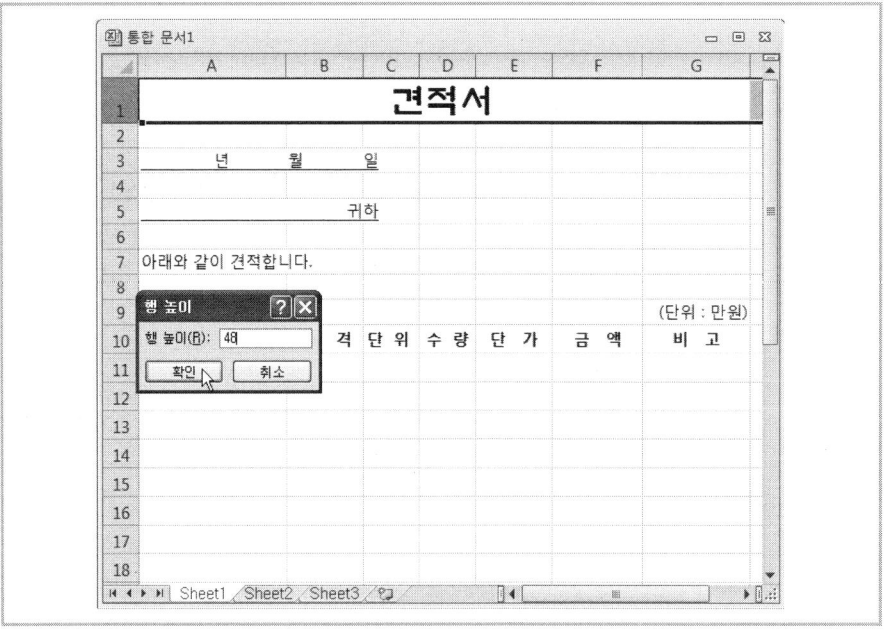

4. 전체 영역에 같은 서식 지정하기

앞에서는 내용들이 모두 각 셀의 아래쪽으로 맞춰져 있어서 보기에 좋지 않다. 이번에는 워크시트 전체 영역에 같은 내용의 서식을 적용하는 방법에 대해 알아보자.

Step 01 워크시트 전체 영역을 선택하기 위해서 행/열 머리글이 교차되는 부분에 있는 단추를 클릭한다.

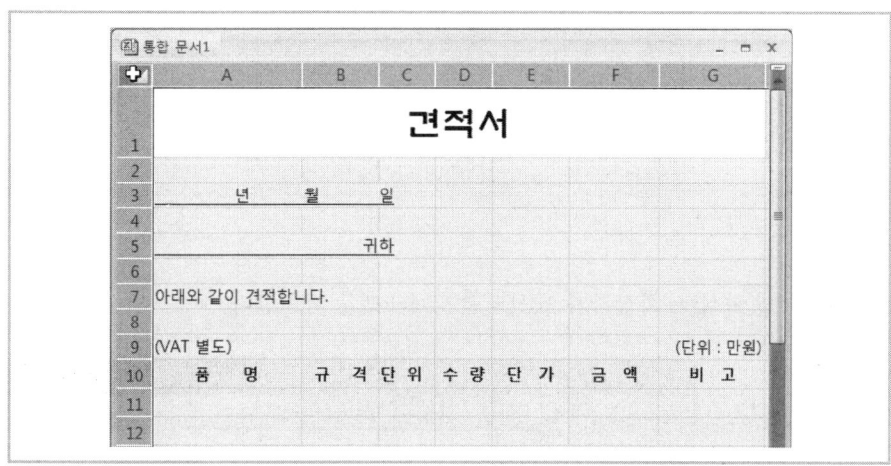

Step 02 범위로 지정된 부분 위에서 마우스 오른쪽 단추를 클릭해서 [바로 가기] 메뉴를 표시한다.

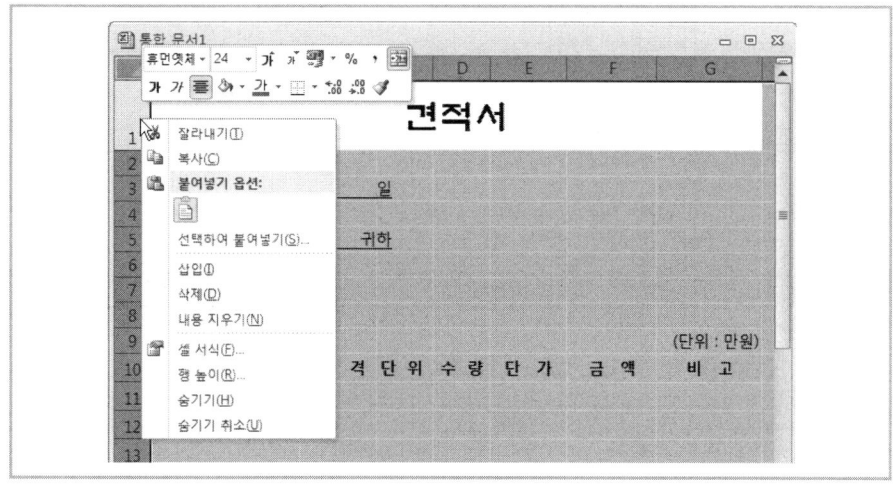

Step 03 [바로 가기] 메뉴에서 [셀 서식]을 선택한다.

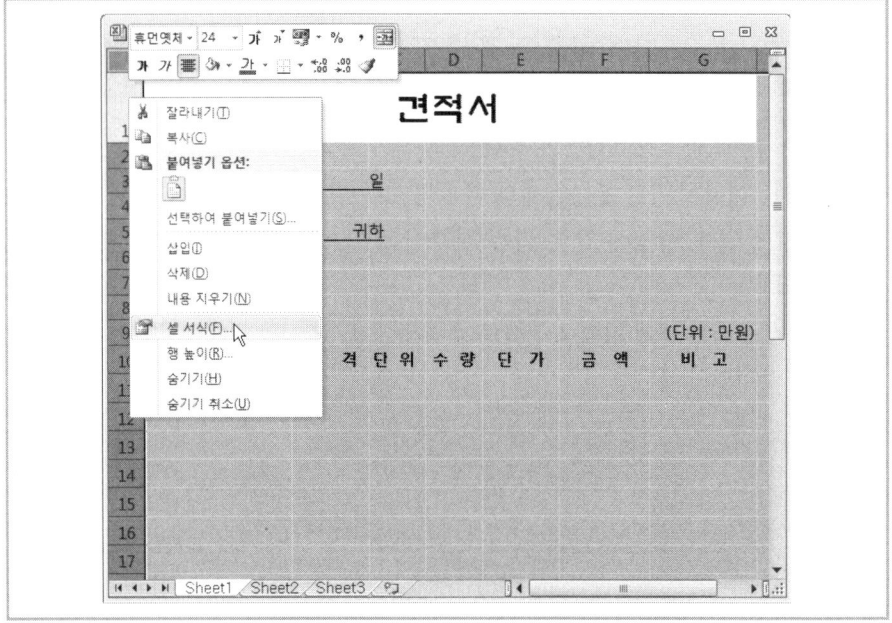

Step 04 [셀 서식] 대화상자가 표시되면 [맞춤] 탭을 클릭한다.

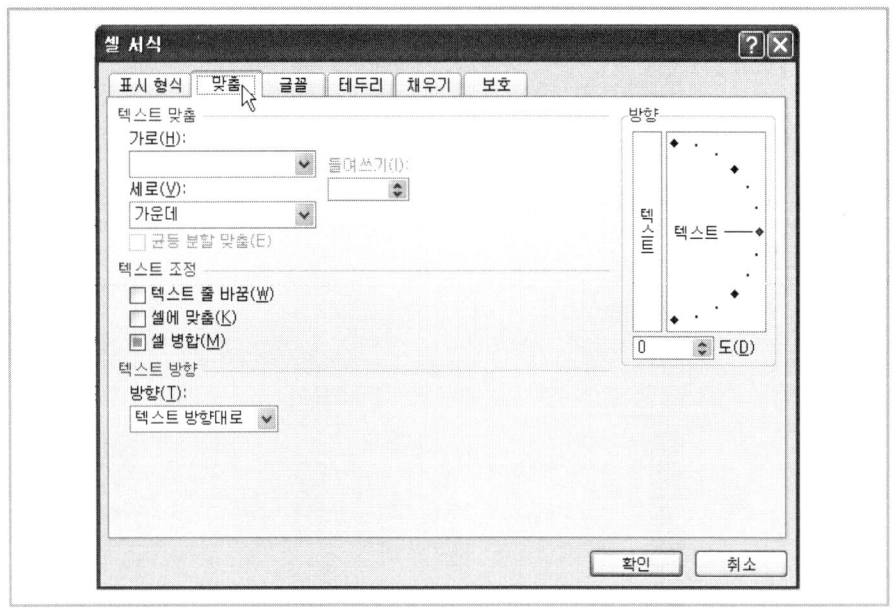

Step 05 다음과 같이 [세로] 방향의 맞춤 형식을 [가운데]로 지정하고 [확인] 단추를 클릭한다.

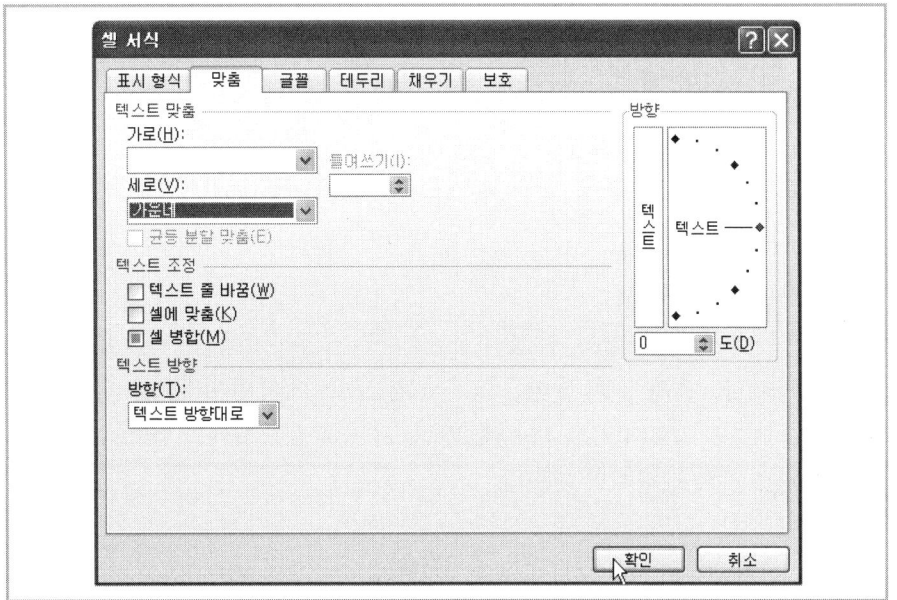

5. 테두리선 그리기와 반복 실행

이번에는 견적서의 모양을 갖추도록 하기 위해, 테두리선을 그려보도록 하자. 여기에서는 좀 더 다양한 테두리선을 그리기 위해 [셀 서식] 대화상자를 이용하여 테두리 선을 그려보도록 한다.

여기서 특히 주의 깊게 보아야 할 부분은 마지막으로 사용한 명령을 반복 적용하는 [반복 실행] 명령이다. [반복 실행] 명령은 엑셀의 워크시트에서 마지막으로 사용한 명령에 대해서는 간단히 기능키로서 키보드의 F4키를 눌러 반복 실행시키는 것으로, 여기에서는 서식 설정 단계를 반복 실행시키고 있다.

Step 01 먼저 테두리 선을 그릴 범위를 지정한다. 여기서는 앞에서와는 색다른 방법으로 범위를 지정해 보자. 앞에서는 마우스로 범위를 드래그 하여 지정하였는데, 이번에는 간단히 시작 셀과 끝 셀을 지정하므로써 범위를 지정하는 방법을 사용하도록 한다. 범위를 지정하기 위해 범위로 지정할 시작 셀 [A10]을 클릭한다.

Step 02 앞에서 범위로 지정할 시작 셀을 지정한 상태에서 키보드의 [Shift]키를 누르고 범위를 지정할 마지막 셀 [G31] 셀을 클릭하면, [A10]에서 [G31]까지의 범위가 지정된다.

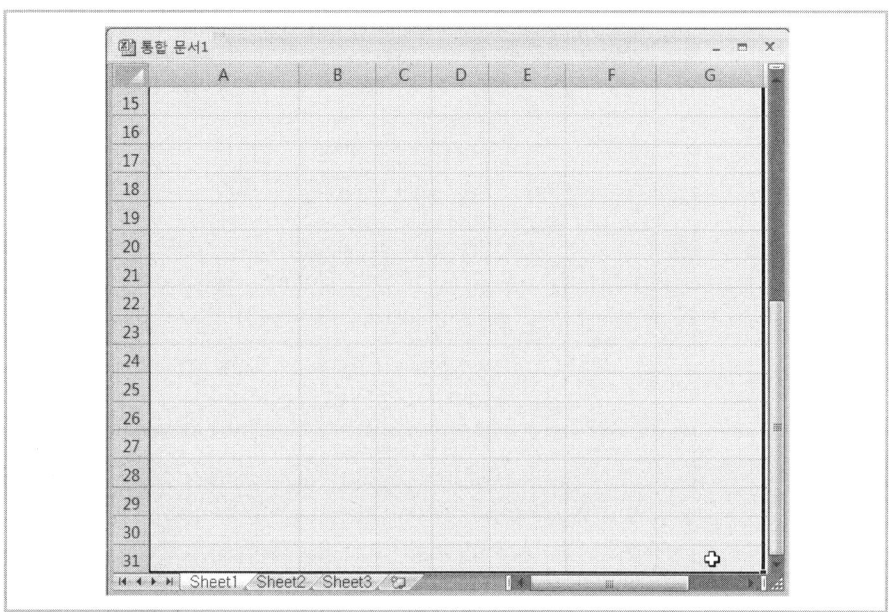

Step 03 마우스 오른쪽 버튼을 눌러 [바로 가기] 메뉴를 표시하고, [셀 서식]을 선택한다.

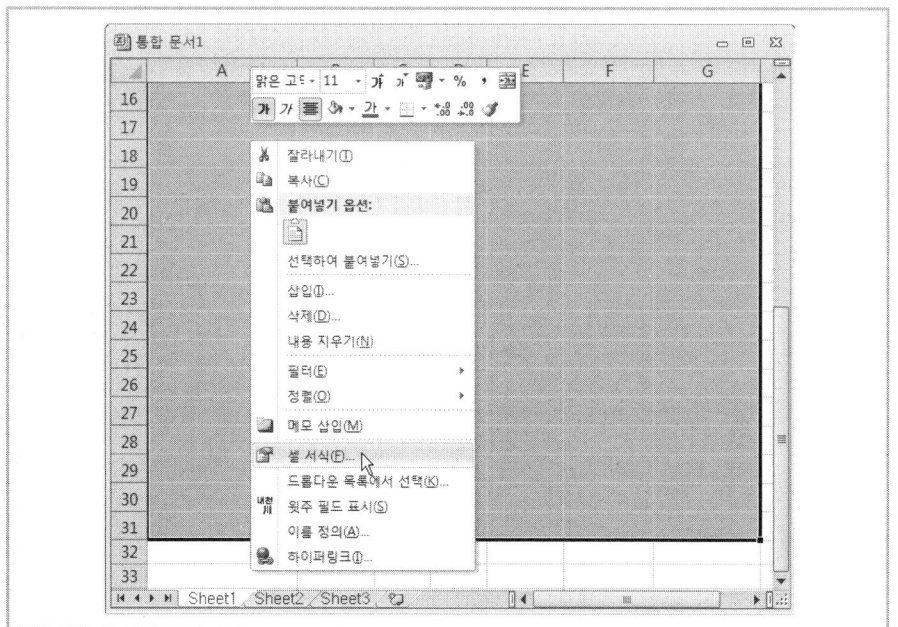

Step 04 다음 그림과 같이 [테두리] 탭을 클릭한 후 [윤곽선]에 [얇은 실선]을 지정하고, [안쪽]에는 [얇은 점선] 지정한 후, [확인] 단추를 클릭한다.

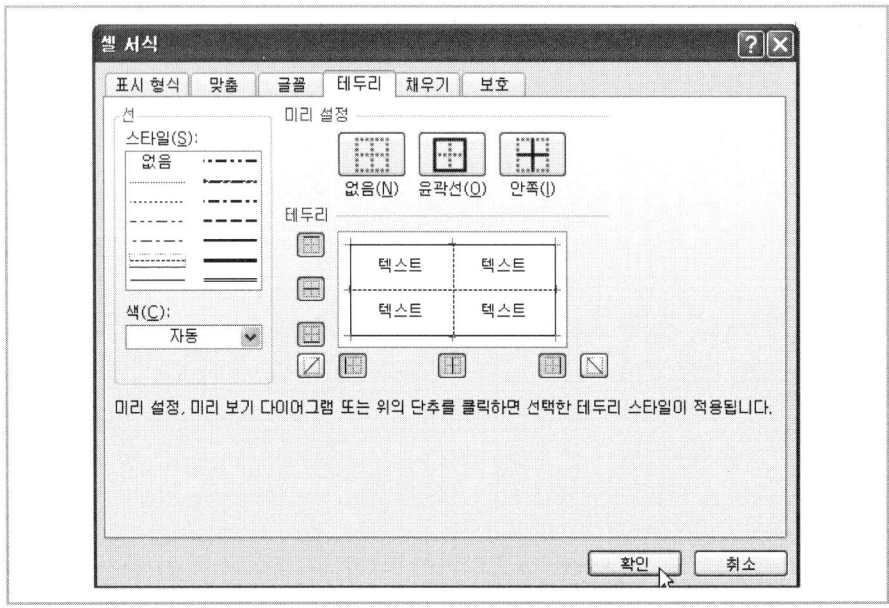

Step 05 이번에는 항목 이름이 입력되어 있는 부분의 경계 부분에 얇은 실선을 표시해 보도록 하자. 역시 범위로 지정할 시작 셀인 [A10] 셀을 선택한다.

Step 06 키보드의 Shift 키를 누른 상태에서 [G10] 셀을 지정해서 범위를 지정한 뒤, 키보드의 F4키를 눌러 반복 실행 기능을 적용한다.

Step 07 아무 셀이나 하나를 선택하면 지정된 범위가 해제되고, [A10]에서 [G10] 범위의 테두리에 얇은 실선이 표시된다.

이와 같은 방법으로 견적서의 각 부분들에 테두리선들을 매우 다양하게 그려줄 수 있다. 다른 형태의 테두리선들 역시 앞의 과정과 동일하므로, 독자들이 직접 해보기 바란다.

6. 하나의 셀에 여러 줄의 내용 입력하기

　이번에는 견적서의 아래쪽에 기타 사항을 표기하는 부분을 작성해 보도록 하자. 견적서를 작성하다 보면 [비고] 난처럼 기타 사항들을 입력할 필요가 있는데, 이러한 기타 사항들을 입력하기 위해서는 한 행에 여러 줄의 내용을 입력하는 방법을 알아둘 필요가 있다.

　한 행에 여러 줄의 내용을 입력하는 것은 지금까지 사용한 방법들을 사용해서 행의 높이 값을 지정하고, 테두리선을 그리면 쉽게 해결될 수도 있지만, 높이 값이 큰 행에 여러 줄의 내용을 입력하는 방법을 알지 못하면, 이 부분은 그다지 의미를 갖지 못하게 된다. 이 방법을 숙지해 두어야 좀 더 다양하면서도 보기 좋은 시트를 만들 수 있을 것이다.

Step 01 [A32]에서 [G32] 셀을 범위로 지정하고, [테두리] 단추 옆의 [펼침 목록] 단추를 눌러 [바깥쪽 테두리] 형식을 적용한다.

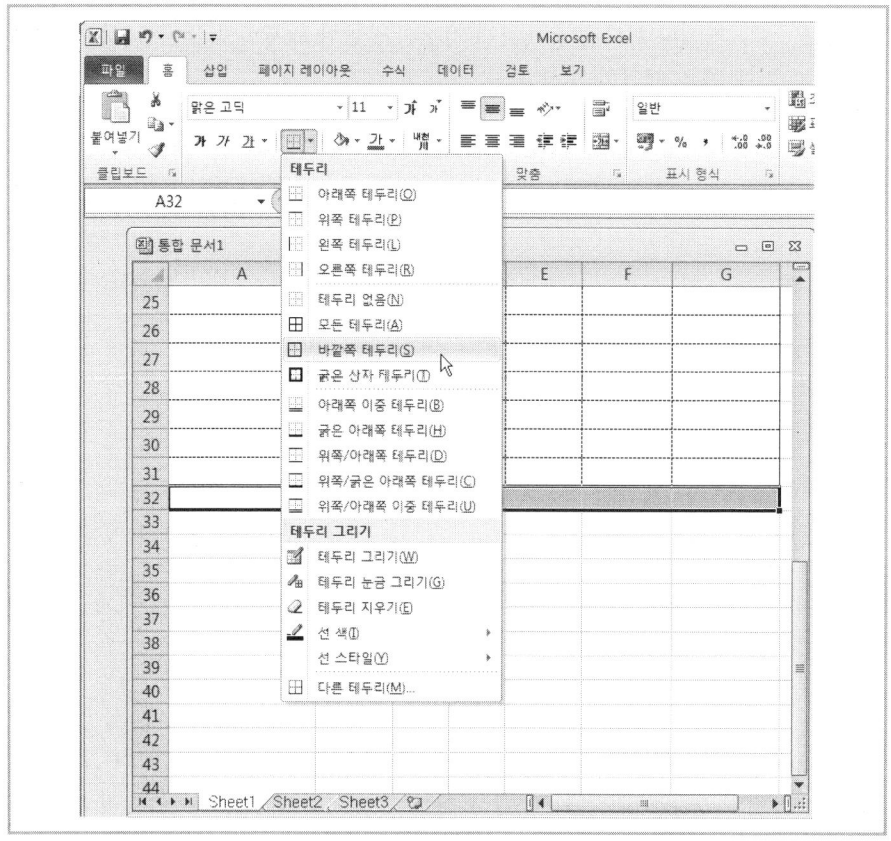

Step 02 이번에는 메뉴에서 [서식] → [행 높이]를 선택하여 나타나는 [행 높이] 대화상자에서 행의 높이를 [50]으로 지정하고 [확인] 단추를 누른다.

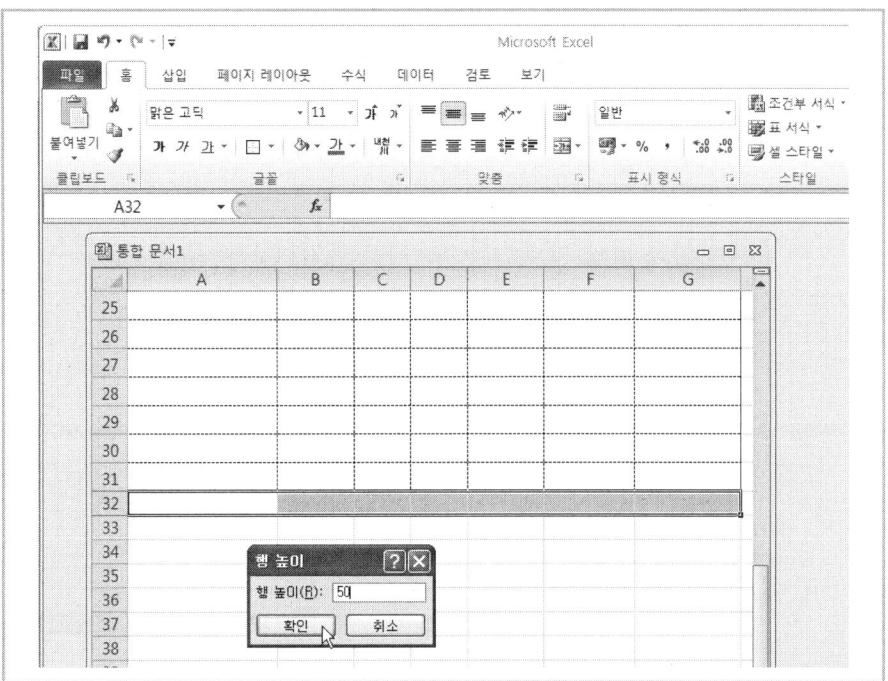

Step 03 행 높이가 조정되었다. [A32] 셀에 [기타사항)]이라고 입력한다. 단, Enter 키를 누르지는 않는다.

Step 04 이제 하나의 셀에 여러 줄을 입력할 수 있는 방법을 적용해 보기 위해, 키보드의 Alt 키와 Enter↵ 키를 함께 누른다.

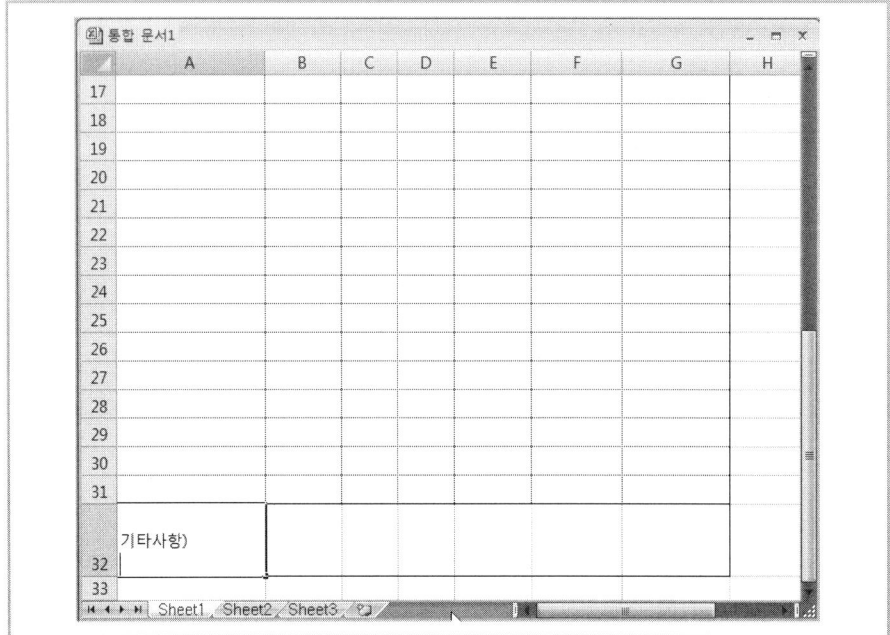

Step 05 Alt + Enter↵ 키를 한 번 더 입력한 다음, Enter↵ 키를 누르면 입력된 내용[기타사항)]이 [A32] 셀의 위쪽으로 올라가서 표시되는 것을 볼 수 있다.

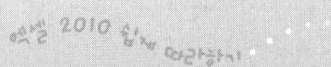

7. 공급자 표 작성하기

이제 견적서의 모양이 대략 갖춰진 것 같다. 하지만 예제문서 그림에 있는 [공급자 표]가 아직 그려져 있지 않다. 이 부분을 어떻게 처리하면 좋을까? 엑셀에서는 셀의 간격이 곧 열 간격이기 때문에 현재 만들어 놓은 거래명세표에서는 [공급자 표]를 만들기가 어렵다.

많은 사용자들이 이런 문제를 해결하기 위한 여러 가지 테크닉과 편법들을 사용하고 있지만, 지금 여기서 소개하고자 하는 방법만큼 쉽고 깔끔하게 처리할 수 있는 테크닉은 흔하지 않다. 이 방법은 다른 시트에서 작성한 [공급자 표]를 이미 만들어 놓은 견적서에 붙여넣는 것이므로, 아주 깔끔하고 간단하게 복잡한 모양의 표를 처리해 낼 수 있기 때문이다. 여기에서는 먼저 [Sheet 2] 시트에 [공급자 표]로 사용할 내용을 입력해 보도록 하자.

Step 01 화면의 아래쪽에 [Sheet2]라고 표시되어있는 부분을 마우스로 클릭한다.

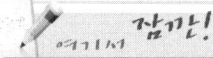

엑셀에서 복수 [Sheet] 사용하기

엑셀에서는 한 파일에 여러 개의 시트가 존재할 수 있으며, 원한다면 이 시트는 무한정 삽입할 수 있다. 이 시트들을 잘만 이용하면 굳이 별도의 파일을 새로 만들지 않고 한 파일에서 여러 시트를 통합 관리할 수 있다.

Step 02 새로 나타난 시트에서 [A1]에서 [A5] 셀을 범위로 지정한 뒤 [병합하고 가운데 맞춤] 형식을 적용한다.

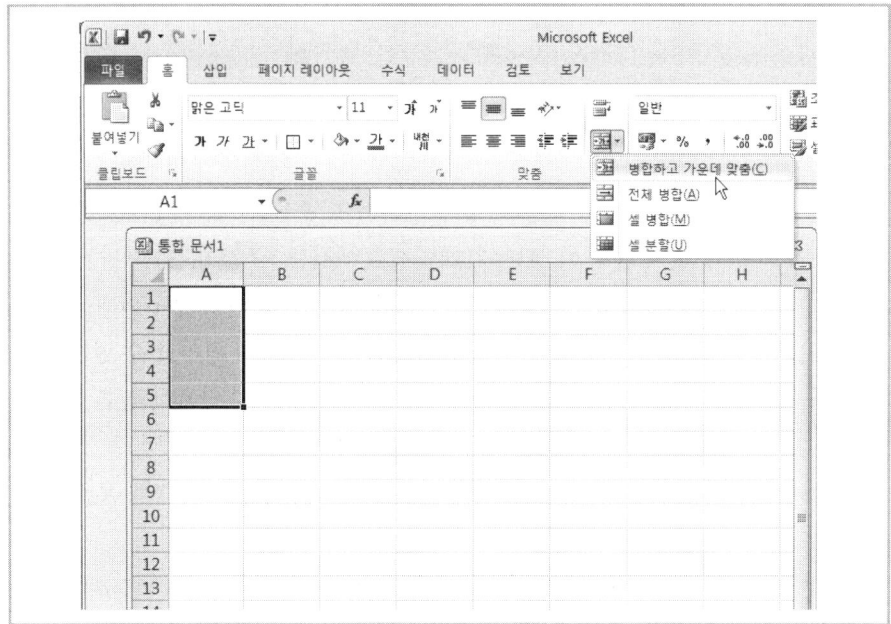

Step 03 [A] 열 문자를 클릭해서 [A] 열 전체를 지정한 후 마우스 오른쪽 버튼을 눌러서 나타나는 바로 가기 메뉴에서 [열 너비]를 선택하고 열 너비 값을 [3.5]로 지정한다.

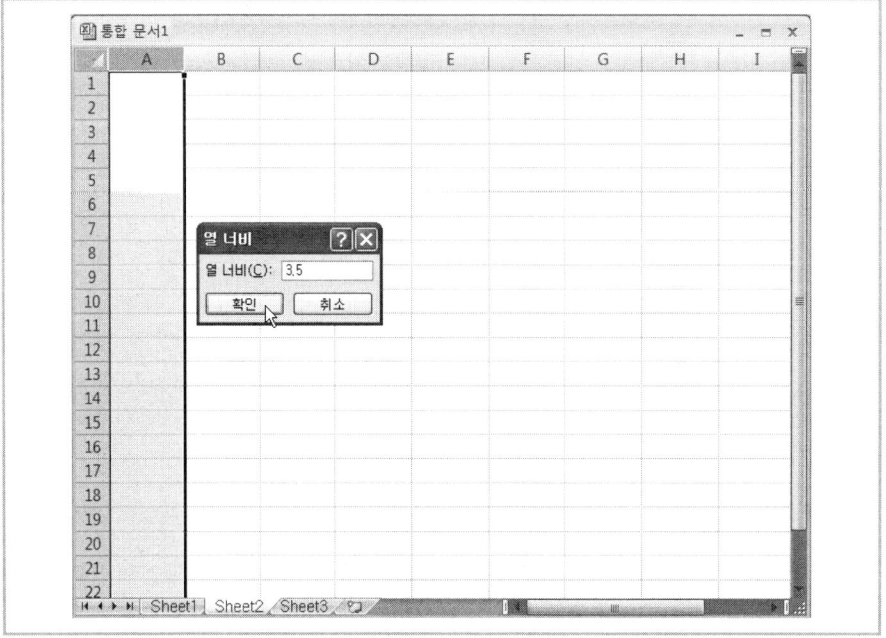

Step 04 [A1] 셀을 선택한 뒤, [공]이라고 입력하고 Enter 키는 누르지 않는다.

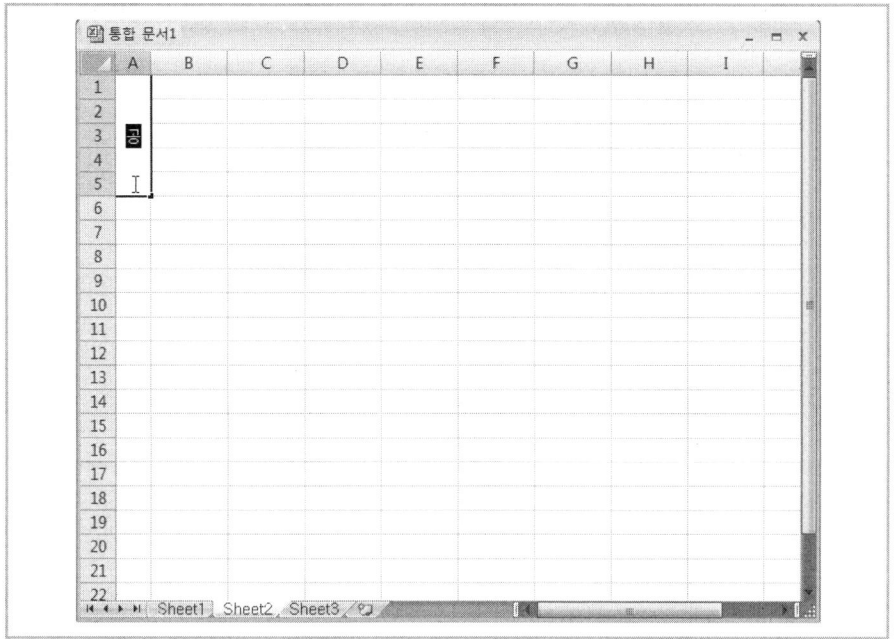

Step 05 Alt 와 Enter 키를 함께 눌러서 새로운 줄을 추가시킨다.

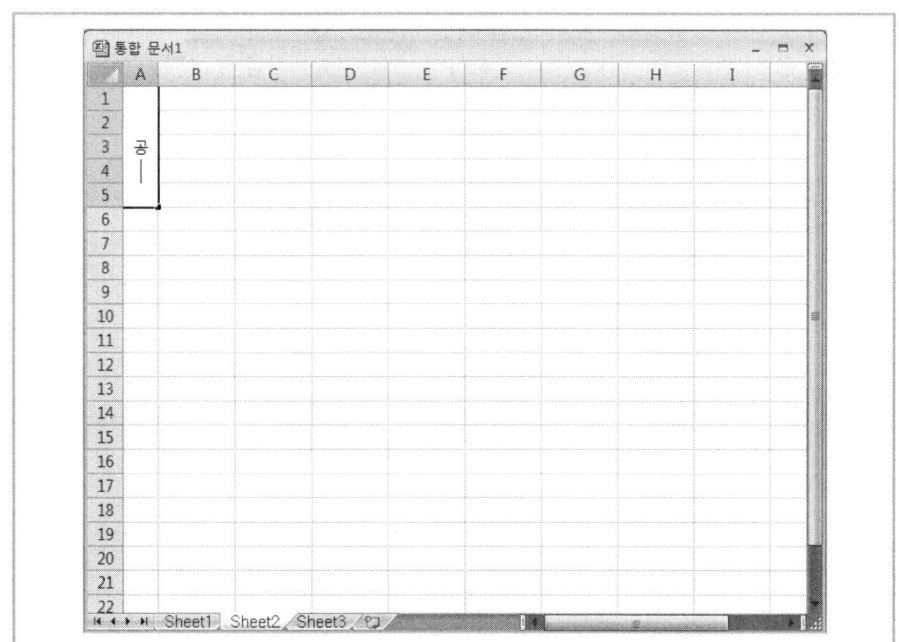

Step 06 이와 같이 [Alt]와 [Enter]키를 사용해서 글자와 글자 사이의 공백을 조정하고, 다음 화면처럼 [공 급 자]가 표시되도록 내용을 입력한다. 입력이 끝나면 [B1]셀을 클릭해서 이동한다.

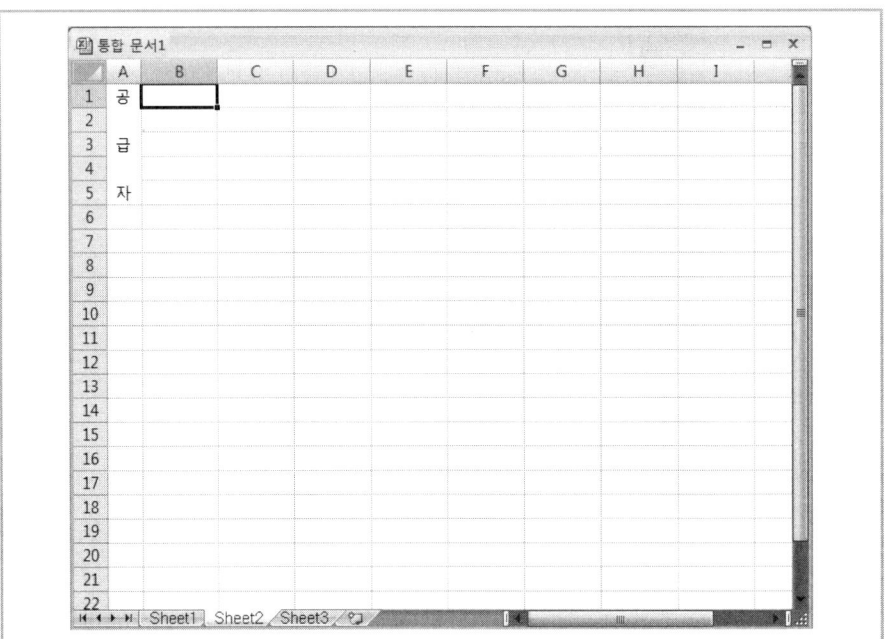

Step 07 [B1] 셀에 [등   록]이라고 입력하고 [Alt]+[Enter]키를 누른다.

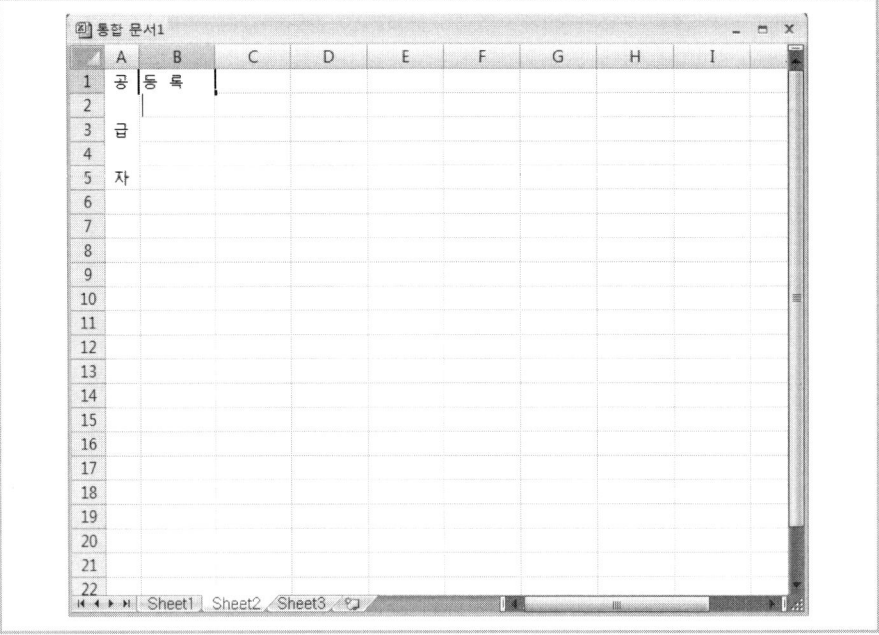

Step 08 다시 [번 호]라고 입력하고 그냥 Enter 키를 눌러 [B2]셀로 이동한다.

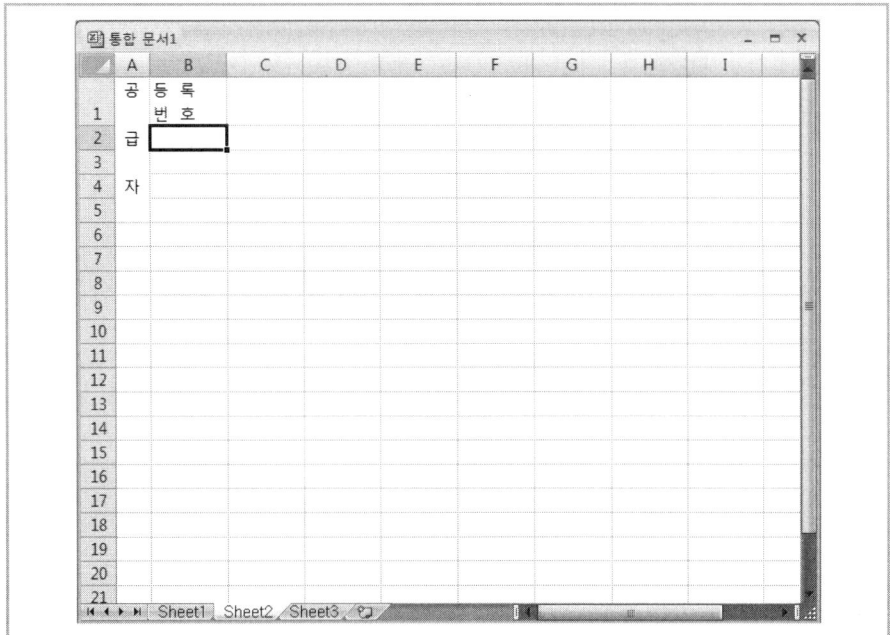

Step 09 위와 같은 방법을 사용해서 다음 화면처럼 각 항목의 이름을 입력한다.

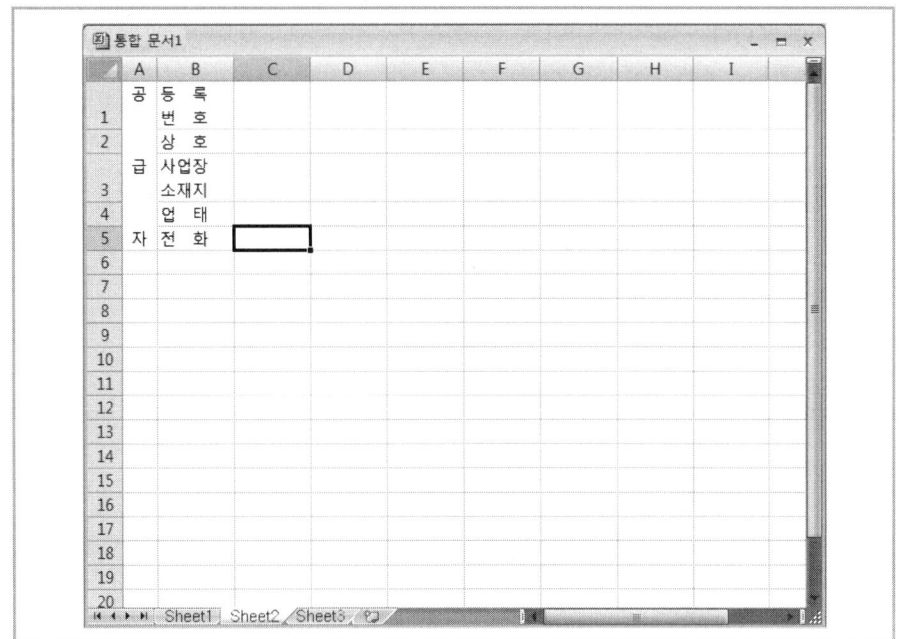

Step 10 [C1]에서 [E1] 셀을 범위로 지정하고, [병합하고 가운데 맞춤] 형식을 적용한다.

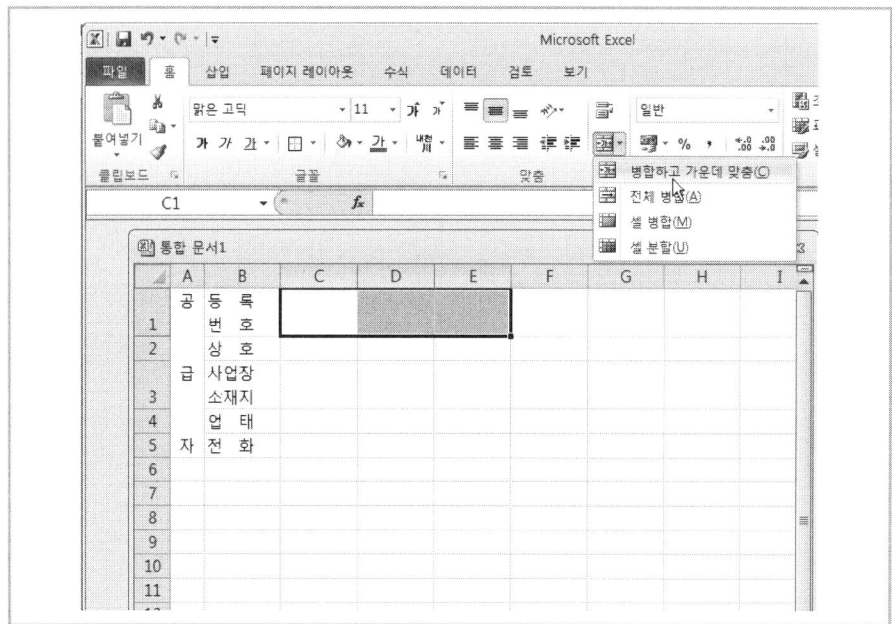

Step 11 [C3]에서 [E3] 셀 범위에도 [병합하고 가운데 맞춤] 형식을 적용한다. 이때 [C3]에서 [E3] 셀을 범위로 지정한 뒤, 단축키 F4키를 누르면 원하는 작업을 좀 더 쉽게 처리할 수 있다.

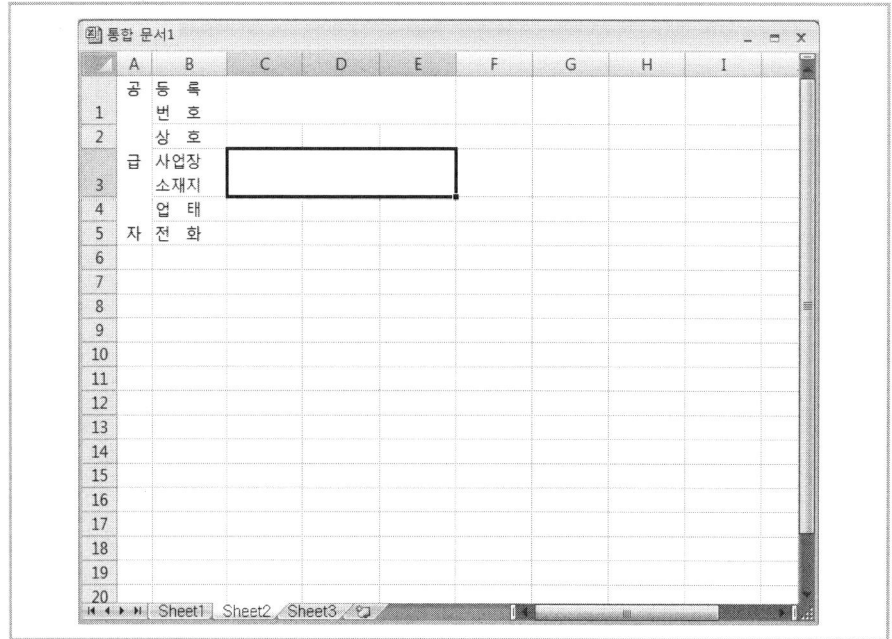

Step 12 다음 화면과 같이 공급자 표의 나머지 항목들을 입력한다.

Step 13 입력한 공급자 표를 범위로 지정한 뒤, 마우스 오른쪽 버튼을 눌러 나타나는 [바로 가기] 메뉴에서 [셀 서식]을 선택한다.

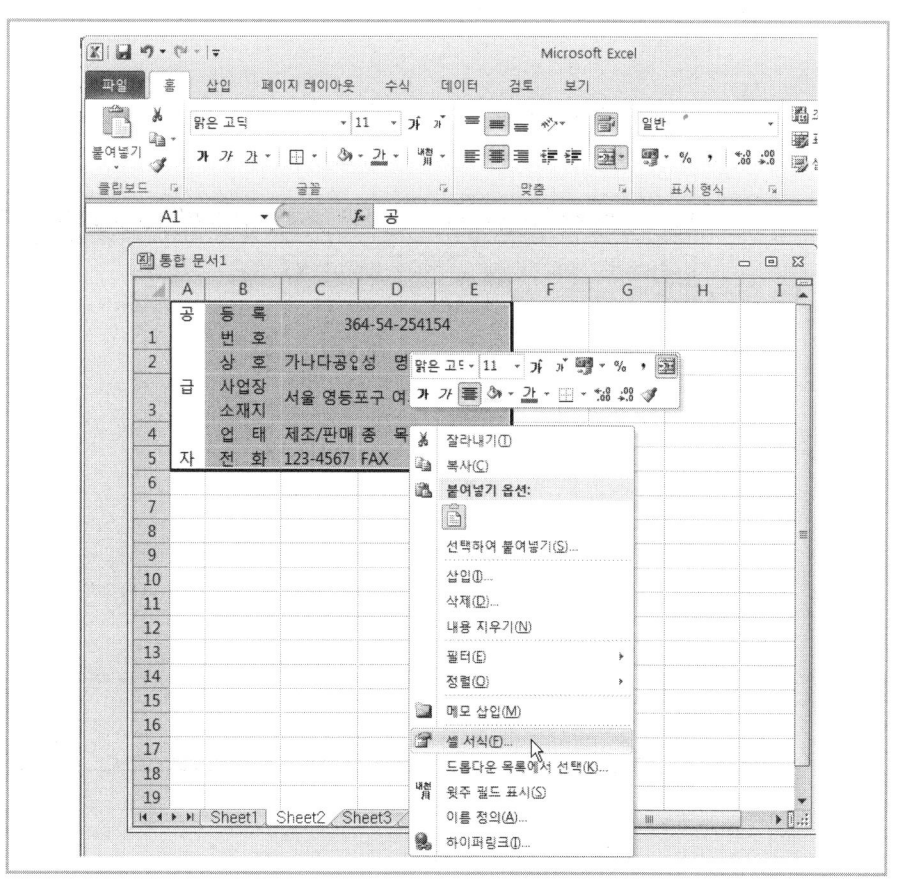

Step 14 [셀 서식] 대화상자의 [맞춤] 탭을 클릭하고, [가로] 방향의 맞춤 형식을 [가운데]로 지정한다.

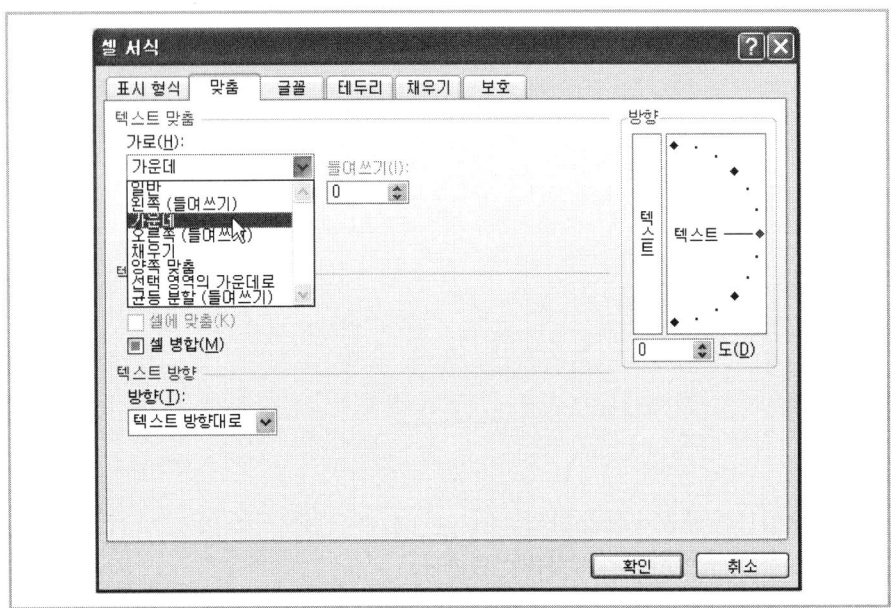

Step 15 이어서 [테두리] 탭을 클릭하고 다음 화면과 같이 [얇은 점선]을 [윤곽선]과 [안쪽]에 지정하고, [확인] 단추를 클릭한다.

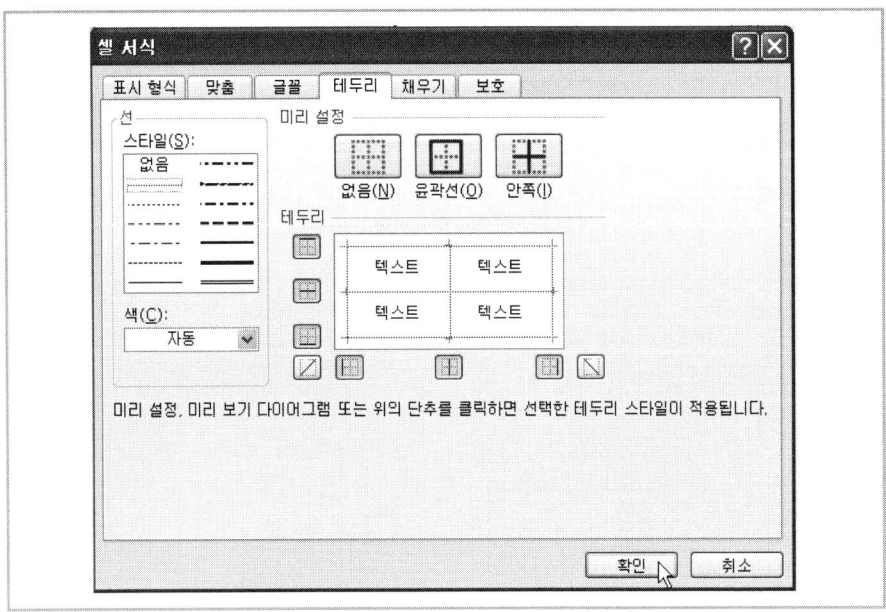

Step 16 테두리 선이 적용되면 아무 셀이나 하나를 선택해서 지정된 범위를 해제한다.

8. 카메라 도구단추 표시하기

그런데, 이 표를 어쩌겠단 말인가? 아무리 생각해도 이 표를 앞에서 작성한 견적서에 복사할 방법은 없다. 하지만 이제부터 사용하게 될 [카메라] 기능은 이런 일을 가능하게 한다. 여기에서는 먼저 카메라 도구단추를 화면에 표시하는 방법에 대해서 알아보자.

Step 01 화면의 상단에 있는 엑셀의 메뉴 바에서 [빠른 실행 도구 모음 사용자 지정] → [기타 명령]을 선택한 후 나타나는 [Excel 옵션] 대화 상자에서 [리본 사용자 지정]을 선택하고 [다음에서 명령 선택]에서 [리본 메뉴에 없는 명령]을 선택한다. 이어서 [카메라]를 선택하고 이어서 [리본 메뉴 사용자 지정]에서 [기본 탭]을 선택한 후 [새 탭] 버튼을 클릭한다. 이 결과 [새 탭(사용자 지정)] → [새 그룹(사용자 지정)]이 만들어 지면 [추가] 버튼에 이어서 [확인] 버튼을 차례로 클릭한다.

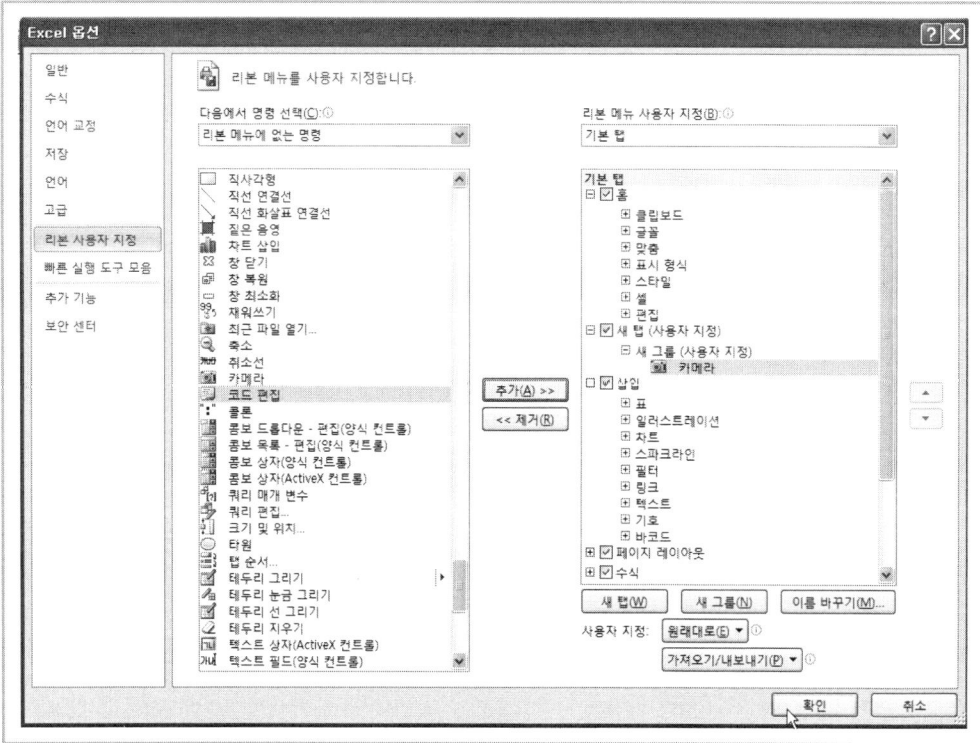

Step 02 이 결과 다음 그림처럼 리본 메뉴에 [새 탭] 메뉴가 추가되어 표시된다.

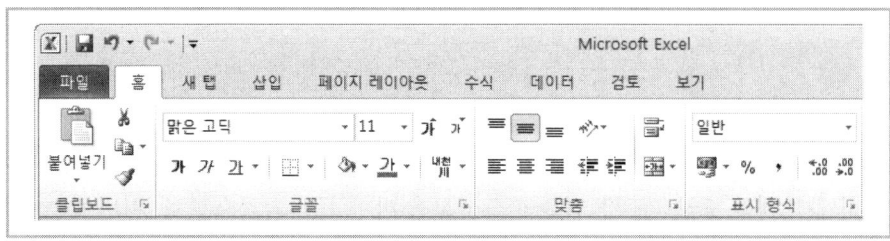

Step 03 [카메라] 기능을 사용하기 위해서 [새 탭] 메뉴를 선택하면 다음 그림처럼 선택 메뉴가 나타난다.

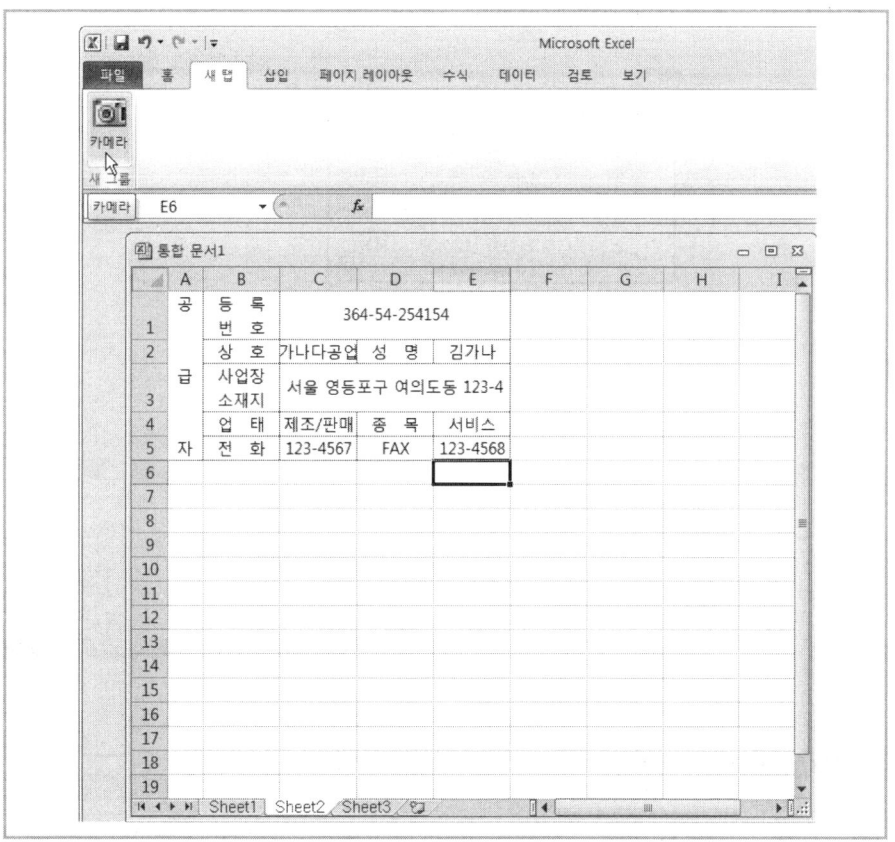

만약 [새 탭] 메뉴를 제거하려면 ❶ 실행 후 [Excel 옵션] 대화 상자에서 [새 탭]을 선택하고 이어서 [제거] 버튼과 [확인] 버튼을 누르면 된다.

9. 카메라 사용하기

 이제 카메라 도구단추가 엑셀의 도구모음 바에 표시되었으므로, 이번에는 이렇게 연결시켜 놓은 카메라 도구단추를 사용하는 방법을 알아보자. 여기서는 카메라 기능을 이용하여 공급자 표를 견적서에 붙여 넣도록 한다.

Step 01 공급자 표를 범위로 지정한다.

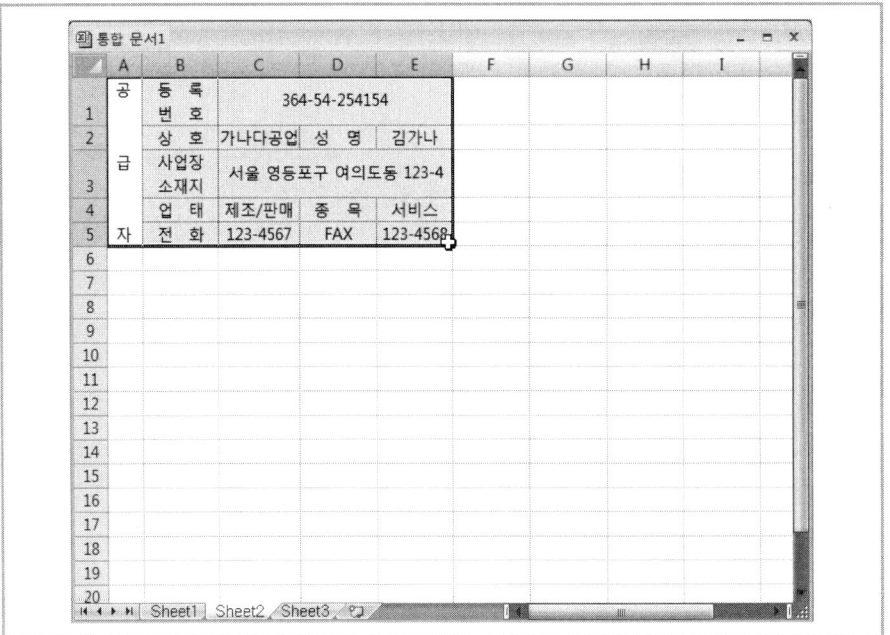

Step 02 [새 탭] 메뉴에 연결해 놓은 [카메라]를 누른다.

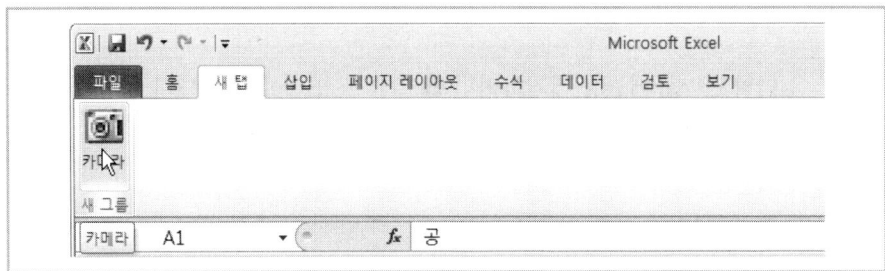

Step 03 작업창의 하단에 있는 [Sheet1] 시트 탭을 클릭한다.

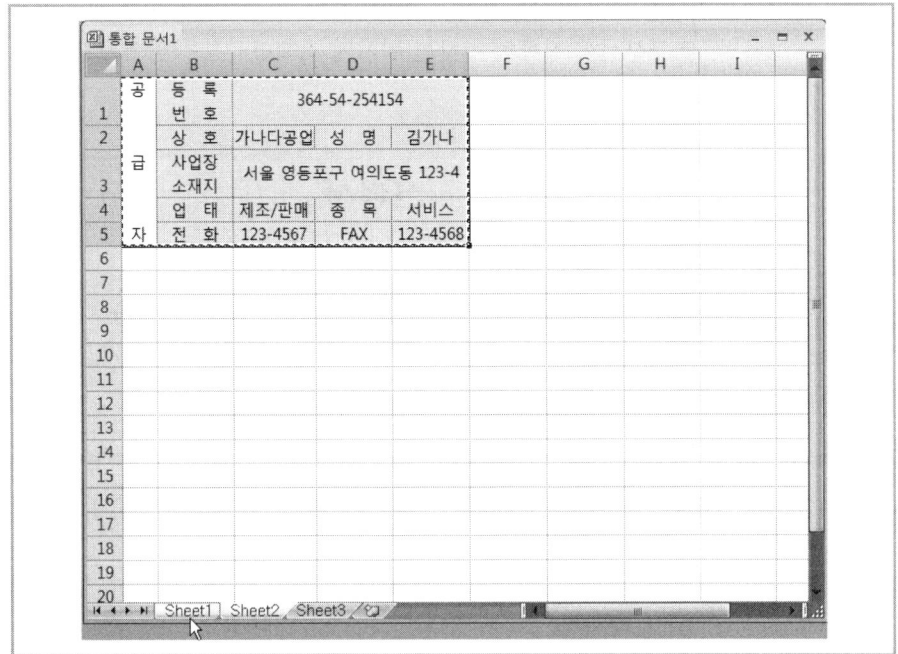

Step 04 얇은 십자 모양의 마우스 포인터를 드래그해서 다음 화면처럼 적당한 부분에 사각형을 그린다.

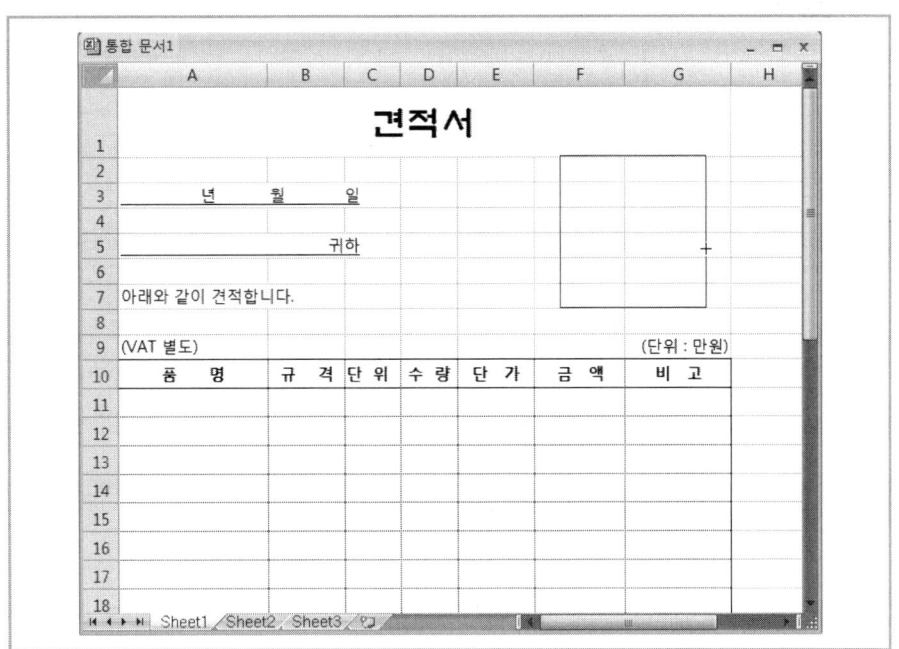

Step 05 [Sheet2] 시트에 그려 놓은 것과 똑같은 모양의 공급자 표가 표시되는데, 이 표를 드래그해서 적당한 위치로 이동시킨다. 이때 키보드의 Alt 키를 누른 채로 마우스를 드래그하면, 셀 구분선에 정확히 접하는 위치에 거래명세표를 위치시킬 수 있다.

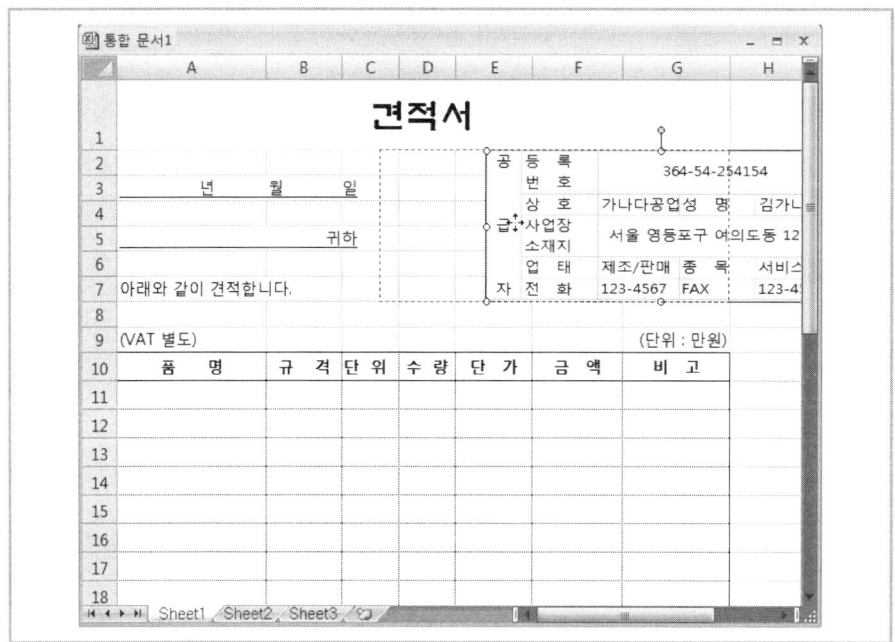

Step 06 표의 위치가 정해졌으면 아무 셀이나 하나를 선택해서 공급자 표를 고정시킨다.

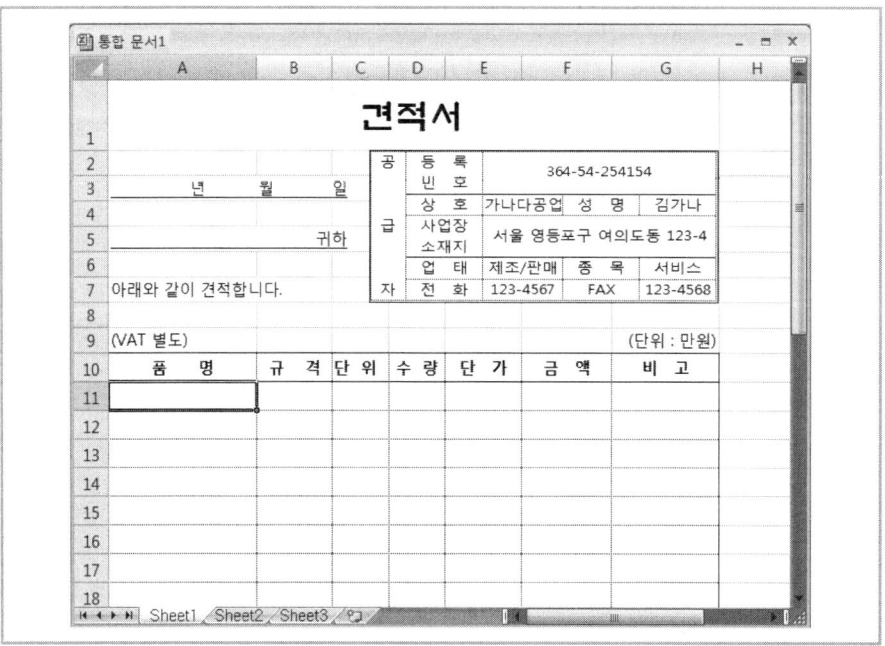

10. 인쇄하기

엑셀 2010에서는 작성된 모든 문서는 [파일] → [인쇄]를 선택하여 간단하게 인쇄할 수 있다. 엑셀 2010의 인쇄 기능은 엑셀 2007의 인쇄와 인쇄 미리보기, 페이지 설정 기능이 하나로 통합된 형태로 인쇄 상의 여러 가지 문제를 발생시키지 않게 하기위해 인쇄될 내용을 미리 확인하고, 프린터 설정과 페이지 설정 등을 조절한 뒤, 손쉽게 인쇄할 수 있도록 하고 있다.

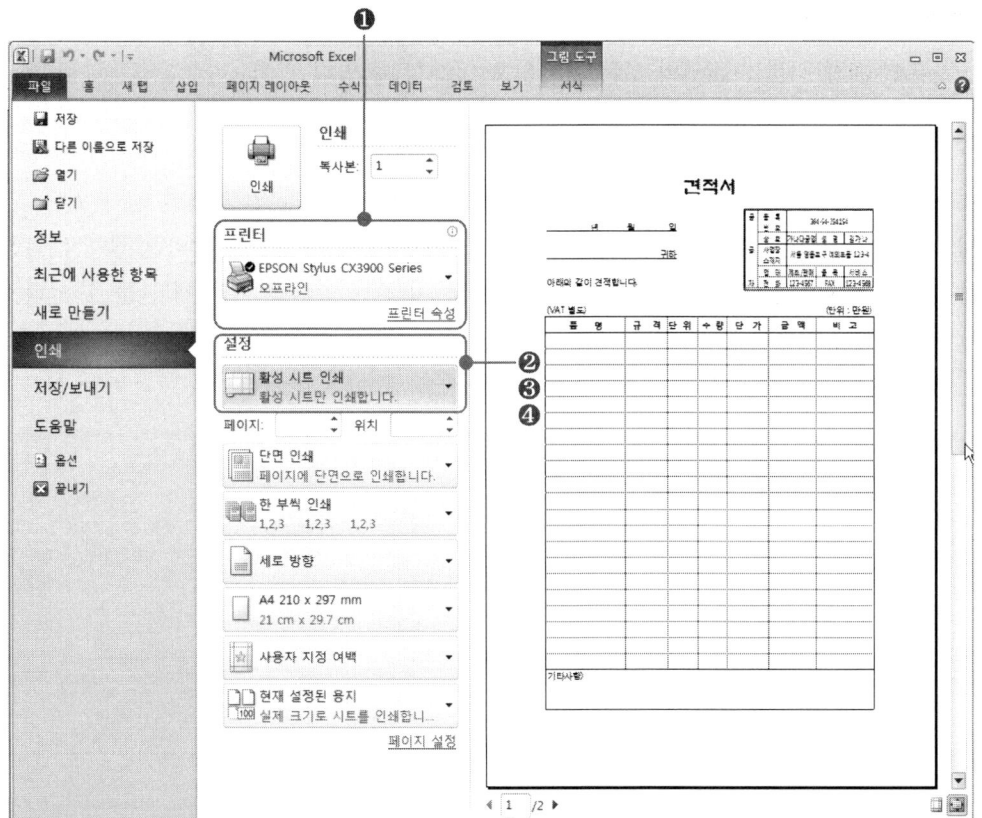

❶ 프린터

인쇄할 프린터를 지정할 수 있다.

❷ 활성 시트 인쇄

현재 사용 중인 시트(Sheet)의 문서만 인쇄할 수 있다.

❸ 전체 통합 문서 인쇄

사용된 전체 시트(Sheet)의 모든 문서들을 인쇄할 수 있다.

❹ 선택 영역 인쇄

전체 문서 중 인쇄하고자 하는 영역을 범위로 지정해서 부분적인 인쇄를 할 수 있다. 만약 하나 이상의 인쇄 영역 설정 하려면 워크시트에서 인쇄 영역으로 정의할 셀을 선택한 후 Ctrl 키를 누른 상태에서 인쇄할 영역을 클릭하여 인쇄 영역을 여러 개 만들 수 있다.

Chapter 4

부록 파일 급여명세서.xlsx

급여 명세서 만들기
– 수식과 함수 사용하기

Excel 2010

엑셀에서는 수식과 함께 함수라는 기능을 사용할 수 있다.
이번 장에서는 급여 명세서를 작성해 보면서 엑셀에서 사용할 수 있는 각종 수식과 함수의 사용법에 대해 알아보도록 한다.
그리고, 급여 명세서와 같이 옆쪽으로 길게 인쇄해야 하는 경우의 인쇄 테크닉에 대해서도 자세히 알아보자.

급 여 명 세 서

부서	성명	급여			급여계	공제				공제계	지불액
		기본급	직무	직책		갑근세	주민세	의료보험	국민연금		
관리부	장보고	1,000,000	100,000	150,000	1,250,000	40,000	4,000	40,000	32,000	116,000	1,134,000
관리부	유관순	800,000	80,000	100,000	980,000	17,000	1,700	25,000	20,000	63,700	916,300
기획부	이율곡	800,000	80,000	100,000	980,000	17,000	1,700	25,000	20,000	63,700	916,300
경리부	윤봉길	750,000	75,000	90,000	915,000	17,000	1,700	25,000	20,000	63,700	851,300
영업부	이사부	900,000	90,000	95,000	1,085,000	25,000	2,500	30,000	25,000	82,500	1,002,500
관리부	이완용	850,000	85,000	90,000	1,025,000	25,000	2,500	30,000	25,000	82,500	942,500
무역부	홍길동	750,000	75,000	80,000	905,000	17,000	1,700	25,000	20,000	63,700	841,300
영업부	심순애	700,000	70,000	80,000	850,000	15,000	1,500	22,000	18,000	56,500	793,500
마케팅부	성춘향	900,000	90,000	120,000	1,110,000	25,000	2,500	30,000	25,000	82,500	1,027,500
관리부	김중배	800,000	80,000	90,000	970,000	17,000	1,700	25,000	20,000	63,700	906,300
합계금액											9,331,500

1. 기본 내용 입력하기

먼저 급여 명세서에 필요한 기본 내용들을 입력해 보자.

Step 01 [A1] 셀에 [급 여 명 세 서]라고 입력한다.

Step 02 다음 화면과 같이 각 셀에 해당하는 내용을 입력한다.

Step 03 [C3]에서 [E3]까지 범위를 지정하고, [병합하고 가운데 맞춤] 단추를 클릭한다.

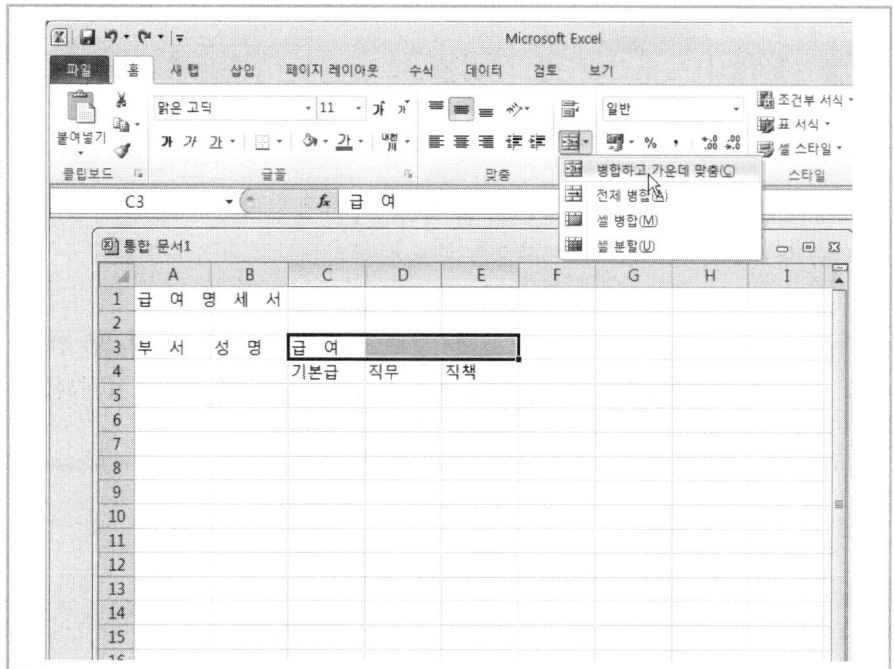

Step 04 범위로 지정한 셀 범위가 합쳐지면, 다음 화면과 같이 나머지 셀의 내용들을 입력한다. 급여 명세서는 지금까지 작업해본 문서들에 비해 가로 방향이 상당히 길기 때문에, 화면에 표시되는 열 머리글을 잘 확인하면서 각 셀의 내용을 입력해야 한다.

2. 문자열의 맞춤 형태 지정하기

앞에서 입력해 놓은 내용들은 모두 대략적인 위치에 입력되어 있다. 이번에는 이 내용들의 맞춤 형태를 적당한 형태로 지정해 보도록 하자.

Step 01 제목이 입력되어 있는 [A1] 셀에서부터 [L1] 셀까지를 범위로 지정한 뒤, [병합하고 가운데 맞춤] 단추를 클릭하여 제목이 전체 문서의 중간 부분에 표시되도록 한다.

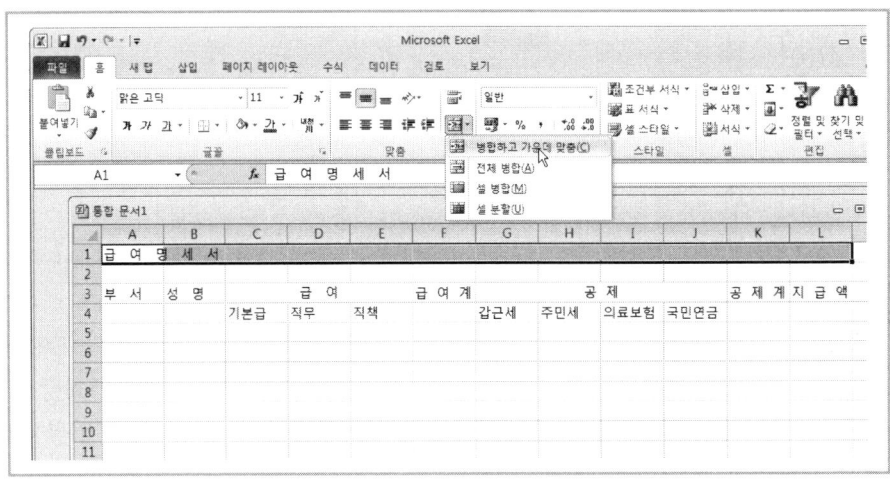

Step 02 급여 명세서의 각 항목명들을 정돈하기 위해 [A3]와 [A4] 셀을 범위로 지정하고 [병합하고 가운데 맞춤] 단추를 클릭한다.

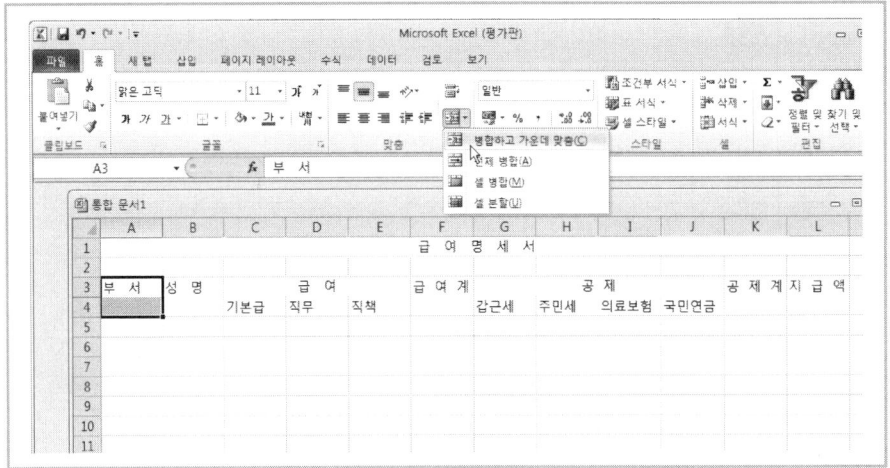

Step 03 만약 [A3]와 [A4] 셀이 하나로 합쳐지긴 했지만, [부 서]라는 글씨가 셀의 가운데에 표시되지 않고 셀의 아래쪽에 치우쳐서 표시된다면 [셀 서식] 대화상자의 [맞춤] 탭을 선택한 뒤, [세로(V)] 옵션을 [가운데]로 지정하고 [확인] 단추를 클릭하면 해결된다.

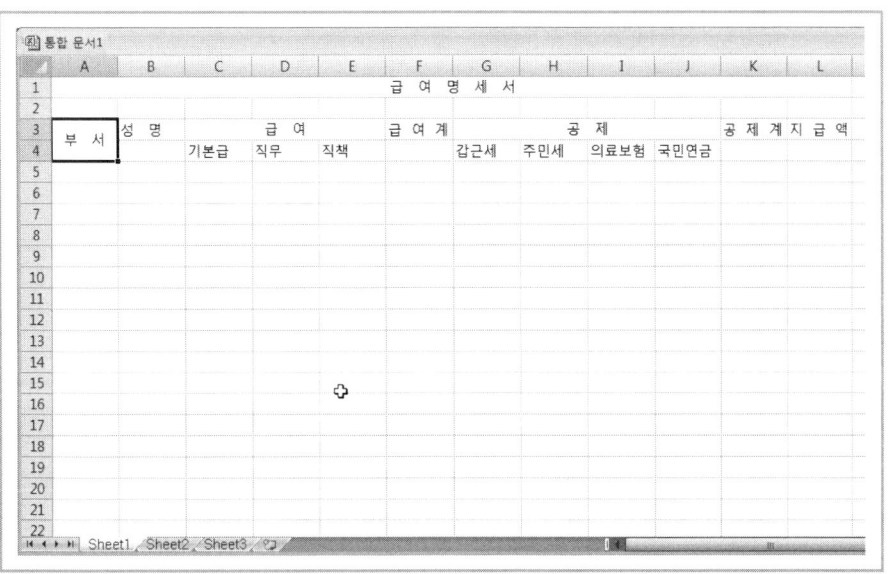

Step 04 이번에는 같은 방법으로 [B3]와 [B4] 셀을 하나로 합친다.

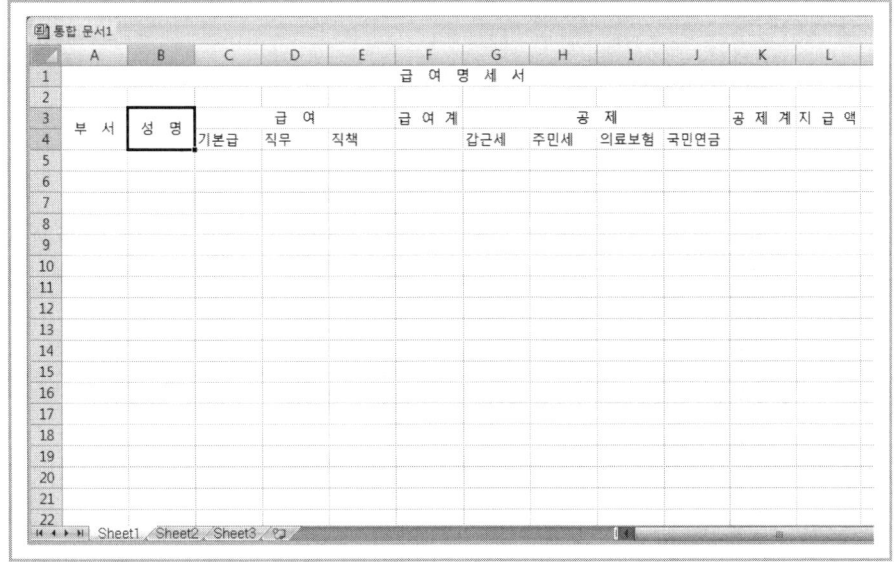

Step 05 다음 화면과 같이 세로 방향으로 두개의 셀에 표시되어야 하는 내용들을 하나로 합쳐 놓는다.

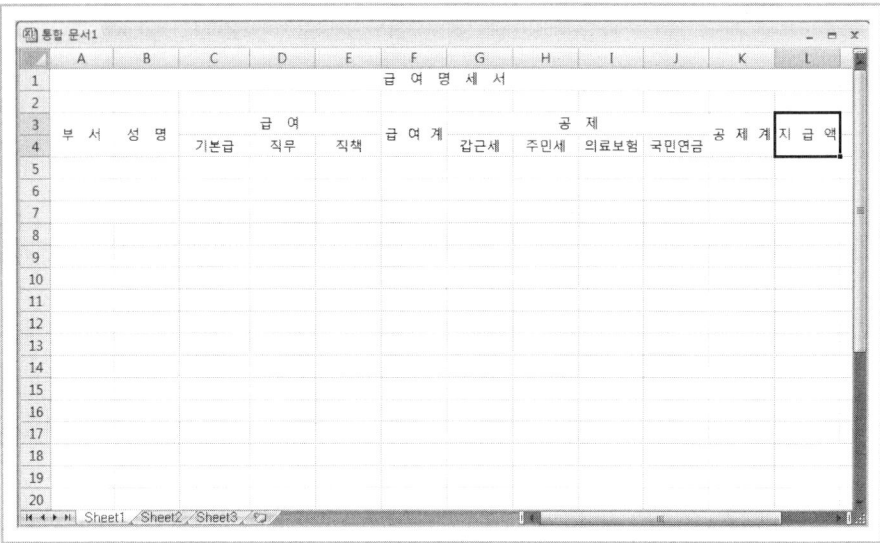

Step 06 이번에는 각 셀에 입력되어 있는 내용들을 세로 방향으로 중간에 위치하는 정렬 형식을 적용해 보도록 하자. 먼저 시트 전체를 선택한 뒤 마우스 오른쪽 단추를 눌러 나타나는 [바로 가기] 메뉴의 [셀 서식]을 선택한다.

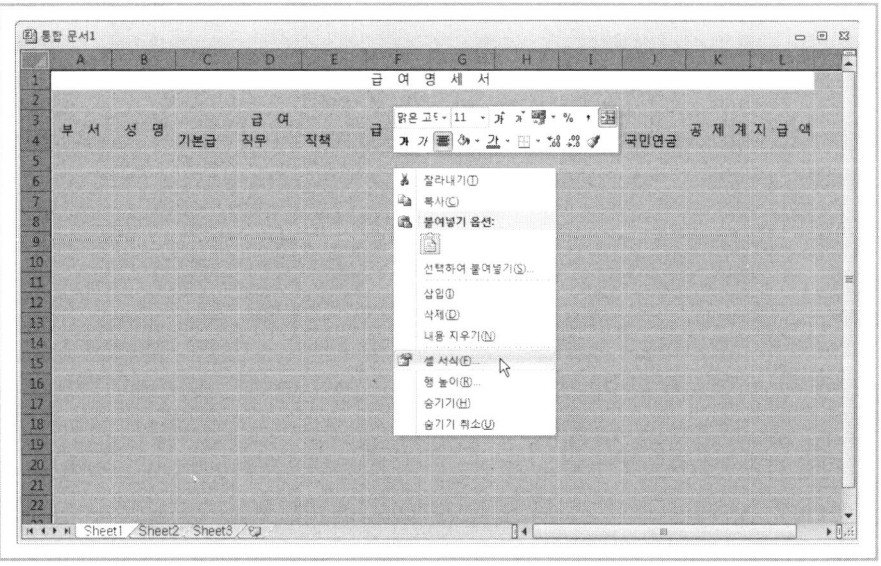

Step 07 [셀 서식] 대화상자의 [맞춤] 탭을 선택한 뒤, [가로(H)] 옵션을 [가운데]로 [세로(V)] 옵션을 [가운데]로 지정하고 [확인] 단추를 클릭한다.

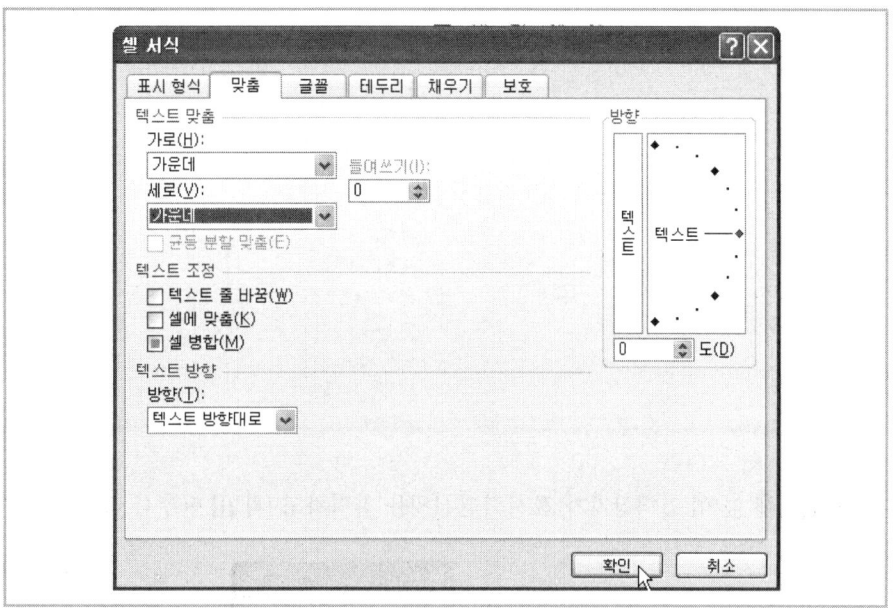

Step 08 아무 셀이나 하나를 선택해서 범위를 해제하고 변경된 정렬 형식을 확인해 보자.

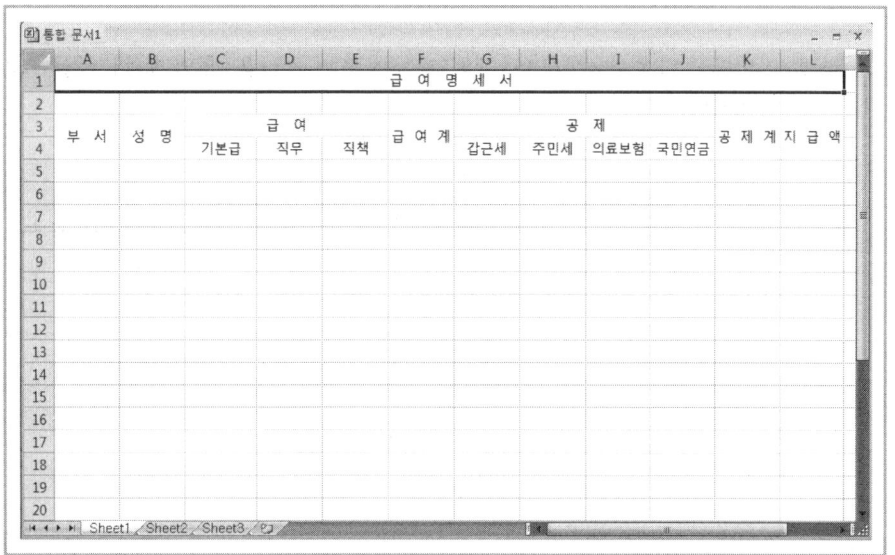

Step 09 이번에는 [1] 행에서 [30] 행을 범위로 지정하고, [바로 가기] 메뉴에서 [행 높이]를 선택한다.

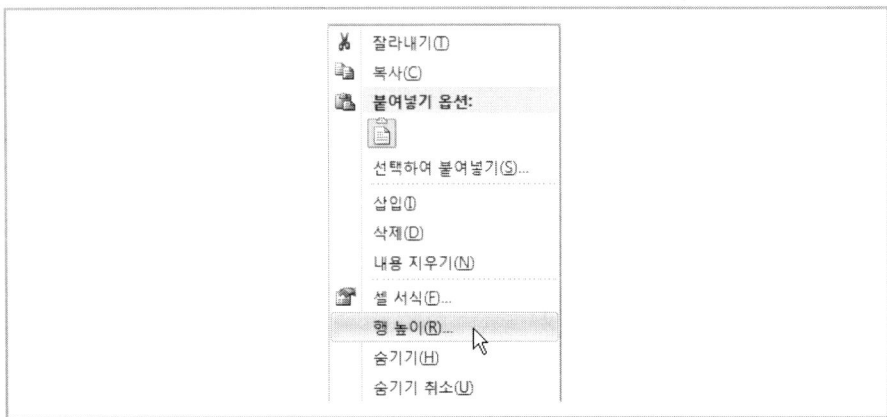

Step 10 [행 높이] 입력상자가 표시되면 [18]을 입력하고 [확인] 단추를 클릭한다.

Step 11 이번에는 다음과 같이 [A1] 셀의 제목 부분의 글꼴을 [휴먼 옛체], 글꼴 크기를 [24]로 변경한다.

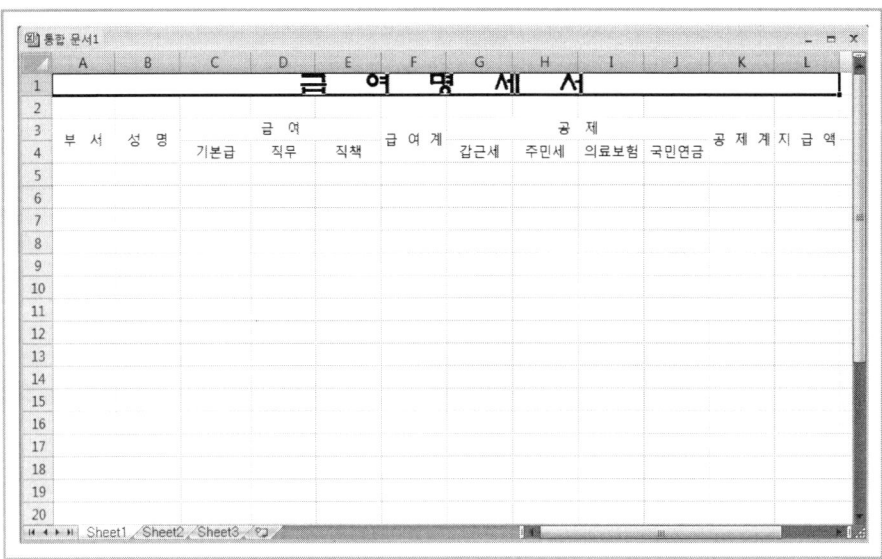

3. 테두리선 그리기

급여명세서에서는 급여 부분과 공제액의 항목을 쉽게 구분할 수 있도록 해당 범위에 굵은 선으로 표시해 주는 것이 일반적이다. 이번에는 작성해 놓은 급여 명세서에 각 범위의 경계부분에 굵은 선이 그려지도록 테두리선을 그려보자.

Step 01 [A3]와 [B3] 셀을 범위로 지정한다.

Step 02 [바로 가기] 메뉴의 [셀 서식]을 선택한다.

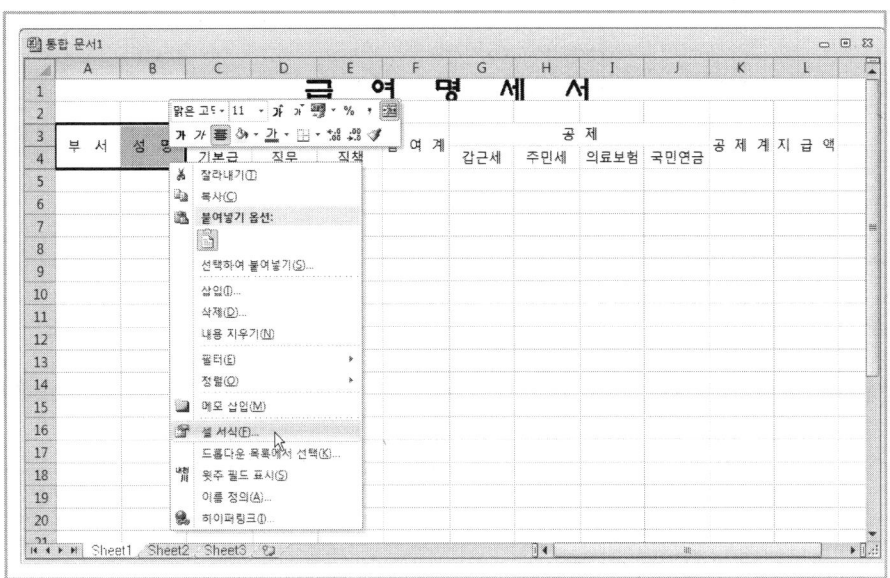

Step 03 [셀 서식] 대화상자의 [테두리] 탭을 눌러 다음과 같이 각 위치에 그려질 테두리 선을 지정하고 [확인] 단추를 클릭한다. 여기에서는 테두리에서 [윤곽선]은 선 스타일을 [얇은 실선]으로, [안쪽]은 [얇은 점선]으로 설정하였다.

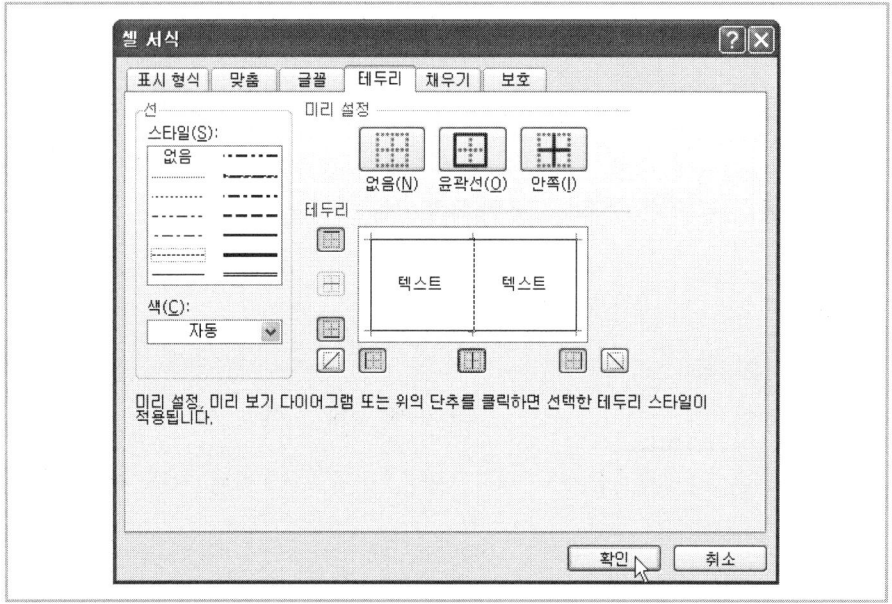

Step 04 이번에는 [C3]부터 [F4] 셀을 범위로 지정하고, F4키를 눌러 마지막으로 적용한 것과 똑 같은 모양의 테두리 선을 그린다.

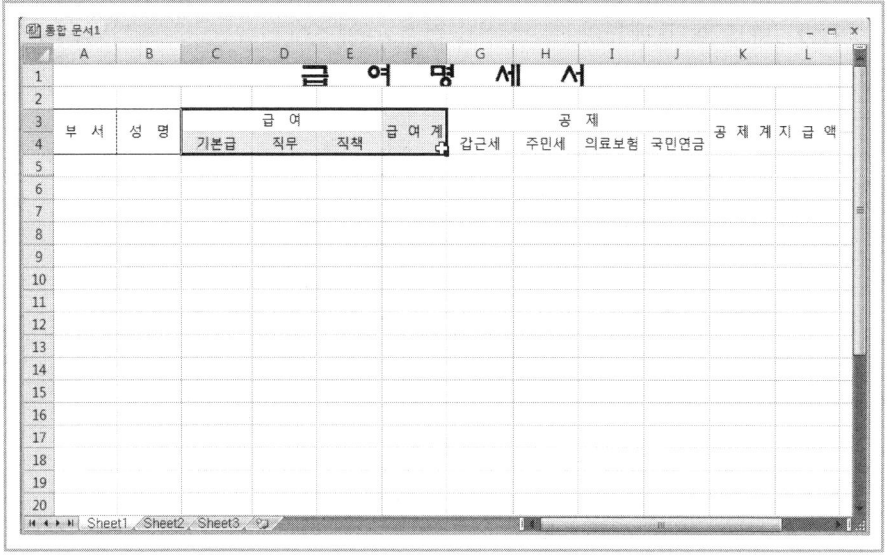

Chapter 4 급여 명세서 만들기 – 수식과 함수 사용하기

Step 05 같은 방법으로 나머지 항목명이 입력되어 있는 셀들에도 테두리 선을 그린다.

Step 06 이번에는 [A5]에서 [B24] 셀까지 범위를 지정한 뒤, F4키를 누른다.

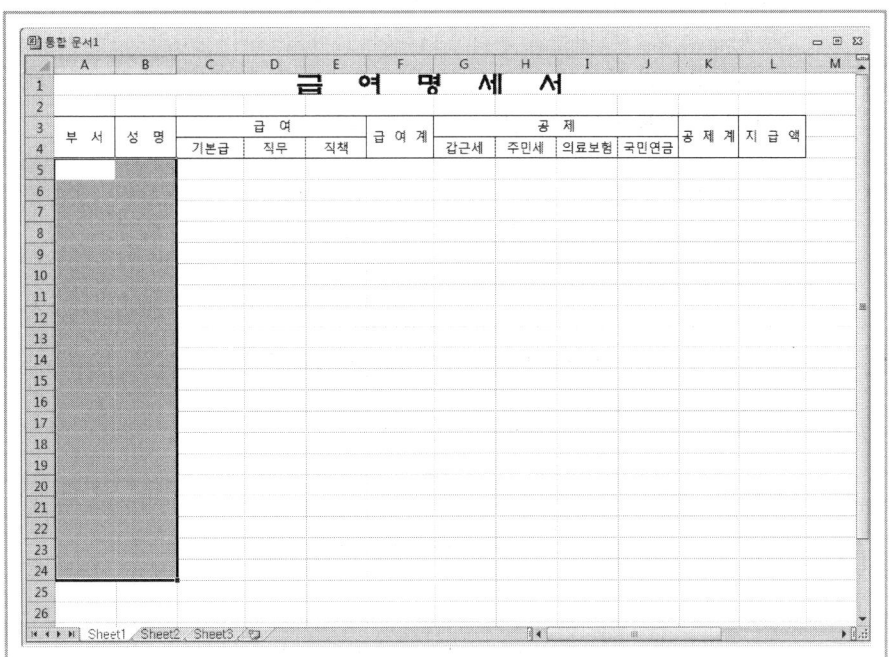

Step 07 같은 방법으로 나머지 셀들에도 테두리 선을 그린다.

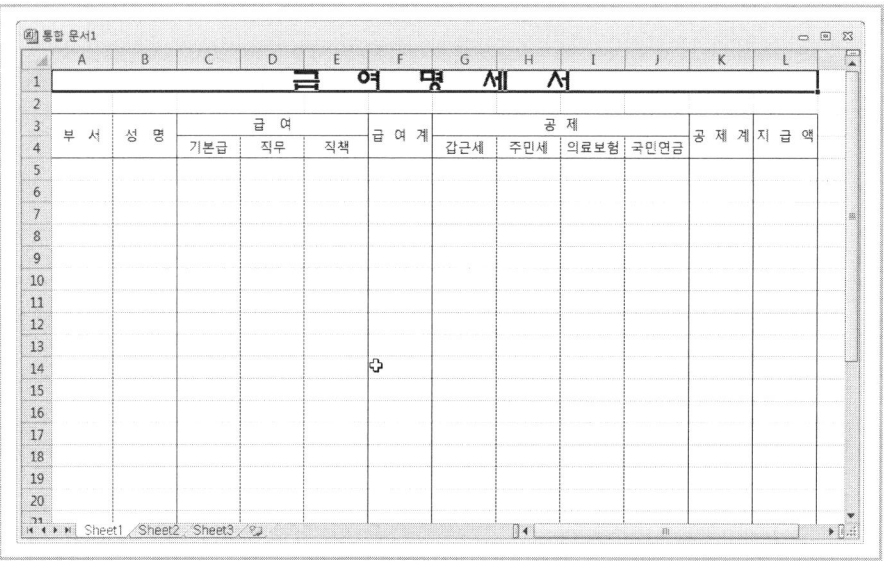

Step 08 [C5] 셀부터 [L24] 셀에는 숫자가 표시되는 영역이다. 이 영역에 표시되는 숫자의 표현 방식을 1000단위 구분 기호(,)를 넣기 위해 [C5] 셀부터 [L24] 셀을 영역으로 지정한 후 마우스 오른쪽 버튼을 눌러서 나타나는 [바로 가기] 메뉴에서 [셀 서식]을 선택하고 [셀 서식] 대화 상자에서 [표시 형식] 탭에서 [숫자]를 선택한 후 [1000 단위 구분 기호 (,) 사용]에 체크하고 [확인] 버튼을 클릭한다.

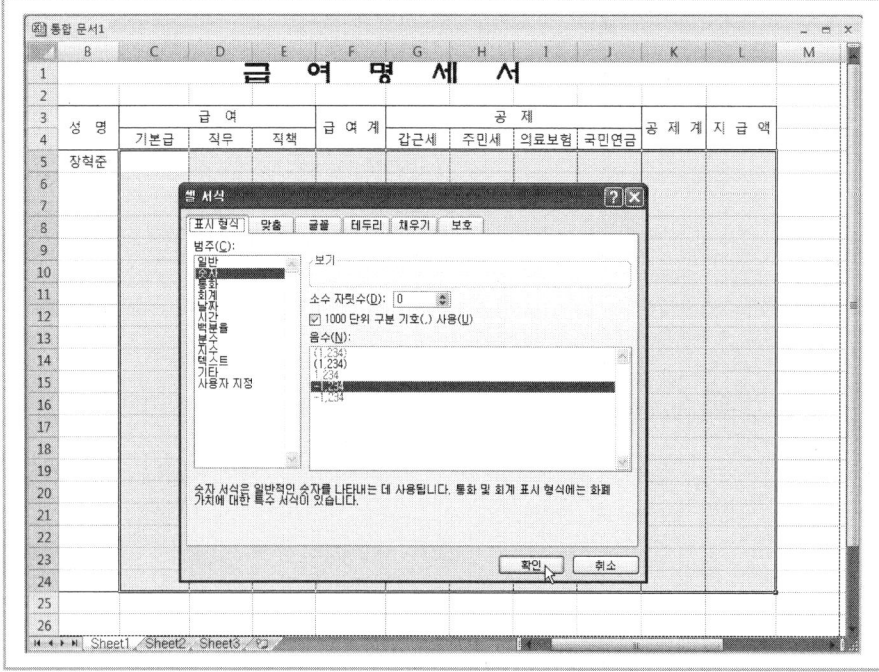

4. 기본 함수식 입력하기

이번에는 급여액과 공제금액의 합계값 및 지급액을 계산하는 수식을 입력해 보도록 하자.

Step 01 다음 화면처럼 각 셀에 기본 내용을 입력하고 열의 간격을 적당히 조절한다.

Step 02 다음 화면처럼 [F5] 셀을 선택한 뒤, ⊞키를 누른다.

Step 03 앞에서 입력한 등호의 뒷부분에 합계 함수 [sum(]를 입력한다.

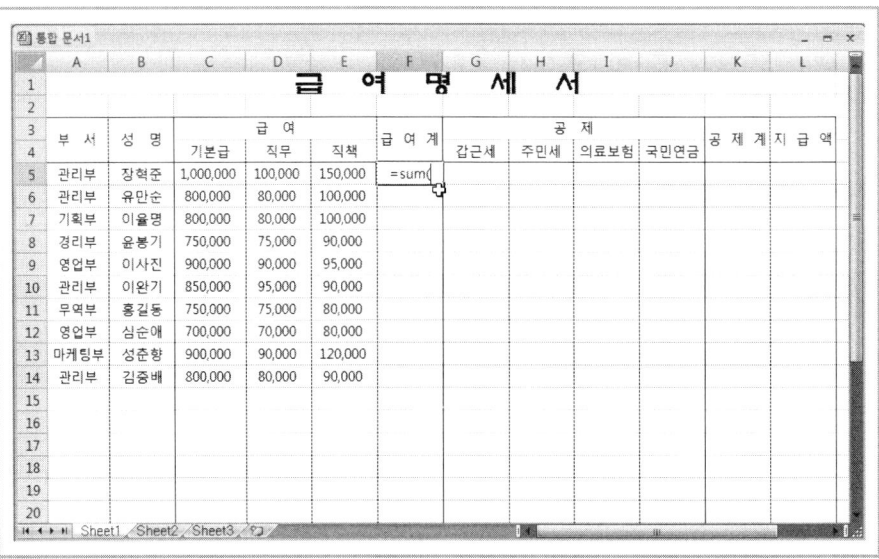

Step 04 이번에는 합계 값을 구할 셀 범위를 지정하기 위해, 마우스로 [C5]에서 [E5] 셀까지 드래그한다.

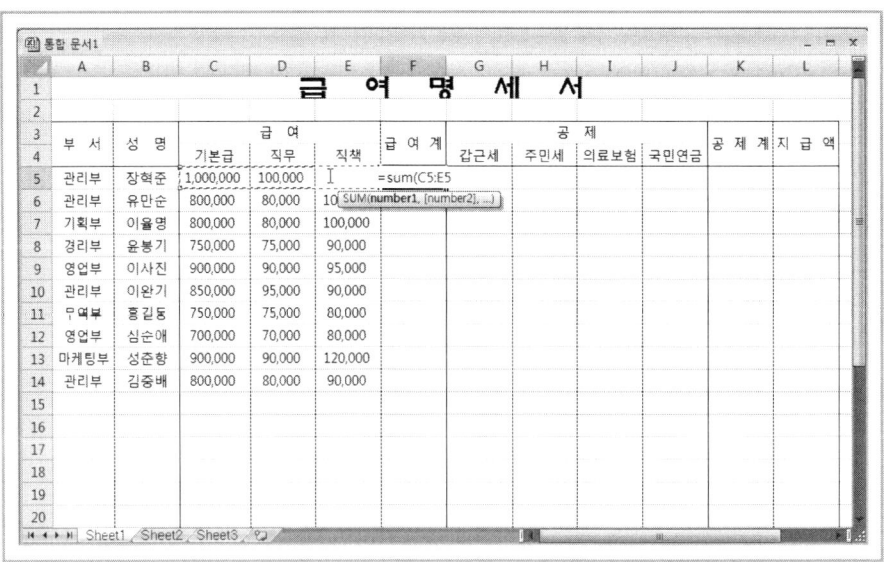

Step 05)]를 입력해 앞에서 열어놓은 괄호를 닫는다.

Step 06 이어서 Enter ↵ 키를 누른다. 이 결과 다음과 같이 앞에서 지정한 셀 범위에 입력되어 있는 내용들의 합계 값이 표시된다.

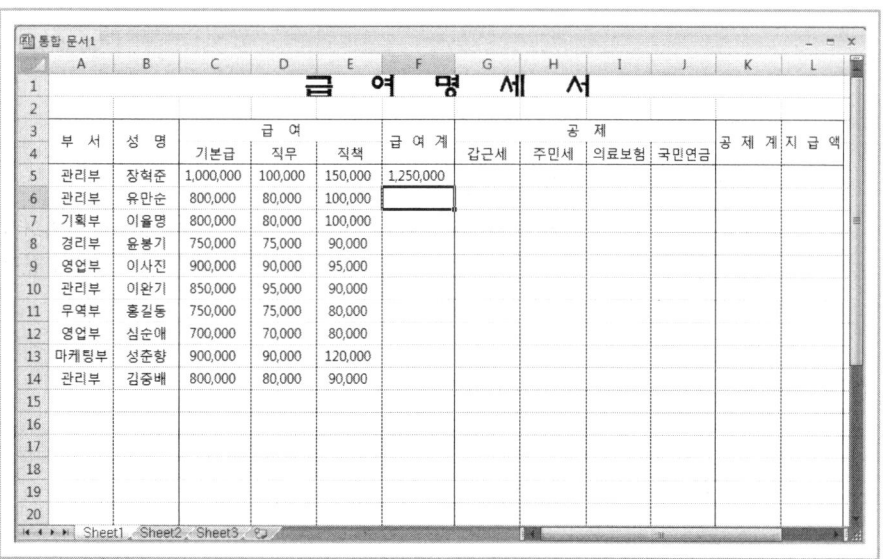

Step 07 이제 공제액을 표시하는 [K5] 셀에 [=sum(G5:J5)]이라고 입력하고 Enter↵키를 누른다.

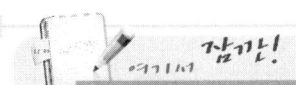

내용이 잘 표시되지 않을 경우

만약, 화면에 표시되어야 할 내용에 비해서 열의 너비가 좁은 경우에는 다음 화면처럼 숫자 값 대신 [######]과 같은 내용이 표시되는데, 이럴 때에는 해당 열 머리글의 경계 부분을 더블클릭하면 된다.

Step 08 지급액을 계산하는 [L5] 셀에서 [=F5-K5]라고 입력하고 Enter 키를 누른다.

Step 09 [급여계]에서 [공제계]의 값을 뺀 금액이 [L5] 셀에 표시된 것을 볼 수 있다. 참고로 이 예제에서는 아직 공제계에 표시될 갑근세나 주민세, 의료보험, 국민연금이 산출되지 않아서 당연히 공제계는 0으로 표시되며 이에 따라 지급액도 아래 화면과 같을 것이다. 급여계와 공제계, 지급액을 셀 복사(서식 없이 채우기 선택)를 통해서 모두 계산해 두기 바란다.

5. 공제액 기준표 작성하기

일반적으로 공제액은 지급되는 급여액에 따라서 결정되도록 되어있다. 이번에는 앞에서 입력해 놓은 각 직원들의 급여계의 금액에 해당하는 공제액들이 자동으로 입력될 수 있도록 하기 위한 기준이 되는 공제액 기준표를 작성해 보도록 하자.

Step 01 다음과 같이 [P] 열이 보일 만큼 화면을 이동시킨 다음, [P4] 셀을 선택한다.

Step 02 [P4] 셀에 [급여액]이라고 입력한다.

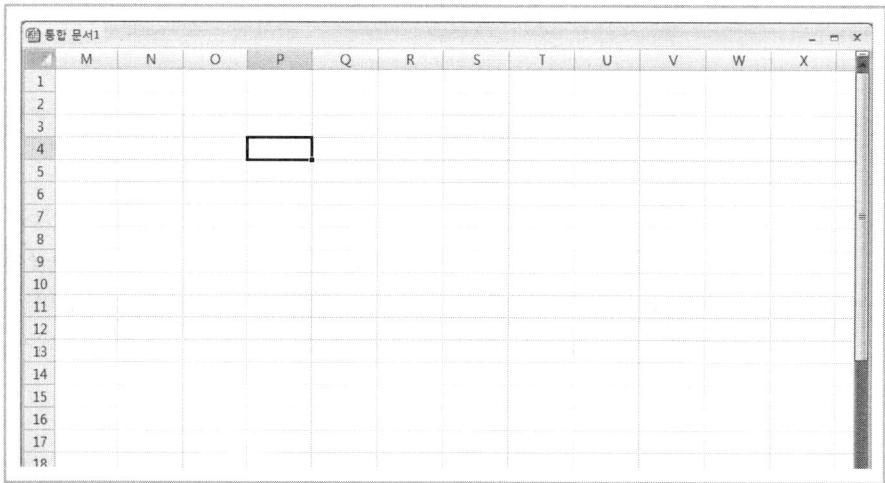

Step 03 이번에는 [Q4]에서 [T4] 셀을 먼저 범위로 지정한 뒤, 각 셀에 다음과 같이 공제액 항목명을 각각 입력한다. 입력 방법은 앞에서 배운 "6. 기본내용 입력하기"를 참조

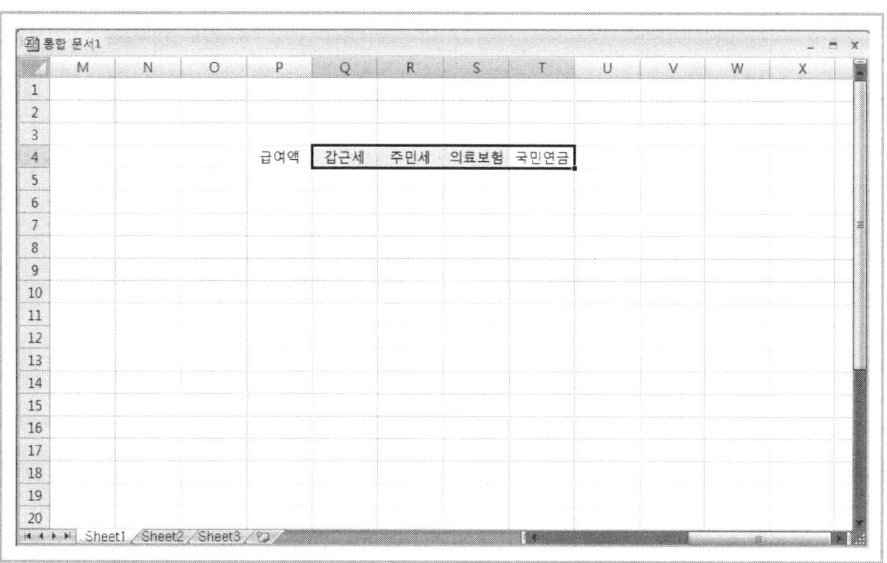

Step 04 이번에는 [P5]에서 [P8] 셀을 먼저 범위로 지정한 뒤, 공제액의 기준이 되는 금액들을 각각 입력한다. 금액 표시는 앞에서 배운 1000단위 구분 기호(,)를 사용한다.

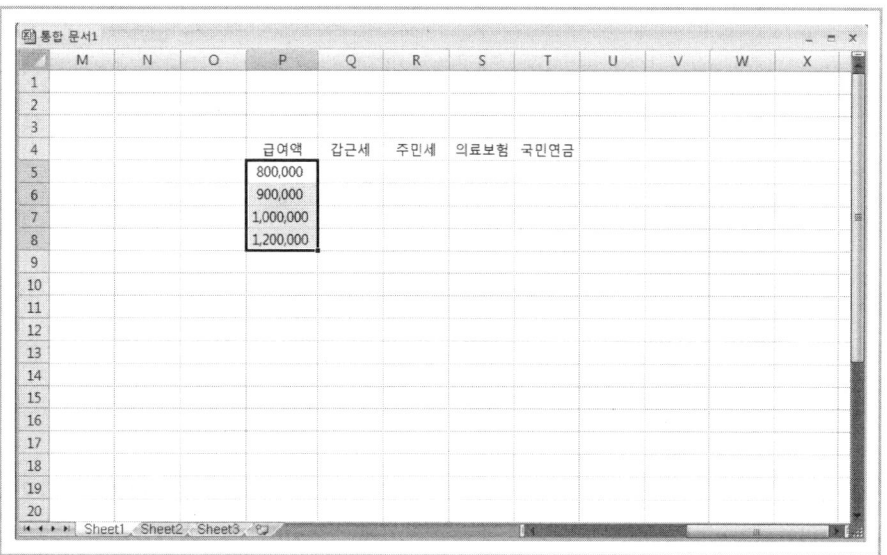

Step 05 같은 방법으로 급여액에 대한 각 공제액들의 금액값을 [Q5]에서 [T8] 셀 범위에 입력한다.

	급여액	갑근세	주민세	의료보험	국민연금
	800,000	15,000	1,500	22,000	18,000
	900,000	17,000	1,700	25,000	20,000
	1,000,000	25,000	2,500	30,000	25,000
	1,200,000	40,000	4,000	40,000	32,000

Step 06 아무 셀이나 하나를 선택해서 지정된 범위를 해제한다.

6. 갑근세 계산식 입력하기

이번에는 앞에서 만들어 놓은 공제액 표를 사용해서 입력된 급여액만 있으면 자동으로 해당 공제액이 표시되는 급여명세서를 만들어 보자. 이런 기능을 사용할 수 있도록 하려면 VLOOKUP이라는 함수를 사용해야 하는데, 사용법이 별로 어렵지 않으므로 다음 단계들을 차례대로 따라하면 된다.

여기에서는 먼저 갑근세를 계산하는 함수식을 입력하고, 자동 채우기 기능을 사용해서 복사한다.

Step 01 다음 화면처럼 [F] 열부터 화면에 표시되도록 이동한 뒤, [G5] 셀을 선택한다.

급여계	공제				공제계	지급액
	갑근세	주민세	의료보험	국민연금		
1,250,000					0	1,250,000
980,000					0	980,000
980,000					0	980,000
915,000					0	915,000
1,085,000					0	1,085,000
1,035,000					0	1,035,000
905,000					0	905,000
850,000					0	850,000
1,110,000					0	1,110,000
970,000					0	970,000

Step 02 앞에서 말했듯이, 자동으로 적당한 공제액이 표시되도록 하기 위해 함수식을 입력할 것이다. 엑셀에서는 함수를 쉽게 입력할 수 있는 도구를 준비해 두었는데, 이것을 함수 마법사라고 부른다. 메뉴 화면에서 [수식]을 선택한 후 [함수 삽입] 단추를 마우스로 클릭한다.

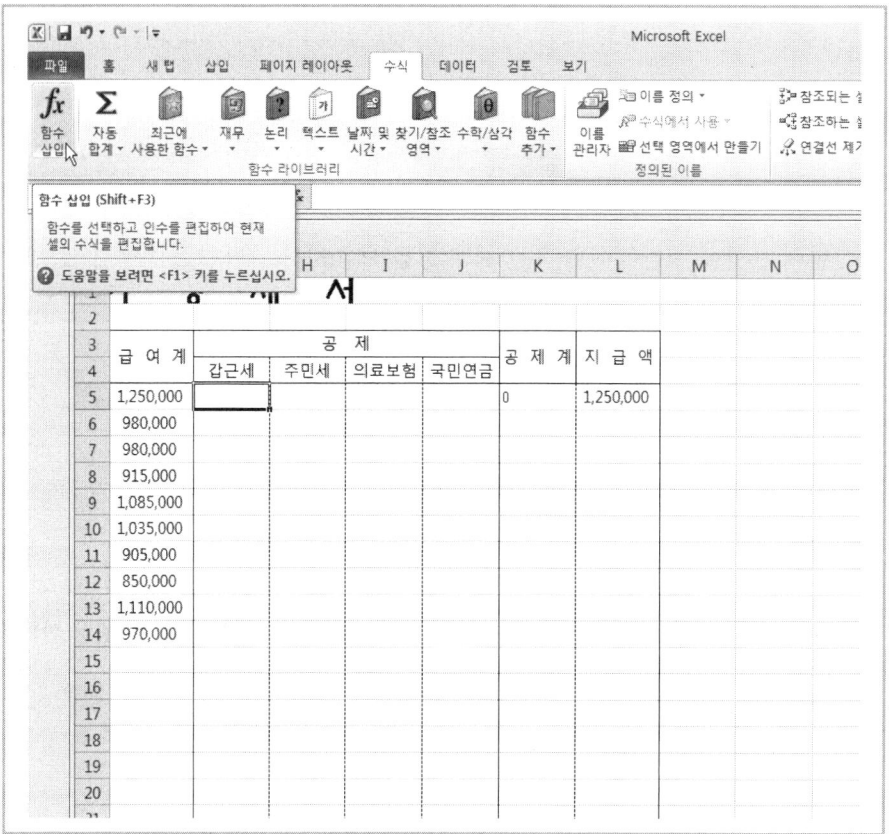

Step 03 사용할 수 있는 함수 목록들이 화면에 표시되면 먼저 [함수 범주]를 [찾기/참조 영역]으로 지정하고, [함수 선택] 목록에서 [VLOOKUP]을 선택한 다음, [확인] 단추를 클릭한다.

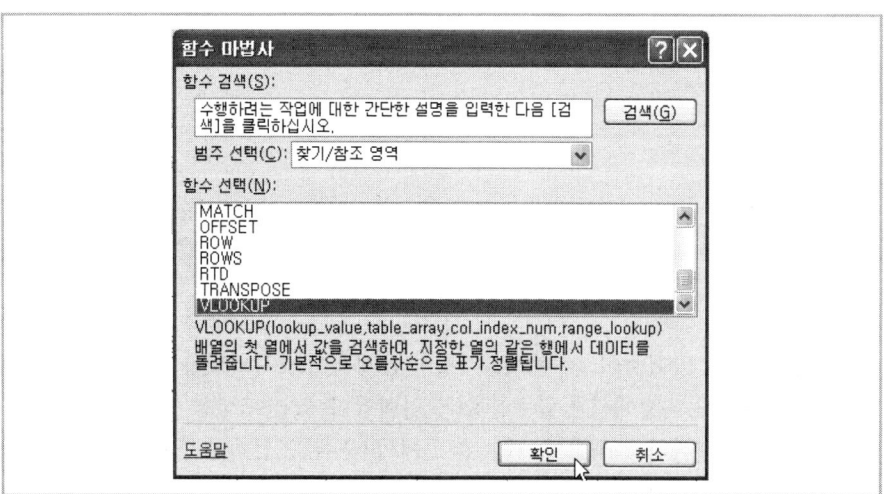

Step 04
다음 화면처럼 선택한 함수식을 쉽게 입력할 수 있는 대화상자가 표시되면, 먼저 [Lookup_value] 입력상자의 오른쪽 끝에 있는 연결 단추를 클릭한다.

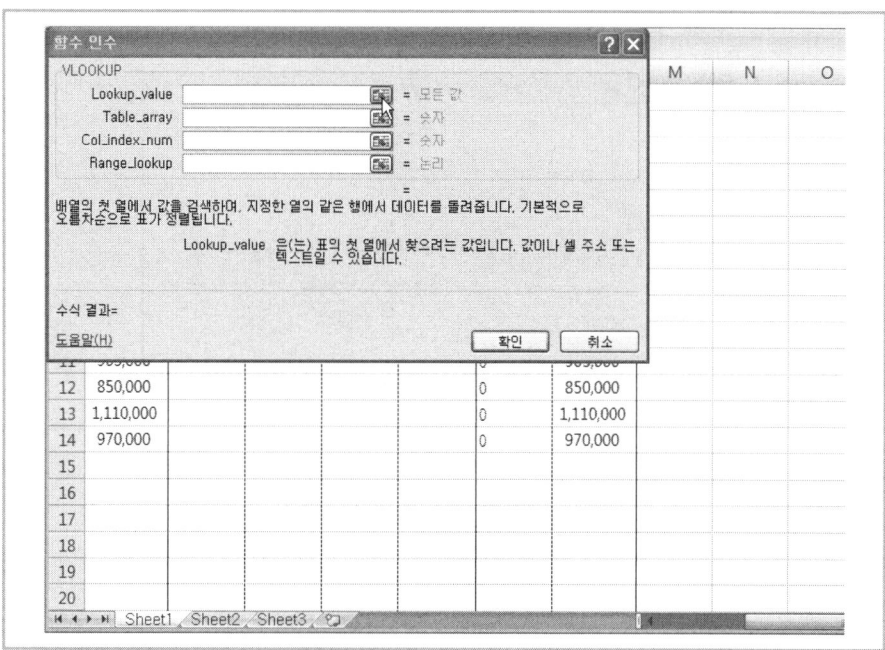

Step 05
[Lookup_value]는 갑근세를 계산하기 위해 기준이 되는 급여액을 지정하는 부분이다. 다음 화면과 같이 급여액이 입력되어 있는 [F5] 셀을 마우스로 선택한 뒤, 화면의 위쪽에 있는 입력상자의 [연결] 단추를 클릭한다.

Step 06 앞에서 선택한 셀의 주소가 [Lookup_value] 입력상자에 표시되면, 이번에는 공제액 표가 입력되어 있는 범위 주소를 지정해 주기 위해, [Table_array] 입력 상자의 [연결] 단추를 클릭한다.

Step 07 다음과 같이 [P4]에서 [T8]까지의 셀 범위를 지정한 뒤에, 다시 [연결] 단추를 클릭해서 원래의 대화상자로 돌아간다.

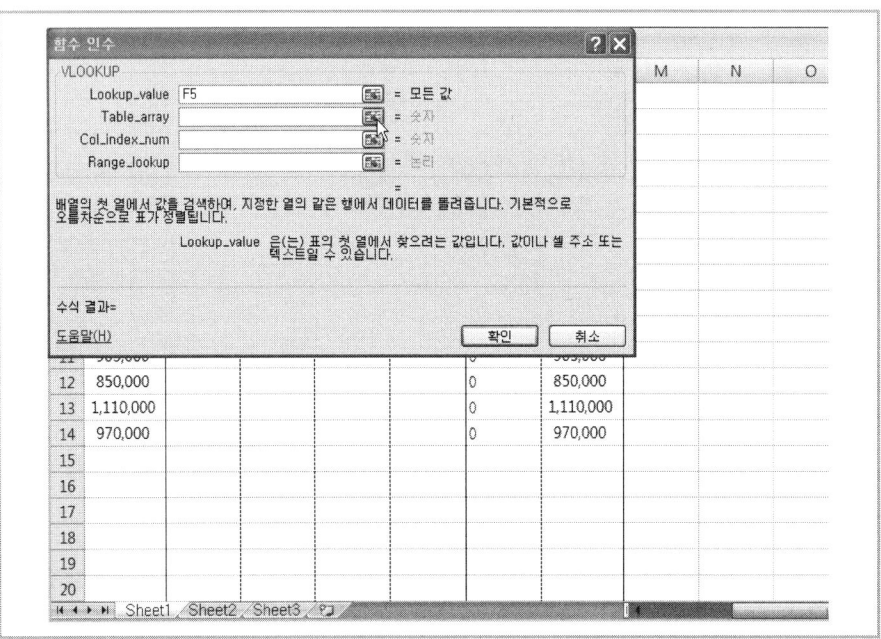

Step 08 이번에는 [Col_Index_num] 입력상자를 채울 차례이다. 이 입력상자는 앞에서 지정한 공제액 표에서 몇번째 줄에 [갑근세]가 적혀 있는지를 알려주기 위한 부분이다. 갑근세가 입력되어 있는 열 번호인 [2]를 입력한다.

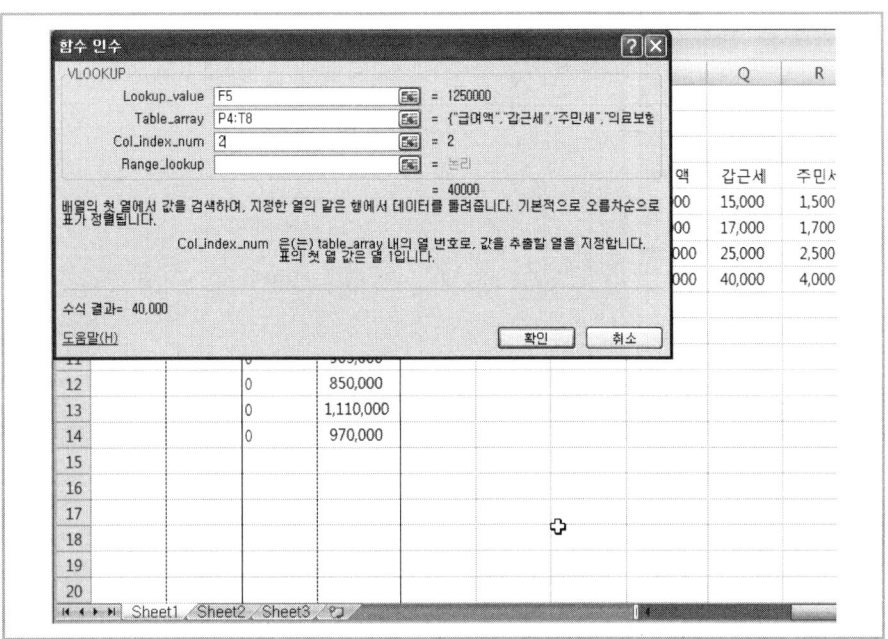

Step 09 [Range_Lookup] 입력 상자는 원하는 데이터를 검색하는 형식을 지정하는 부분이다. 여기에서는 [TRUE]라고 입력하고 [확인] 단추를 클릭하도록 하자.

Step 10 다음과 같이 [장혁준] 사원의 갑근세가 [40,000]원으로 표시된다.

Step 11 지금 입력되어 있는 함수식을 자동 채우기 하게 되면, 전혀 엉뚱한 결과를 얻게 된다. 이것은 자동 채우기를 할 때 공제액 표의 주소값이 함께 증가해 버리기 때문이다. 잘 이해가 안 간다면, 한번 자동 채우기를 해 봐도 좋다. 이 문제를 해결하기 위해서는 먼저 [공제액 표]가 입력되어 있는 부분의 주소를 절대 주소 형식으로 바꿔 주어야 한다. 다음 화면처럼 수식 입력 줄을 마우스로 클릭하자.

절대 주소와 상대 주소

일반적으로 지금까지 우리가 사용해 왔던 [A3]나 [D4]같은 형식의 셀 주소형식을 상대 주소라고 하고, 이 주소의 앞쪽에 [$] 표시를 하는 형태의 주소 형식을 절대 주소라고 하는데, 이들은 각각 다음과 같은 특징을 갖는다.

★ **상대 주소** : 기본적으로 사용되는 주소 형식으로, 자동 채우기를 할 경우 채워지는 방향에 따라 주소의 값이 자동으로 증가하거나 감소한다.

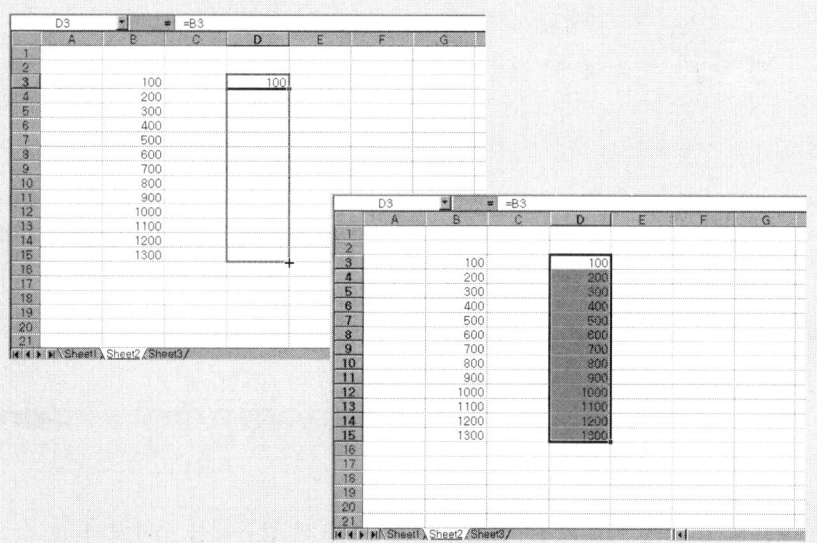

★ **절대 주소** : 기본적으로 사용되는 주소 형식에 [$]표시를 한 형식으로, 자동 채우기를 하더라도 처음에 지정한 셀 주소를 가리키게 된다.

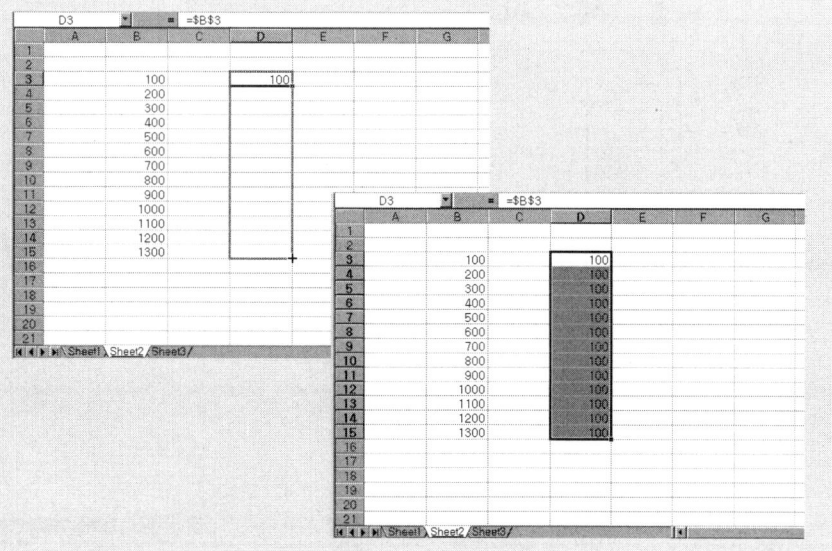

Step 12 수식 입력 줄에 커서가 표시되면 다음 화면과 같이 [공제액 표]의 주소부분 [P4:T8]의 내용을 [$P$4:$T$8]로 고치고 Enter↵ 키를 누른다.

Step 13 이제, 자동 채우기를 통해 나머지 직원들의 갑근세를 구해보자.

[VLOOKUP] 함수

공제액을 자동으로 표시해 주기 위해 사용한 [Vlookup]이라는 함수는 특정 값에 대응하는 내용을 자동으로 표시해 줄 때 사용하는 함수로서, 활용성이 굉장히 큰 함수 중의 하나이다. [Vlookup] 함수의 내용을 살펴보면 다음과 같이 구성되는데, 이 함수식은 각각 다음과 같은 의미를 갖는다.

=VLOOKUP(기준셀, 데이터표 범위, 찾을 값이 입력되어 있는 열번호, 검색형식)

★ **기준셀** : 함수 마법사에서 [Lookup_value] 입력상자에 해당하는 내용이다. 데이터 표로 작성된 부분에서 함수식이 입력된 셀에 표시할 내용을 찾기 위한 기준 값이 입력되어 있는 셀 주소부분이다.

★ **데이터표 범위** : 함수 마법사의 [Table_array] 입력상자에 해당하는 내용이다. 기준 셀의 내용과 함수식이 입력되어 있는 셀에 표시하고자 하는 값이 입력되어 있는 셀 범위를 지정한다.

★ **찾을 값이 입력되어 있는 열번호** : 함수 마법사의 [Col_index_num] 입력상자에 해당하는 내용이다. [기준 셀]에 입력되어 있는 값을 [데이터 표 범위]에서 찾았을 경우 대응시킬 내용이 입력되어 있는 열 번호를 지정한다.

★ **검색형식** : 함수 마법사의 [Range_lookup] 입력상자에 해당하는 내용이다. 여기에 [True]를 입력하면 비슷한 값을 찾아서 표시하고, [False]라고 입력하면 정확히 일치하는 값만을 찾아서 표시하게 된다. 예를 들어, 본문에서와 같이 일정 범위의 급여액에 대한 공제액을 검색해야 할 경우에는 [True]를 입력하고, 각 제품에 대해 1대1로 대응하게 되는 가격 등을 검색해야 할 경우에는 [False]를 입력하면 되는 것이다.

7. 공제액 계산 함수식 입력하기

이번에는 앞에서 사용한 것과 같은 방법을 사용해서 주민세와 의료 보험 그리고 국민연금의 공제액을 계산하고, 자동 채우기를 해 보도록 하자.

Step 01 앞에서와 같은 방법을 사용해서 [H5] 셀에 [주민세]를 구하는 함수식을 입력한다. 이때, 주의해야 할 것은 [Col_Index_num]의 값을 [3]으로 지정해 주어야 한다는 것이다.

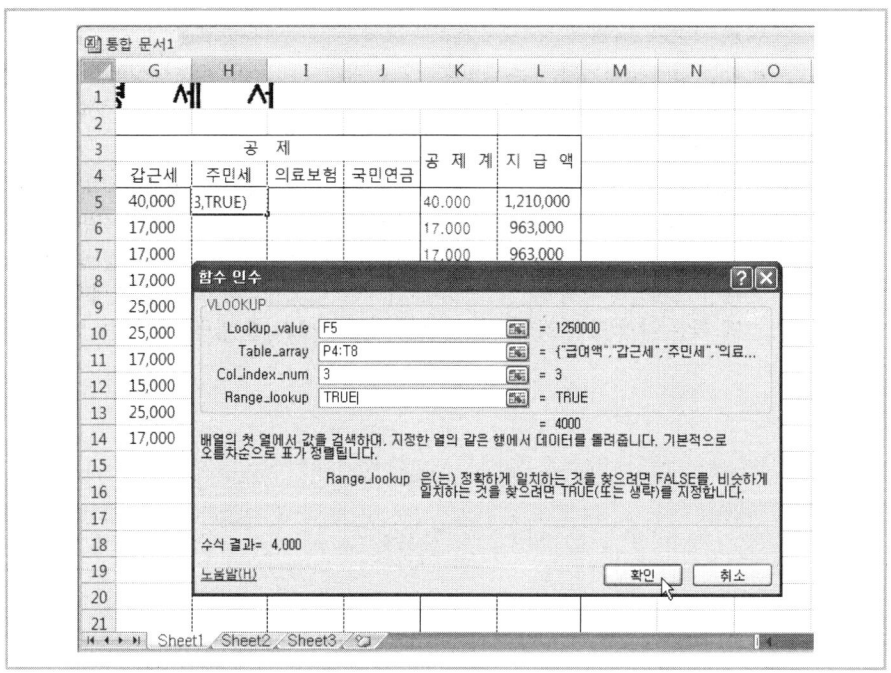

Step 02 수식 입력 줄에 커서가 표시되면 앞에서 실습한 것과 같이 [공제액 표]의 주소부분 [P4:T8]의 내용을 [절대 주소] [$P$4:$T$8]로 고치고 Enter ↵ 키를 누른다.

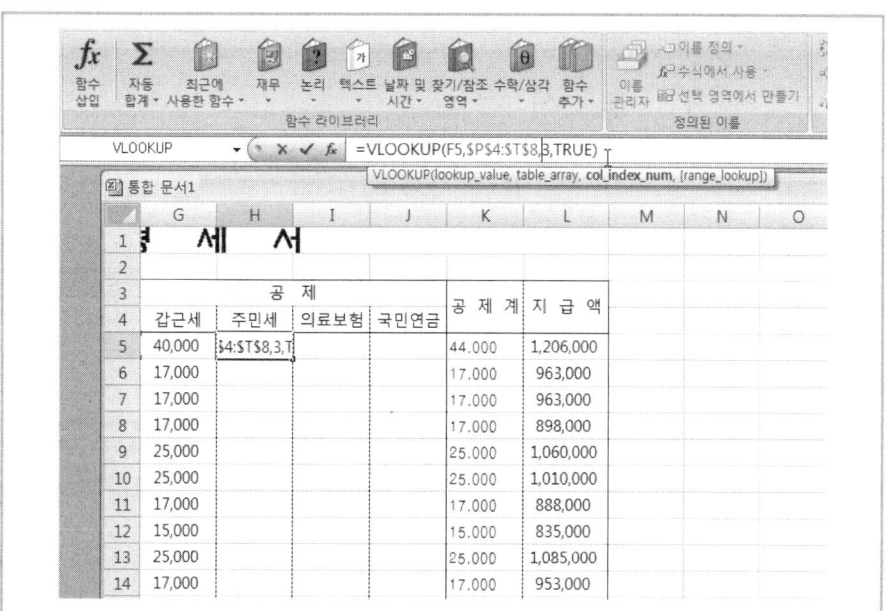

Step 03 이제, 자동 채우기를 통해 나머지 직원들의 주민세를 구해보자.

Step 04 이번에는 [I5] 셀에 [Col_Index_num] 입력상자에 의료보험료가 입력되어 있는 열 번호 [4]를 입력해서 [의료 보험료]를 계산하는 함수식을 입력한다.

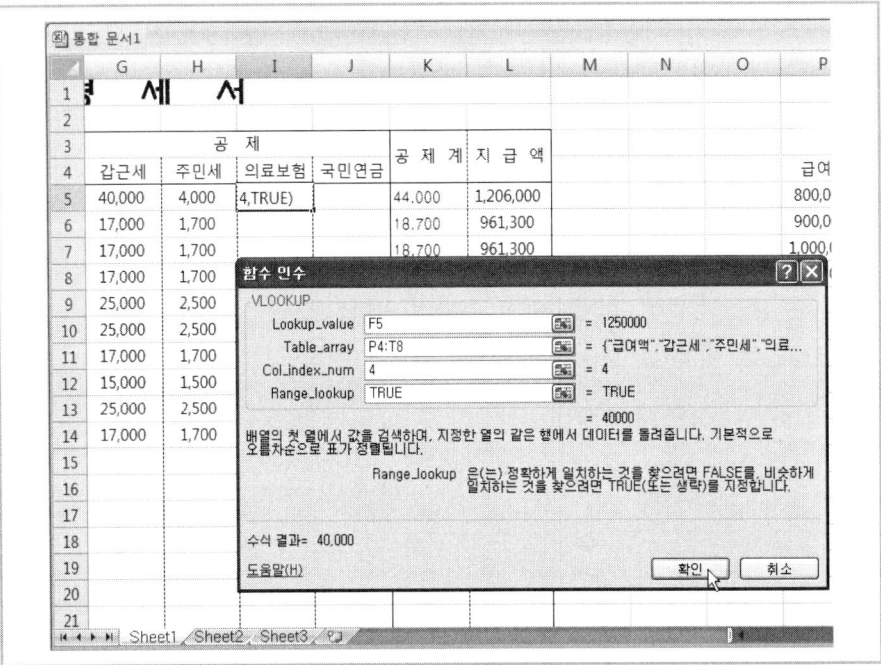

Step 05 수식 입력 줄에 커서가 표시되면 앞에서 실습한 것과 같이 [공제액 표]의 주소부분 [P4:T8]의 내용을 [절대 주소] [$P$4:$T$8]로 고치고 Enter 키를 누른다.

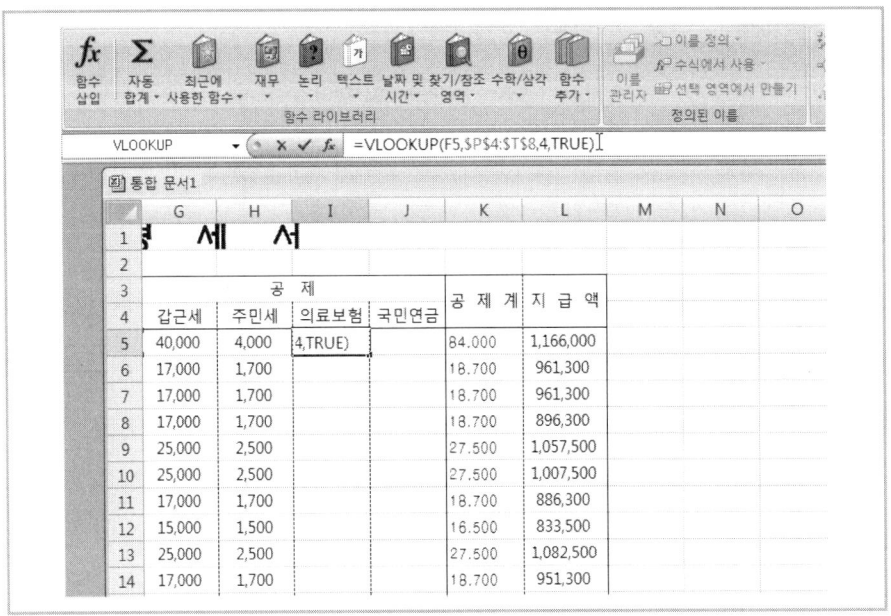

Step 06 이제, 자동 채우기를 통해 나머지 직원들의 의료보험료를 구해보자.

C	D	E	F	G	H	I	J	K	L
급 여			급 여 계	공 제				공 제 계	지 급 액
기본급	직무	직책		갑근세	주민세	의료보험	국민연금		
1,000,000	100,000	150,000	1,250,000	40,000	4,000	40,000		84.000	1,166,000
800,000	80,000	100,000	980,000	17,000	1,700	25,000		43.700	936,300
800,000	80,000	100,000	980,000	17,000	1,700	25,000		43.700	936,300
750,000	75,000	90,000	915,000	17,000	1,700	25,000		43.700	871,300
900,000	90,000	95,000	1,085,000	25,000	2,500	30,000		57.500	1,027,500
850,000	95,000	90,000	1,035,000	25,000	2,500	30,000		57.500	977,500
750,000	75,000	80,000	905,000	17,000	1,700	25,000		43.700	861,300
700,000	70,000	80,000	850,000	15,000	1,500	22,000		38.500	811,500
900,000	90,000	120,000	1,110,000	25,000	2,500	30,000		57.500	1,052,500
800,000	80,000	90,000	970,000	17,000	1,700	25,000		43.700	926,300

Step 07 마지막으로 [J5]셀에 [국민연금]을 구하는 함수식을 입력한다.
이때 [Col_Index_num]의 값은 [5]이다.

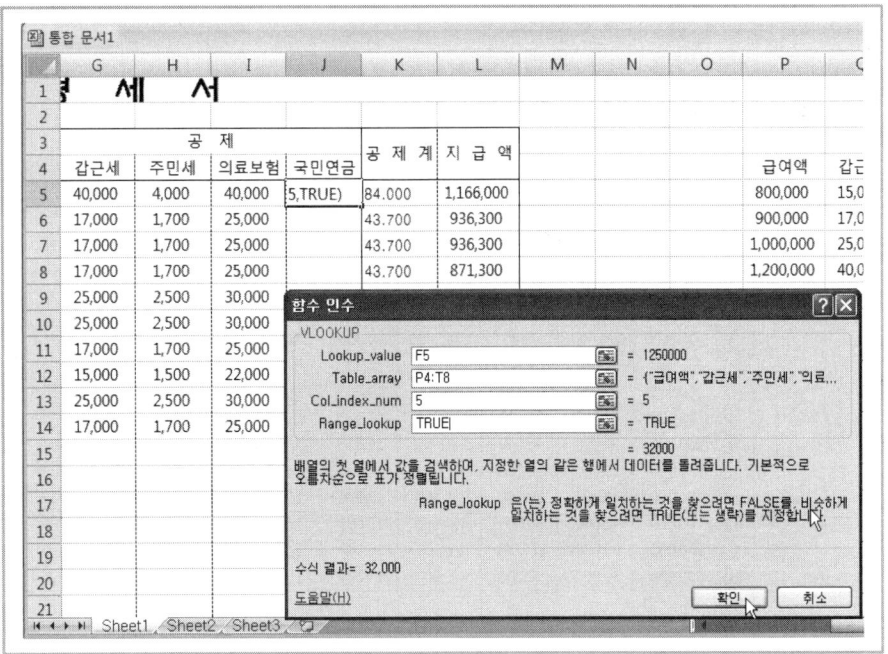

Step 08 수식 입력 줄에 커서가 표시되면 앞에서 실습한 것과 같이 [공제액 표]의 주소부분 [P4:T8]의 내용을 [절대 주소] [$P$4:$T$8]로 고치고 Enter↵ 키를 누른다.

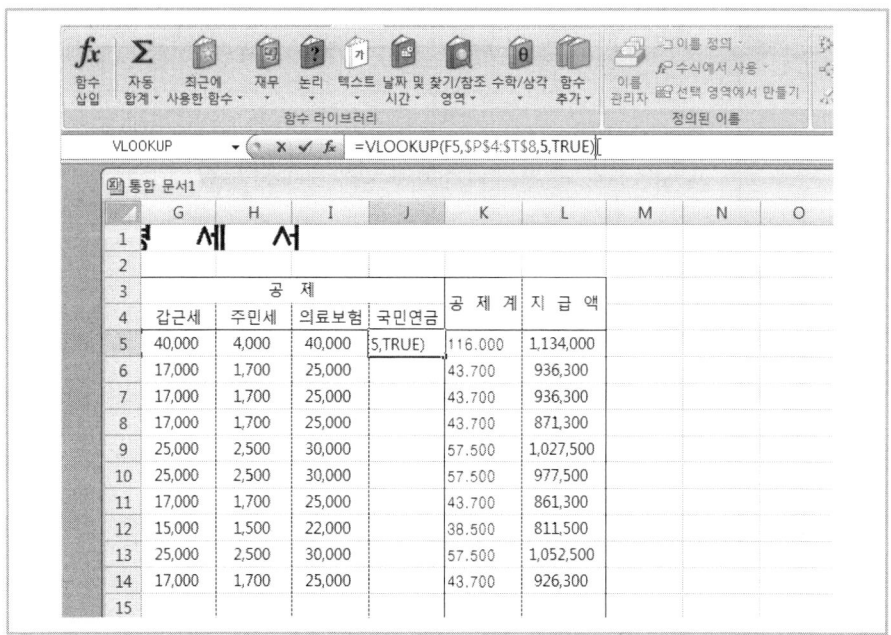

Step 09 이제, 자동 채우기를 통해 나머지 직원들의 국민연금을 구해보자.

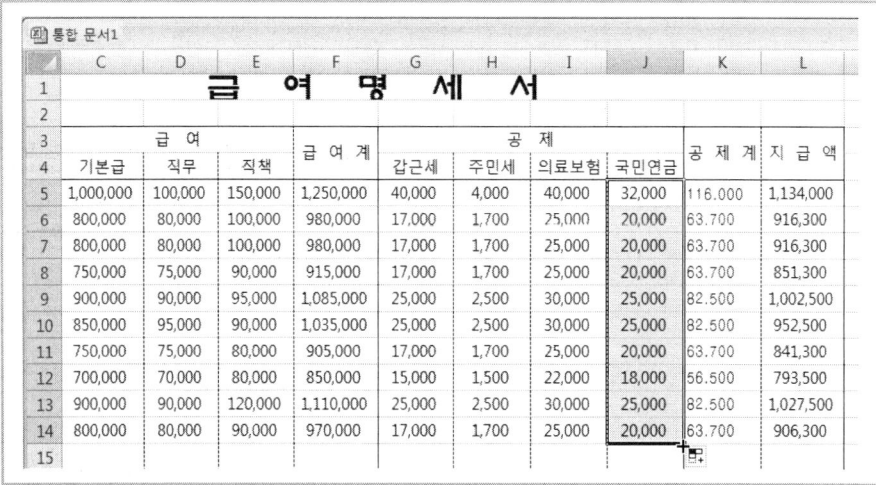

Chapter 4 급여 명세서 만들기 – 수식과 함수 사용하기

Step 10 아무 셀이나 하나를 선택해서 범위를 해제하면, 급여 명세서가 완성된다.

부서	성명	급여			급여계	공제				공제계	지급액
		기본급	직무	직책		갑근세	주민세	의료보험	국민연금		
관리부	장혁준	1,000,000	100,000	150,000	1,250,000	40,000	4,000	40,000	32,000	116,000	1,134,000
관리부	유만순	800,000	80,000	100,000	980,000	17,000	1,700	25,000	20,000	63,700	916,300
기획부	이을명	800,000	80,000	100,000	980,000	17,000	1,700	25,000	20,000	63,700	916,300
경리부	윤봉기	750,000	75,000	90,000	915,000	17,000	1,700	25,000	20,000	63,700	851,300
영업부	이사진	900,000	90,000	95,000	1,085,000	25,000	2,500	30,000	25,000	82,500	1,002,500
관리부	이완기	850,000	95,000	90,000	1,035,000	25,000	2,500	30,000	25,000	82,500	952,500
무역부	홍길동	750,000	75,000	80,000	905,000	17,000	1,700	25,000	20,000	63,700	841,300
영업부	심순애	700,000	70,000	80,000	850,000	15,000	1,500	22,000	18,000	56,500	793,500
마케팅부	성춘향	900,000	90,000	120,000	1,110,000	25,000	2,500	30,000	25,000	82,500	1,027,500
관리부	김중배	800,000	80,000	90,000	970,000	17,000	1,700	25,000	20,000	63,700	906,300

8. 급여 명세서 인쇄하기

지금까지 만들어 놓은 급여 명세서를 별 생각 없이 인쇄해 버리면, 다음 화면과 같이 엉뚱한 모양의 인쇄 결과물을 얻게 된다.

이것은 앞에서 만든 급여 명세서가 세로 방향보다는 가로 방향으로 길게 만들어져 있기 때문인데, 이런 형태의 문서는 인쇄하기 전에 인쇄 방향을 따로 지정해 주어야만 한다. 게다가 앞에서 입력해 놓은 [공제액 표] 부분까지 인쇄되기 때문에 필요 없는 부분에 인쇄용지를 낭비하게 된다.

이런 문제를 해결하기 위해, 인쇄될 범위를 지정하는 방법과 인쇄용지의 방향을 지정하고 인쇄하는 방법에 대해 알아보자.

Chapter 4 급여 명세서 만들기 – 수식과 함수 사용하기

Step 01 인쇄될 범위를 지정하기 위해서 다음 화면과 같이 [A1] 셀을 선택한다.

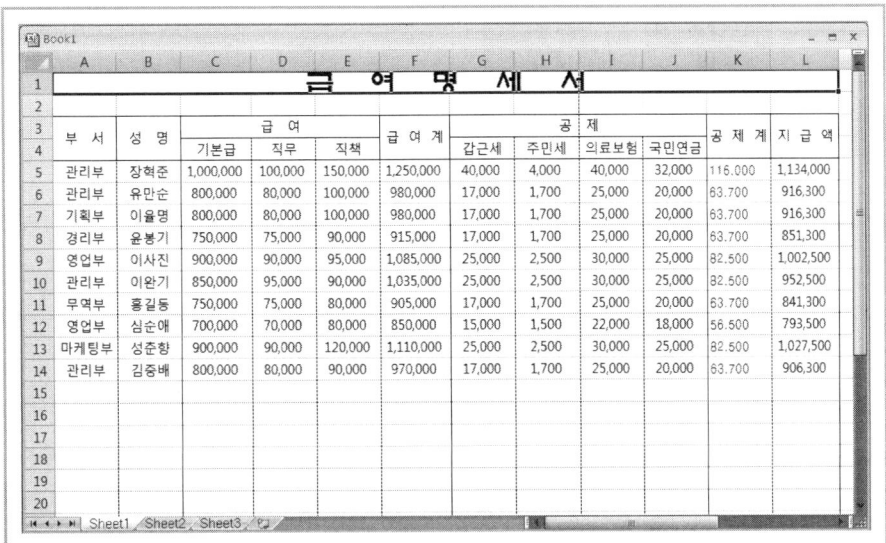

Step 02 마우스를 드래그해서 [L24] 셀까지를 범위로 지정한다.

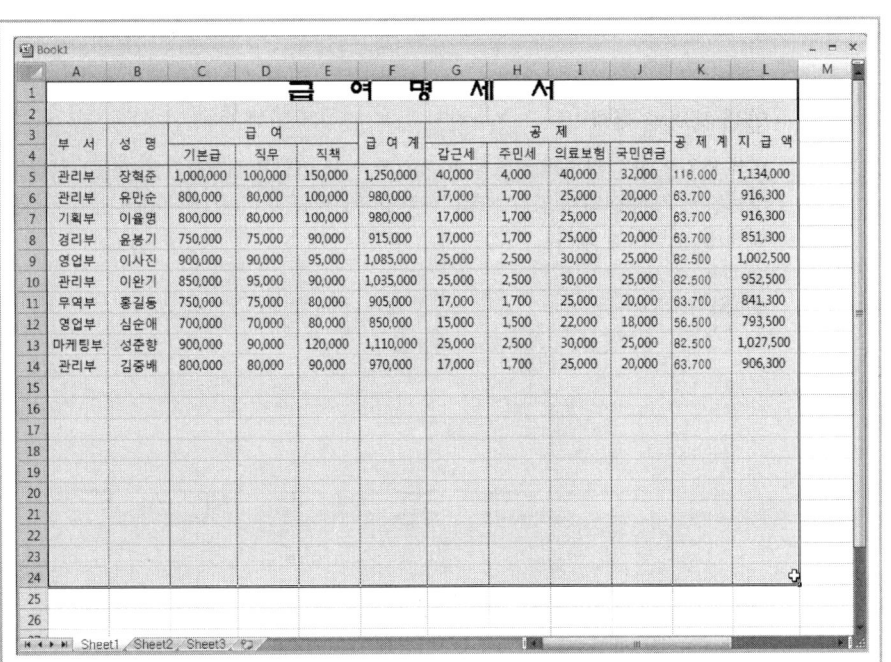

Step 03 상단의 메뉴 바에서 [페이지 레이아웃] → [인쇄 영역] → [인쇄 영역 설정]을 선택한다.

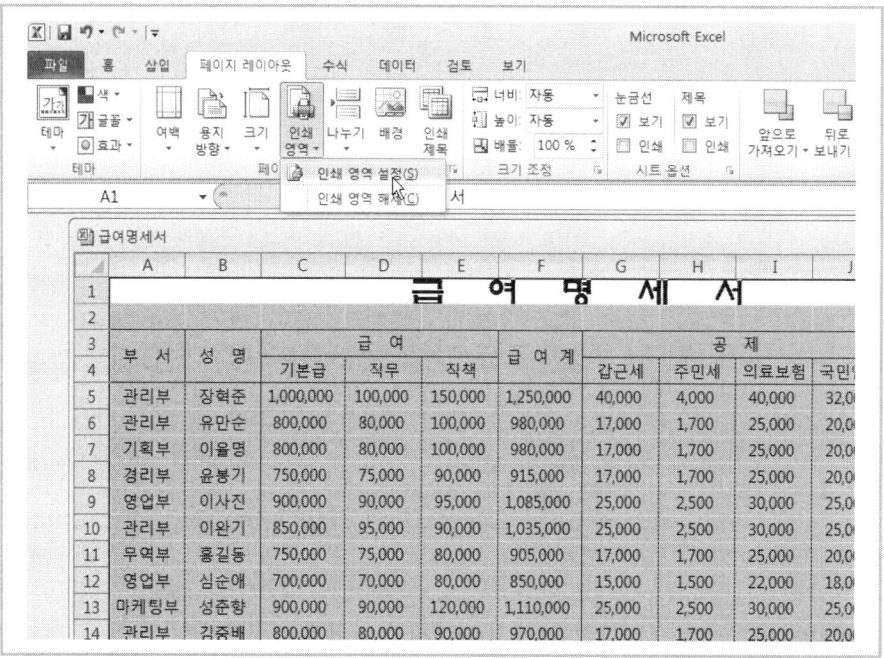

인쇄 범위의 해제

인쇄 범위를 한번 지정해 두게 되면, 지정된 인쇄 범위를 해제하기 전까지는 항상 그 부분만 인쇄된다. 지정된 인쇄 범위를 해제하려면 [페이지 레이아웃] → [인쇄 영역] → [인쇄 영역 해제]를 선택하면 된다.

Step 04 [파일] → [인쇄]를 차례로 선택한다. 엑셀 2010에서는 아래 그림에서처럼 인쇄될 문서의 성격에 따라서 자동적으로 인쇄 설정이 되는 것을 알 수 있다.

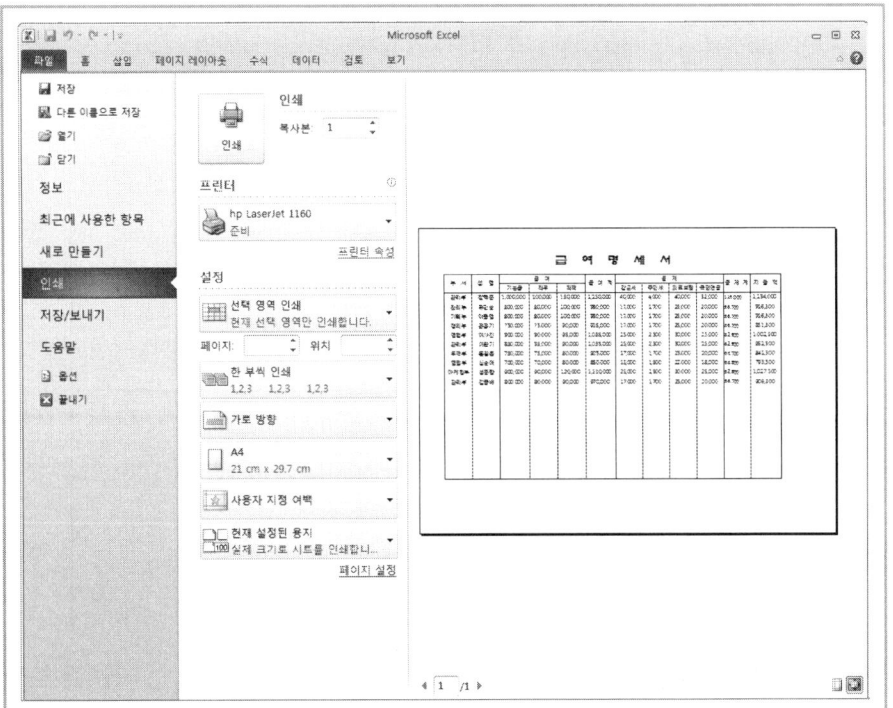

Step 05 [인쇄]를 클릭한다.

페이지 탭에 표시되는 옵션설명

[페이지 설정] 대화상자의 [페이지] 탭에 표시되어 있는 각 옵션들에 대해 간단히 알아보자.

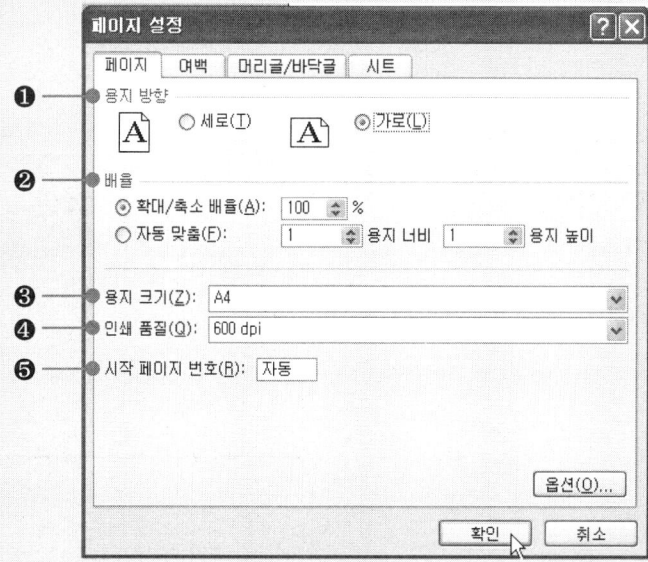

❶ **용지 방향** : 입력되어 있는 내용이 인쇄될 방향을 세로 또는 가로 방향으로 지정한다.

❷ **배율** : 작성된 문서를 인쇄할 때 적용할 확대 또는 축소비율을 지정한다.

❸ **용지 크기** : 인쇄에 사용할 용지의 크기를 지정한다. 사용 중인 프린터의 종류에 따라 사용할 수 있는 인쇄용지의 범위가 달라진다.

❹ **인쇄 품질** : 인쇄 해상도를 지정한다. 목록에 표시되는 숫자 뒤의 [dpi]라는 글자는 사방 1인치당 표시되는 점의 개수를 의미하는 것으로 이 앞의 숫자가 높을수록 선명한 인쇄물을 얻을 수 있게 되지만, 인쇄 속도가 느려진다는 단점이 있다. 인쇄 품질은 상황에 따라서 적당하게 지정해 주는 것이 좋다.

❺ **시작 페이지 번호** : 인쇄되는 페이지 수까지 인쇄되도록 설정한 경우, 맨 앞 페이지에 표시할 페이지 번호를 지정한다.

Chapter 5

부록 파일 제품판매분석표.xlsx

판매 분석 자료 만들기
– 차트/워드아트 사용하기

하나의 기업을 운영하는 데에는 여러 가지 중요한 일들이 있겠지만, 무엇보다도 중요한 것은 당연히 판매와 관련된 내용일 것이다. 이번 장에서는 한 회사의 영업사원들이 각 제품별 판매 현황과 판매 분석 차트를 작성하는 과정을 통해 엑셀의 차트 기능과 워드아트라는 문자 그래픽 기능에 대해 익혀 보기로 하자.

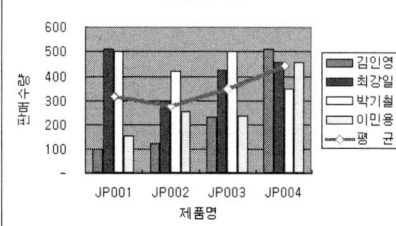

1. 기본 데이터 입력하기

먼저 다음 작업들을 통해 판매 분석 자료를 작성하는데 필요한 기본 데이터를 작성해 보도록 하자.

Step 01 다음 화면처럼 각 셀에 해당하는 내용을 입력한다.

	A	B	C	D	E	F
1						
2						
3		JP001	JP002	JP003	JP004	합 계
4	김인영	100	125	230	512	
5	최강일	512	300	425	456	
6	박기철	500	420	500	305	
7	이민용	156	254	235	456	
8	합 계					
9	평 균					

Step 02 [B3]부터 [F3] 셀을 범위로 지정한다.

Step 03 키보드에서 Ctrl 키를 누른 상태로 [A4]에서 [A9] 셀까지 드래그해서 입력 범위를 추가한다.

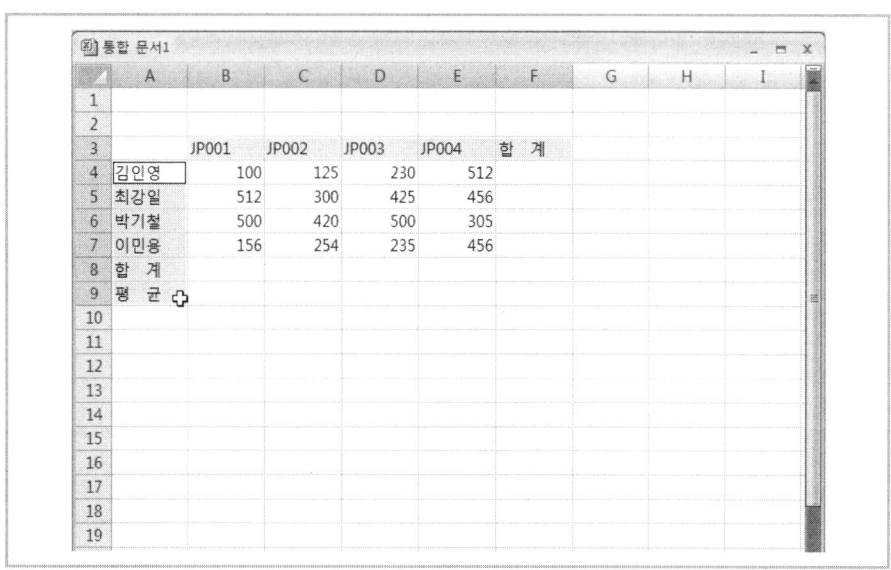

Step 04 [가운데 맞춤] 단추를 눌러서 선택된 범위의 맞춤 형식을 지정한다.

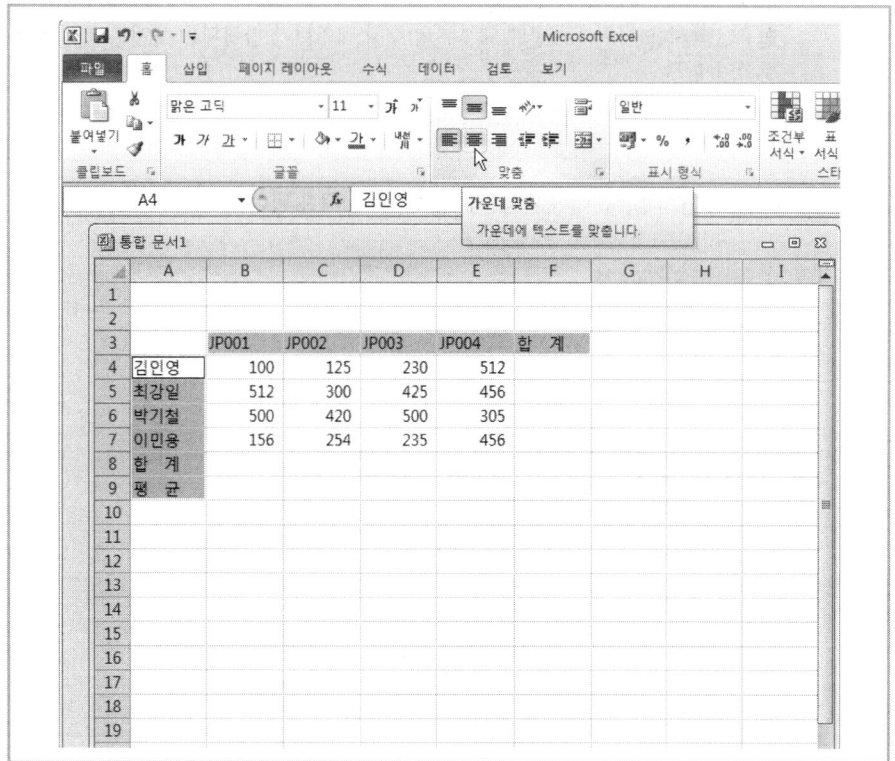

Step 05 다음 화면처럼 [B4]에서 [F9] 셀의 범위에 [쉼표 스타일] 형식을 적용한다.

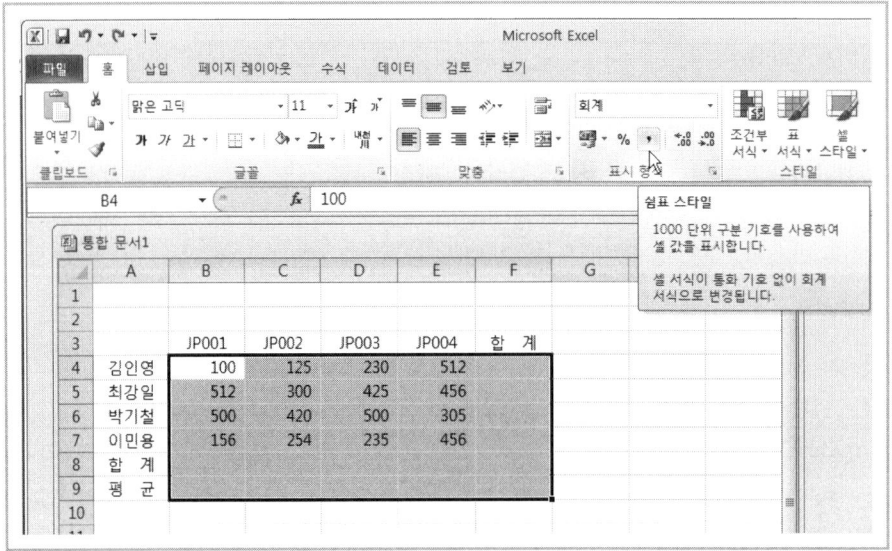

쉼표 스타일 단추

[쉼표 스타일] 형식을 셀에 적용하면, 해당 셀에 입력되는 수치 데이터의 1,000 단위마다 쉼표(,) 표시를 해주기 때문에 대부분의 수치 데이터가 입력되는 셀에는 이 형식을 적용해 주어야 한다.

Step 06 다음 화면처럼 각 내용과 맞춤 형식 등이 적용된다.

판매 분석 자료 만들기 - 차트/워드아트 사용하기 Chapter

2. 합계와 평균값 구하기

이번에는 각 제품별과 영업 사원별의 합계 값과 각 제품의 평균 판매 수량을 구해 보자.

Step 01 [1] 행과 [2] 행의 높이 값을 [30]으로 지정한다.

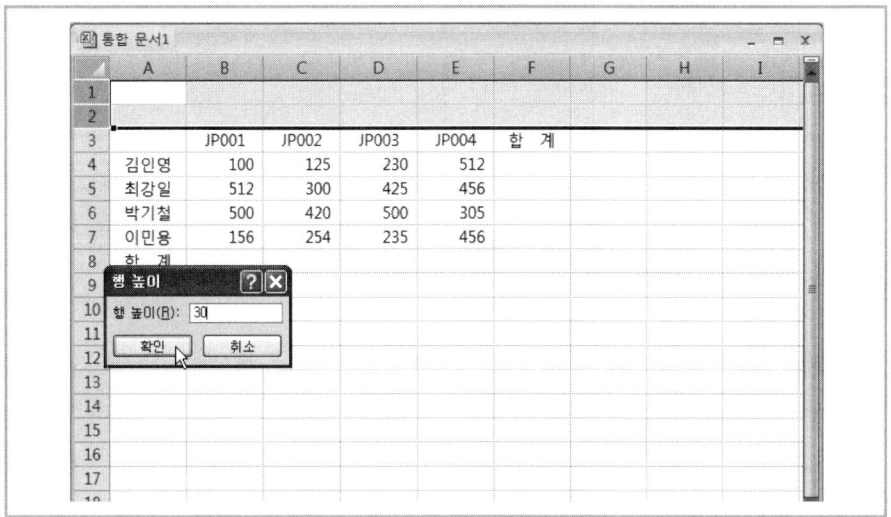

Step 02 [3]에서 [9] 행의 높이 값을 [18]로 지정한다.

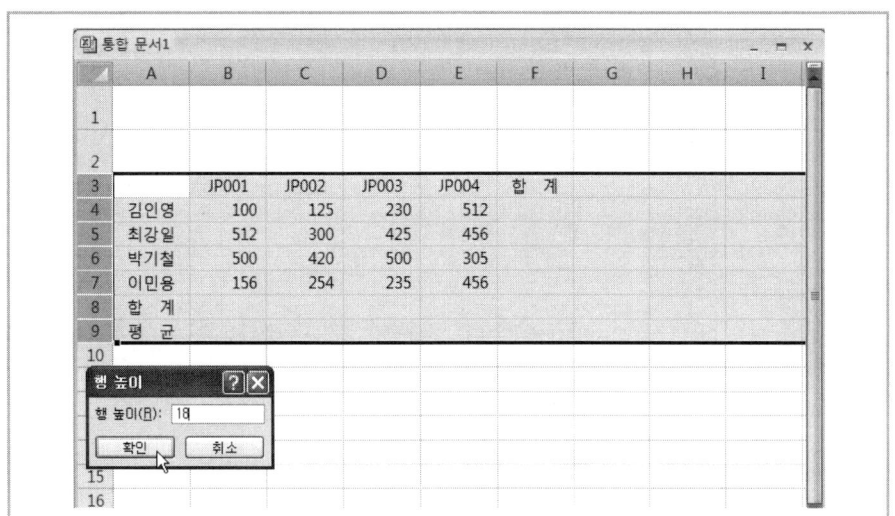

207

Step 03 [3]에서 [9] 행에 세로 방향으로 [가운데] 맞춤 정렬 형식을 지정한다.

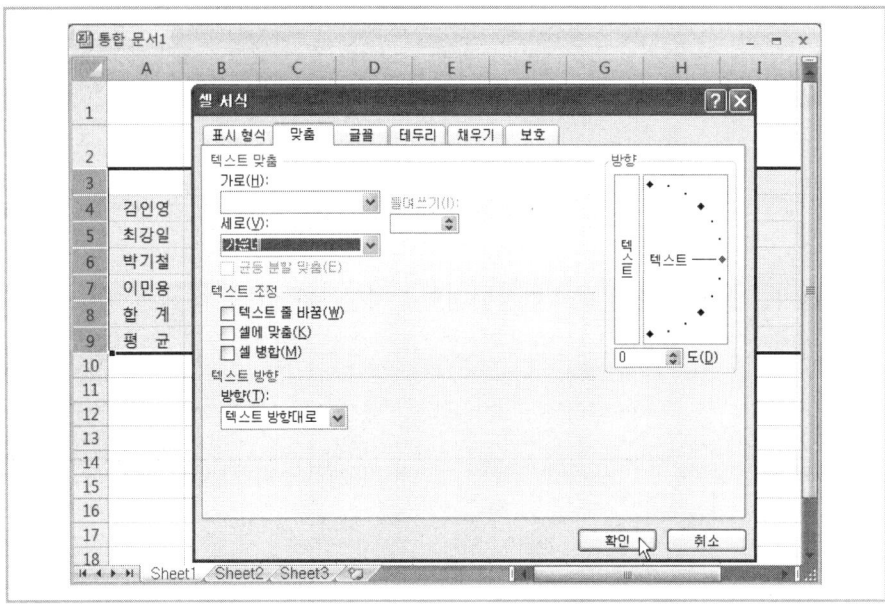

Step 04 각 행의 높이 값과 맞춤 형식이 다음 화면처럼 적용된다.

	A	B	C	D	E	F
3		JP001	JP002	JP003	JP004	합 계
4	김인영	100	125	230	512	
5	최강일	512	300	425	456	
6	박기철	500	420	500	305	
7	이민용	156	254	235	456	
8	합 계					
9	평 균					

Step 05 이번에는 판매의 합계 값을 구하기 위해서 엑셀의 [자동 합계] 단추를 사용해 보자. 이 [자동 합계] 단추를 사용하기 전에, 합계 값이 표시될 셀이나 범위를 지정해 주어야 하는데, 다음 화면처럼 [B8]에서 [E8]까지의 셀을 범위로 지정한다.

Step 06 키보드의 Ctrl 키를 누른 채로 마우스를 드래그해서 합계 값이 표시될 [F4]에서 [F8]까지의 셀을 범위를 추가한다.

Step 07 다음 그림처럼 리본 메뉴에서 [수식] → [자동 합계] 단추를 차례로 클릭한다.

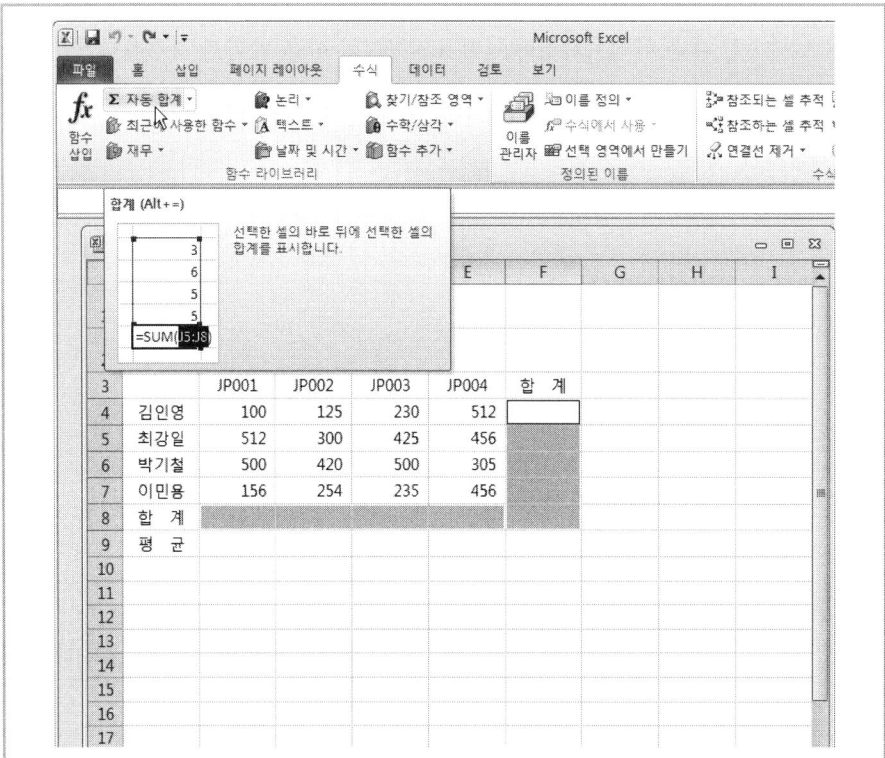

Step 08 각 항목에 해당하는 합계 값이 자동으로 계산된다.

Step 09 이번에는 각 제품별 평균 판매량 값을 구하기 위해서, [B9] 셀에 등호[=]를 입력한다.

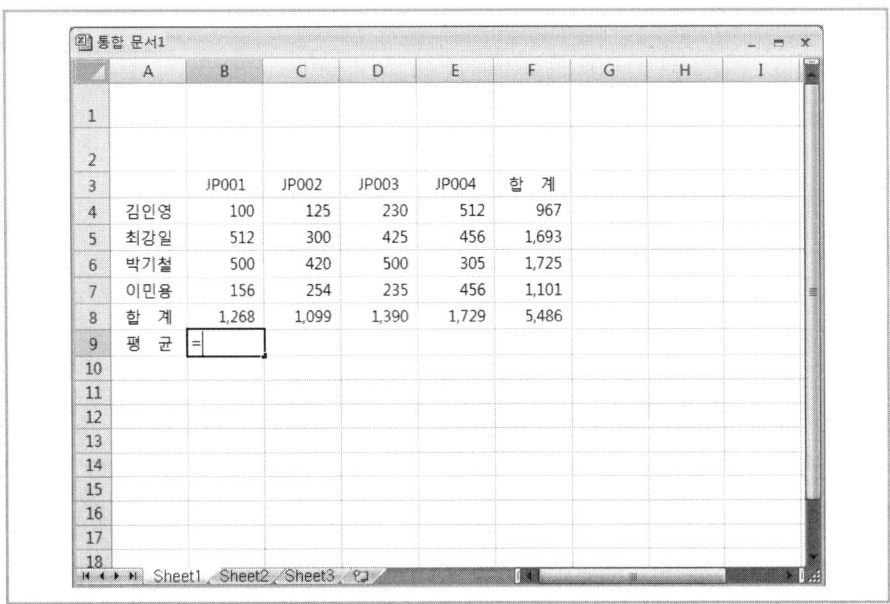

Step 10 [B8/4]라는 수식을 입력하고 Enter↵키를 누른다.

Step 11 [JP001]의 평균 판매량이 구해지면, [B9] 셀에서 다음 화면처럼 [E9] 셀까지 자동 채우기를 한다.

Step 12 다음과 같이 각 항목들의 평균값이 구해진다.

3. 테두리선 그리기와 워드아트 삽입하기

이번에는 작성된 판매 현황 표의 테두리선을 그려보고, 엑셀의 워드아트라는 문자 그래픽 기능을 사용해서 이 표의 제목을 입력해 보도록 하자.

Step 01 다음 화면처럼 [A3]에서 [F9] 셀 범위를 지정한다.

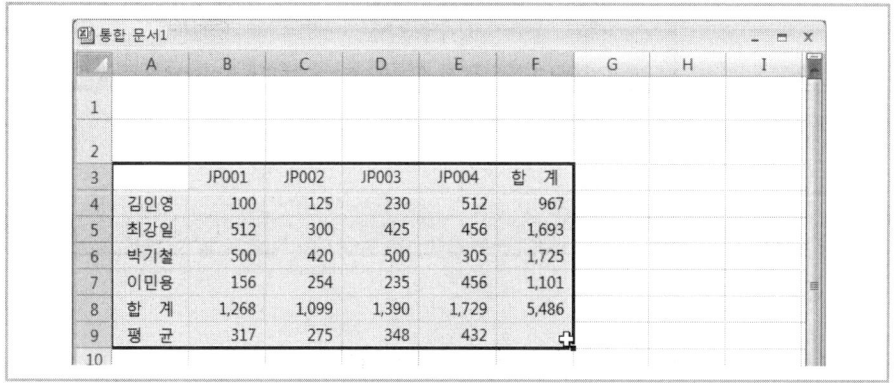

Step 02 범위로 선택한 부분에서 [바로 가기] 메뉴를 호출한 뒤, [셀 서식]을 선택한다.

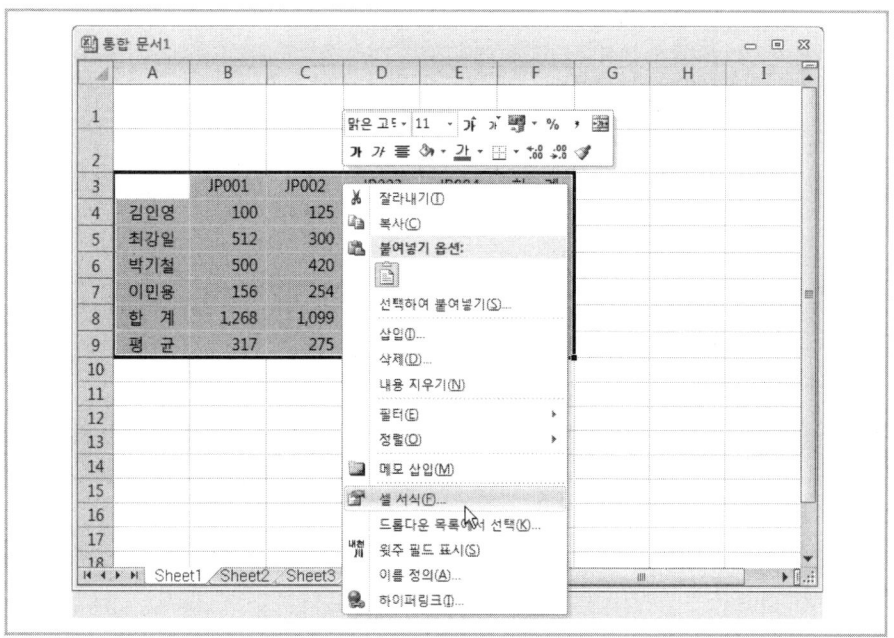

Step 03 [셀 서식] 대화상자가 나타나면 [테두리] 탭을 사용해서 다음 화면처럼 선택된 범위에 적용될 테두리선의 모양을 지정한다.

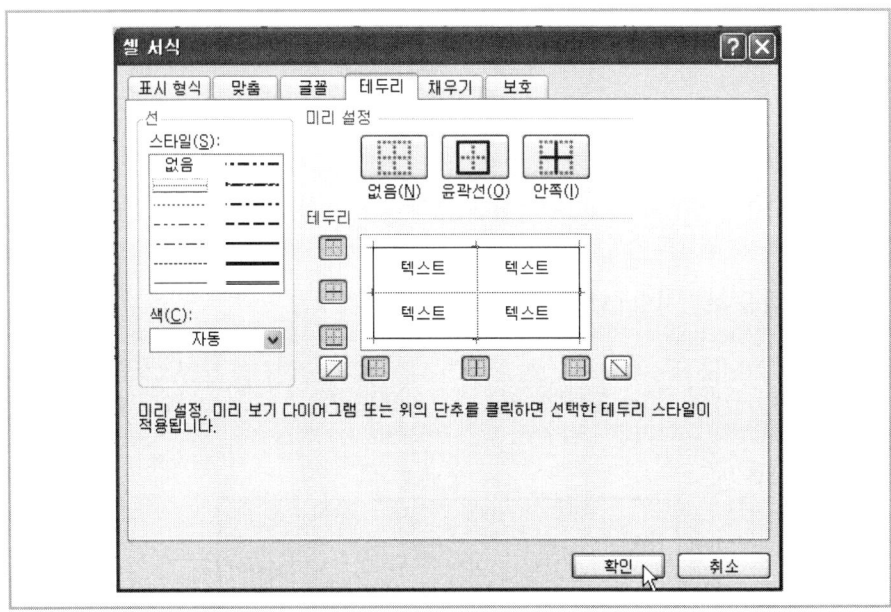

Step 04 아무 셀이나 하나를 선택해서 선택된 범위를 해제한다.

	JP001	JP002	JP003	JP004	합계
김인영	100	125	230	512	967
최강일	512	300	425	456	1,693
박기철	500	420	500	305	1,725
이민용	156	254	235	456	1,101
합계	1,268	1,099	1,390	1,729	5,486
평균	317	275	348	432	

Step 05 다음 화면처럼 [삽입] → [WordArt]를 선택한다.

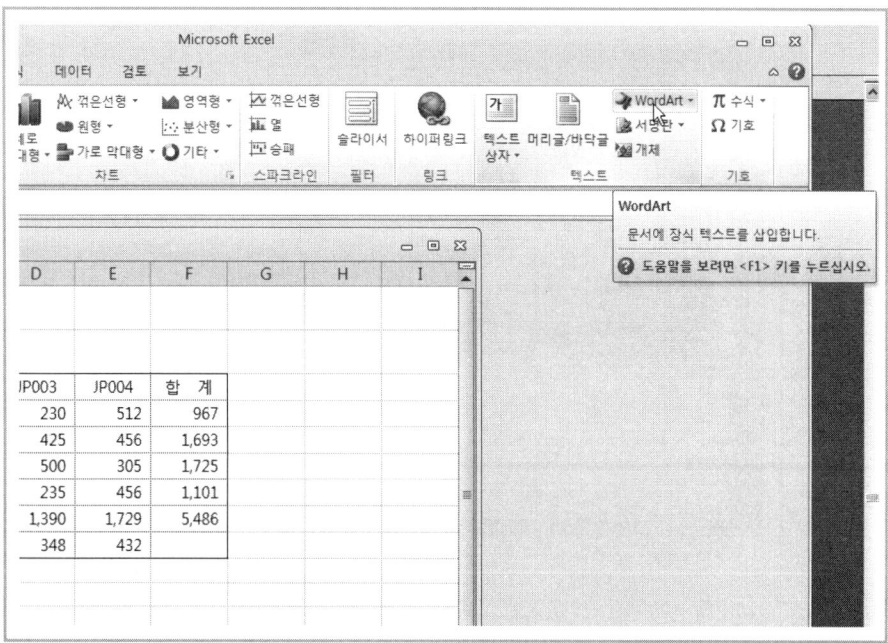

Step 06 다음 화면처럼 [WordArt 모음집]이 표시되면 원하는 스타일을 선택한다.

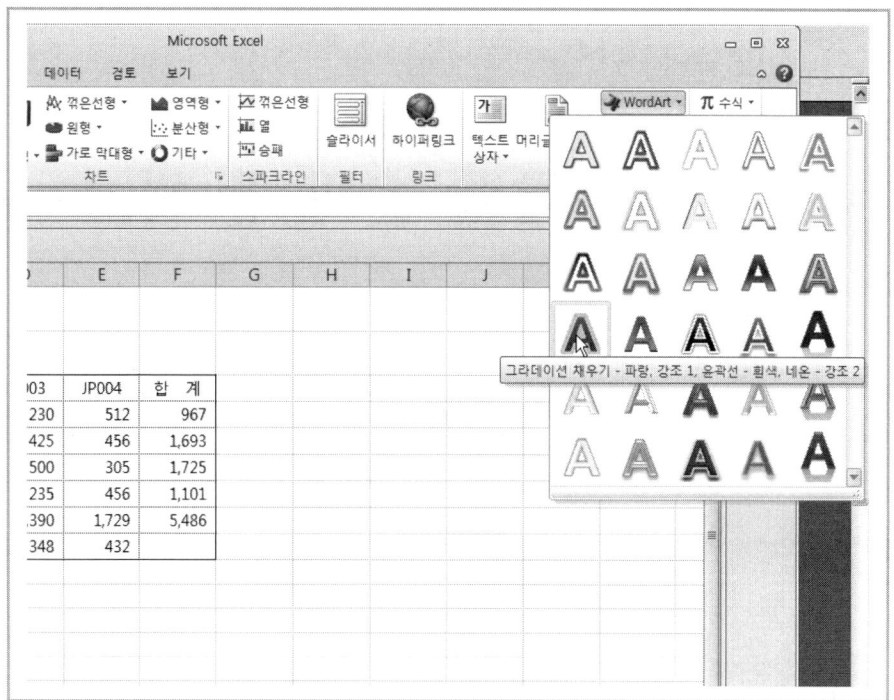

Step 07 다음과 같이 나타나는 [텍스트] 입력 상자에서 [제품 판매 분석표]라고 입력한다.

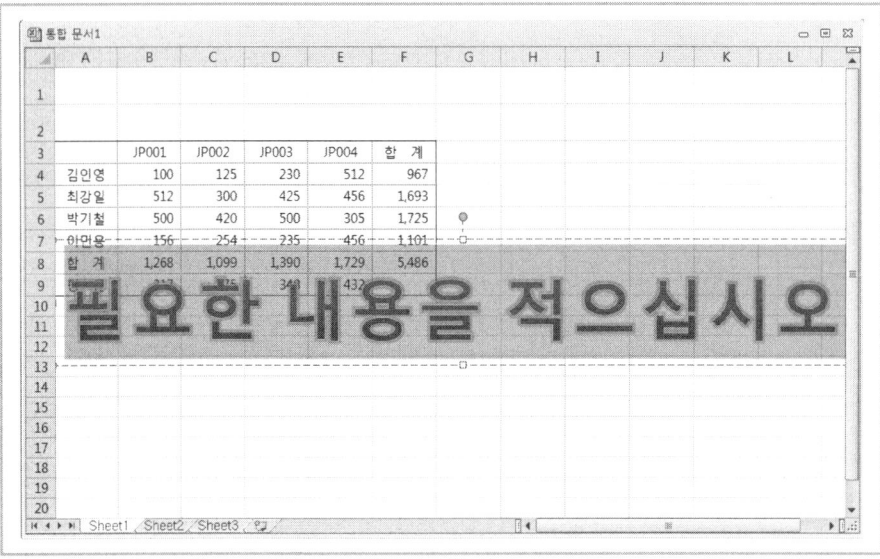

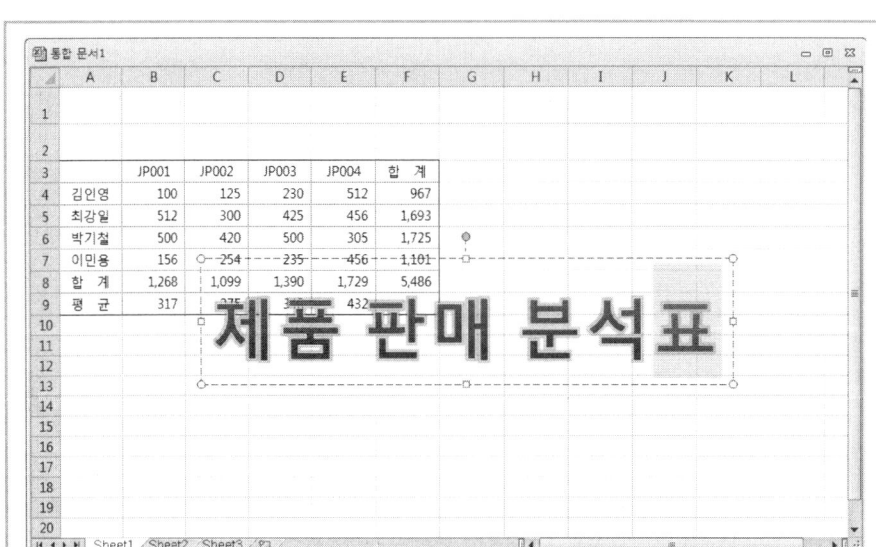

Step 08 입력된 [제품 판매 분석표]에 글꼴을 지정하기 위해서 입력한 [제품 판매 분석표]를 마우스로 드래그해서 블록으로 설정하면 다음 화면처럼 자동적으로 글꼴과 글자 크기를 지정해 줄 수 있는 대화상자가 나타난다. 여기서 글꼴은 [휴먼 옛체]로 크기는 [36]으로 지정한다.

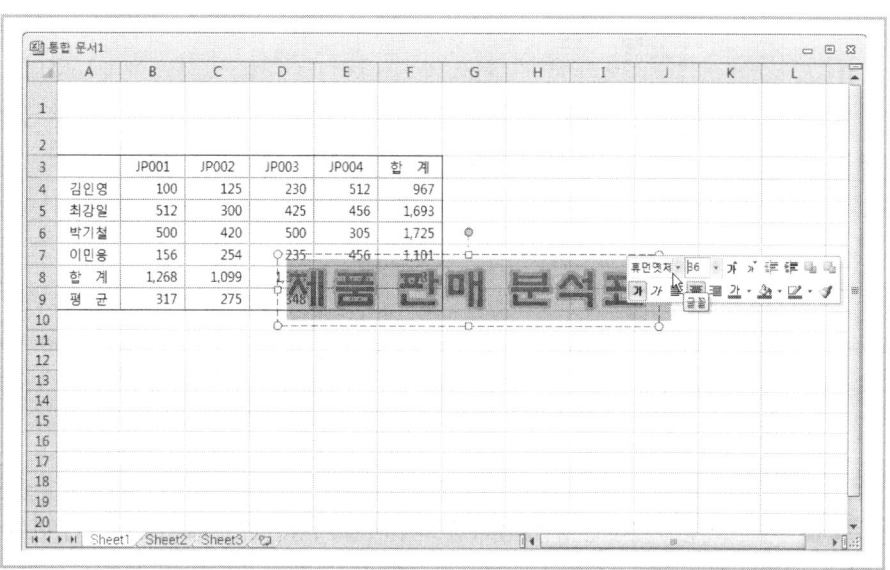

Step 09 다음 그림처럼 워드 아트의 글씨가 표시된 경계 부분에 마우스 포인터를 위치시킨다. 이때 마우스 포인터는 화살표 위에 ✥모양이 겹쳐진 모양이어야 한다.

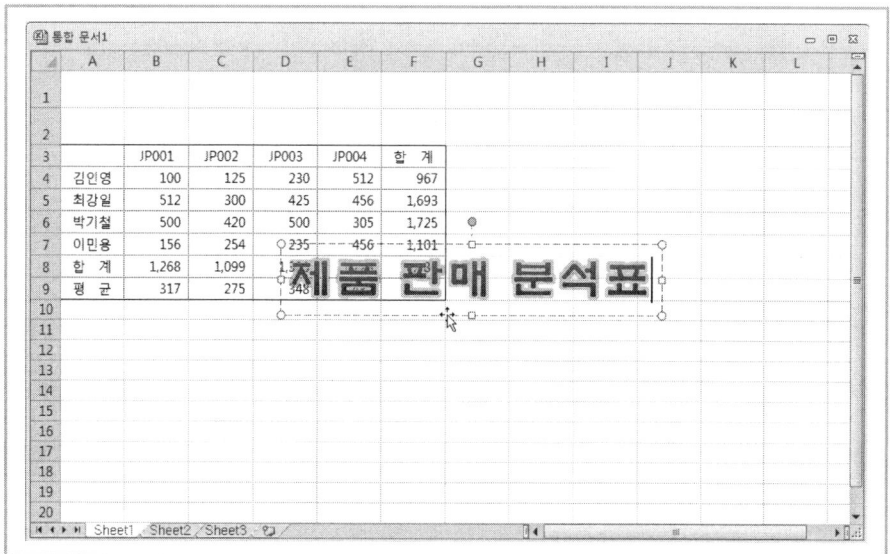

Step 10 마우스를 드래그해서 입력된 워드아트를 적당한 위치로 이동시킨다.

Step 11 마우스 단추에서 손을 떼면 다음 화면처럼 지정한 부분에 워드아트가 위치하게 된다.

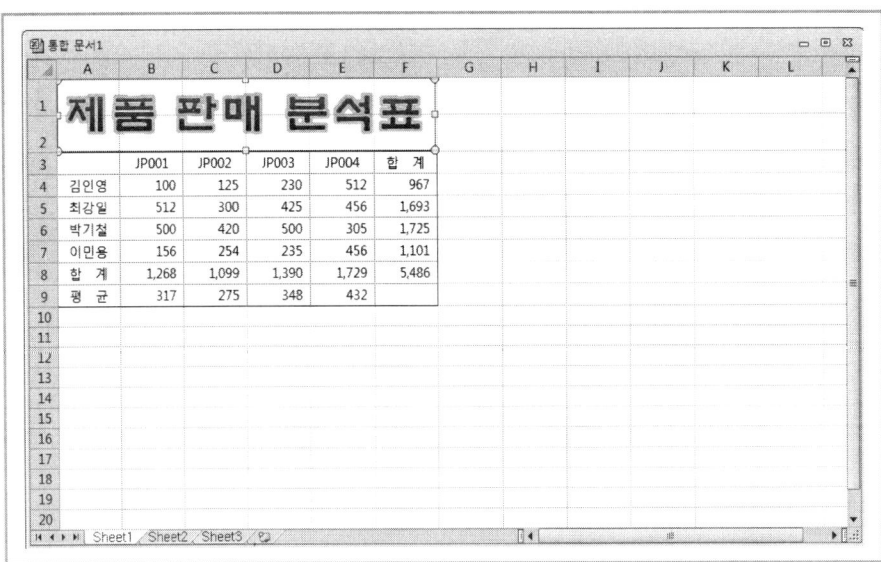

Step 12 아무 셀이나 하나를 선택해서 워드아트를 화면에 고정시킨다.

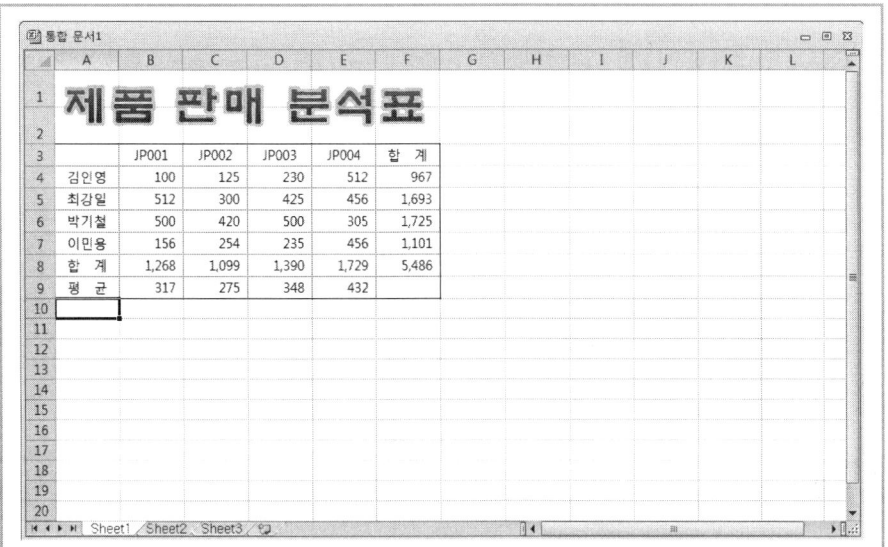

4. 차트 그리기

엑셀에서는 작성되어 있는 데이터 표를 사용해서 아주 간단한 방법으로 원하는 모양의 차트를 작성할 수 있도록 하기 위해서 차트 기능을 지원하고 있다. 차트는 데이터 분석 도구이기 때문에 여러 분야에서 많이 사용된다. 따라서 숫자를 주로 다루는 엑셀도 차트를 만드는 쉬운 방법을 제공하고 있다. 이번에는 이 차트 기능을 사용해서 앞에서 만들어 놓은 〈제품 판매 분석표〉의 차트를 그려보도록 하자.

Step 01 차트로 작성할 데이터가 입력되어 있는 셀 범위 [A3] ~ [E8]을 지정한다.

	A	B	C	D	E	F
1	제품 판매 분석표					
2						
3		JP001	JP002	JP003	JP004	합 계
4	김인영	100	125	230	512	967
5	최강일	512	300	425	456	1,693
6	박기철	500	420	500	305	1,725
7	이민용	156	254	235	456	1,101
8	합 계	1,268	1,099	1,390	1,729	5,486
9	평 균	317	275	348	432	

Step 02 리본 메뉴에서 [삽입] → [세로 막대형]을 클릭하고 첫 번째 [묶은 세로 막대형]을 선택한다.

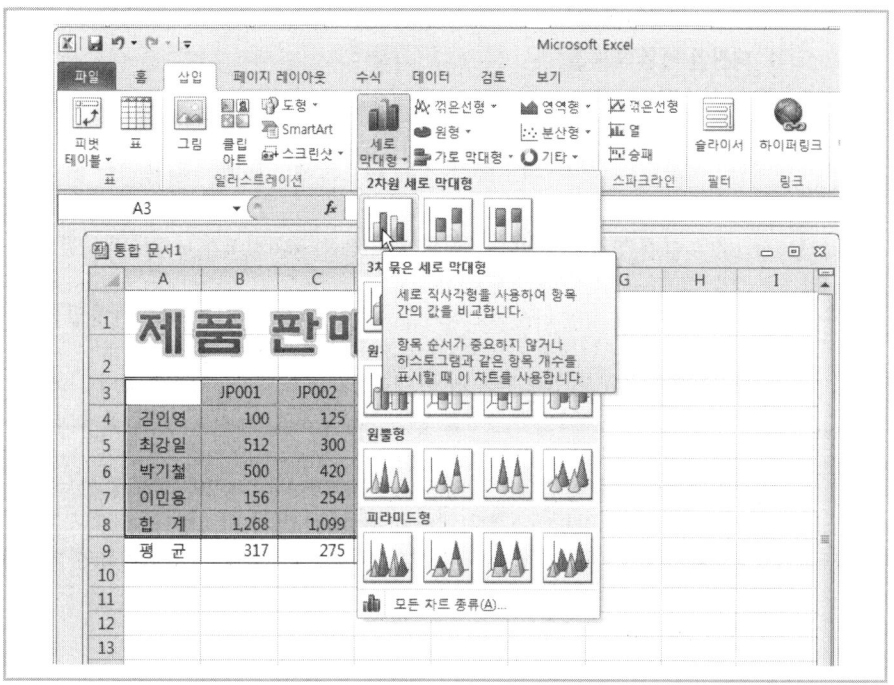

Step 03 차트가 만들어지면 차트 영역을 클릭하고 위치를 조절한다. 그려진 차트 바깥 테두리의 점이 있는 부분에 마우스를 위치시켜 크기를 조절할 수 있으며 [차트 영역] 표시와 함께 ⇕화살표로 변하면 차트 위치를 조절할 수 있다.

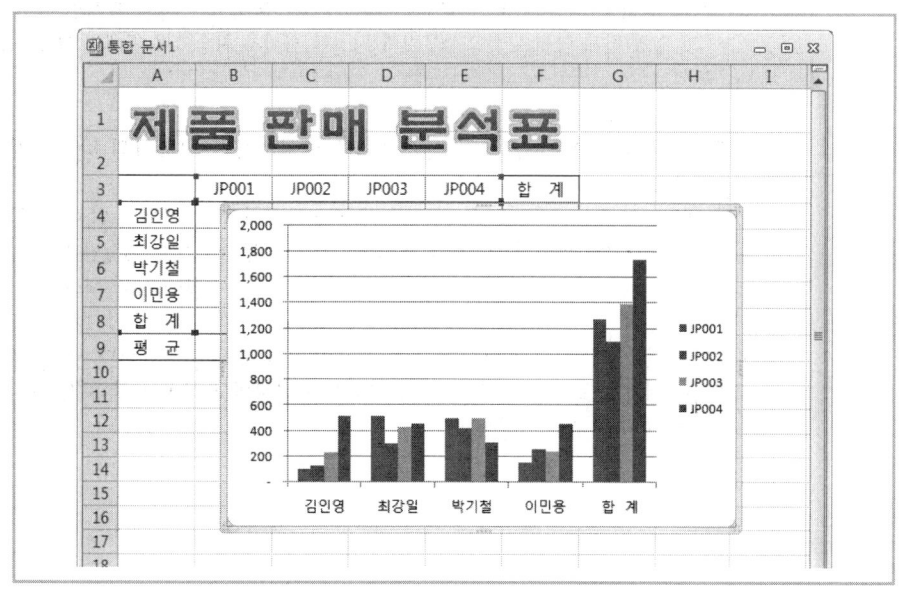

차트 도구 알아보기

1. 디자인 탭의 도구들

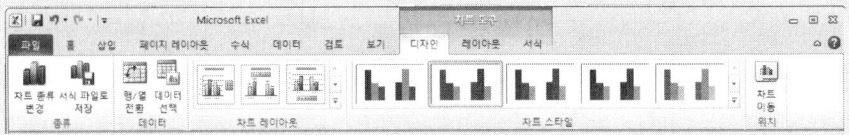

- 차트 종류 변경 : 클릭하면 [차트 종류 변경] 대화상자가 나타나며 다른 차트로 바꿀 수 있다.
- 서식 파일로 저장 : 현재의 차트를 서식 파일로 저장해두고 재사용할 수 있다.
- 행/열 전환 : 차트의 X축과 Y축을 바꾸어 표시할 수 있다.
- 데이터 선택 : [데이터 원본 선택] 대화상자를 표시하여 차트의 데이터 범위를 재지정하거나 X 축과 Y축의 데이터를 추가, 삭제할 수 있다. 차트 데이터를 수정할 때 사용한다.
- 차트 레이아웃 그룹 : 자주 사용되는 11개의 차트 레이아웃을 제공한다.
- 차트 스타일 그룹 : 48개의 데이터 계열 스타일을 제공한다.
- 차트 이동 : [차트 이동] 대화상자를 표시하여 차트를 넣을 위치를 선택할 수 있다.

2. 레이아웃 탭의 도구들

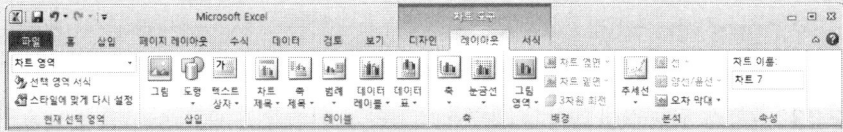

- 차트 영역 : 현재 선택한 차트의 요소를 표시한다. 여기서 각각의 요소를 선택하면 차트에서 그 요소가 선택된 상태가 된다.
  - 선택 영역 서식 : 현재 선택한 영역의 서식을 조절하는 창을 표시한다.
  - 스타일에 맞게 다시 설정 : 사용자가 지정한 서식을 취소하고 원래의 서식으로 복구한다.
- 삽입 그룹 : 그림이나 도형, 텍스트 상자를 삽입한다.
- 레이블 그룹 : 차트 제목, 축 제목, 범례, 데이터 레이블, 데이터 표의 표시 여부와 위치를 지정한다.
- 축 그룹 : 가로 축과 세로 축, 가로와 세로 눈금선이 표시 여부와 위치를 지정한다.
- 배경 그룹 : 그림 영역의 서식을 조절하며, 차트 옆면, 차트 밑면, 3차원 회전은 입체로 표시된 차트에만 적용되며 차트 옆면과 밑면의 서식을 조절하고 3차원 회전을 조절한다.
- 분석 그룹 : 추세선이나 오차 막대의 추가 여부와 종류를 지정한다. 꺾은 선형이나 주식형 차트의 경우는 하강선, 최저/최고값 연결선의 표시 여부를 지정하며 양선과 음선의 표시 여부를 지정한다.

3. 서식 탭의 도구들

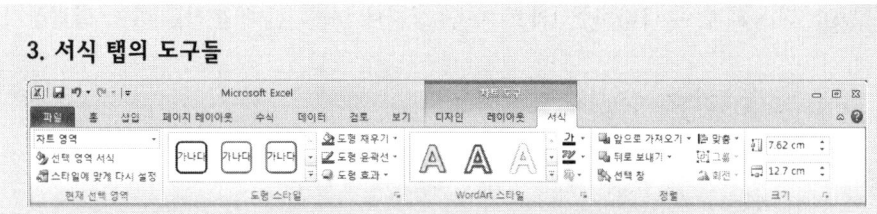

- 현재 선택 영역 그룹 : 레이아웃 탭의 현재 선택 영역 그룹과 동일하다.
- 도형 스타일 그룹 : 차트의 각 요소에 채우기 색, 윤곽선 색, 특수 효과를 지정한다. 도형 스타일이 제시하는 42개의 스타일에서 선택할 수도 있고, 눈금선도 21개의 스타일이 제공된다.
- WordArt 스타일 그룹 : 차트에 있는 모든 텍스트의 스타일을 지정한다. 텍스트의 색, 윤곽선의 색, 텍스트 효과를 지정할 수 있다.
- 앞으로 가져오기, 뒤로 보내기 : 차트가 도형이나 클립아트 등 다른 개체와 겹쳐 있을 경우 차트를 맨 앞이나 뒤로 이동시킨다.
- 선택 창 : 차트를 보이게 하거나 보이지 않게 한다.
- 맞춤 : [눈금에 맞춤]은 차트를 시트의 눈금에 꼭 맞게 표시한다. [도형에 맞추기]는 도형과 차트가 경계선을 기준으로 꼭 맞게 표시한다. 이 기능들은 설정하고 나서 차트를 이동해야 눈금에 맞게 이동된다.

Step 04 차트의 제목을 입력하기 위해 차트 도구에서 [레이아웃] → [차트 제목] → [차트 위]를 차례로 선택한다.

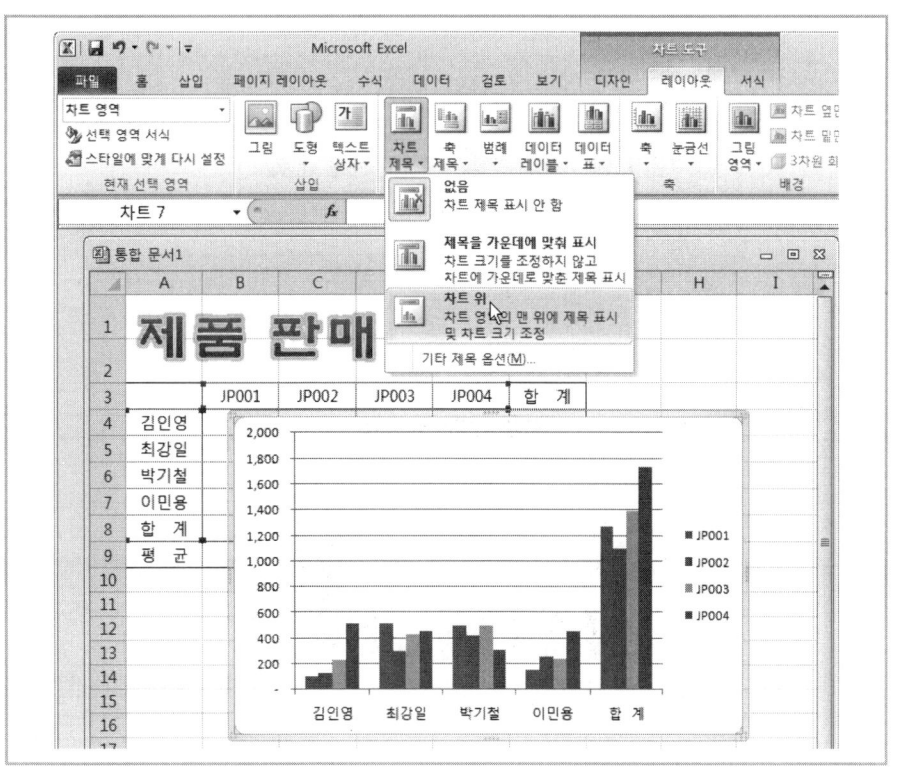

Step 05 다음과 같이 나타나는 [차트 제목] 상자에 [제품 판매 분석표]라고 입력한다.

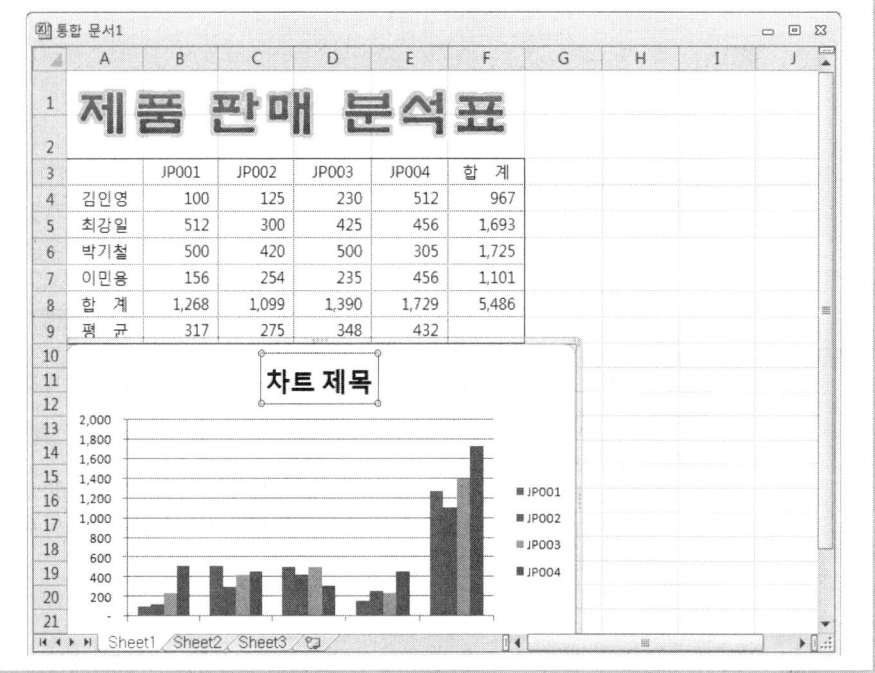

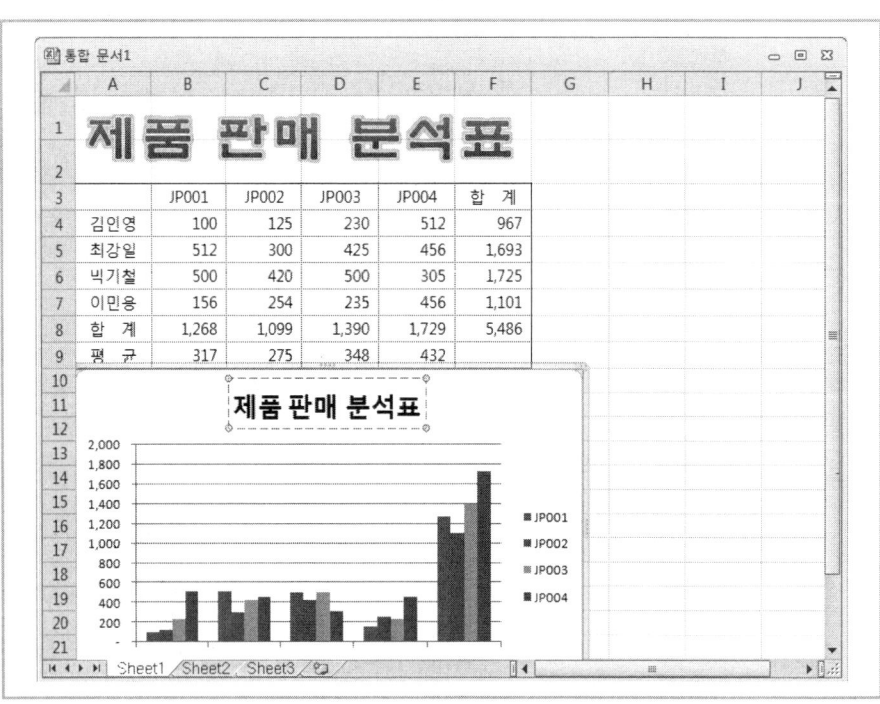

Step 06 가로 축의 제목을 입력하기 위해 [축 제목] → [기본 가로 축 제목] → [축 아래 제목]을 선택한 후 나타나는 [축 제목] 입력 상자에 [영업 사원]이라고 입력한다.

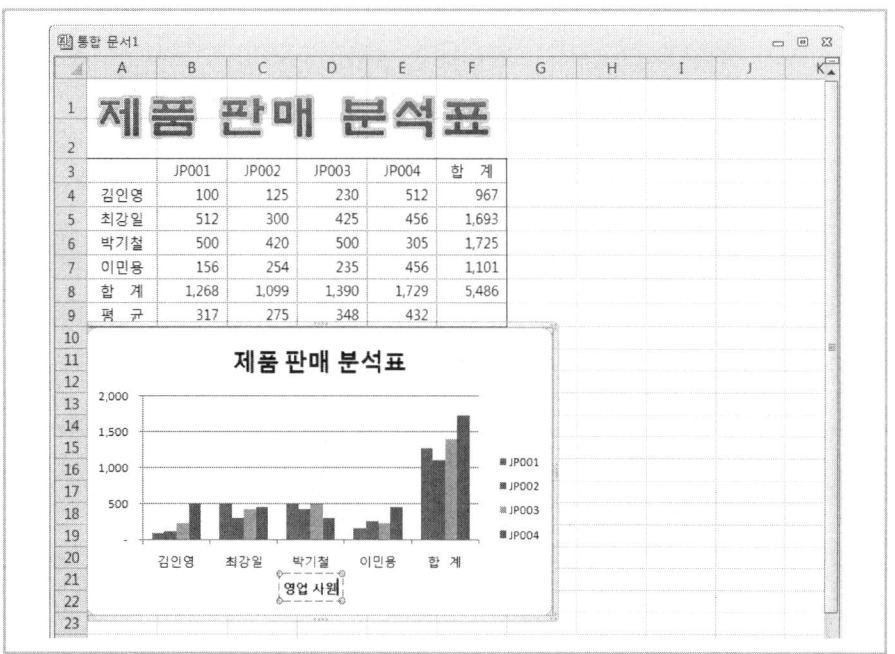

Step 07 세로 축의 제목을 입력하기 위해 [축 제목] → [기본 세로 축 제목] → [제목 회전]을 선택한 후 나타나는 [축 제목] 입력 상자에 [판매 수량]이라고 입력한다.

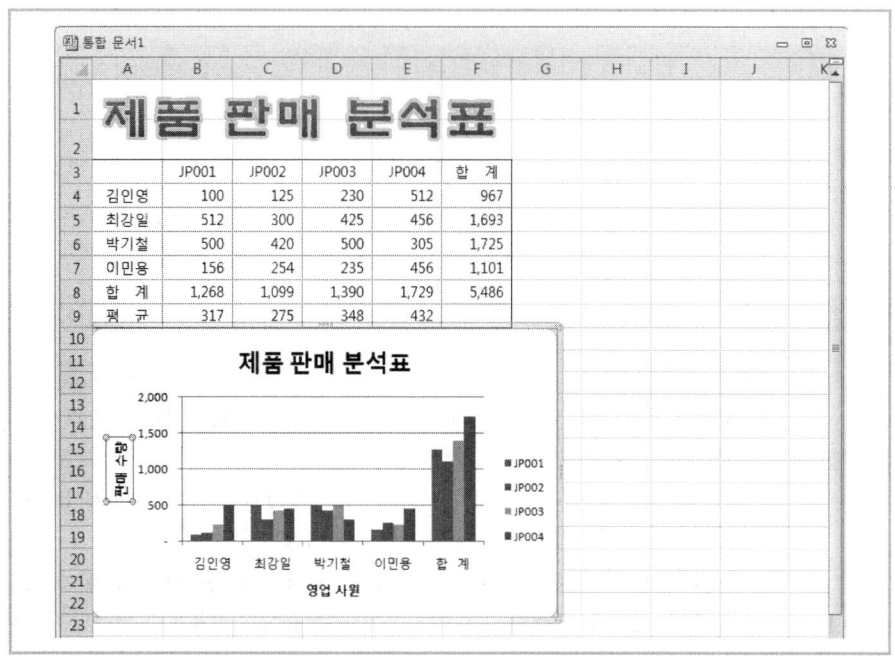

Step 08 차트 도구에서 [디자인] → [차트 이동]을 선택한 후 나타나는 [차트 이동] 대화상자에서 [워크시트에 삽입]을 선택하고 [확인] 버튼을 누른다.

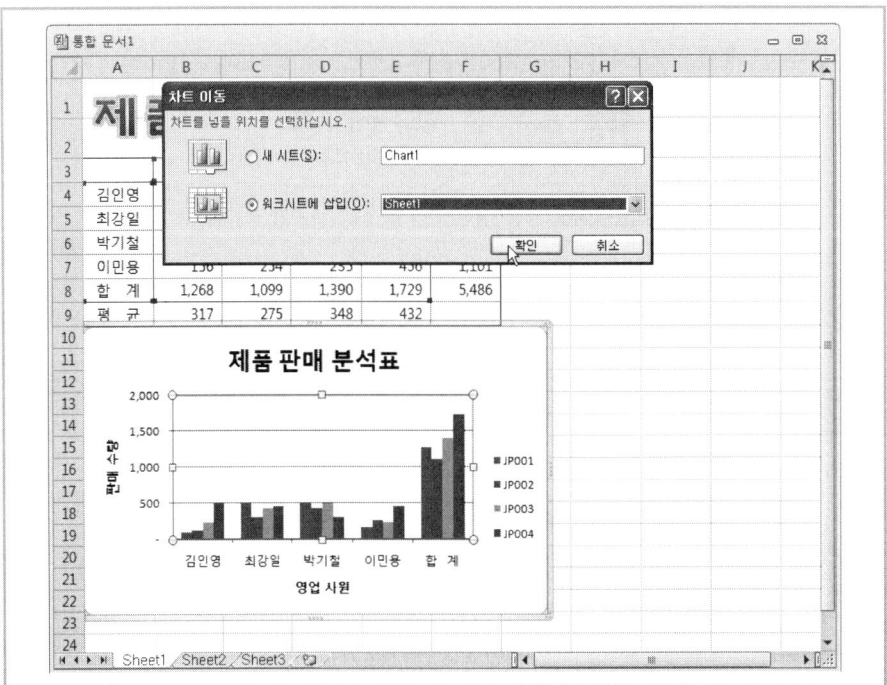

차트의 작성 위치

엑셀에서는 작성되어 있는 기본 데이터 표를 사용해서 차트를 작성할 때 다음과 같이 두 가지 위치에 차트를 작성할 수 있다.

★ **새 시트** : 새로운 [Chart] 워크시트를 만들고 그 워크시트에 차트를 작성한다. 이때 차트의 크기는 화면에 가득 차는 정도의 크기로 지정된다.

★ **워크시트에 삽입** : 현재 작업 중인 워크시트에 차트를 삽입한다. 이때 차트의 크기는 일정하지 않으며, 차트의 크기와 위치 등을 사용자가 자유롭게 변경할 수 있다.

5. 차트의 위치와 크기 조절하기

이렇게 작성된 차트는 그려지는 위치와 크기 등이 부정확하기 때문에, 사용자가 원하는 위치로 이동한 뒤, 적당한 크기를 지정해 주어야 한다.

Step 01 차트의 그림이 그려져 있는 [그림 영역]을 피해서 [차트 영역]에 마우스 포인터를 위치시키면 [차트 영역] 표시와 함께 마우스 포인터는 ✥모양으로 바뀐다.

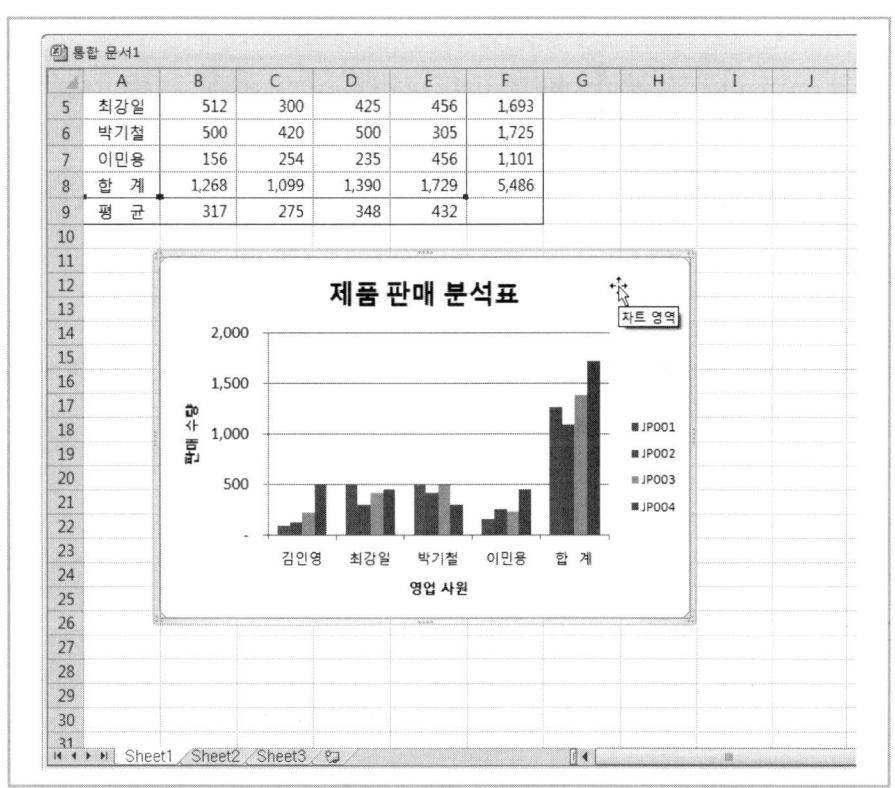

Step 02 이 상태에서 마우스 왼쪽 버튼을 누른 채 마우스를 드래그해서 차트의 위치를 원하는 곳으로 이동시킨다. 키보드의 Alt 키를 누른 채 마우스를 드래그하면 자동적으로 각 셀의 경계 부분에 접하는 위치에 차트를 위치시킬 수 있다.

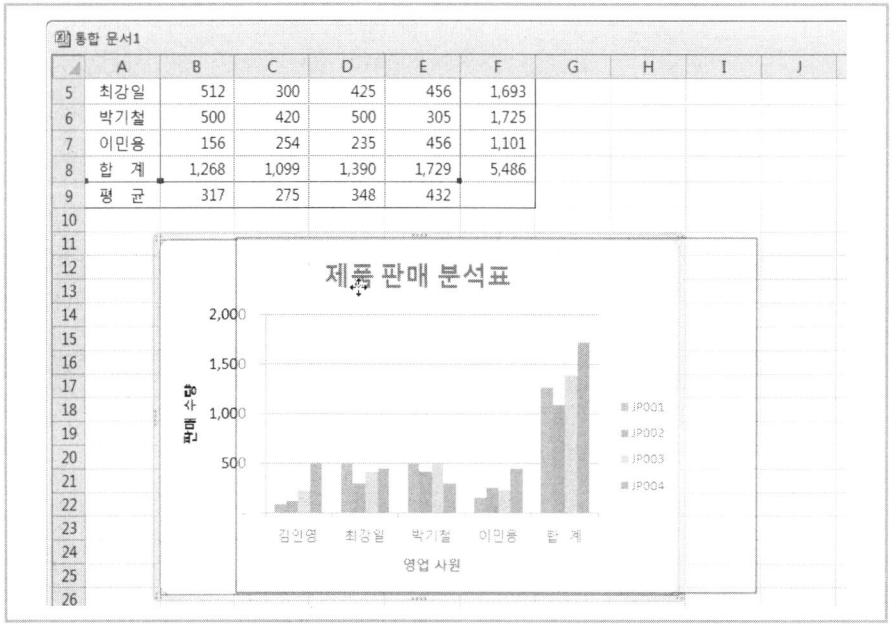

Step 03 이번에는 차트의 크기를 좀 더 크게 하기 위해서 차트의 오른쪽 아래에 있는 조절점 위에 마우스 포인터를 위치시킨다.

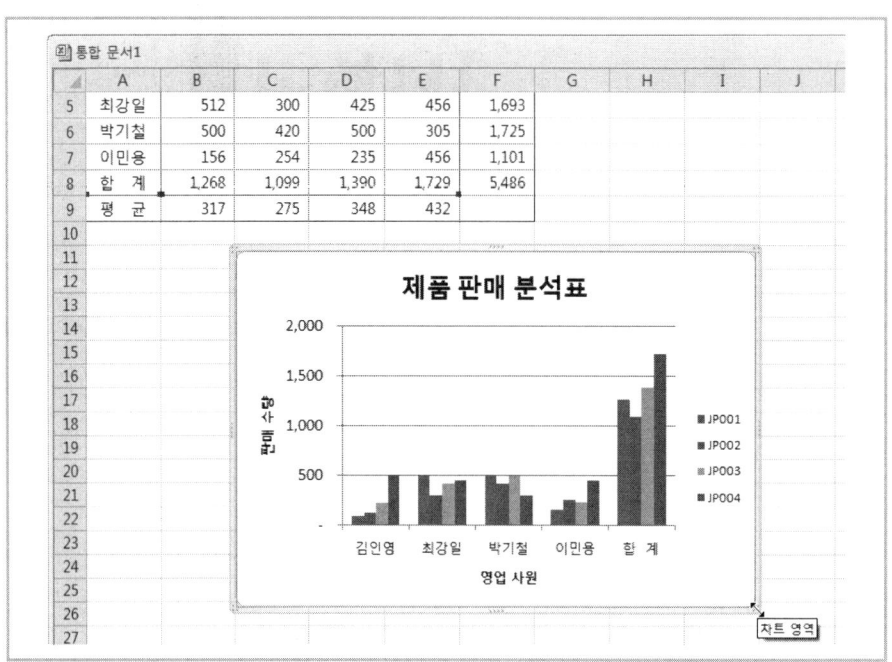

Step 04 마우스를 드래그해서 차트의 크기를 조절할 수 있다. 이때, 키보드의 Alt 키를 누른 상태에서 마우스를 드래그하면 각 셀의 경계 부분에 접하는 차트의 크기를 지정할 수 있다.

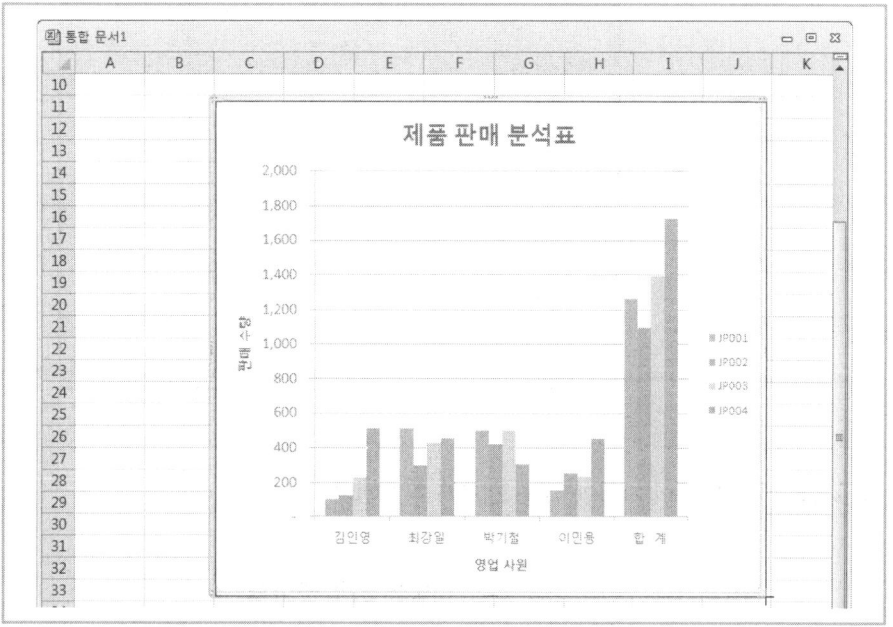

Step 05 이번에는 차트에 표시되어 있는 가로와 세로 축 방향에 표시되어 있는 글자들의 크기 값을 조절해 보기 위해 다음 화면과 같이 세로 축의 눈금 값이 표시된 부분을 마우스로 클릭해서 선택한 후 다시 마우스 오른쪽 버튼을 클릭해서 바로가기 메뉴를 표시하고 [글꼴]을 선택한다.

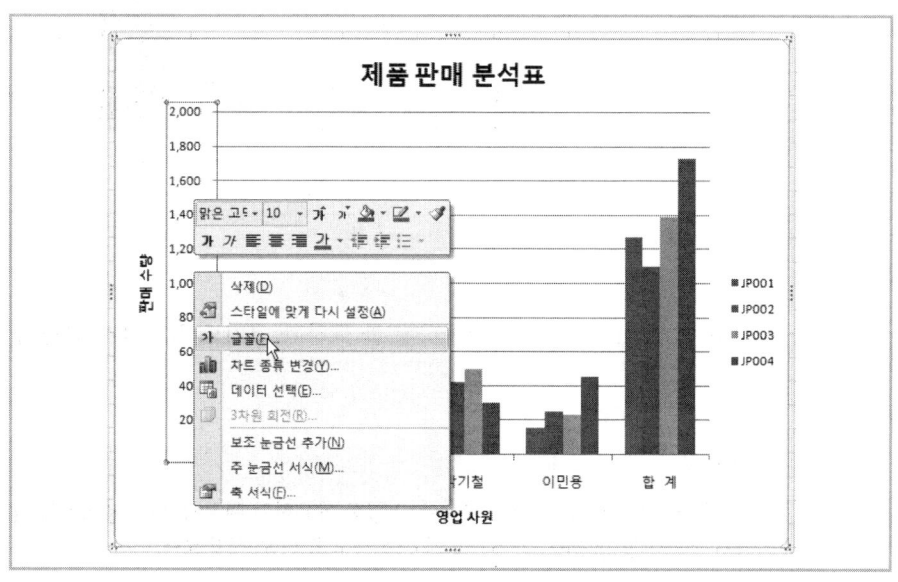

Step 06 글꼴 대화상자가 나타나면 [글꼴] 탭을 클릭한 뒤, 글꼴의 크기 값을 [12]로 지정하고 [확인] 단추를 누른다.

Step 07 다음과 같이 지정한 글꼴 크기가 적용된다.

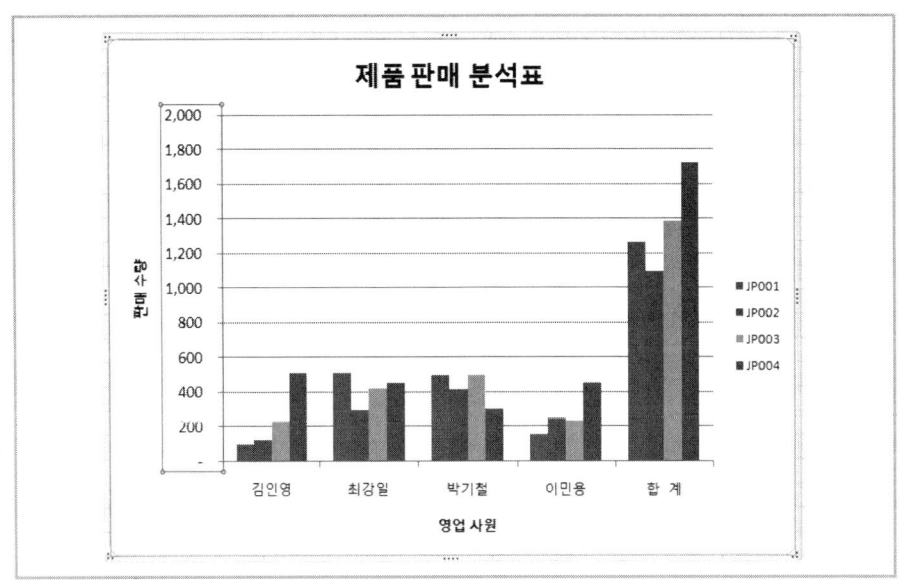

Step 08 위와 같은 방법으로 다른 요소들의 글꼴 모양과 크기도 적당하게 변경시켜 보자.

엑셀의 차트

엑셀에서 작성된 차트는 원본 데이터와 그 값을 공유하기 때문에, 원본 데이터의 값이 변경되거나 제거되면 변경된 값이 차트에 자동적으로 바로 적용된다.

판매 분석 자료 만들기 – 차트/워드아트 사용하기

6. 차트 계열의 종류 변경하기(혼합형 차트 사용하기)

엑셀에서는 차트로 작성된 각 계열마다 다른 형태의 차트 종류를 적용할 수 있다. 이번에는 [꺾은선형] 차트 종류를 적용해서 각 직원들과 판매량의 비교를 좀 더 쉽게 할 수 있도록 만들어 보자.

Step 01 우선 JP004 데이터 계열의 네번째 막대를 아무거나 마우스로 클릭하면 전체적으로 선택되어지는 것을 확인할 수 있다 .

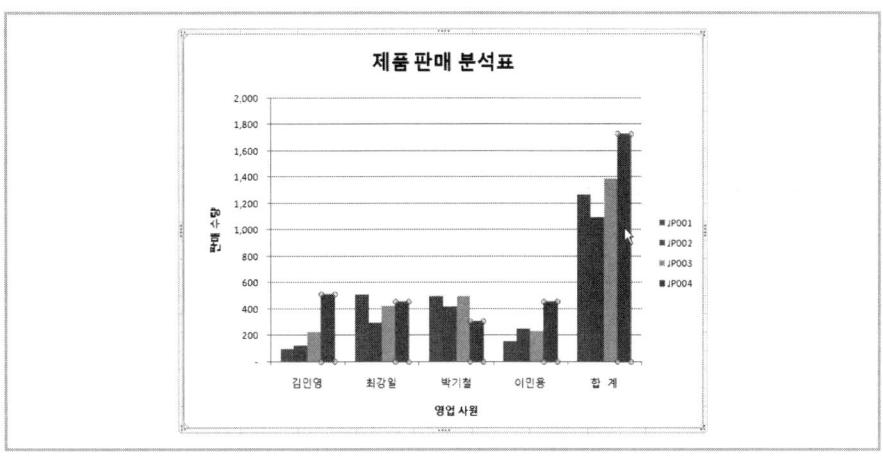

Step 02 막대 위에서 마우스 오른쪽 버튼을 클릭해서 [바로 가기] 메뉴를 호출한 뒤, [계열 차트 종류 변경]을 선택한다.

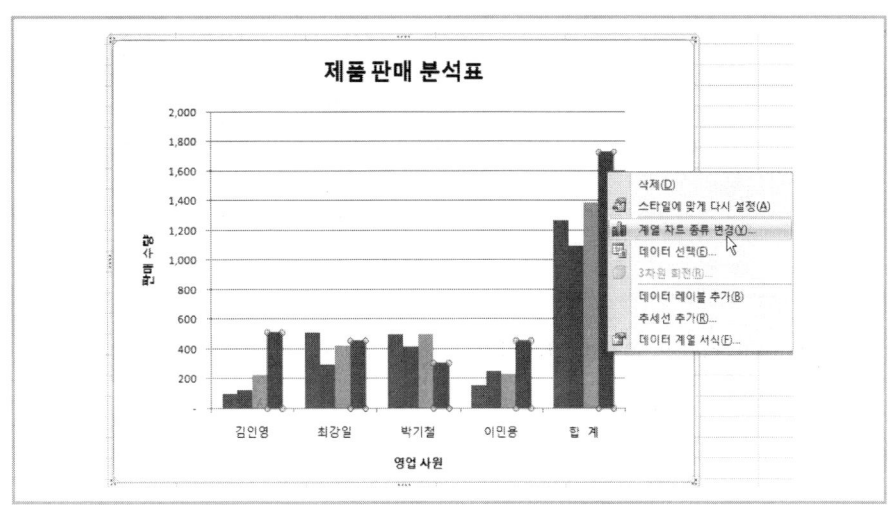

231

Step 03 다음 화면과 같이 차트의 종류를 선택하고 [확인] 단추를 누른다.

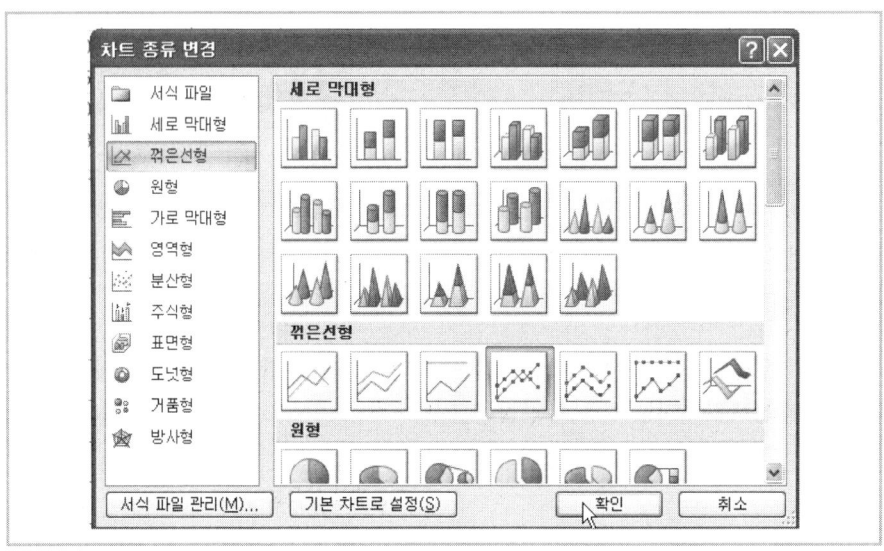

Step 04 JP004 판매량이 꺾은선형으로 표시되기 때문에, 다른 직원들의 판매량과 쉽게 비교할 수 있다.

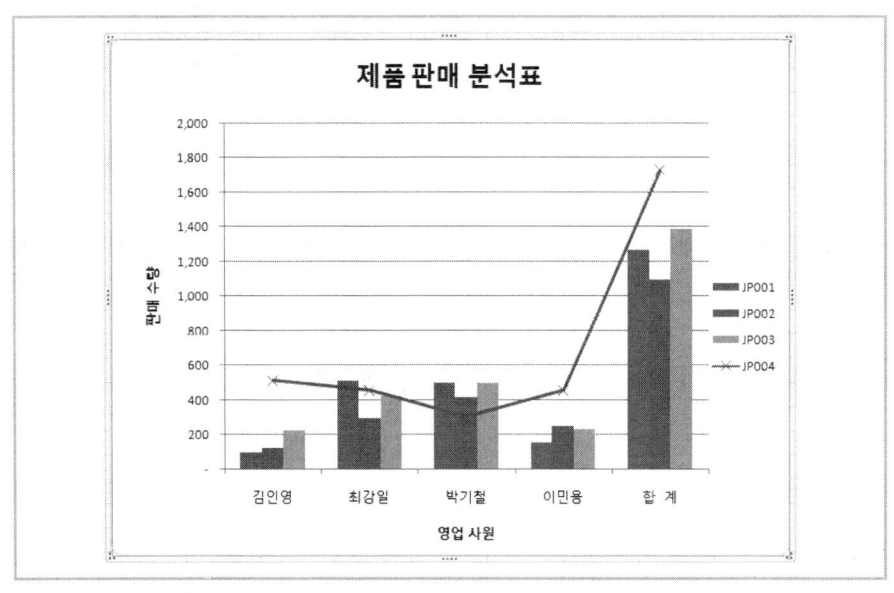

Step 05 다음 실습을 위하여 꺾은선형 그래프를 선택한 후 다시 [세로 막대형]으로 되돌려 놓자.

판매 분석 자료 만들기 – 차트/워드아트 사용하기

7. 3차원 차트 적용하기

이번에는 엑셀의 3차원 차트의 종류와 3차원 차트를 다루는 방법들에 대해 알아보도록 하자. 엑셀의 3차원 차트를 사용하면 작성해 놓은 데이터를 좀 더 보기 좋게 표시할 수 있으므로 여러 가지 면에서 효과적으로 사용할 수 있다.

Step 01 우선 차트 그림이 그려져 있는 [그림 영역]에서 마우스 오른쪽 버튼을 클릭해서 [바로 가기] 메뉴를 호출하고 [차트 종류 변경]을 선택한다.

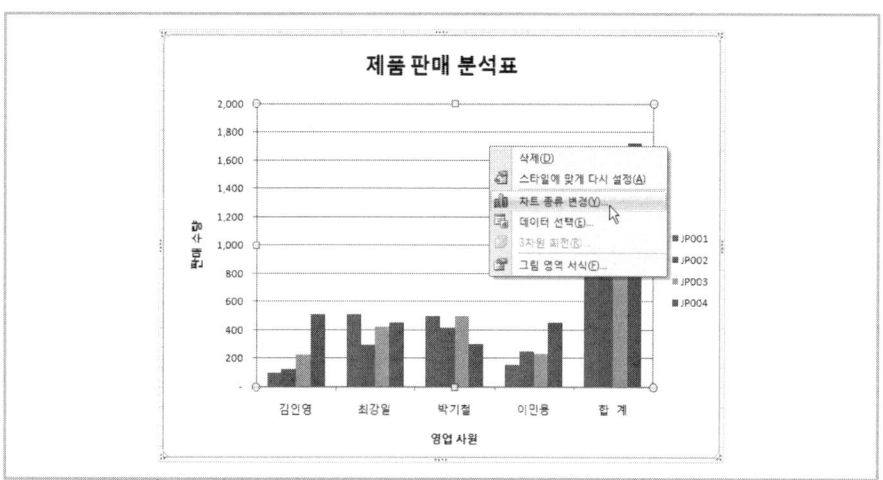

Step 02 [차트 종류 변경] 대화상자의 [세로 막대형] 중에서 [3차원 원뿔형]을 선택한 후 [확인] 버튼을 선택한다.

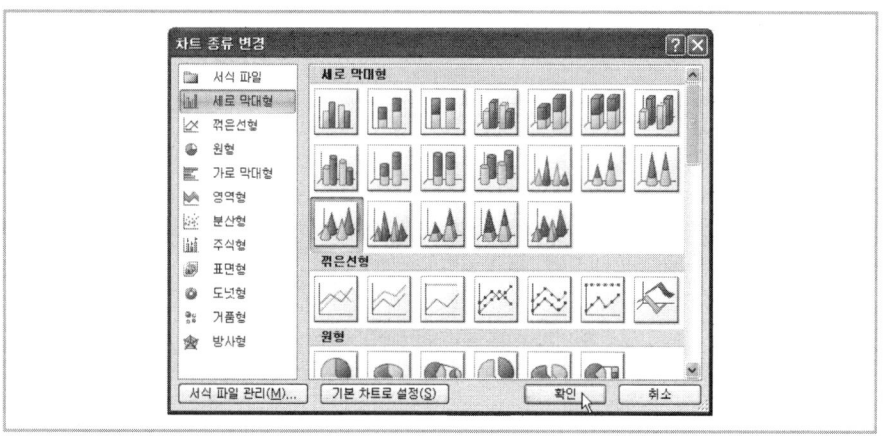

233

Step 03 다음과 같이 3차원 차트가 표시된다.

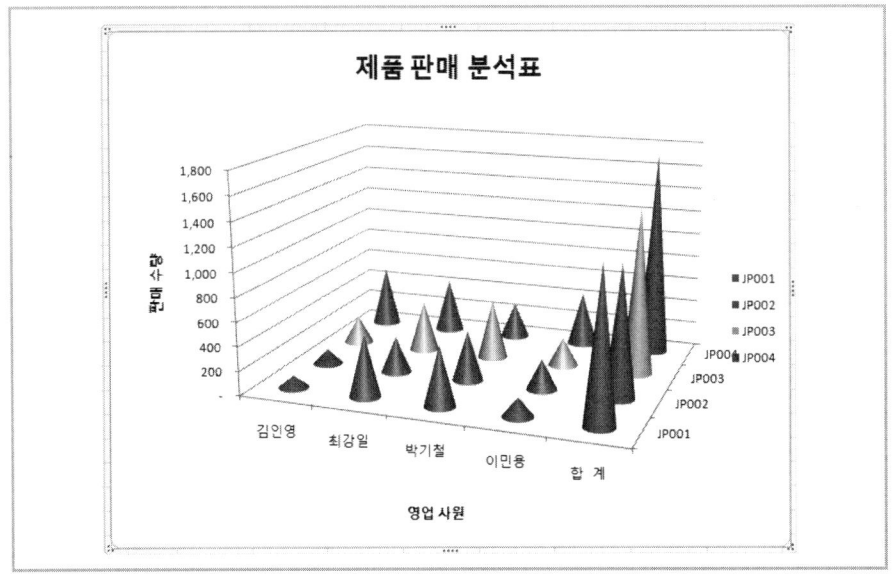

판매 분석 자료 만들기 - 차트/워드아트 사용하기 Chapter

8. 3차원 차트의 방향 조절하기

3차원 차트는 화면 속의 물체와 비슷한 성질을 가지고 있기 때문에, 사용자가 이 차트를 회전시키면 원하는 방향에서 차트를 볼 수 있게 된다. 앞에서 작성한 원뿔형 차트를 회전시켜서 표시방향을 조절해 보자.

Step 01 3차원 차트의 그림 영역에서 마우스 오른쪽 버튼을 눌러 [바로 가기] 메뉴를 호출하고 [3차원 회전]을 선택한다.

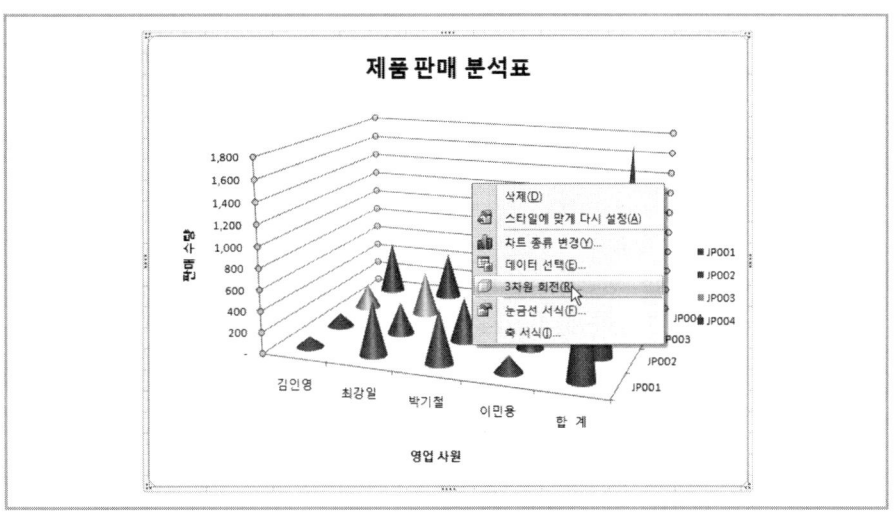

Step 02 [차트 영역 서식] 대화상자에서 회전의 X, Y의 값을 변경시키면 차트 영역이 회전한다.

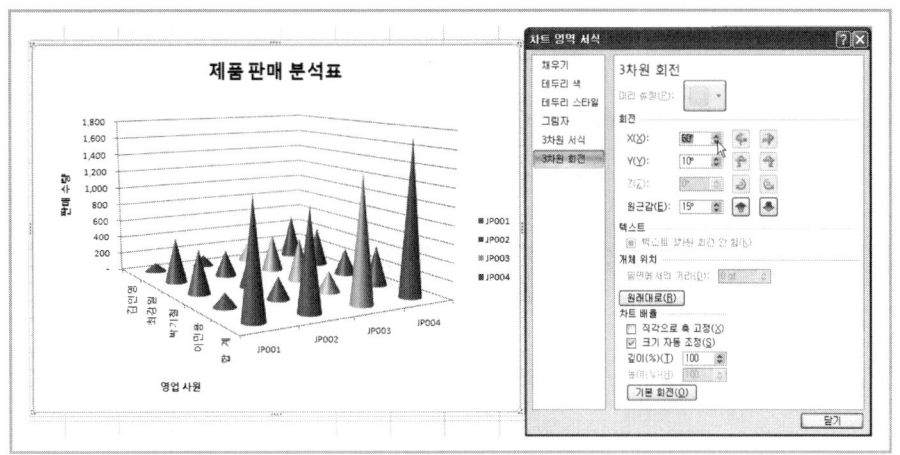

9. 배경 채우기 효과 지정하기

이번에는 차트의 배경에 채우기 효과를 적용해서 좀 더 효과적인 느낌이 들도록 만들어 보자.

Step 01 3차원 차트의 그림 영역에서 마우스 오른쪽 버튼을 눌러 [바로 가기] 메뉴를 호출하고 [옆면 서식]을 선택한다.

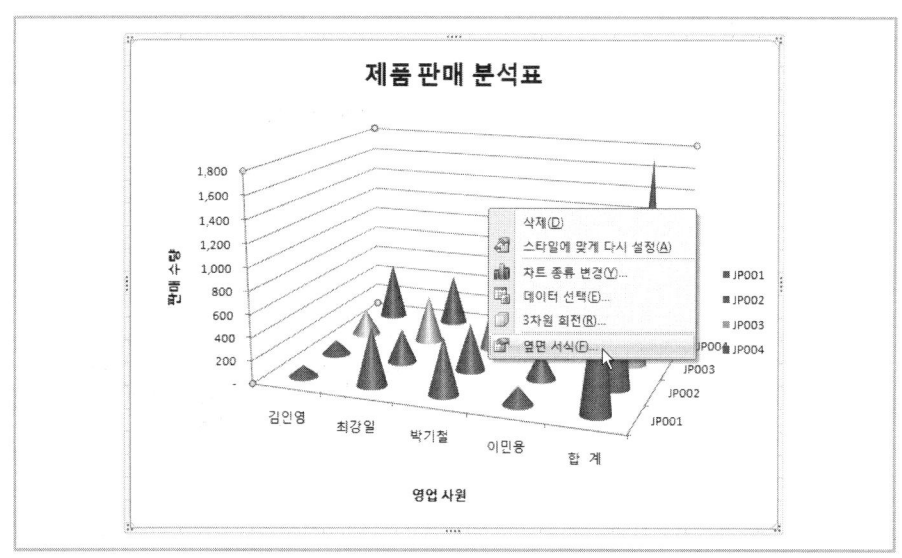

Step 02 [옆면 서식] 대화 상자의 [채우기] [테두리 색] 등을 선택해서 효과를 지정할 수 있다.

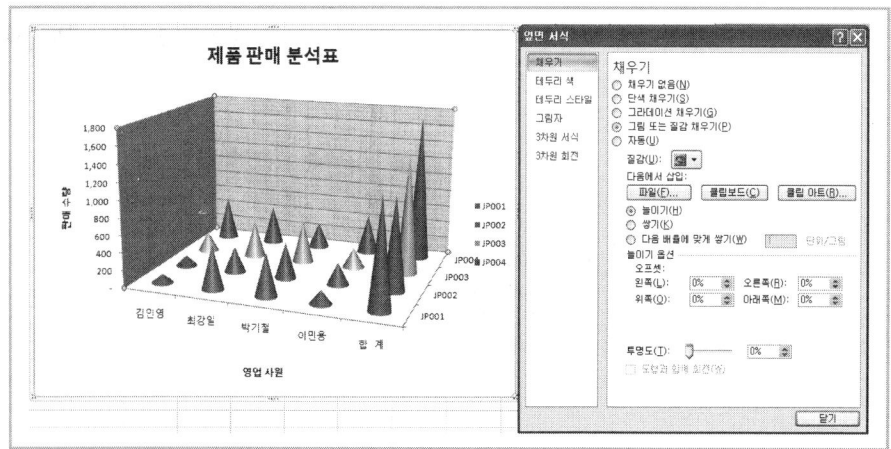

Chapter 6

부록 파일 주소록.xlsx

주소록 관리하기
– 데이터 정렬과 검색하기

엑셀에는 다양한 종류의 데이터 관리 기능이 준비되어 있다. 이번 장에서는 앞에서 만들어서 저장해 두었던 주소록을 불러내어 여기에서 원하는 데이터만을 추출하거나 데이터들의 표시 순서를 변경하는 등 데이터를 정렬하고, 검색하는 방법에 대해 알아보도록 하자.

1. 파일 불러오기와 정리하기

앞에서 작성해 놓았던 주소록 파일을 불러오고, 좀 더 보기 좋은 형태로 꾸민 뒤에 데이터 관리 기능을 사용해 보도록 하자.

Step 01 [파일] → [열기]를 차례로 선택한 후 파일이 저장되어 있는 폴더로 이동해서, [주소록.xls] 파일을 선택하고 [열기] 단추를 누른다.

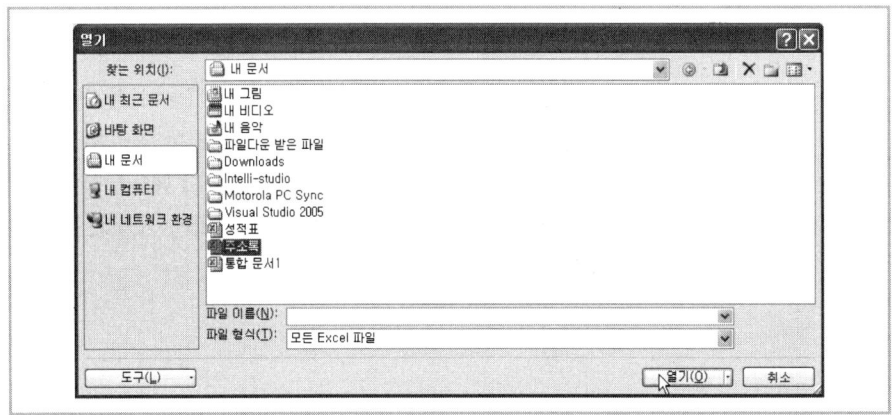

Step 02 앞에서 저장해 두었던 주소록 파일이 열린다. 처음에 만들 때는 잘 몰랐는데, 지금 열어보니 주소록이 너무 답답해 보일 것이다. 이제, 이 파일을 좀 더 보기 좋게 꾸며 보도록 하자.

Step 03 [2] ~ [16] 행의 높이 값을 [18]로 지정한다.

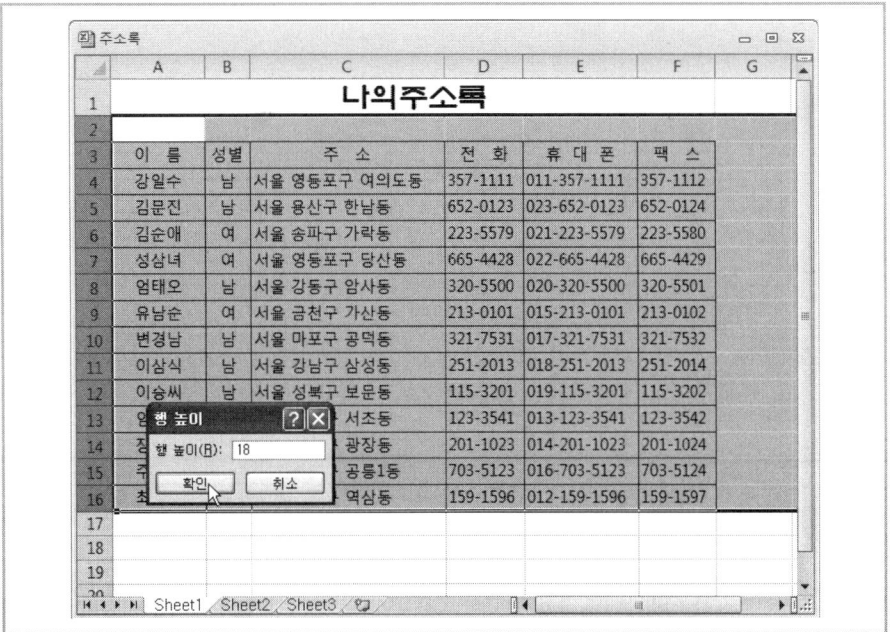

Step 04 [2] ~ [16]행의 내용들이 가운데에 정렬되도록 다음과 같이 셀 서식을 지정한다.

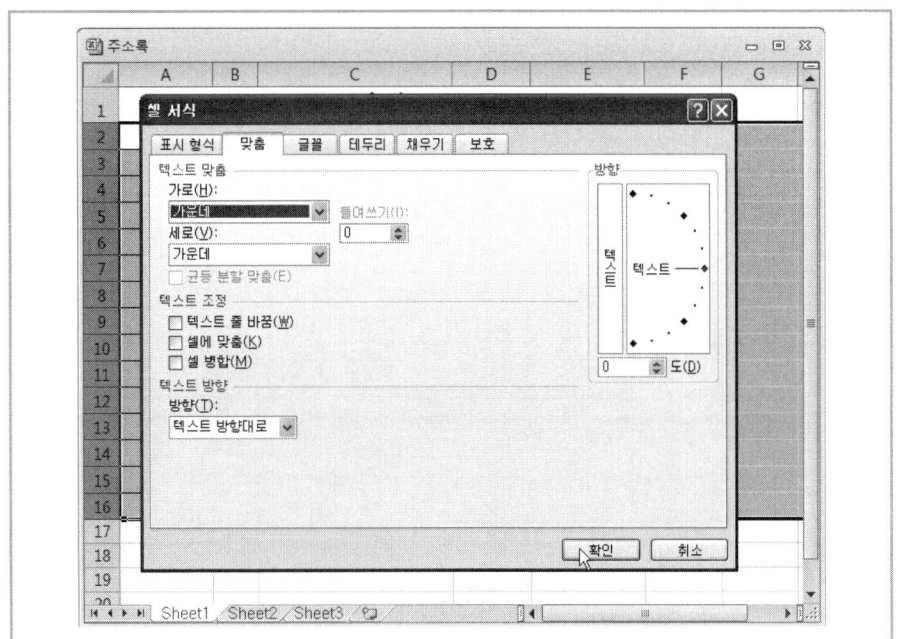

Step 05 아무 셀이나 하나를 선택해서 지정된 범위를 해제한다.

이 름	성별	주 소	전 화	휴 대 폰	팩 스
강일수	남	서울 영등포구 여의도동	357-1111	011-357-1111	357-1112
김문진	남	서울 용산구 한남동	652-0123	023-652-0123	652-0124
김순애	여	서울 송파구 가락동	223-5579	021-223-5579	223-5580
성삼녀	여	서울 영등포구 당산동	665-4428	022-665-4428	665-4429
엄태오	남	서울 강동구 암사동	320-5500	020-320-5500	320-5501
유남순	여	서울 금천구 가산동	213-0101	015-213-0101	213-0102
변경남	남	서울 마포구 공덕동	321-7531	017-321-7531	321-7532
이삼식	남	서울 강남구 삼성동	251-2013	018-251-2013	251-2014
이승씨	남	서울 성북구 보문동	115-3201	019-115-3201	115-3202
임수지	여	서울 서초구 서초동	123-3541	013-123-3541	123-3542
장복수	남	서울 광진구 광장동	201-1023	014-201-1023	201-1024
주용팔	남	서울 노원구 공릉1동	703-5123	016-703-5123	703-5124
최민국	남	서울 강남구 역삼동	159-1596	012-159-1596	159-1597

2. 데이터 정렬하기

입력된 데이터양이 많지 않을 경우에는 각 데이터들을 하나씩 확인하면서 원하는 데이터를 찾을 수 있을 것이다. 하지만, 일정한 규칙이 없이 입력되어져 있는 많은 양의 데이터의 경우에는 원하는 데이터를 쉽게 찾을 수 없을 것이다. 이번에는 엑셀의 정렬 기능을 사용해서 데이터들을 일정한 기준에 의해 재 정렬시켜 보도록 하자.

Step 01 정렬의 대상이 되는 데이터들을 범위로 지정한다. 여기서는 이름을 기준으로 재 정렬시켜 보기위해 [강일수]를 선택한 후 다음과 같이 범위를 지정하였다.

Step 02 가나다순으로 정렬되도록 하기 위해, [홈] → [정렬 및 필터] → [텍스트 오름차순 정렬]을 차례로 선택한다.

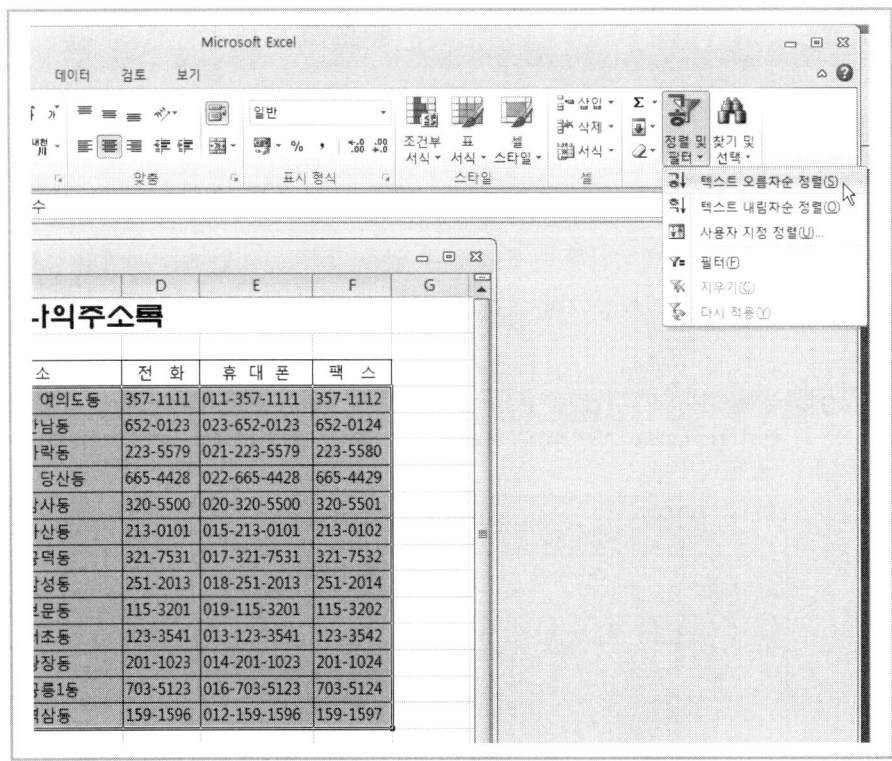

Step 03 각 사람들의 이름에 따라서 주소록의 내용이 재 정렬된다. 이때, 각 사람들에 대한 정보까지 함께 재정렬된다.

오름차순과 내림차순 정렬

엑셀에서는 앞에서와 같은 방법에 의해 데이터들을 재 정렬 할 때, 다음과 같이 두가지 방법을 사용할 수 있다.

★ **오름차순 정렬** : 가나다순으로 데이터를 재정렬한다.
　　　　　　　　　숫자(1→9) > 영문(A→Z) > 한글(ㄱ→ㅎ)

★ **내림차순 정렬** : 가나다의 역순으로 데이터를 재정렬한다.
　　　　　　　　　한글(ㅎ→ㄱ) > 영문(Z→A) > 숫자(9→1)

3. 복잡한 데이터 정렬하기

앞에서 사용한 기능을 사용하면 한 번에 하나의 항목만을 기준으로 사용할 수 있다. 하지만 남자와 여자를 나눈 뒤, 각 성별에 따라 다시 이름을 기준으로 재정렬하고 싶다면 어떻게 해야 할까? 그 해답은 엑셀의 [데이터] 메뉴에 있다.

Step 01 주소록이 입력되어 있는 범위 중에서 다음과 같이 한 셀을 선택한다.

이 름	성별	주 소	전 화	휴 대 폰	팩 스
강일수	남	서울 영등포구 여의도동	357-1111	011-357-1111	357-1112
김문진	남	서울 용산구 한남동	652-0123	023-652-0123	652-0124
김순애	여	서울 송파구 가락동	223-5579	021-223-5579	223-5580
변경남	남	서울 마포구 공덕동	321-7531	017-321-7531	321-7532
성삼녀	여	서울 영등포구 당산동	665-4428	022-665-4428	665-4429
엄태오	남	서울 강동구 암사동	320-5500	020-320-5500	320-5501
유남순	여	서울 금천구 가산동	213-0101	015-213-0101	213-0102
이삼식	남	서울 강남구 삼성동	251-2013	018-251-2013	251-2014
이승씨	남	서울 성북구 보문동	115-3201	019-115-3201	115-3202
임수지	여	서울 서초구 서초동	123-3541	013-123-3541	123-3542
장복수	남	서울 광진구 광장동	201-1023	014-201-1023	201-1024
주용팔	남	서울 노원구 공릉1동	703-5123	016-703-5123	703-5124
최민국	남	서울 강남구 역삼동	159-1596	012-159-1596	159-1597

Step 02 상단의 메뉴 바에서 [데이터] → [정렬]을 선택한다.

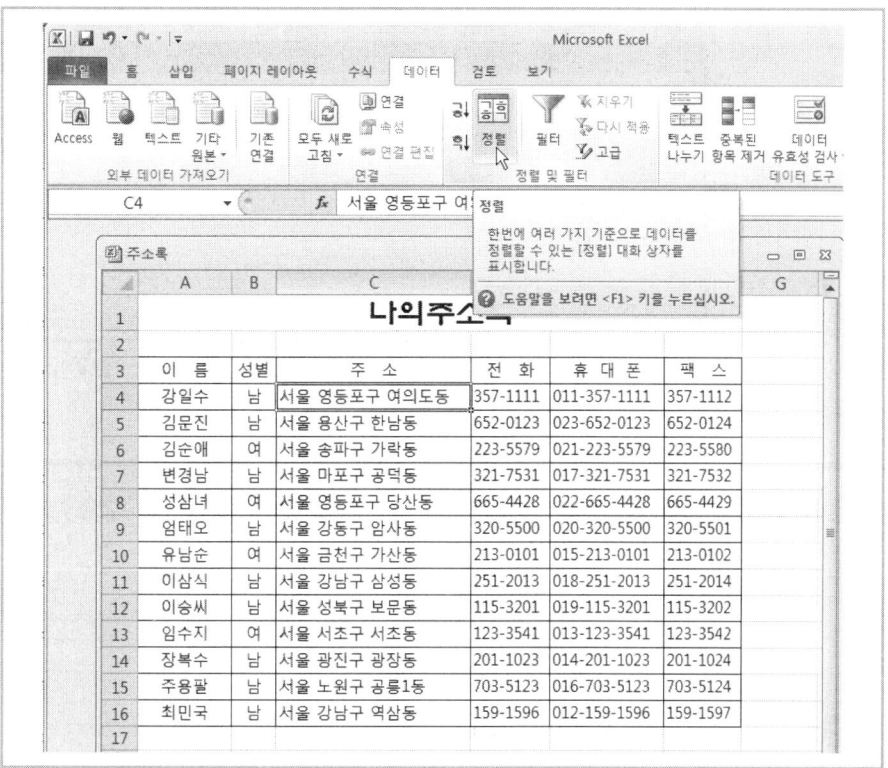

Step 03 [정렬] 대화상자가 표시되면 [열] 정렬기준에 표시되어 있는 [이름]의 오른쪽 탭 버튼을 클릭한다.

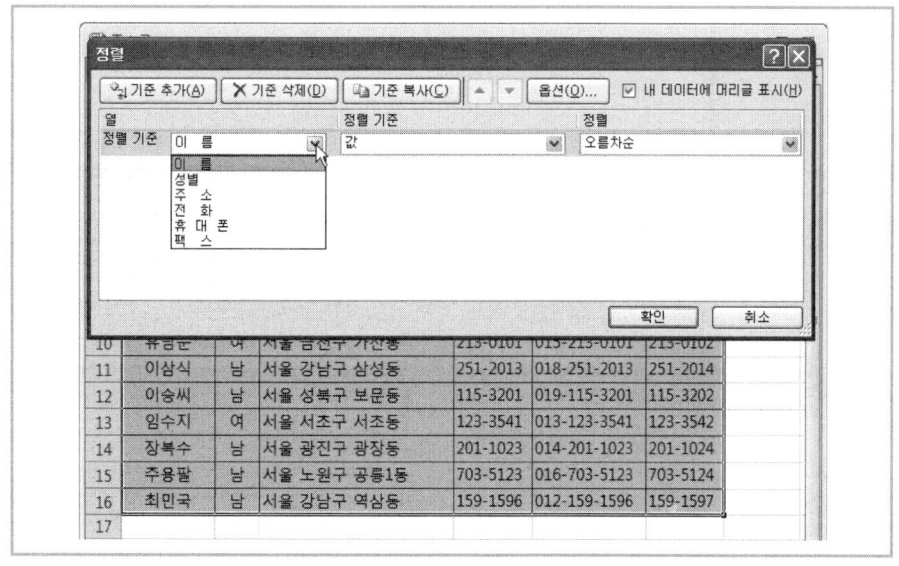

Step 04 항목 목록에서 [성별]을 선택한다.

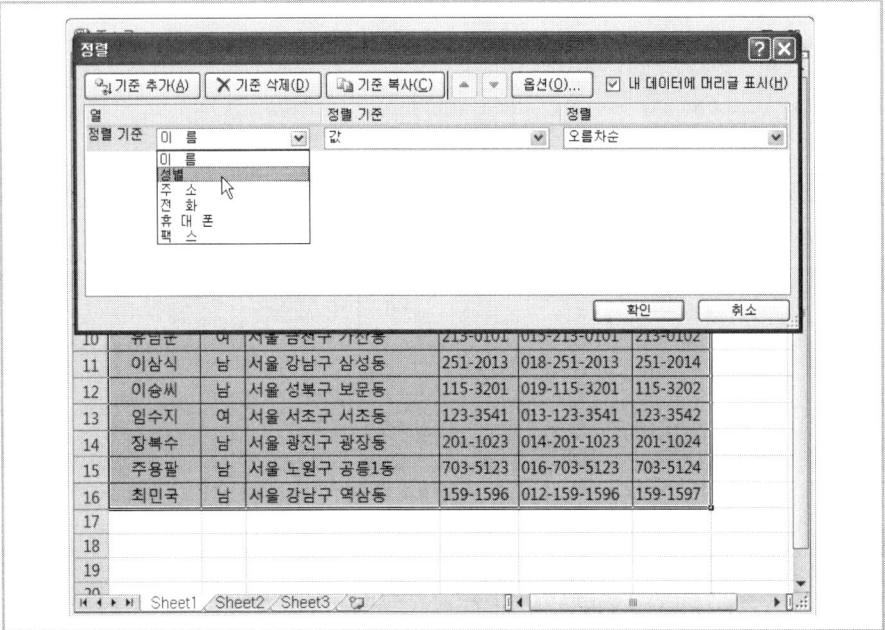

Step 05 두번째 기준을 지정하기 위해 [기준 추가] 버튼을 클릭한다.

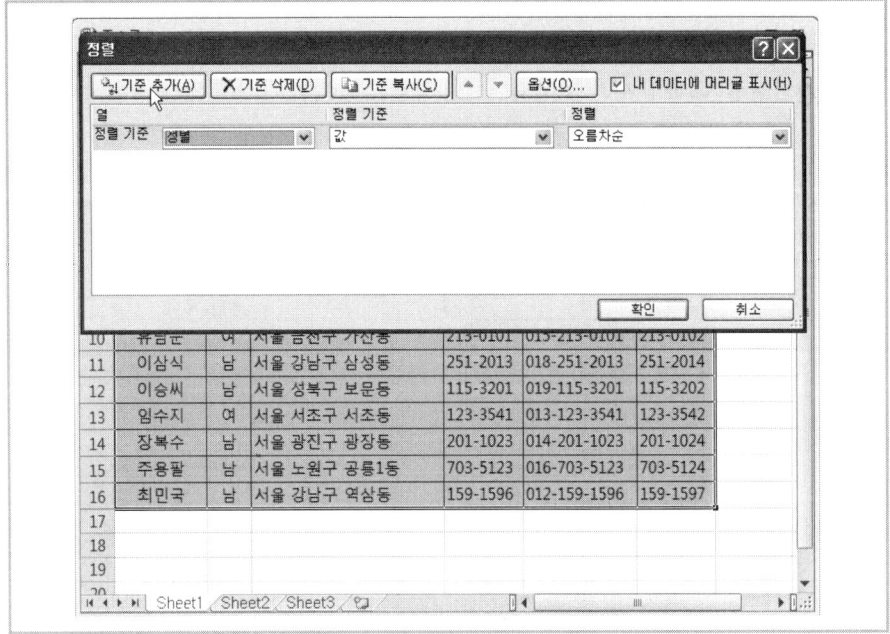

Step 06 다음 기준에서 [이 름]을 선택한 후 [확인] 버튼을 클릭하면 성별에 의해서 구분된 상태에서 사람들의 이름을 기준으로 데이터가 재정렬된다.

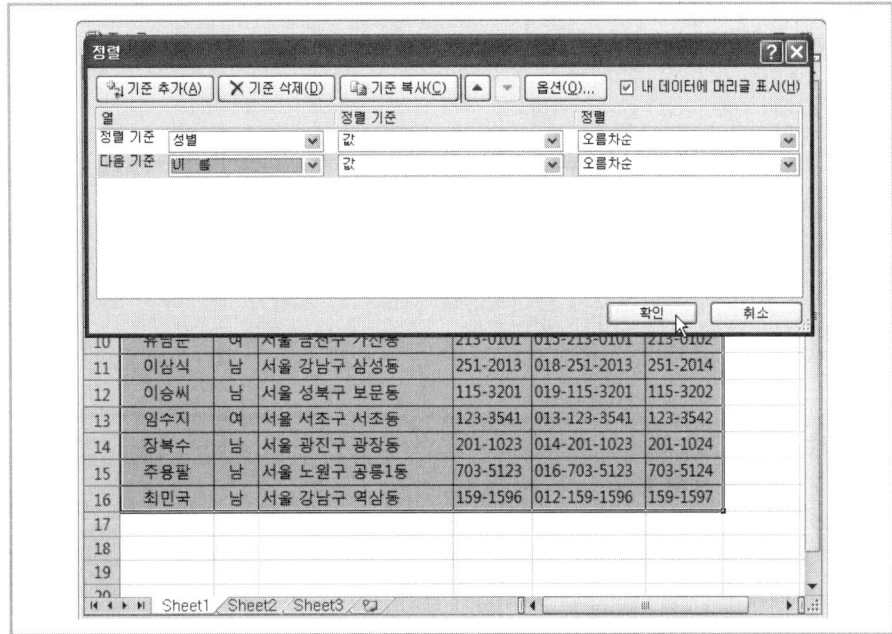

4. 레코드 관리하기

엑셀에서는 좀 더 효과적으로 데이터를 관리할 수 있도록 하기 위해서, 레코드 관리기능을 지원하고 있다. 이 기능을 사용하면 데이터를 좀 더 체계적으로 검색하고 새로운 데이터를 추가하거나 삭제할 수도 있다. 주소록을 사용해서 레코더 관리 기능을 적용해 보자. 우선 엑셀 2010에서는 레코드 관리기능을 기본적인 메뉴로 제공하지 않기 때문에 리본 메뉴에 없는 명령 그룹에서 찾아서 추가한 후 사용해야만 한다.

Step 01 먼저 [빠른 실행 도구 모음 사용자 지정] → [기타 명령]을 차례로 선택해서 Excel 옵션 대화상자를 연다.

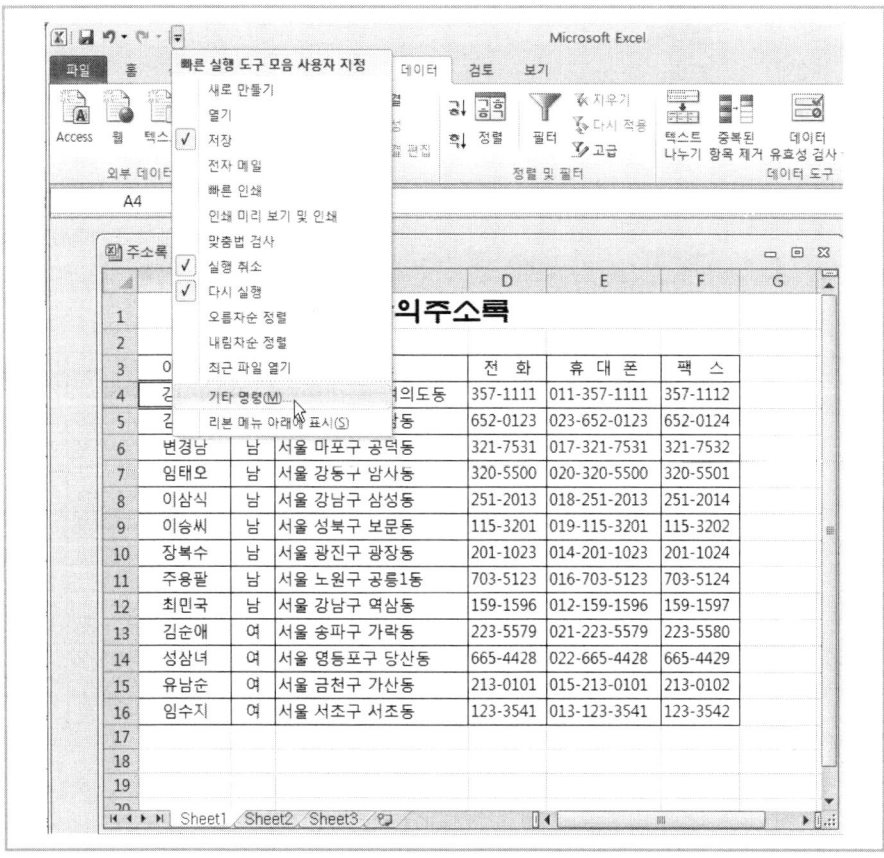

주소록 관리하기 – 데이터 정렬과 검색하기

Step 02 나타나는 Excel 옵션 대화상자에서 [빠른 실행 도구 모음]을 선택하고 [다음에서 명령 선택]에서는 [리본 메뉴에 없는 명령] → [레코드 관리]를 찾아서 선택한 후 [추가] 버튼과 [확인] 버튼을 누른다.

Step 03 다음과 같이 빠른 실행 도구 모음 그룹에 [레코드 관리] 기능 아이콘이 추가되어 나타나는 것을 확인할 수 있다.

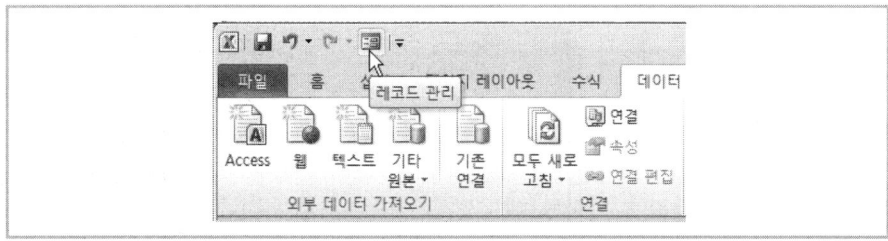

이제 추가되어 있는 레코드 관리 기능을 이용해서 데이터 관리를 해 보도록 한다.

Step 01 주소록이 입력되어 있는 범위 중에서 하나의 셀을 선택한다.

Step 02 빠른 실행 도구 모음 그룹에 [레코드 관리]를 클릭하면 다음 화면처럼 주소록에 입력된 내용과 똑같은 항목 이름과 내용이 표시되는 대화상자가 표시된다.

Step 03 화면에 있는 화살표 단추를 한 번 누를 때마다, 한 칸씩 아래/위쪽의 데이터가 표시된다.

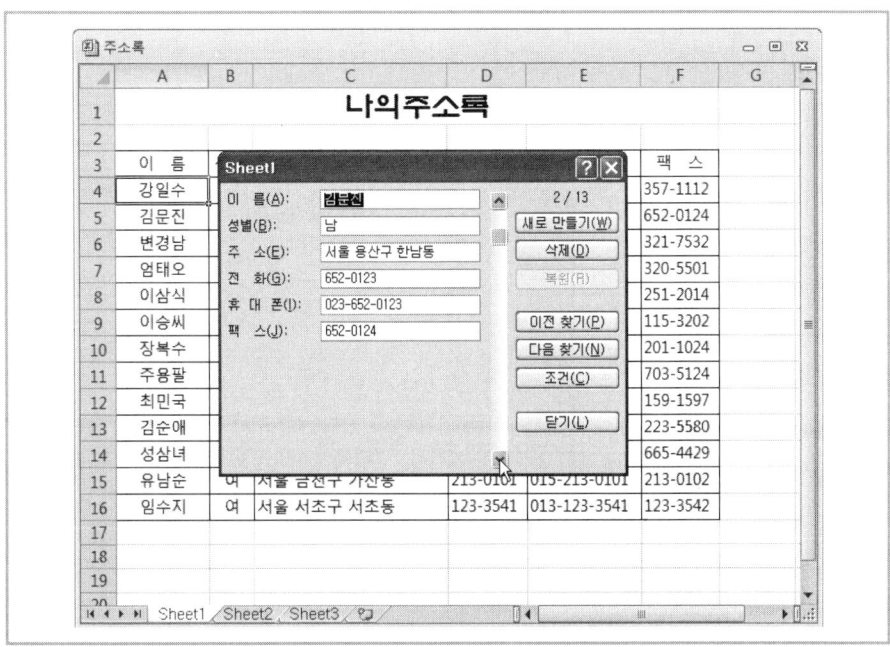

Step 04 특별히 찾고 싶은 내용이 있다면 원하는 데이터만 쉽게 검색하는 기능도 지원되는데, 여기에서는 여자에 대한 데이터를 확인해 보도록 하자. 먼저, [조건] 단추를 누른다.

Step 05 대화상자가 초기화되면 [성별] 입력상자에 [여]라고 입력한 후 대화상자의 [다음 찾기] 단추를 누르면, 여성에 대한 가장 위쪽 데이터가 화면에 표시된다. 다른 여자에 대한 데이터를 확인하려면 [이전 찾기]나 [다음 찾기] 단추를 사용하면 된다.

Step 06 레코드 관리 기능을 사용하면 입력되어 있는 내용만을 확인할 수 있는 것이 아니라, 새로운 데이터를 입력하거나 제거할 수도 있다. 원하는 데이터를 제거하려면, 제거할 데이터를 화면에 표시한 뒤, [삭제] 단추만 누르면 된다. 여기에서는 새로운 데이터를 입력하는 방법에 대해 직접 알아보기 위해, [새로 만들기] 단추를 눌러보자.

Step 07 대화상자가 다시 초기화되면, 다음 화면과 같이 추가할 데이터의 내용을 각 입력상자에 입력한다.

Step 08 대화상자의 [닫기] 단추를 누르면 다음 화면처럼 주소록의 마지막 줄에 새로 입력한 데이터가 추가된다. 이때, 표에 적용되어 있던 서식이 함께 추가되기 때문에, 새로 추가된 사람의 데이터에도 테두리 선이 그려진다.

4. 원하는 데이터만 화면에 표시 설정하기

주소록에 입력되어 있는 사람의 데이터가 100명이 넘는다면 원하는 사람의 데이터를 확인하기 위해서 일일이 찾아보는 것은 굉장히 힘든 일이 될 것이다. 하지만 엑셀에서는 이런 불편을 덜어주기 위해, 두가지 형식의 필터링 기능을 지원한다. 여기에서는 자동 필터라는 기능을 통해 원하는 내용들만 화면에 표시하도록 하는 방법에 대해 알아보자.

Step 01 주소록 데이터가 입력되어 있는 범위 중에서 한 셀을 선택한다.

이 름	성별	주 소	전 화	휴 대 폰	팩 스
강일수	남	서울 영등포구 여의도동	357-1111	011-357-1111	357-1112
김문진	남	서울 용산구 한남동	652-0123	023-652-0123	652-0124
변경남	남	서울 마포구 공덕동	321-7531	017-321-7531	321-7532
엄태오	남	서울 강동구 암사동	320-5500	020-320-5500	320-5501
이삼식	남	서울 강남구 삼성동	251-2013	018-251-2013	251-2014
이승씨	남	서울 성북구 보문동	115-3201	019-115-3201	115-3202
장복수	남	서울 광진구 광장동	201-1023	014-201-1023	201-1024
주용팔	남	서울 노원구 공릉1동	703-5123	016-703-5123	703-5124
최민국	남	서울 강남구 역삼동	159-1596	012-159-1596	159-1597
김순애	여	서울 송파구 가락동	223-5579	021-223-5579	223-5580
성삼녀	여	서울 영등포구 당산동	665-4428	022-665-4428	665-4429
유남순	여	서울 금천구 가산동	213-0101	015-213-0101	213-0102
임수지	여	서울 서초구 서초동	123-3541	013-123-3541	123-3542
추가자	여	인천광역시 남구 가좌동	032-583-	010-123-1234	032-321-

주소록 관리하기 – 데이터 정렬과 검색하기 Chapter 6

Step 02 상단의 메뉴 바에서 [데이터] → [필터]를 선택한다.

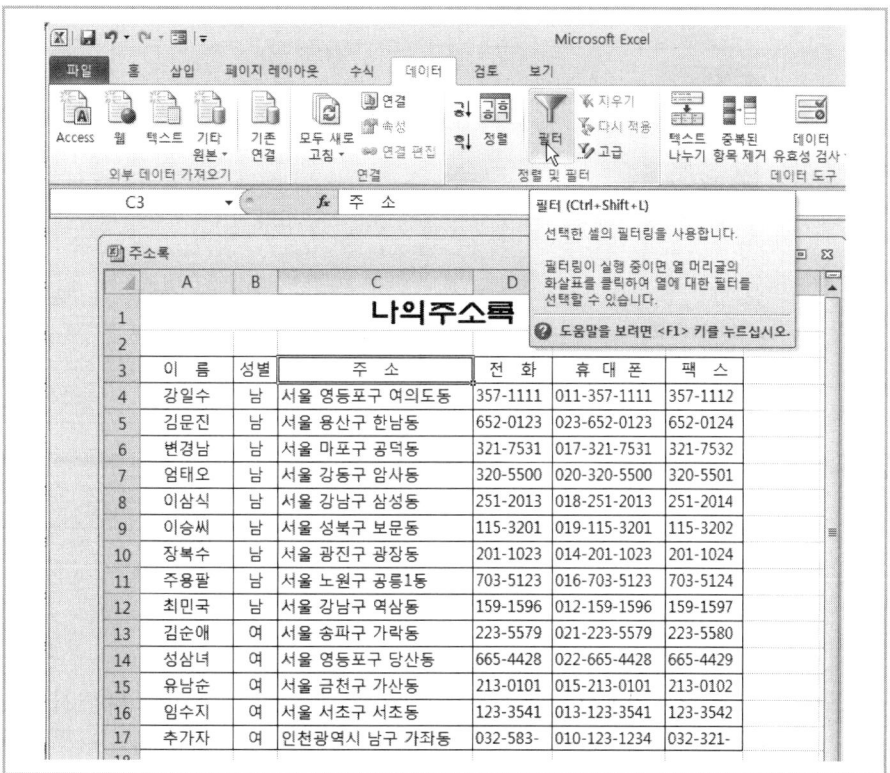

Step 03 다음과 같이 각 항목이름에 작은 목록 단추가 표시되는데, 이 단추를 [자동 필터] 단추라고 부르며, 이 단추를 사용해서 원하는 데이터를 화면에 표시할 수 있다.

255

Step 04 이름 항목에서 [자동 필터] 단추를 누른 뒤, [텍스트 필터]란에 [김순애]를 입력한 후 [확인] 버튼을 클릭해보자.

Step 05 다음과 같이 앞에서 선택한 사람의 데이터만 화면에 표시되고 다른 사람들의 데이터는 화면에서 숨겨진다. 이때, 다른 사람들의 데이터는 화면에서 숨겨지기만 한 것일 뿐 지워진 것은 아니다.

Step 06 다시 이름 항목의 [자동 필터] 단추를 누른 뒤, [모두 선택]을 선택해서 체크표시 한 후 [확인] 버튼을 클릭해 보자.

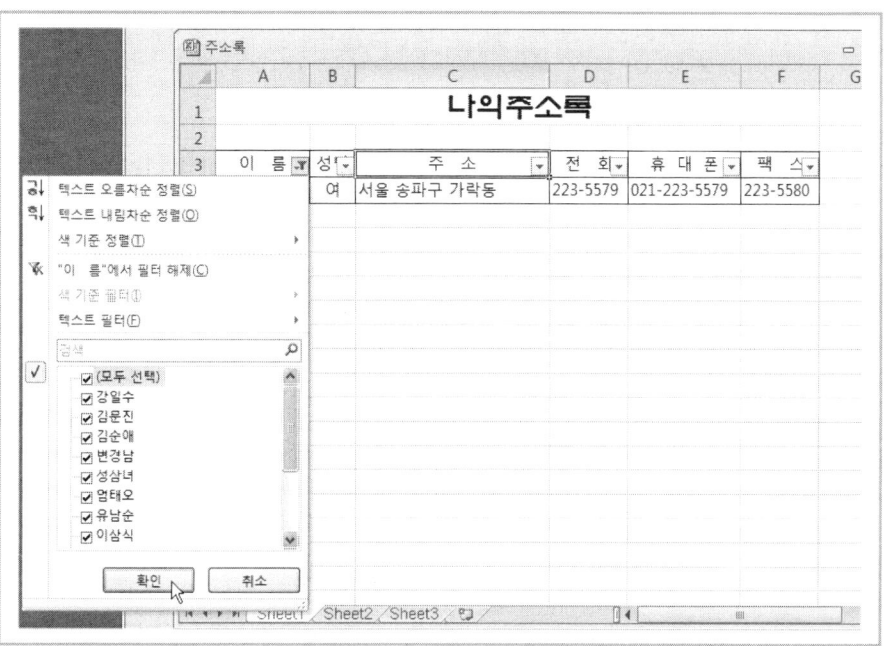

Step 07 다시 전체 데이터가 화면에 표시된다.

이 름	성	주 소	전 화	휴 대 폰	팩 스
강일수	남	서울 영등포구 여의도동	357-1111	011-357-1111	357-1112
김문진	남	서울 용산구 한남동	652-0123	023-652-0123	652-0124
변경남	남	서울 마포구 공덕동	321-7531	017-321-7531	321-7532
엄태오	남	서울 강동구 암사동	320-5500	020-320-5500	320-5501
이삼식	남	서울 강남구 삼성동	251-2013	018-251-2013	251-2014
이승씨	남	서울 성북구 보문동	115-3201	019-115-3201	115-3202
장복수	남	서울 광진구 광장동	201-1023	014-201-1023	201-1024
주용팔	남	서울 노원구 공릉1동	703-5123	016-703-5123	703-5124
최민국	남	서울 강남구 역삼동	159-1596	012-159-1596	159-1597
김순애	여	서울 송파구 가락동	223-5579	021-223-5579	223-5580
성삼녀	여	서울 영등포구 당산동	665-4428	022-665-4428	665-4429
유남순	여	서울 금천구 가산동	213-0101	015-213-0101	213-0102
임수지	여	서울 서초구 서초동	123-3541	013-123-3541	123-3542
추가자	여	인천광역시 남구 가좌동	032-583-	010-123-1234	032-321-

6. 조건을 사용해서 원하는 내용 표시하기

이렇게 한 사람씩 선택해서 원하는 데이터만 표시하는 것이 아니라 사는 동네나 이름의 일부만 입력해서 그 조건에 입력하는 사람에 대한 데이터만 화면에 표시할 수는 없을까?

역시 이 질문에 대한 대답은 [Yes]이다. 엑셀에는 없는 기능이 없다. 이번에는 성이 [이]씨인 사람만 모두 화면에 표시되도록 지정해 보자.

Step 01 이름 항목의 [자동 필터] 단추를 클릭한다.

Step 02 [텍스트 필터] 입력상자에 [이*]이라고 입력하고 [확인] 단추를 누른다.

대표 문자

엑셀의 자동 필터 기능을 사용해서 데이터를 검색할 경우 대표문자라는 것을 사용할 수 있는데, 그 종류와 사용법은 다음과 같다.

★ ? [알 수 없는 한 글자] : 찾고 싶은 내용의 글자 수를 알고 있는 상황에서 찾을 내용의 몇 글자만 알 경우 사용할 수 있는 대표 문자이다. 예를 들어, [문?]라고 입력하면, 문어, 문구와 같이 문으로 시작하고 두 글자로 이루어진 내용들이 검색된다.

★ * [알 수 없는 여러 글자] : 찾고 싶은 내용의 일부만 알고 글자 수는 알 수 없는 경우에 사용할 수 있는 대표 문자이다. 예를 들어 [문*]이라고 입력하면, 문어, 문구, 문구점, 문방사우와 같이 문으로 시작되는 모든 단어들이 검색된다.

Step 03 이 결과 다음과 같이 이씨 성을 지닌 사람의 데이터만 화면에 표시된다.

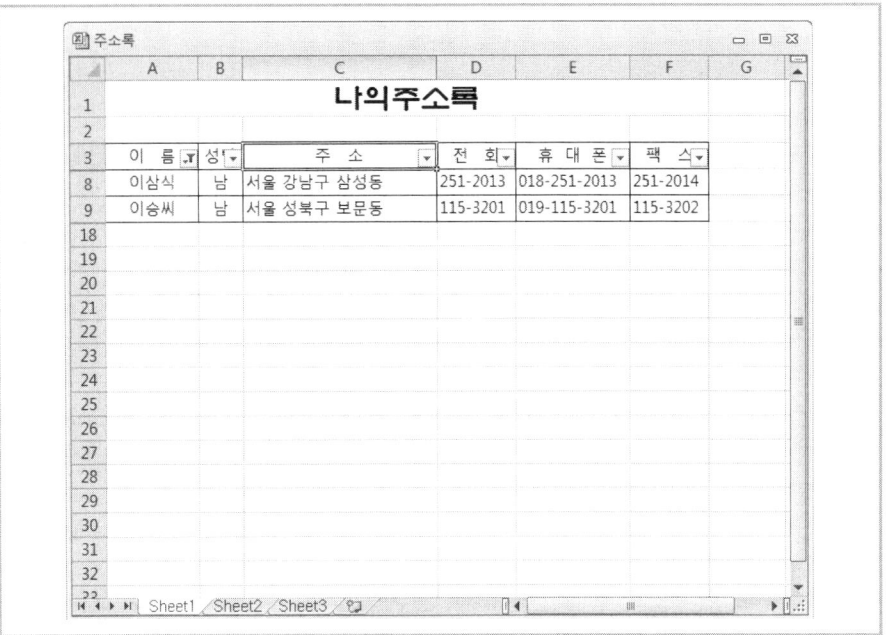

Step 04 필터링 작업이 끝난 뒤에는 항상 [모두 선택]을 체크해서 전체 데이터를 표시하는 습관을 가져야 한다.

Step 05 [자동 필터] 단추를 화면에서 없애기 위해서는 다시 한 번 [데이터] → [필터]를 선택하면 된다.

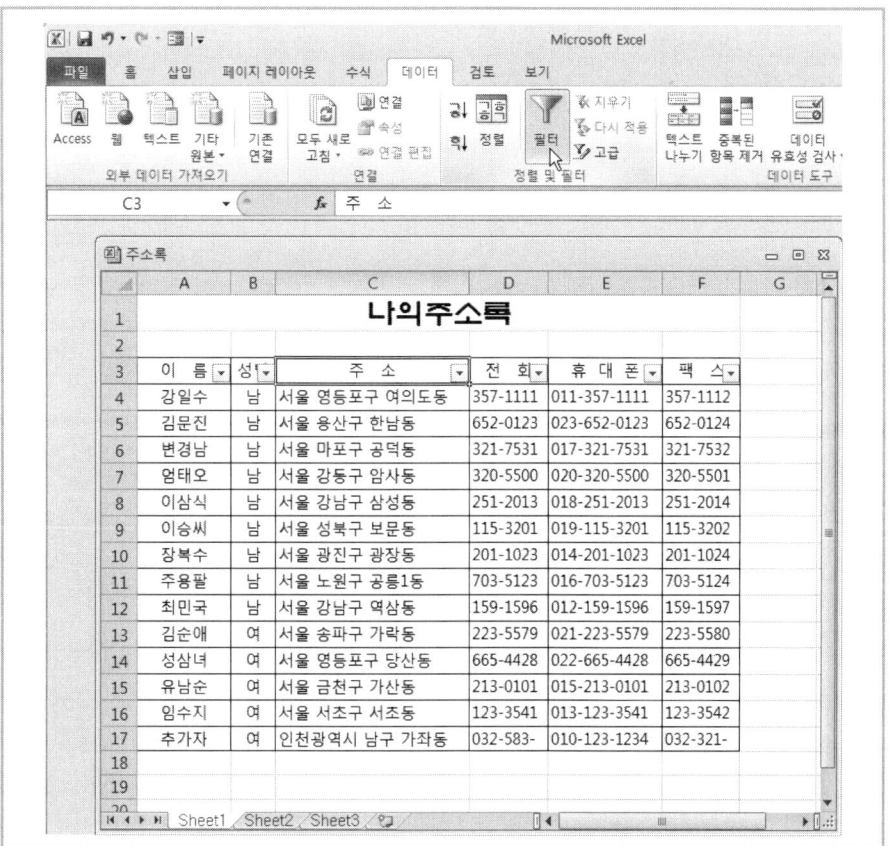

Chapter 7

부록 파일 성적표.xlsx

성적 관리표 만들기
– 함수를 이용한 데이터 관리하기

엑셀에는 함수라는 강력한 기능이 있어서 각종 복잡한 계산 등을 손쉽게 해결할 수 있다.
이번 장에서는 앞에서 만들어 놓았던 성적표를 불러온 뒤 함수 기능을 사용하여 관리에 필요한 항목들을 만들어 보도록 하자.

1. 파일 불러오기와 기본 틀 만들기

성적 관리표를 만들기 전에, 앞에서 작성해 놓았던 성적표 파일을 불러오고, 함수를 사용해서 추가하게 될 항목 틀을 추가하도록 하자.

Step 01 [파일] → [열기]를 차례로 선택한다.

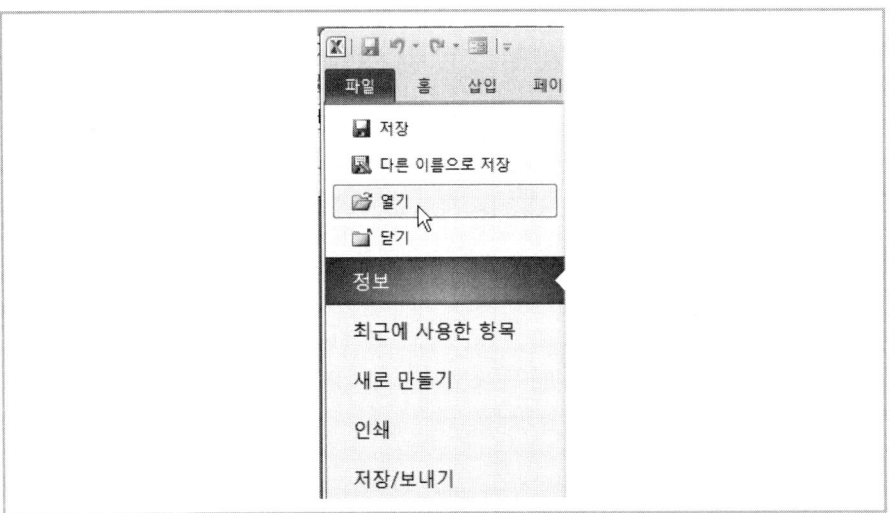

Step 02 [성적표.xls] 파일을 선택하고 [열기] 단추를 누른다.

성적 관리표 만들기 - 함수를 이용한 데이터 관리하기

Step 03
셀 포인터를 [G3]에 위치시킨 후 메뉴에서 [홈] → [삽입] → [시트 열 삽입] 메뉴를 차례로 선택한다.

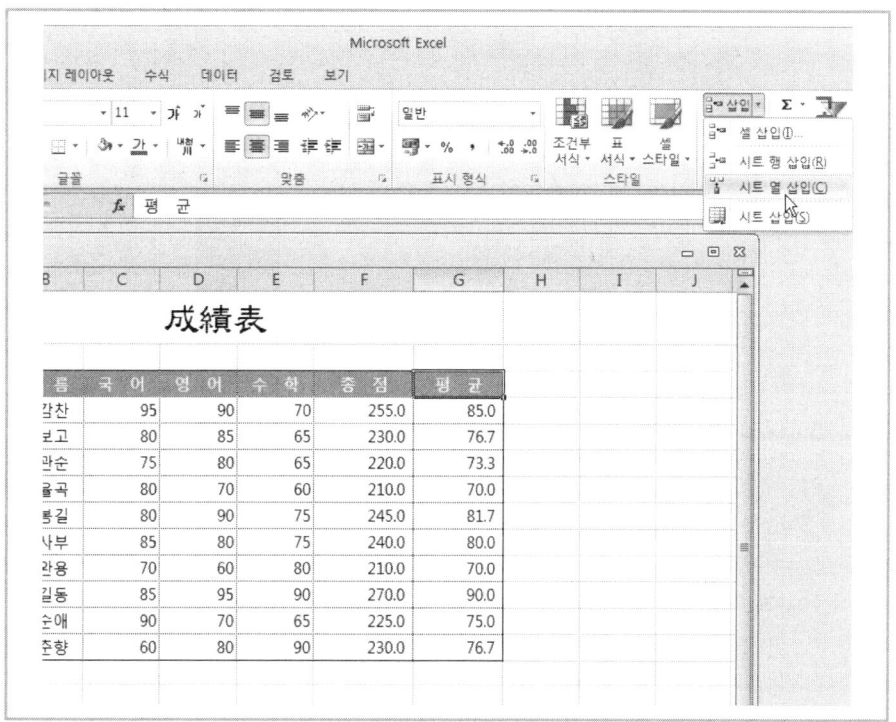

Step 04
새로운 열이 하나 추가되면 다시 키보드의 F4키를 눌러서 다음 화면처럼 두 개의 새로운 열이 추가되도록 한다.

Step 05 평균이 입력되어 있는 [I3]에서 [I13]을 범위로 지정한 후 마우스 오른쪽 버튼을 눌러 나타나는 메뉴에서 [내용 지우기]를 선택해서 입력되어 있는 내용을 모두 지운다.

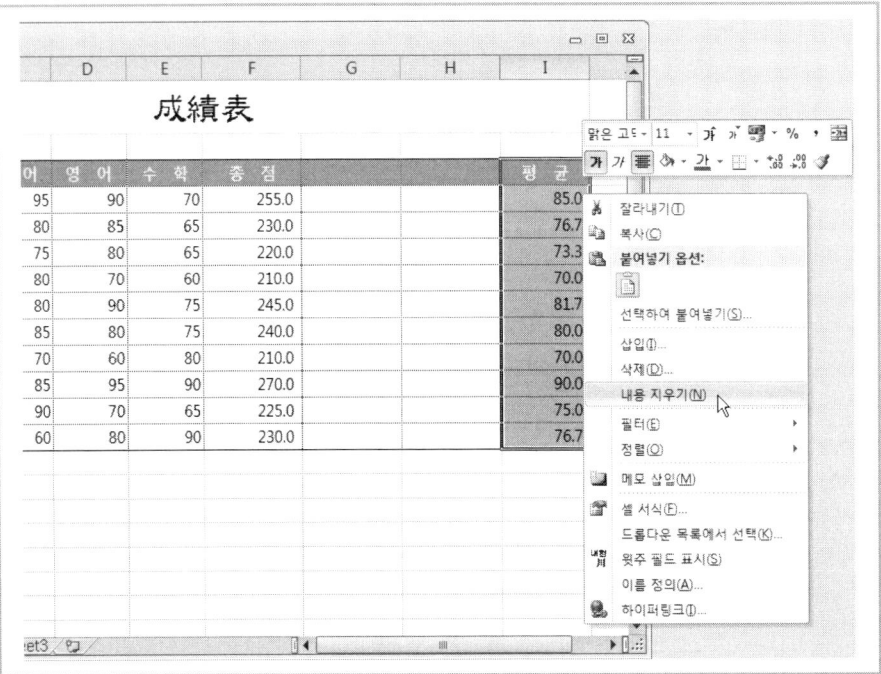

Step 06 다음 화면처럼, 새로운 열의 항목 이름 [평   균], [등   급], [평   가]를 각각 입력한다.

2. 평균값 구하기

이런 성적표에서 평균값을 구하는 방법은 별로 어렵지 않다. 하지만 좀 더 쉬운 방법을 사용할 수 있는데, 굳이 괄호와 여러 개의 연산자들을 사용할 필요는 없지 않겠는가!

이번에는 엑셀의 [AVERAGE] 함수를 사용해서 각 학생의 평균값을 구하는 함수식을 입력해 보자.

참고로 다음은 [AVERAGE] 함수의 사용 형식이다.

[AVERAGE] 함수의 사용 형식

=AVERAGE(평균값을 구할 데이터 범위)

Step 01 함수식은 수식과 거의 같은 방법에 의해서 입력할 수 있다. 여기에서는 먼저, 평균값을 구하는 함수식을 입력할 [G4] 셀을 선택한다.

번호	이름	국어	영어	수학	총점	평균	등급	평가
1번	강감찬	95	90	70	255.0			
2번	장보고	80	85	65	230.0			
3번	유관순	75	80	65	220.0			
4번	이율곡	80	70	60	210.0			
5번	윤봉길	80	90	75	245.0			
6번	이사부	85	80	75	240.0			
7번	이완용	70	60	80	210.0			
8번	홍길동	85	95	90	270.0			
9번	심순애	90	70	65	225.0			
10번	성춘향	60	80	90	230.0			

Step 02 [=AVERAGE()]라고 입력한다.

Step 03 마우스를 사용해서 [C4]에서 [E4] 범위를 드래그 한다. 이때, 드래그 된 셀들의 범위가 함수식에 표시된다.

Step 04 이어서 함수식의 닫는 괄호 [)]를 입력한 후, Enter 키를 누른다.

Step 05 다음 화면과 같이 1번 학생의 평균값이 구해진다. 이때 만약 구해진 평균값이 다음 화면 처럼 왼쪽으로 치우쳐서 표시된다면 셀 포인터를 [G4]에 두고 마우스 오른쪽 버튼을 누른후 [셀 서식]을 선택한다. 이어서 나타나는 셀 서식 대화상자에서 [표시 형식]의 범주는 [숫자] 소수 자릿수는 [1]이어서[맞춤]을 누른 후 텍스트 맞춤 [가로]를 [일반]으로 선택하고 [확인] 버튼을 누른다.

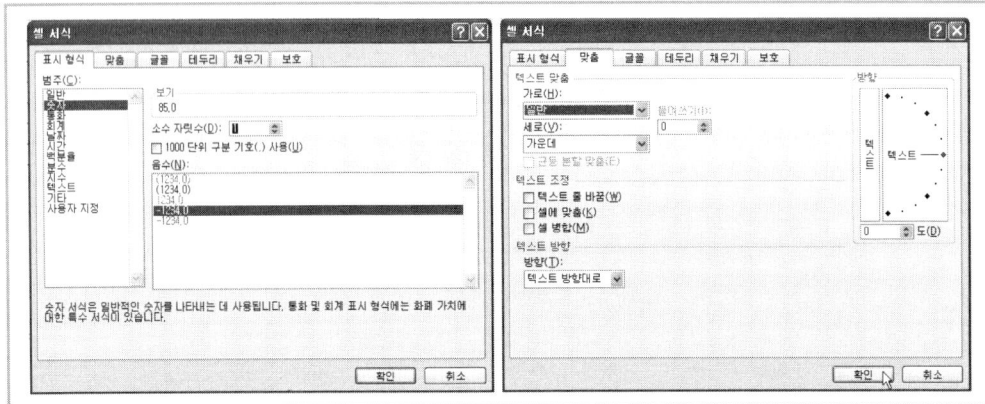

Step 06 함수식을 다른 셀에 자동 복사하되 다음 그림처럼 [서식 없이 채우기]를 선택해서 복사 한다.

3. 반올림 처리하기

화면에 표시된 각 학생들의 평균값을 보면 소수점 이하 자리의 값이 가지각색이다. 이번에는 소수점 이하의 점수를 반올림해서 표시하도록 하는 함수(ROUND)의 사용법에 대해 알아보자.

다음은 [ROUND] 함수의 사용 형식이다.

[ROUND] 함수의 사용 형식

=ROUND(반올림할 값(또는 수식),반올림할 자리수)

이때, 반올림할 자리수는 소수점 첫째 자리 0을 기준으로 사용한다.

Step 01 평균값에 ROUND 함수를 적용할 것이므로, 앞에서 작성한 [AVREAGE] 함수식을 편집해야 한다. 먼저 [G4] 셀을 선택하자.

	A	B	C	D	E	F	G	H	I
1				成績表					
2									
3	번호	이름	국어	영어	수학	총점	평균	등급	평가
4	1번	강감찬	95	90	70	255.0	85.0		
5	2번	장보고	80	85	65	230.0	76.7		
6	3번	유관순	75	80	65	220.0	73.3		
7	4번	이율곡	80	70	60	210.0	70.0		
8	5번	윤봉길	80	90	75	245.0	81.7		
9	6번	이사부	85	80	75	240.0	80.0		
10	7번	이완용	70	60	80	210.0	70.0		
11	8번	홍길동	85	95	90	270.0	90.0		
12	9번	심순애	90	70	65	225.0	75.0		
13	10번	성춘향	60	80	90	230.0	76.7		

Step 02 [G4] 셀을 더블클릭한 뒤, 마우스 커서를 등호(=)의 뒤쪽에 위치시킨다.

Step 03 [ROUND]라고 입력한 뒤에 두개의 괄호[((]를 연다.

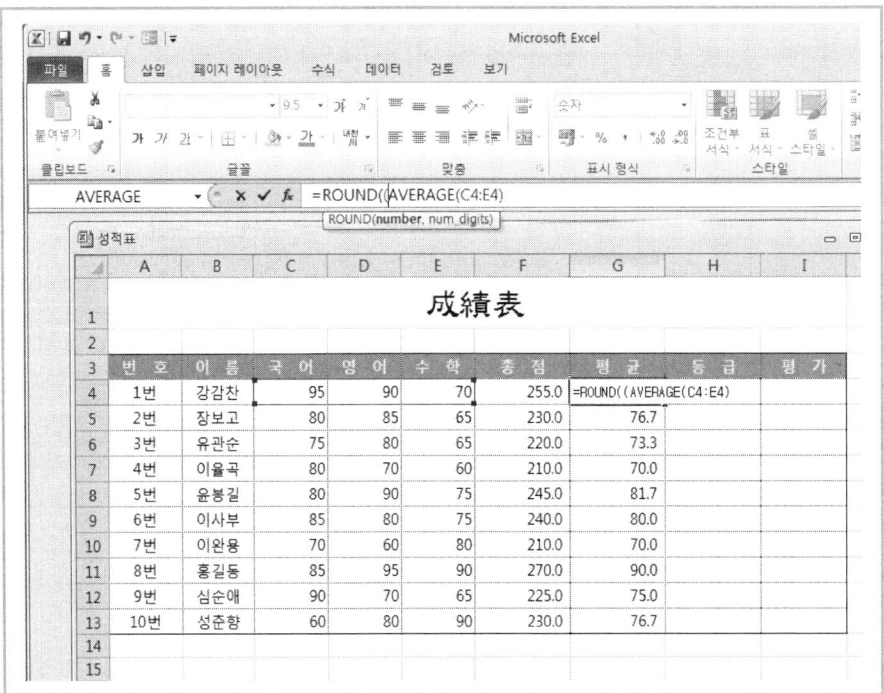

Step 04 함수식의 마지막 부분에 커서를 위치시키고 하나의 괄호를 닫은[)] 뒤, 콤마 표시를 하고 [0]을 입력한 다음 다시 괄호를 닫아서[)] 함수식의 작성을 마친다. 이때 완성된 함수식의 내용은 [=ROUND((AVERAGE(C4:E4)),0)]이다.

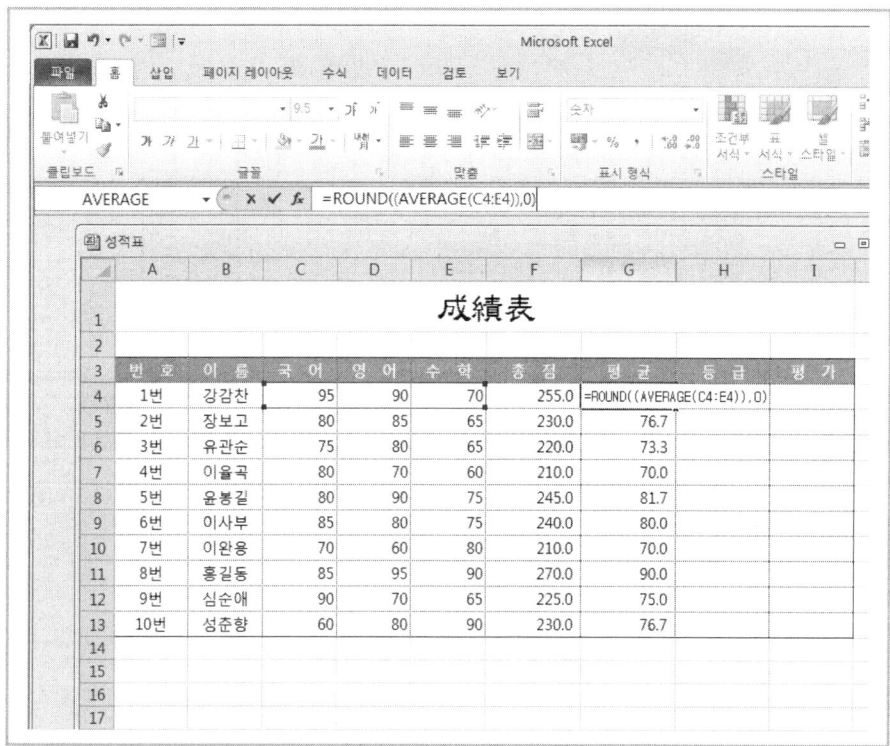

Step 05 키보드의 [Enter↵]키를 눌러서 입력한 함수식을 등록한다.

Step 06 함수식을 다른 셀에 자동 복사하되 다음 그림처럼 [서식 없이 채우기]를 선택해서 복사 한 후, 모든 평균값이 소수점 첫번째 자리에서 반올림되는지 확인하자.

4. 등급 매기기

이번에는 앞에서 구해진 평균값을 기준으로 해서 각 학생의 등급을 구하는 방법에 대해 알아보도록 하자.

여기에서 다루게 될 함수의 이름은 [VLOOKUP]인데, 이 함수는 앞에서 다룬 함수들보다는 사용법이 복잡하다. 엑셀에서는 이렇게 복잡한 형식의 함수를 좀 더 쉽게 사용할 수 있도록 하기 위해서 함수 마법사라는 것을 준비해 두고 있는데, 이번에는 이 함수 마법사를 사용해서 각 학생들의 등급을 자동으로 구하는 함수식을 입력해 보도록 하자.

[VLOOKUP] 함수의 사용형식

=VLOOKUP(찾을 값, 조건표 범위, 검색 후 표시할 내용이 있는 열번호, 검색형식)

[VLOOKUP] 함수식 입력하기

Step 01 여기에서 사용할 [VLOOKUP] 함수를 사용하려면 먼저 조건표를 만들어 주어야 한다. 여기에서는 다음 화면처럼 [M3]에서 [N7] 범위에 조건표를 만든다.

	B	C	D	E	F	G	H	I	J
1				成績表					
2									
3	이름	국어	영어	수학	총점	평균	등급	평가	
4	강감찬	95	90	70	255.0	85.0			
5	장보고	80	85	65	230.0	76.7			
6	유관순	75	80	65	220.0	73.3			
7	이율곡	80	70	60	210.0	70.0			
8	윤봉길	80	90	75	245.0	81.7			
9	이사부	85	80	75	240.0	80.0			
10	이완용	70	60	80	210.0	70.0			
11	홍길동	85	95	90	270.0	90.0			
12	심순애	90	70	65	225.0	75.0			
13	성춘향	60	80	90	230.0	76.7			
14									
15									

Step 02 함수식을 입력할 [H4] 셀을 선택한다.

Step 03 리본 메뉴의 [수식] 도구모음의 [함수 삽입]을 차례로 선택한다.

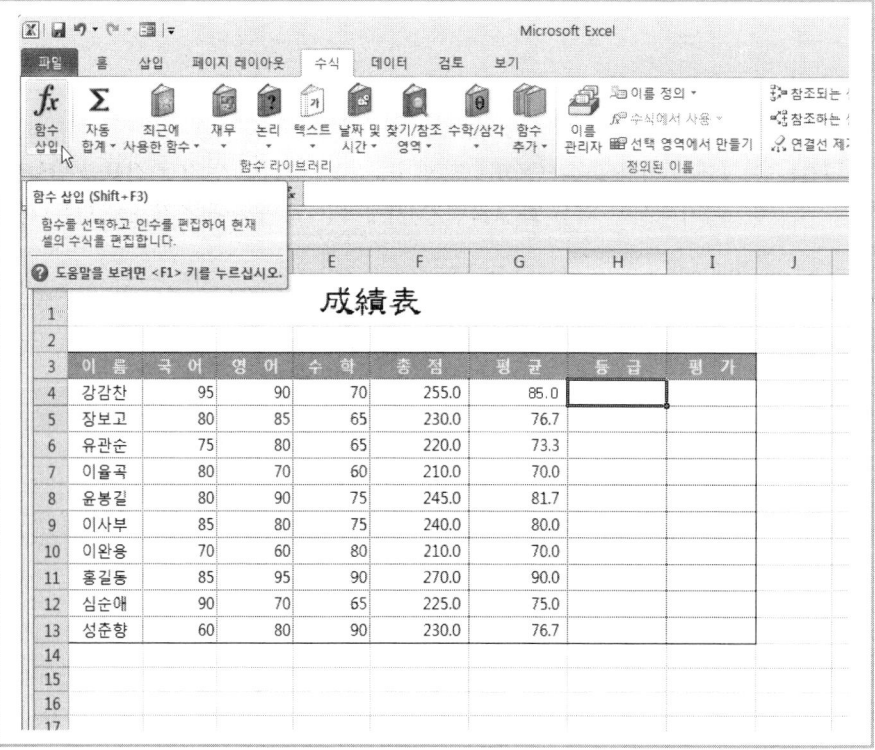

Step 04 [함수 마법사] 대화상자가 표시되면, 함수 선택 상자에서 [VLOOKUP]을 선택한 후 [확인] 버튼을 누른다.

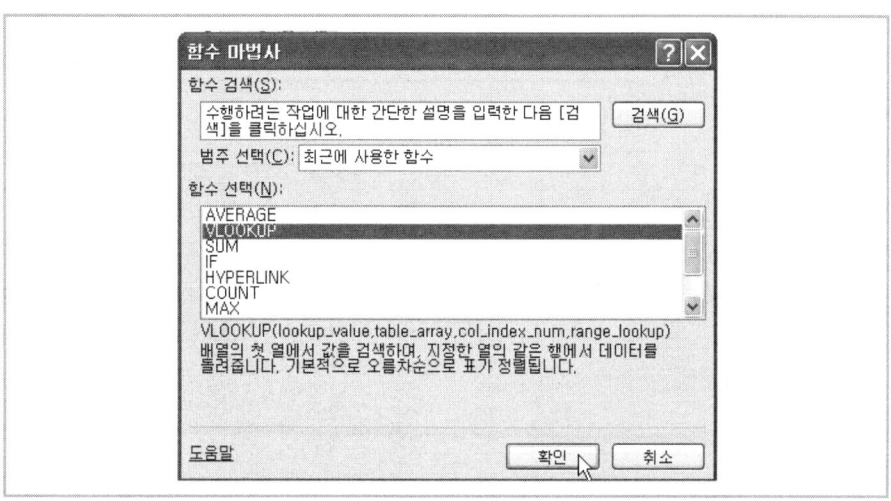

Step 05 다음 화면처럼 [VLOOKUP] 함수를 작성하는데 필요한 구성 요소들의 입력상자가 표시되는데 먼저, [Lookup_Value] 입력상자의 데이터 연결 단추를 누른다.

Step 06 마우스로 [G4] 셀을 선택한 뒤에 다시 [데이터 연결] 단추를 누른다.

Step 07 이번에는 [Table_Array] 입력상자의 [데이터 연결] 단추를 누른다.

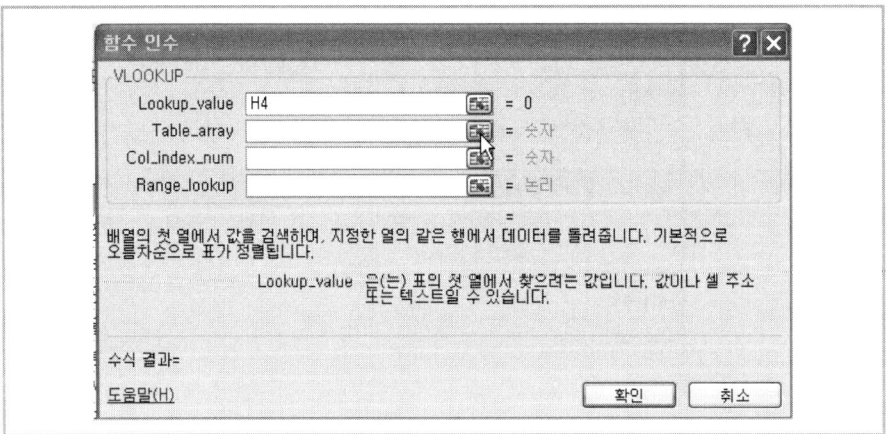

Step 08
앞에서 만들어 놓았던 조건표 범위 [M3:N7]을 지정하고, 다시 [데이터 연결] 단추를 누른다.

Step 09
다음 화면과 같이 나머지 두개의 입력상자에 각각 [2]와 [TRUE]를 입력하고, [확인] 버튼을 누른다.

Step 10 1번 학생의 등급에 해당하는 [우]가 [H4] 셀에 표시된다.

[VLOOKUP] 함수의 검색 형식

[VLOOKUP] 함수는 다음과 같이 두 가지 형식에 의해서 데이터를 원하는 데이터를 검색해서 표시할 수 있다.

★ **정확한 값 찾기** : [Range_Lookup]의 값을 [False]라고 입력하면 조건표에서 정확한 값을 찾아 그에 대응되는 값을 표시해 준다.

★ **비슷한 값 찾기** : [Range_Lookup]의 값을 [True]로 입력하면, 지정한 값과 비슷한 값을 조건표에서 검색하고, 그에 대응되는 값을 표시해 준다. 따라서 여기에서는 일정 범위에 같은 등급을 표시할 수 있는 [True]를 사용하였다.

[VLOOKUP] 함수식 복사하기

마음이 급한 사용자가 앞에서 만든 [VLOOKUP] 함수식을 자동 채우기 했다면, 뭔가 이상하다는 것을 느꼈을 것이다(무슨 얘긴지 알고 싶다면 한번 시험해 봐도 좋다).

지금까지 다룬 셀의 주소 형식은 모두 상대 주소이기 때문에, 이런 주소의 내용은 자동 채우기를 할 경우 이동된 셀의 거리만큼 수식에 입력되어 있는 셀들의 주소도 함께 증가하게 된다. 하지만 앞에서 작성해 놓은 조건표 만큼은 함수식이 입력되는 위치가 변하더라도 그대로 유지되어야 하므로 이 부분에는 절대 주소 형식을 적용해 주어야 한다.

상대주소와 절대주소

★ **상대주소** : 지금까지 사용한 것처럼, 해당 셀의 행/열 머리글을 연속해서 읽는 형식의 주소. 수식의 위치가 이동하면 주소값도 함께 변화한다.
예) F25

★ **절대주소** : 해당 셀의 각 행/열 머리글 앞쪽에 $표시를 해서 나타내는 형식의 주소. 수식의 위치가 이동해도 주소값이 변하지 않는다.
예) $F$25

Step 01 [H4] 셀을 더블클릭한 뒤, 다음 화면처럼 함수식의 [M]자 앞에 커서를 위치시킨다.

Step 02 다음과 같이 조건표의 범위 주소에 해당하는 각 주소에 [$] 표시를 붙인다.
완성된 함수식은 =VLOOKUP(G4,$M$3:$N$7,2,TRUE) 이다.

이름	국어	영어	수학	총점	평균	등급	평가
강감찬	95	90	70	255.0	85.0	=VLOOKUP(G4,$M$3:$N$7,2,TRUE)	
장보고	80	85	65	230.0	76.7		
유관순	75	80	65	220.0	73.3		
이율곡	80	70	60	210.0	70.0		
윤봉길	80	90	75	245.0	81.7		
이사부	85	80	75	240.0	80.0		
이완용	70	60	80	210.0	70.0		
홍길동	85	95	90	270.0	90.0		
심순애	90	70	65	225.0	75.0		
성춘향	60	80	90	230.0	76.7		

Step 03 키보드의 Enter 키를 누르면 1번 학생의 점수에 해당하는 등급이 다시 표시된다.

이름	국어	영어	수학	총점	평균	등급	평가
강감찬	95	90	70	255.0	85.0	우	
장보고	80	85	65	230.0	76.7		
유관순	75	80	65	220.0	73.3		
이율곡	80	70	60	210.0	70.0		
윤봉길	80	90	75	245.0	81.7		
이사부	85	80	75	240.0	80.0		
이완용	70	60	80	210.0	70.0		
홍길동	85	95	90	270.0	90.0		
심순애	90	70	65	225.0	75.0		
성춘향	60	80	90	230.0	76.7		

성적 관리표 만들기 – 함수를 이용한 데이터 관리하기

Step 04 이제, 이 함수식을 복사하되 서식 없이 자동 채우기를 한다.

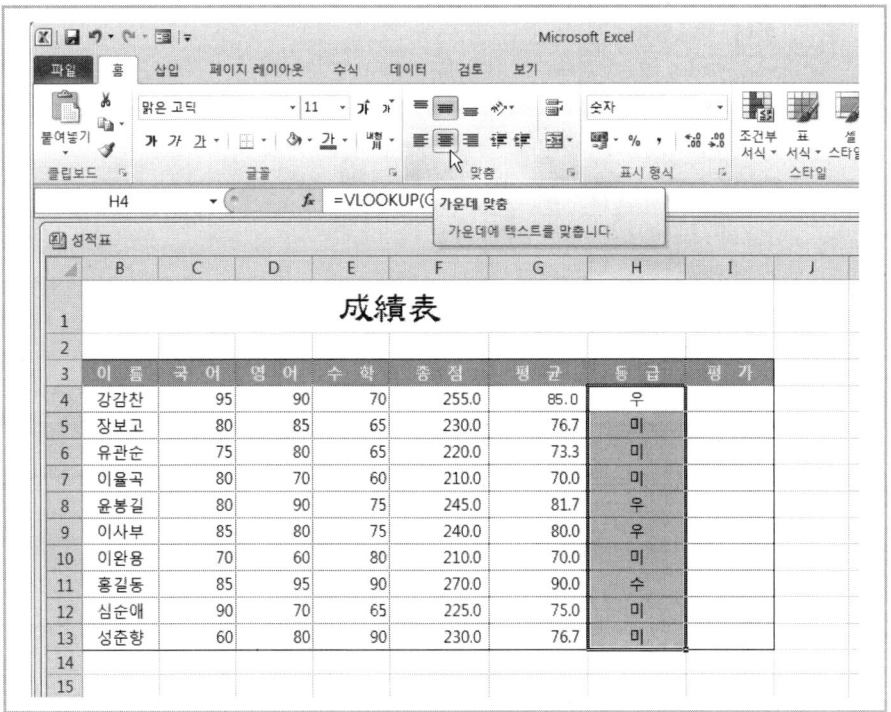

Step 05 각 등급이 입력되어 있는 범위에 [홈] → [가운데 맞춤] 형식을 적용한다.

5. 합격 여부 지정하기

　엑셀에서는 [IF]라는 함수를 지원하는데, 이 함수를 사용하면 조건에 따라서 사용자가 필요로 하는 내용이 화면에 표시되도록 할 수 있다.

　예를 들어, 평균이 [80]점 이상인 학생은 [합격]이고 [80]점 미만인 학생은 [불합격] 처리를 하려고 한다면, [IF] 함수를 사용해서 간단하게 처리할 수 있다.

　다음은 [IF] 함수의 사용 형식이다.

[IF] 함수의 사용 형식

=IF(조건식, 조건식 만족시 표시할 내용, 조건식을 만족하지 않을 때 표시할 내용)

Step 01 함수식을 입력할 [I4] 셀을 선택한 후, 리본 메뉴의 [수식] → [함수 삽입]을 차례로 선택한다.

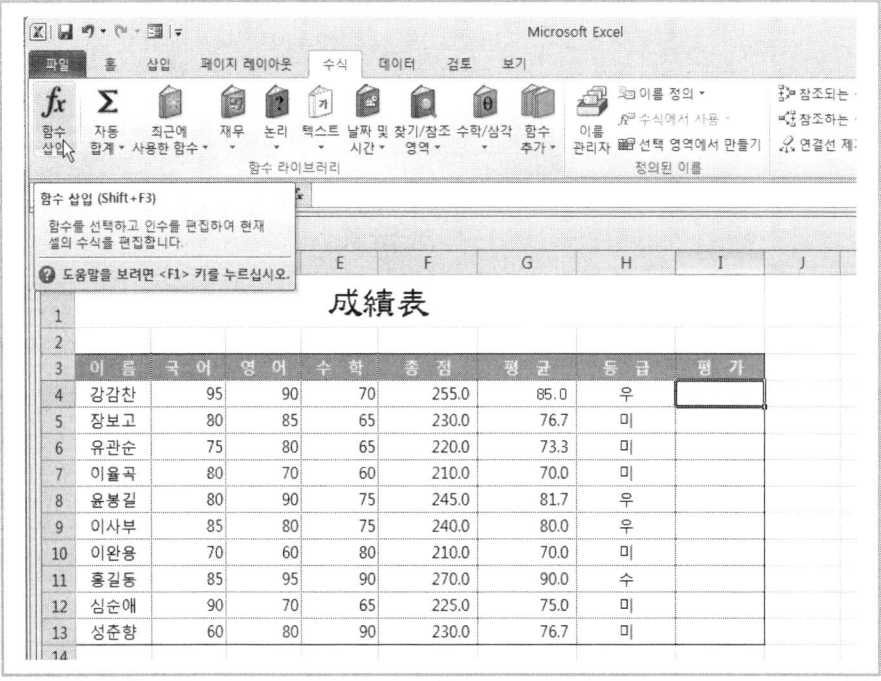

Step 02 함수 마법사의 함수 선택에서 [IF] 함수를 선택하고 [확인] 단추를 누른다.

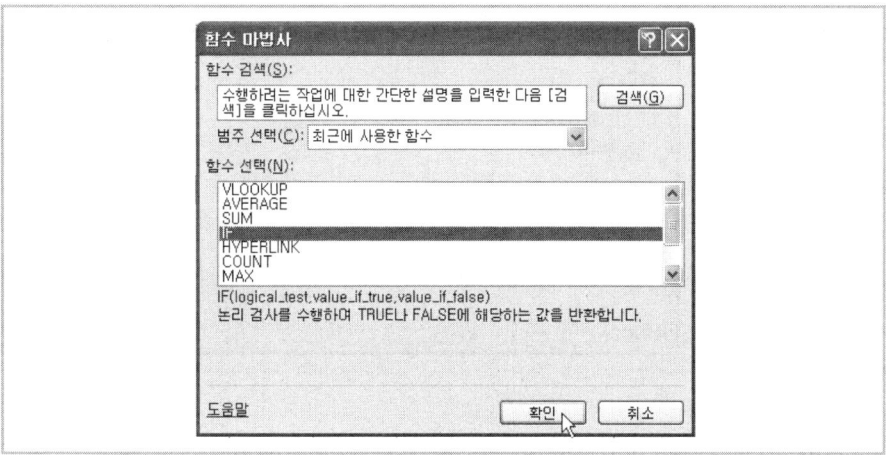

Step 03 [Logical_test] 입력상자의 [데이터 연결] 단추를 누른다.

Step 04 [G4] 셀을 선택하고 다시 [데이터 연결] 단추를 누른다.

Step 05 [Logical_test] 입력상자에 [>80]이란 내용을 추가한다.

Step 06 나머지 두개의 입력상자에 각각 ["합격"]과 ["불합격"]이라고 입력하고 [확인] 단추를 누른다.

Step 07 다음과 같이 1번 학생의 합격 여부가 표시된다.

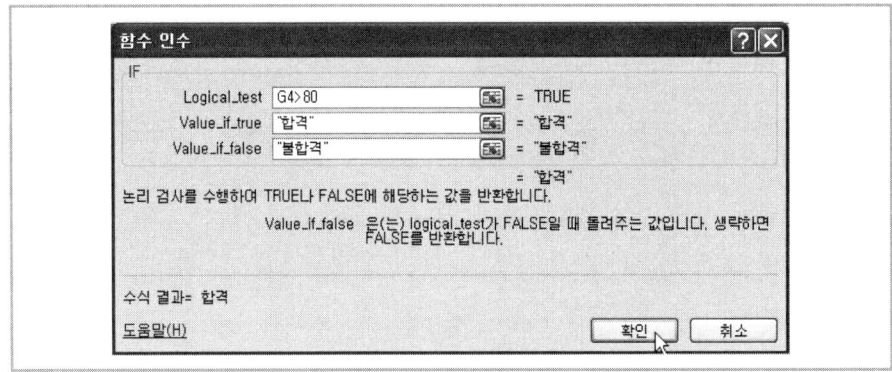

Step 08 이제, 이 함수식을 복사하되 서식 없이 자동 채우기를 한다.

6. 석차 구하기

엑셀에서는 학생들의 성적표를 처리하고자 할 때 석차를 쉽게 구할 수 있도록 하기 위해서 [RANK]라는 함수를 준비해 두고 있다. 이번에는 이 함수를 사용해서 각 학생들의 석차를 구해 보도록 하자.

다음은 [RANK] 함수의 사용 형식이다.

[RANK] 함수의 사용 형식

=RANK(순위를 구할 값, 전체 범위, 순위 지정 형식)

여기에서 순위 지정 형식은 내림차순과 올림차순으로 구분된다.

Step 01 석차를 표시할 항목을 만들기 위해 [I3] 셀을 선택한다.

	B	C	D	E	F	G	H	I	J
1				成績表					
3	이름	국어	영어	수학	총점	평균	등급	평가	
4	강감찬	95	90	70	255.0	85.0	우	합격	
5	장보고	80	85	65	230.0	76.7	미	불합격	
6	유관순	75	80	65	220.0	73.3	미	불합격	
7	이율곡	80	70	60	210.0	70.0	미	불합격	
8	윤봉길	80	90	75	245.0	81.7	우	합격	
9	이사부	85	80	75	240.0	80.0	우	불합격	
10	이완용	70	60	80	210.0	70.0	미	불합격	
11	홍길동	85	95	90	270.0	90.0	수	합격	
12	심순애	90	70	65	225.0	75.0	미	불합격	
13	성춘향	60	80	90	230.0	76.7	미	불합격	

Step 02 메뉴 바에서 [홈] → [삽입] → [시트 열 삽입]을 차례로 선택한다.

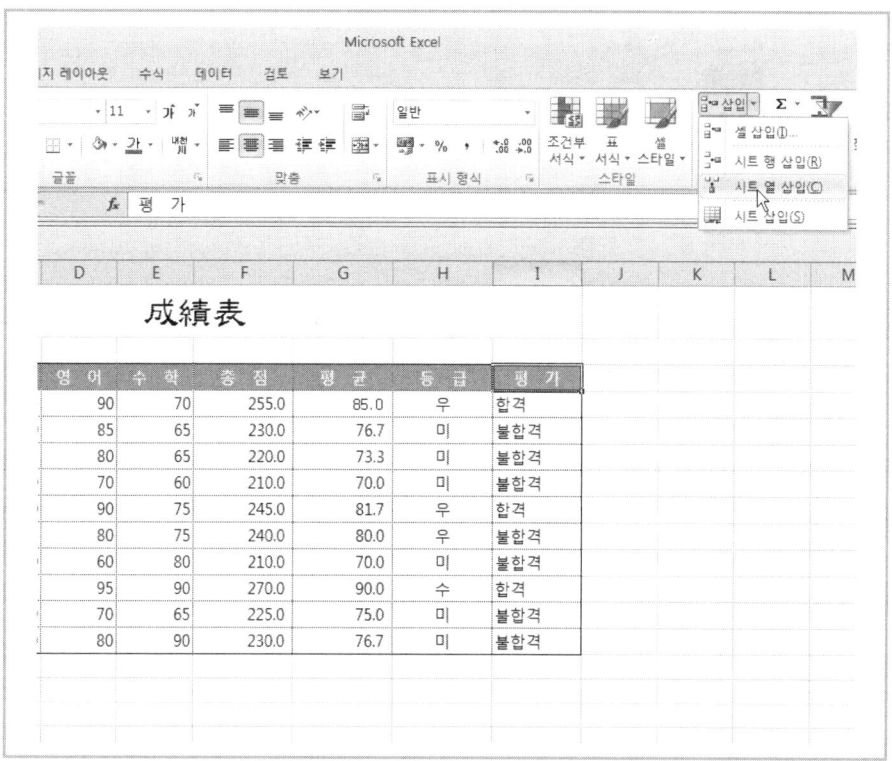

Step 03 새로운 항목 열이 삽입되면 다음 화면처럼 [석　차]라는 항목 이름을 입력한다.

Step 04 [I4] 셀을 선택하고, [수식] → [함수 삽입]을 차례로 선택한다.

Step 05 [함수 마법사] 대화상자가 표시되면 범주 선택에서 [모두]를, 함수 선택에서 [RANK]를 선택하고, [확인] 단추를 누른다.

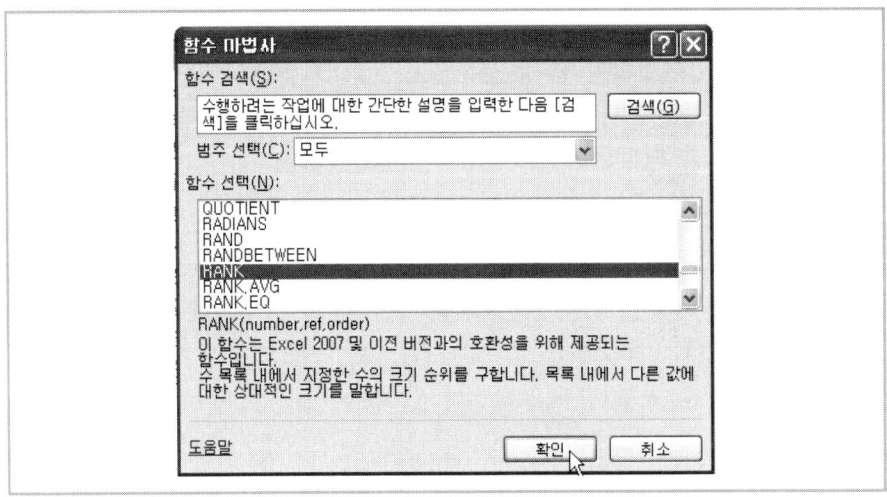

Step 06 [Number] 입력상자의 [데이터 연결] 단추를 누른다.

Step 07 평균이 입력되어 있는 [G4] 셀을 선택하고, 다시 [데이터 연결] 단추를 누른다.

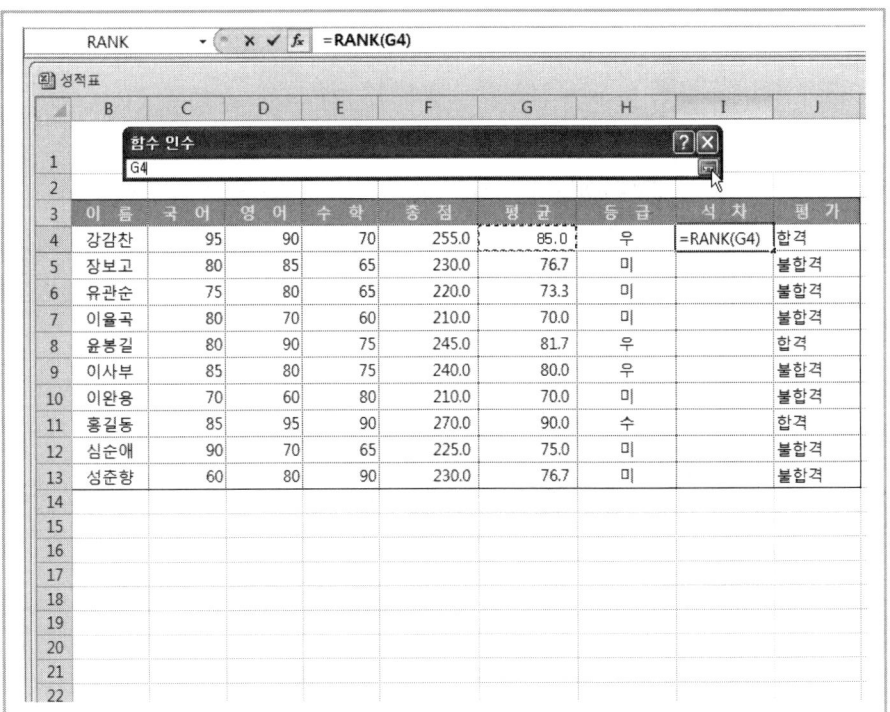

Step 08 이번에는 [Ref] 입력상자의 [데이터 연결] 단추를 누른다.

Step 09 평균값이 입력되어 있는 범위 [G4]~[G13]를 지정하고 다시 [데이터 연결] 단추를 누른다.

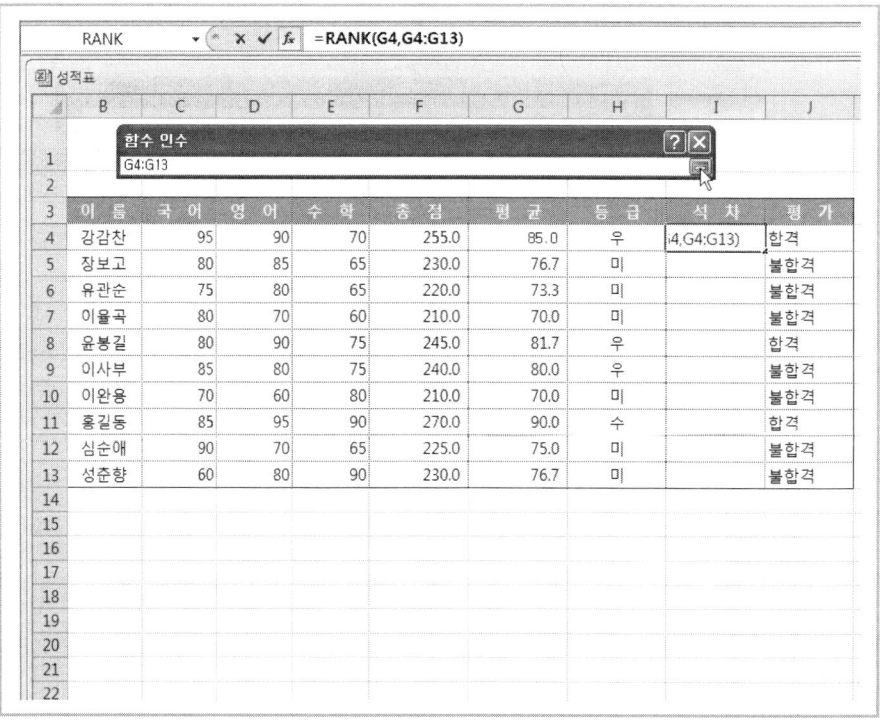

Step 10
[Order] 입력상자에 [0]을 입력하고 [확인] 단추를 누른다.

Step 11
1번 학생의 석차가 표시된다.

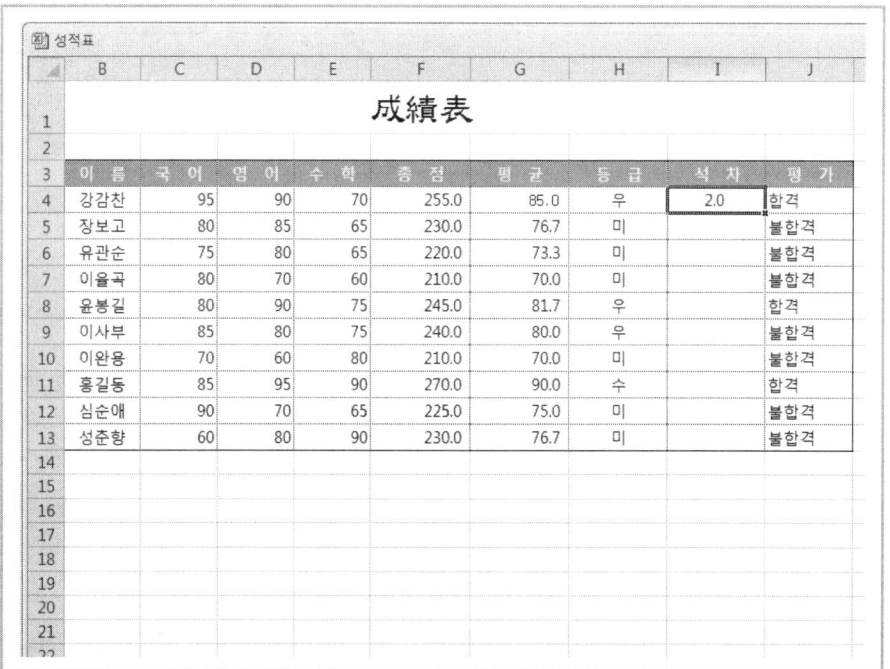

Step 12 석차 역시 전체 데이터 범위가 상대 주소로 지정되어 있다. 먼저 [I4]셀을 더블클릭한 후, 범위 주소의 내용을 [$G$4:$G$13]로 변경한 뒤 키보드의 Enter 키를 누르고, 이어서 자동 채우기를 실행한다.

Step 13 석차가 입력되어 있는 범위의 소수점 이하 자릿수를 줄인다.

7. 합격자와 불합격자 수 구하기

이번에는 [COUNTIF] 함수를 사용해서 합격자와 불합격자의 숫자를 각각 구해보도록 하자.

Step 01 다음 화면처럼 합격자와 불합격자의 인원이 표시될 표를 작성한다.

Step 02 [B15] 셀을 선택한 후 [수식] → [함수 삽입]을 차례로 선택한다.

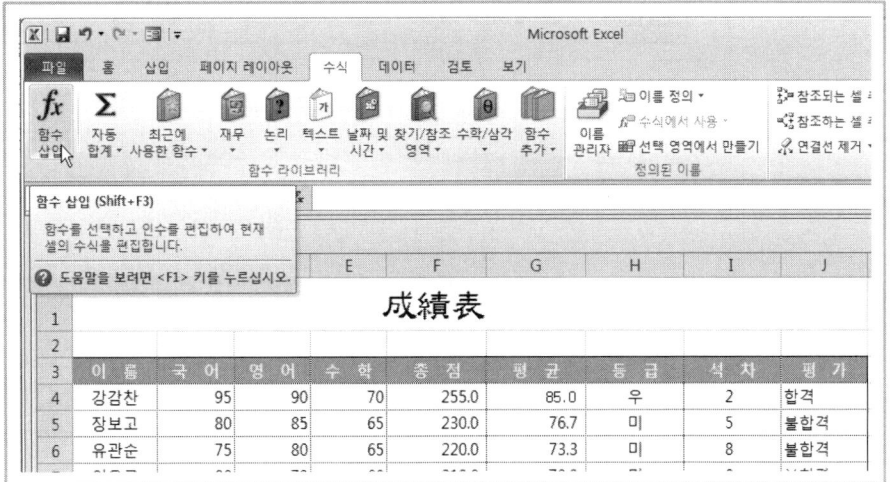

Step 03 [함수 마법사] 대화상자가 표시되면 범주 선택에서 [모두]를 함수 선택에서 [COUNTIF]를 선택하고, [확인] 단추를 누른다.

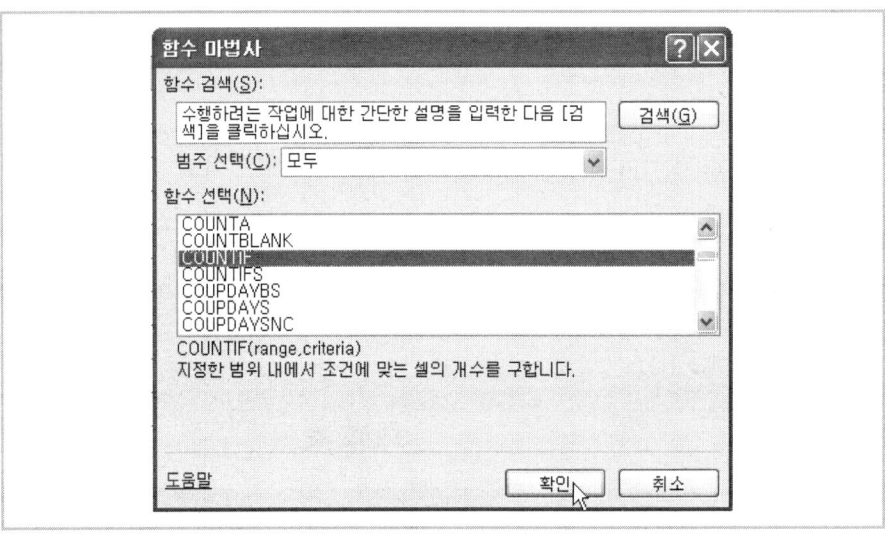

Step 04 [Range] 입력상자의 [데이터 연결] 단추를 누른다.

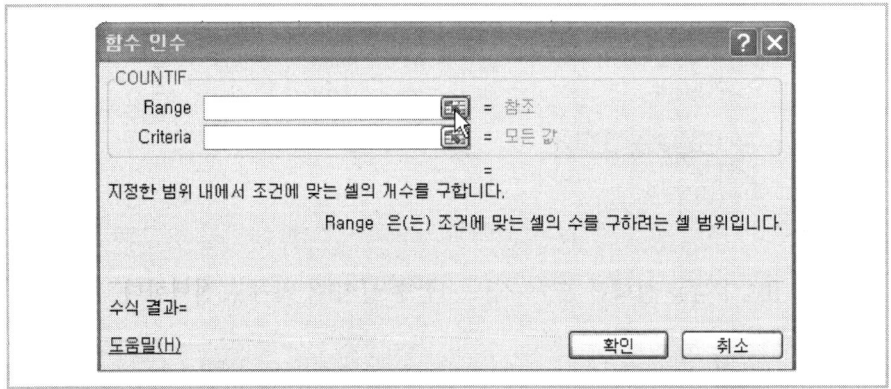

Step 05 [J4]에서 [J13] 범위를 지정한 뒤에 다시 [데이터 연결] 단추를 누른다.

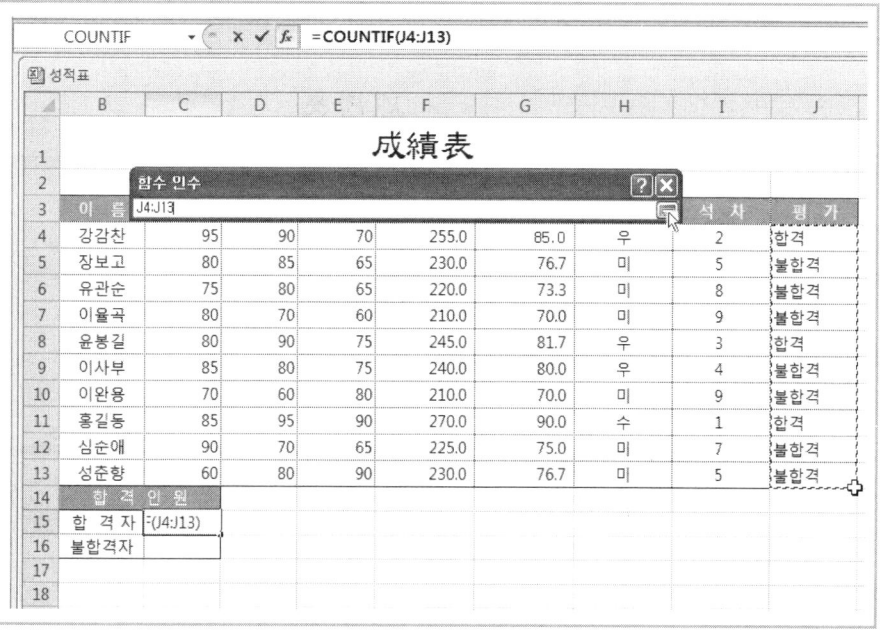

Step 06 [Criteria] 입력상자에 [합격]이라고 입력하고 [확인] 단추를 누른다.

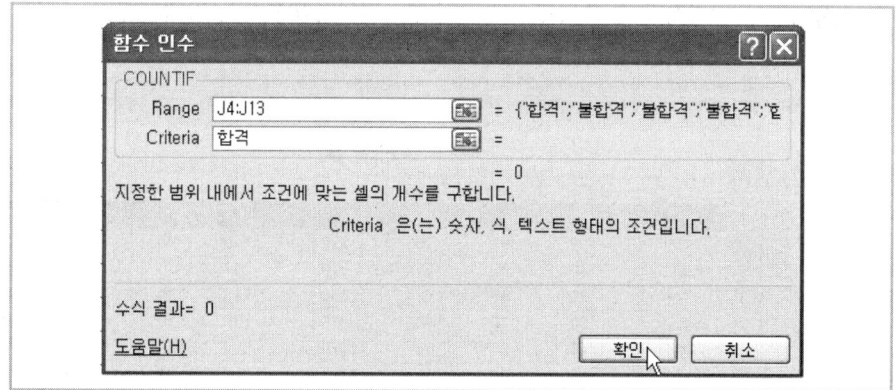

Step 07 다음과 같이 합격자의 인원수가 표시된다.

	B	C	D	E	F	G	H	I	J
1					成績表				
2									
3	이 름	국 어	영 어	수 학	총 점	평 균	등 급	석 차	평 가
4	강감찬	95	90	70	255.0	85.0	우	2	합격
5	장보고	80	85	65	230.0	76.7	미	5	불합격
6	유관순	75	80	65	220.0	73.3	미	8	불합격
7	이율곡	80	70	60	210.0	70.0	미	9	불합격
8	윤봉길	80	90	75	245.0	81.7	우	3	합격
9	이사부	85	80	75	240.0	80.0	우	4	불합격
10	이완용	70	60	80	210.0	70.0	미	9	불합격
11	홍길동	85	95	90	270.0	90.0	수	1	합격
12	심순애	90	70	65	225.0	75.0	미	7	불합격
13	성춘향	60	80	90	230.0	76.7	미	5	불합격
14	합 격 인 원								
15	합 격 자	3							
16	불합격자								

Step 08 같은 방법으로 불합격자의 인원수를 구하는 함수식을 입력한다.

	B	C	D	E	F	G	H	I	J
1					成績表				
2									
3	이 름	국 어	영 어	수 학	총 점	평 균	등 급	석 차	평 가
4	강감찬	95	90	70	255.0	85.0	우	2	합격
5	장보고	80	85	65	230.0	76.7	미	5	불합격
6	유관순	75	80	65	220.0	73.3	미	8	불합격
7	이율곡	80	70	60	210.0	70.0	미	9	불합격
8	윤봉길	80	90	75	245.0	81.7	우	3	합격
9	이사부	85	80	75	240.0	80.0	우	4	불합격
10	이완용	70	60	80	210.0	70.0	미	9	불합격
11	홍길동	85	95	90	270.0	90.0	수	1	합격
12	심순애	90	70	65	225.0	75.0	미	7	불합격
13	성춘향	60	80	90	230.0	76.7	미	5	불합격
14	합 격 인 원								
15	합 격 자	3							
16	불합격자	7							

8. 인원수가 표시되는 표시 형식 지정하기

사실 엑셀에서는 사용자가 원하는 다양한 종류의 표시형식을 지정할 수 있다.

예를 들어, 앞에서 만든 합격자와 불합격자의 인원수가 표시되는 셀에는 [명]이라는 글자가 표시되도록 할 수 있다. 이번에는 엑셀의 사용자 정의 표시형식 기능을 이용해 보자.

Step 01 사용자 정의 표시형식을 지정할 [B15], [B16] 셀을 범위로 지정한다.

이름	국어	영어	수학	총점	평균	등급	석차	평가
강감찬	95	90	70	255.0	85.0	우	2	합격
장보고	80	85	65	230.0	76.7	미	5	불합격
유관순	75	80	65	220.0	73.3	미	8	불합격
이율곡	80	70	60	210.0	70.0	미	9	불합격
윤봉길	80	90	75	245.0	81.7	우	3	합격
이사부	85	80	75	240.0	80.0	우	4	불합격
이완용	70	60	80	210.0	70.0	미	9	불합격
홍길동	85	95	90	270.0	90.0	수	1	합격
심순애	90	70	65	225.0	75.0	미	7	불합격
성춘향	60	80	90	230.0	76.7	미	5	불합격
합 격 인 원								
합 격 자	3							
불합격자	7							

Step 02 지정된 범위 위에서 마우스 오른쪽 버튼으로 [바로 가기] 메뉴를 불러와 [셀 서식]을 선택한다.

Step 03 [셀 서식] 대화상자가 표시되면 [표시 형식]의 [범주] 목록에서 [사용자 지정]을 선택한다.

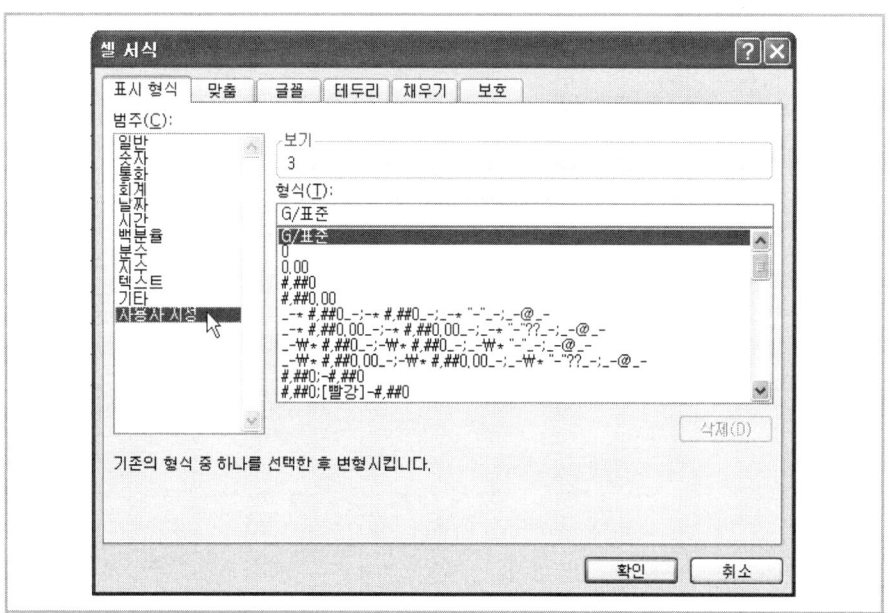

성적 관리표 만들기 – 함수를 이용한 데이터 관리하기

Step 04 [형식] 입력상자에 [## "명"]이라고 입력하고 [확인] 단추를 누른다. 여기에서, ##은 계산된 숫자를 나타낸다.

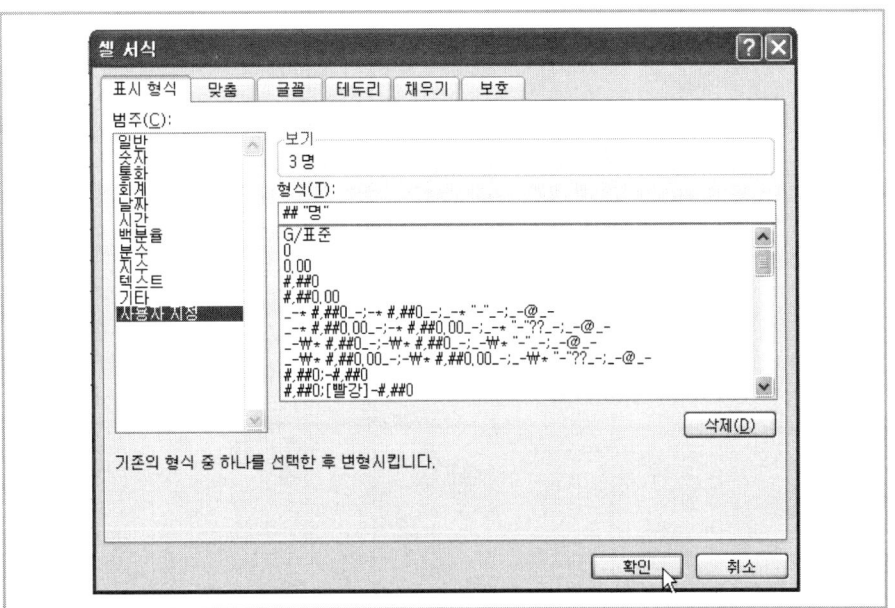

Step 05 각 셀에 지정한 종류의 표시 형식이 적용된다.

	B	C	D	E	F	G	H	I	J
7	이율곡	80	70	60	210.0	70.0	미	9	불합격
8	윤봉길	80	90	75	245.0	81.7	우	3	합격
9	이사부	85	80	75	240.0	80.0	우	4	불합격
10	이완용	70	60	80	210.0	70.0	미	9	불합격
11	홍길동	85	95	90	270.0	90.0	수	1	합격
12	심순애	90	70	65	225.0	75.0	미	7	불합격
13	성춘향	60	80	90	230.0	76.7	미	5	불합격
14	합 격 인 원								
15	합 격 자	3 명							
16	불합격자	7 명							

Chapter 8

부록 파일 1사분기 지역별 판매현황.xlsx

판매 분석표와 차트 작성하기
- 통합 문서 관리하기

지금까지 우리는 단 한 장의 워크시트에서 작성되는 문서만을 작성해 보았다.
하지만, 엑셀의 통합문서 하나에는 기본적으로 3개의 워크시트를 사용할 수 있을 뿐만 아니라, 사용자가 원하는 개수만큼의 워크시트를 추가해서 사용할 수도 있다.
이번 장에서는 엑셀의 통합문서를 관리하는 방법에 대해 알아보기 위해 각 분기별 판매 현황표를 만들고, 이 데이터를 이용해서 판매분석표와 판매분석 차트를 작성하는 방법에 대해 알아보자.

1. 1사분기 판매 분석표 만들기

다음의 내용에 따라 1사분기의 판매 현황 표를 작성해 보도록 하자. 여기에서 만든 판매 현황표는 다른 분기의 현황표를 작성하기 위해 복사해서 사용할 것이기 때문에 잘 만들어 두어야 한다.

Step 01 [A1] 셀에 [1사분기 지역별 판매 현황]이라고 입력한다.

Step 02 다음과 같이 [B3]에서 [F3] 셀의 범위에 각 지역 이름을 입력한다.

Step 03 [A4] 셀에서 [A9] 셀까지의 범위에 제품 이름들을 입력한다.

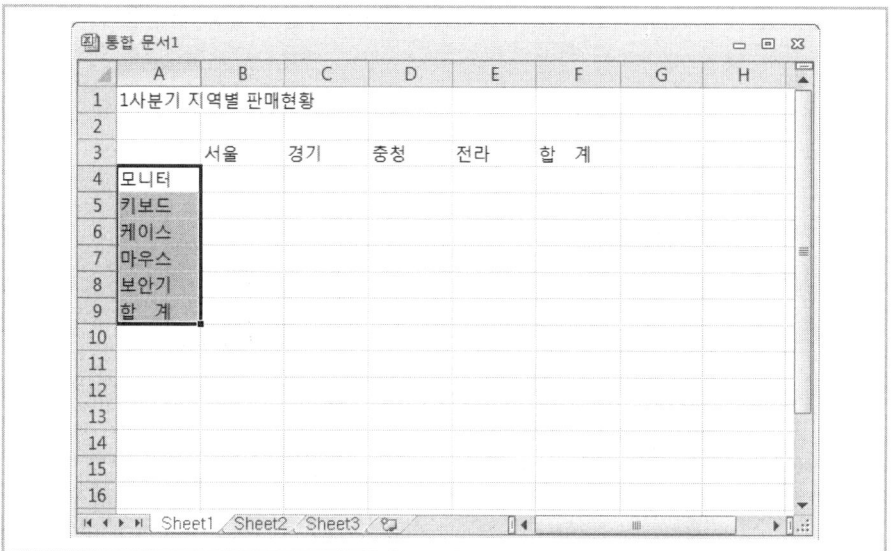

Step 04 이번에는 각 지역과 제품에 해당하는 판매량들을 [B4]에서 [E8] 셀의 범위에 차례대로 입력한다.

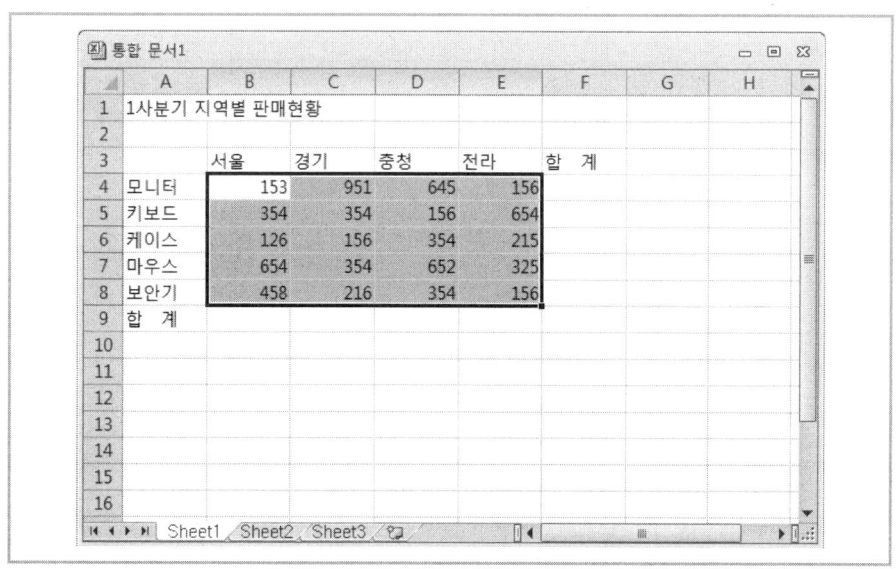

Step 05 이제, 입력된 판매 데이터들에 대한 합계 값을 구하기 위해 [자동 합계] 단추를 사용할 것이다. 먼저, 다음과 같이 [F4]에서 [F8]까지를 범위로 지정한다.

Step 06 이번에는 키보드의 Ctrl 키를 누른 상태에서 마우스를 드래그해서, [B9]에서 [F9]까지의 셀을 범위에 추가시킨다.

Step 07 이제 리본메뉴의 [수식] → [자동 합계]를 차례로 선택한다.

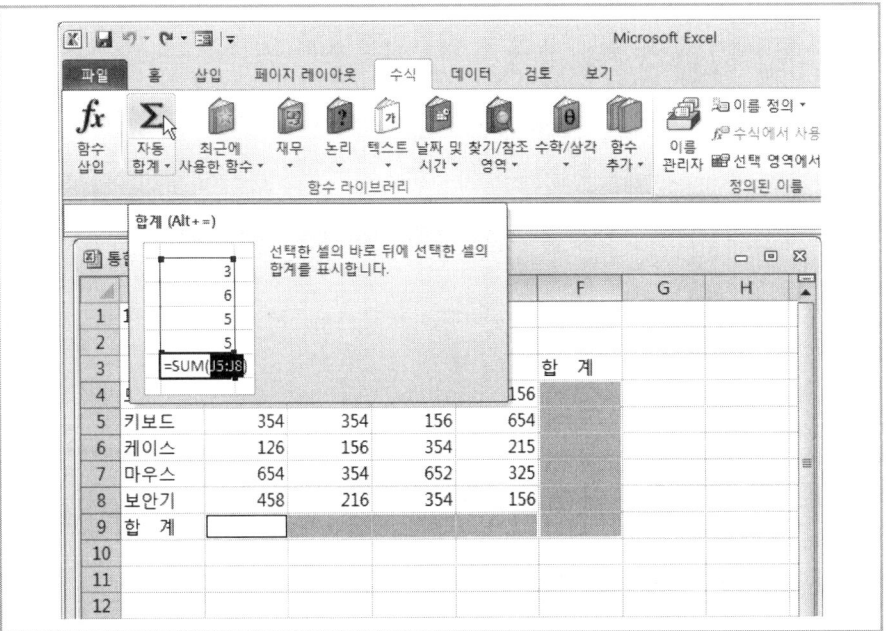

떨어져 있는 범위 지정하기

엑셀에서는 다음 방법을 사용하면 떨어져 있는 여러 개의 범위를 지정한 뒤, 바탕색을 지정하거나 자동 합계 등의 기능을 적용할 수 있다.

❶ 마우스를 드래그해서 첫번째 범위를 지정한다.

❷ Ctrl 키를 누른 상태에서 마우스를 드래그해서 추가할 범위를 지정한다.

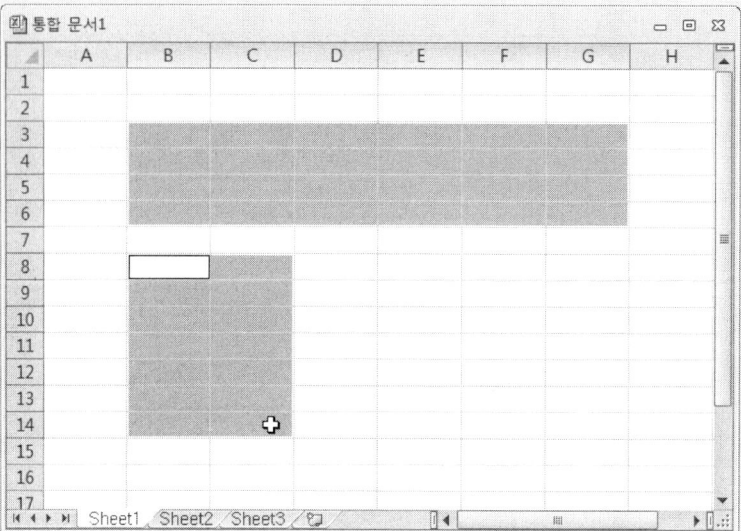

❸ 원하는 범위가 모두 지정될 때까지, ①-② 단계를 반복한다.

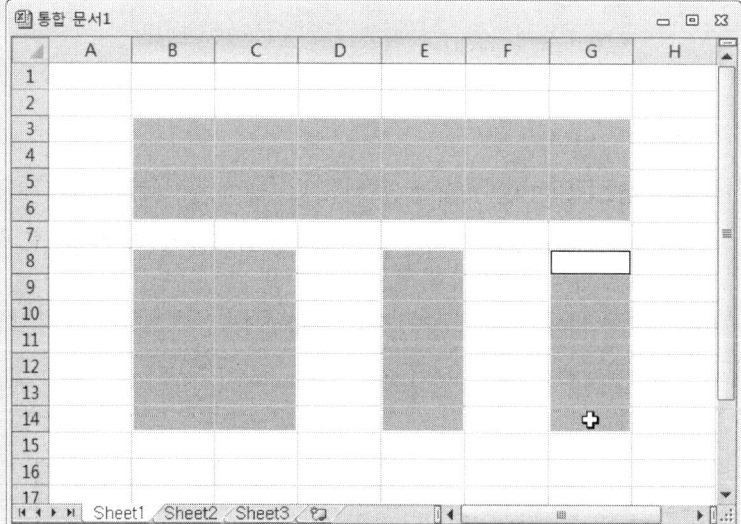

Step 08 판매 데이터가 입력되어 있는 [B4]에서 [F9]까지의 셀 범위를 지정한 뒤, 리본 메뉴의
[홈] → [쉼표 스타일]을 클릭한다.

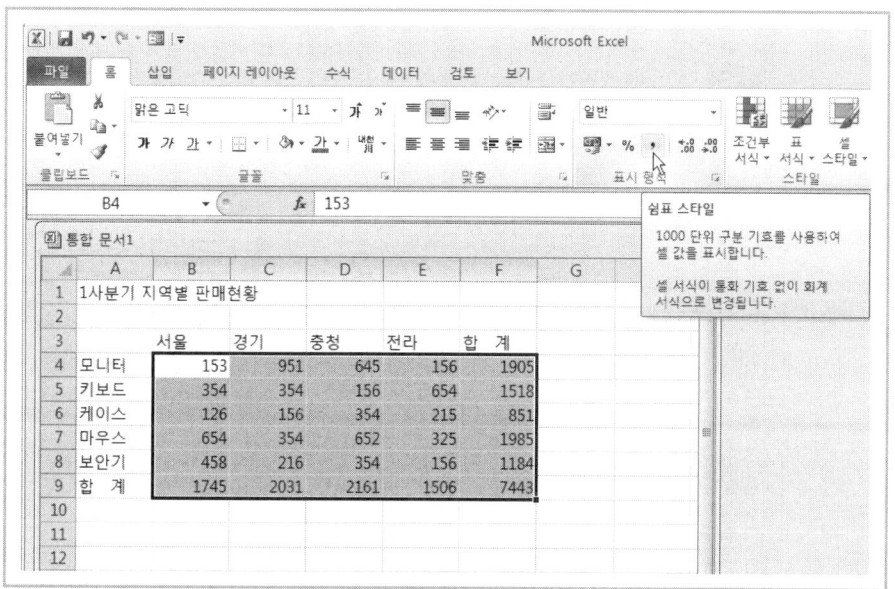

Step 09 다음 화면처럼 지역과 제품명이 입력되어 있는 셀들을 범위로 지정한 뒤, [가운데 맞
춤]단추를 클릭한다.

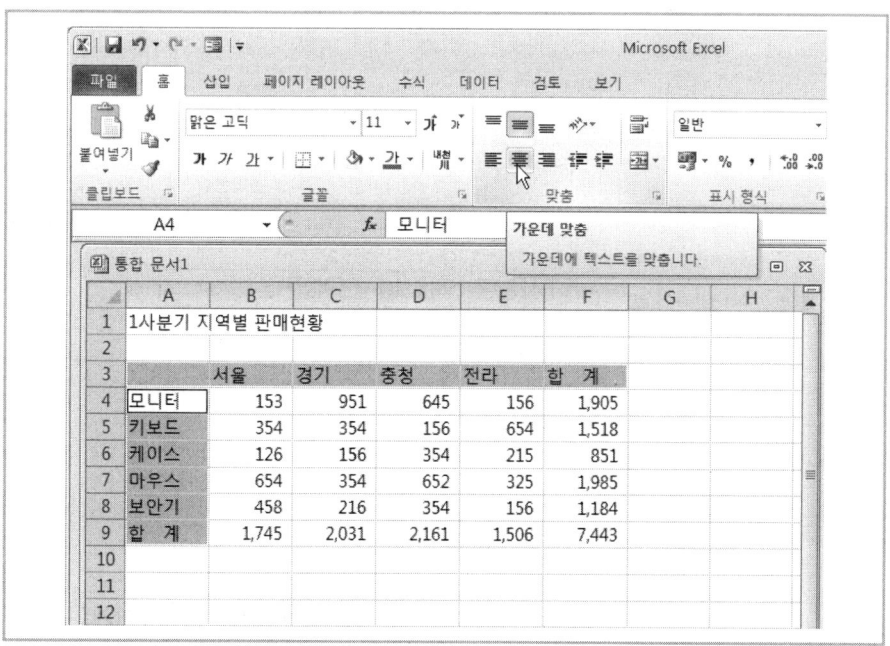

Step 10 이번에는 [A1]에서 [F1]까지를 범위로 지정하고, [병합하고 가운데 맞춤] 단추를 클릭한다.

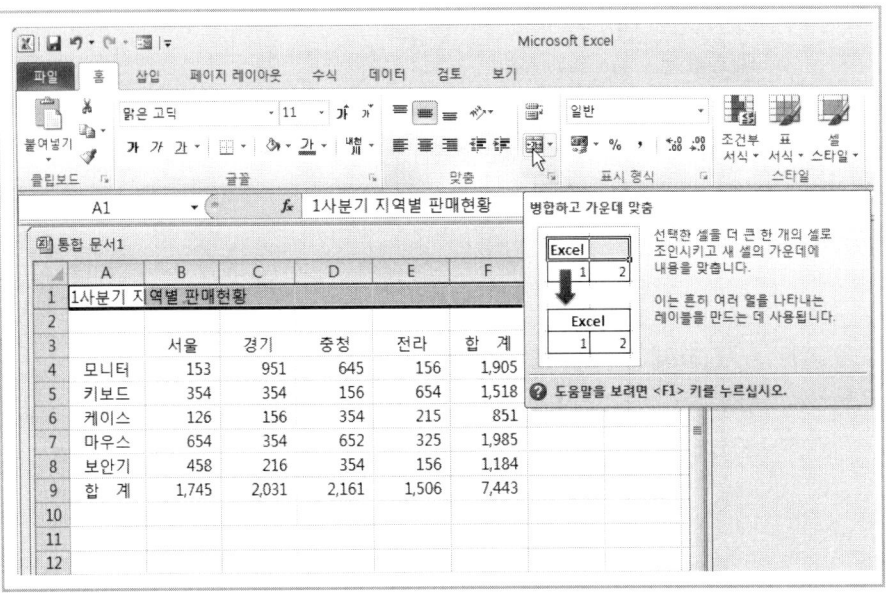

Step 11 다음처럼 제목 부분의 글꼴과 글꼴 크기를 지정한다.

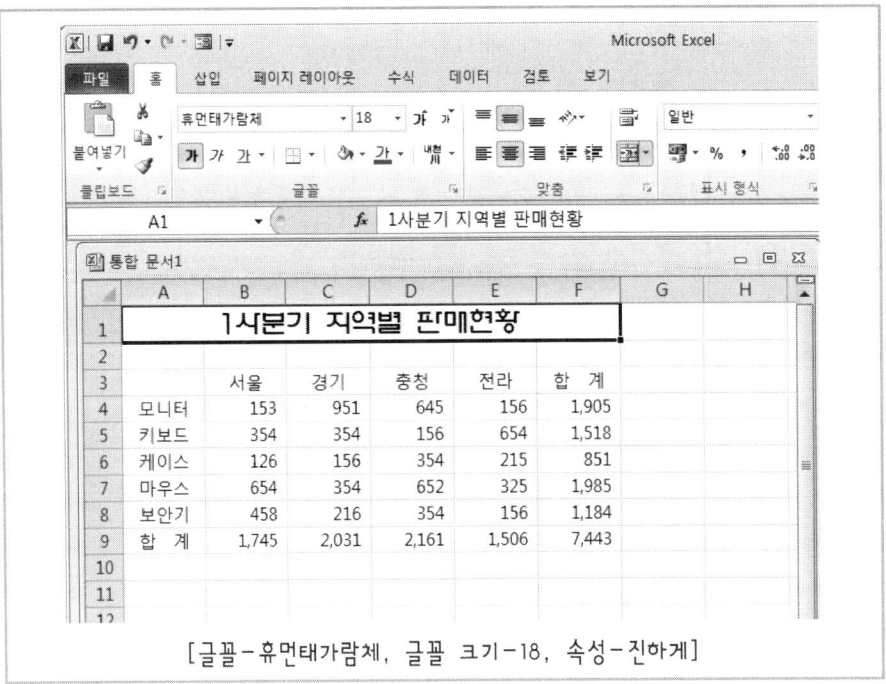

[글꼴-휴먼태가람체, 글꼴 크기-18, 속성-진하게]

Step 12 테두리 선을 그리기 위해 [A3]에서 [F9] 셀까지를 범위로 지정하고, [모든 테두리] 단추를 클릭한다.

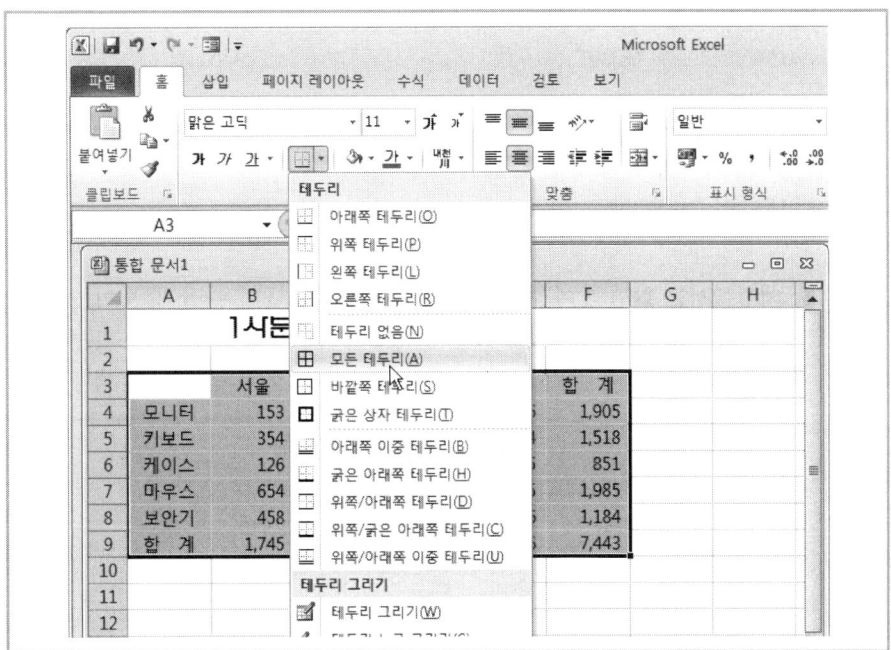

Step 13 아무 셀이나 하나를 선택해서 1사분기 지역별 판매현황 표를 완성한다.

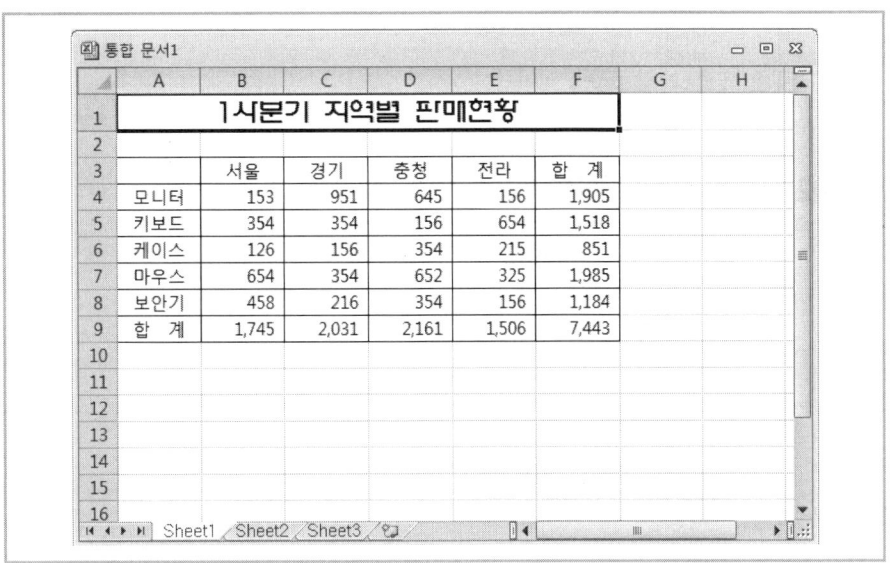

2. 시트 복사하기

이번에는 앞에서 만들어 놓은 1사분기 지역별 판매 현황의 시트 이름을 지정하고, 이 시트를 복사해 보도록 하자.

Step 01 엑셀에서는 화면의 아래쪽에 보면 작은 꼬리표들이 여러 개 보이는데, 이 꼬리표를 시트 탭이라고 부른다. 시트 탭은 각 시트에 대한 이름표처럼 사용되는데 이제, [Sheet1]의 이름을 지정해 주기 위해서 [Sheet1]이라고 쓰여 있는 시트 탭을 더블클릭한다.

	1사분기 지역별 판매현황				
		서울	경기	충청	전라	합 계
모니터	153	951	645	156	1,905
키보드	354	354	156	654	1,518
케이스	126	156	354	215	851
마우스	654	354	652	325	1,985
보안기	458	216	354	156	1,184
합 계	1,745	2,031	2,161	1,506	7,443

Step 02 [1사분기]라고 입력하고 Enter 키를 누르면 시트 탭의 새로운 이름이 지정된다.

	1사분기 지역별 판매현황				
		서울	경기	충청	전라	합 계
모니터	153	951	645	156	1,905
키보드	354	354	156	654	1,518
케이스	126	156	354	215	851
마우스	654	354	652	325	1,985
보안기	458	216	354	156	1,184
합 계	1,745	2,031	2,161	1,506	7,443

Step 03
이번에는 작성해 놓은 시트를 복사해 보자. 시트를 복사하기 위해서 키보드의 Ctrl 키를 누른 상태에서 마우스 왼쪽 단추를 누른다. 이때 다음 화면처럼 마우스 포인터의 모양( )이 바뀌어야 한다.

Step 04
마우스 포인터의 모양이 바뀐 상태에서 마우스를 오른쪽 [Sheet2]쪽으로 드래그한다.

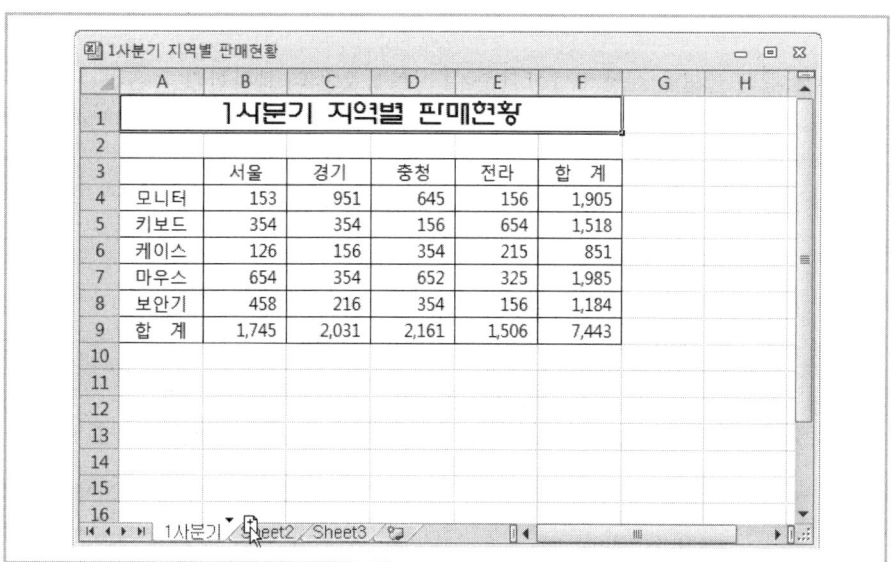

Step 05 마우스 단추에서 손을 떼면 다음 화면처럼 새로운 시트[1사분기(2)]가 복사된다.

복사된 시트 이름

복사된 시트는 원본 시트 이름의 뒤에 (2), (3) 등의 일련 번호가 붙으며, 이 숫자는 각각 첫번째와 두번째로 복사되었음을 나타내는 기호로 사용된다.

Step 06 같은 방법을 사용해서 [1사분기] 시트를 2번 더 복사한다.

Step 07
시트들의 이름들을 더블클릭해서 다음과 같이 각 시트의 이름을 [1사분기], [2사분기], [3사분기], [4사분기]로 지정한다.

	A	B	C	D	E	F
1		1사분기 지역별 판매현황				
2						
3		서울	경기	충청	전라	합계
4	모니터	153	951	645	156	1,905
5	키보드	354	354	156	654	1,518
6	케이스	126	156	354	215	851
7	마우스	654	354	652	325	1,985
8	보안기	458	216	354	156	1,184
9	합계	1,745	2,031	2,161	1,506	7,443

Step 08
이번에는 각 시트를 클릭해서 각 시트에 입력되어 있는 지역별 판매현황 표의 제목을 변경한다.

	A	B	C	D	E	F
1		4사분기 지역별 판매현황				
2						
3		서울	경기	충청	전라	합계
4	모니터	153	951	645	156	1,905
5	키보드	354	354	156	654	1,518
6	케이스	126	156	354	215	851
7	마우스	654	354	652	325	1,985
8	보안기	458	216	354	156	1,184
9	합계	1,745	2,031	2,161	1,506	7,443

Step 09 복사된 각 시트들에 해당하는 판매 데이터를 차례대로 입력해서, 2, 3, 4사 분기의 지역별 판매현황 표를 완성한다.

시트 탭

시트 탭은 각 시트의 이름을 나타내는 꼬리표이며, 다음과 같은 목적으로 사용된다.

❶ 원하는 시트 탭을 클릭해서 사용할 워크시트를 선택한다.
❷ 키보드의 Ctrl 키를 누른 채로 시트 탭을 드래그해서 시트 내에 입력되어 있는 모든 내용을 복사한다.
❸ 시트 탭을 마우스로 드래그해서, 해당 시트의 표시 위치를 이동시킨다.

3. 판매 분석표 만들기

이번에는 앞에서 작성해 놓은 네 장의 워크시트를 이용해서 판매 분석표를 만들어 볼 차례이다. 여기에서는 각 분기마다 판매된 데이터의 제품별 합계를 나타내는 분석표를 만들어 보자.

Step 01 판매 분석표를 작성할 [Sheet2] 시트 탭을 더블클릭해서 선택한다.

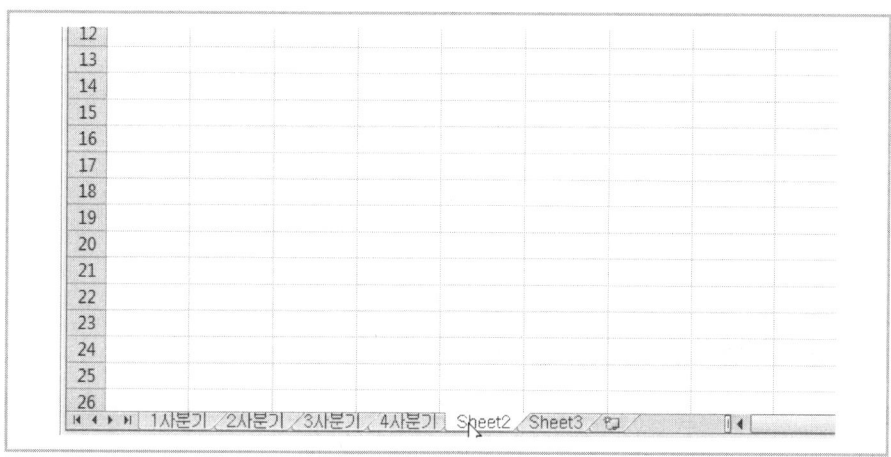

Step 02 [Sheet2]의 시트 이름을 [판매분석]으로 변경한다.

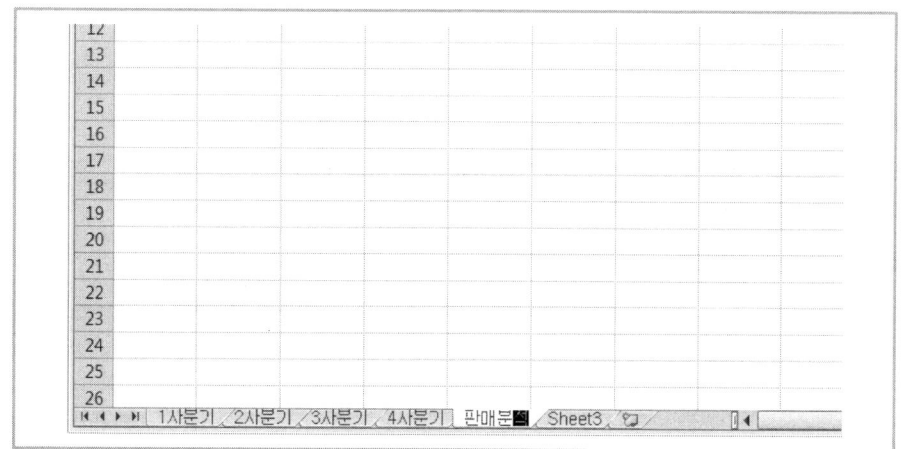

Step 03 이번에는 [A1] 셀에 [판매분석표]라고 입력한다.

Step 04 [B3]에서 [F3]까지의 셀 범위에 각 분기의 이름을 입력한다.

	A	B	C	D	E	F
1	판매분석표					
2						
3		1사분기	2사분기	3사분기	4사분기	합 계

Step 05 [A4]에서 [A9] 셀 범위에 판매 제품의 이름들을 입력한 후 [가운데 맞춤] 시킨다.

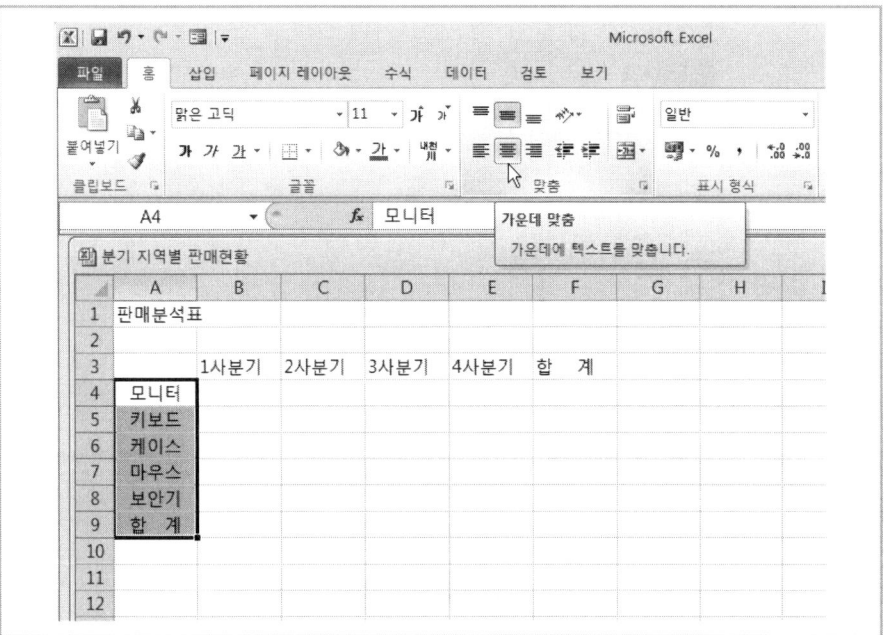

Step 06 [A1]에서 [F1]까지의 셀을 범위로 지정하고, [병합하고 가운데 맞춤] 단추를 클릭한다.

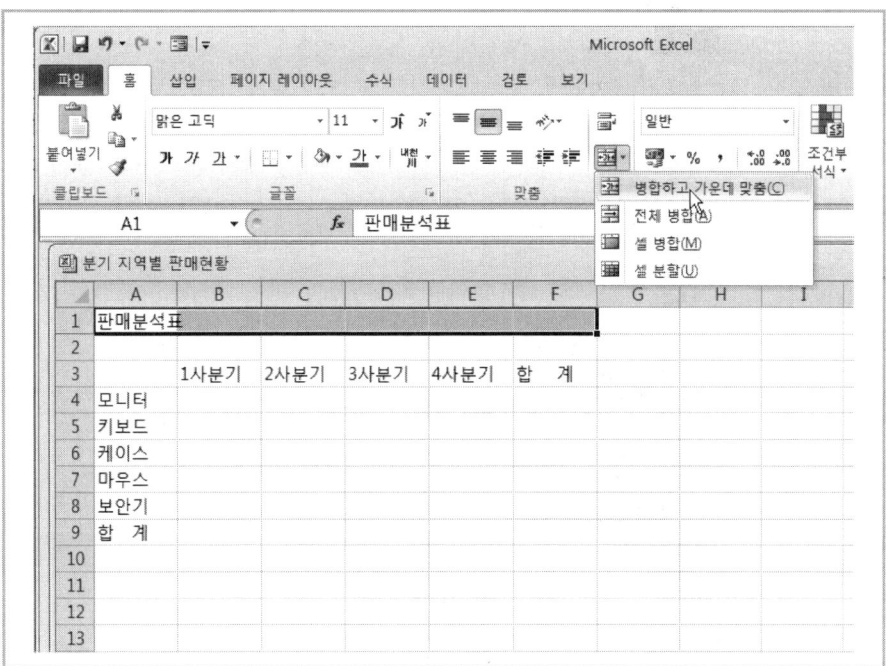

Step 07 다음 화면처럼 [A1] 셀의 글꼴과 글꼴 크기를 지정한다.

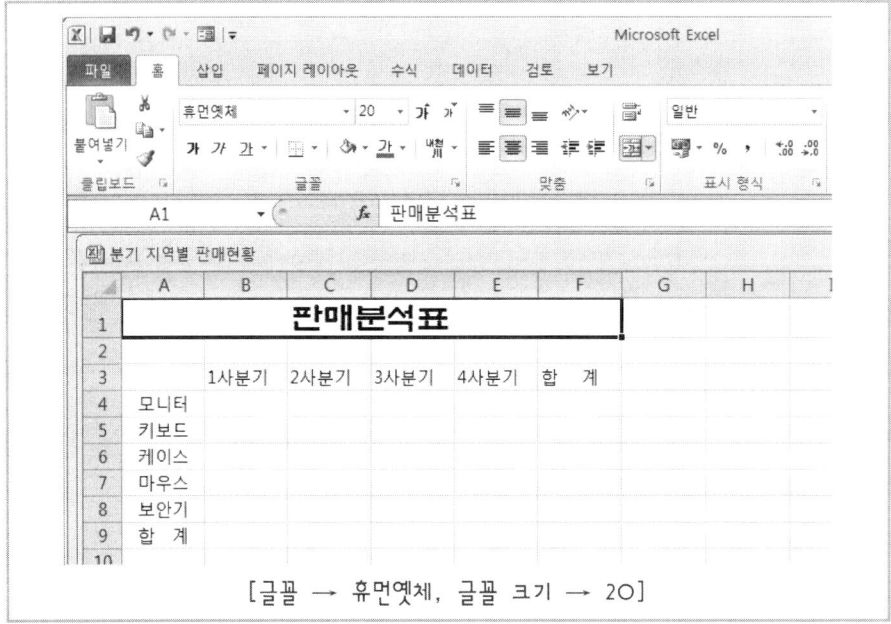

[글꼴 → 휴먼옛체, 글꼴 크기 → 20]

Step 08 [A3]에서 [F9]까지의 셀을 범위로 지정하고, [모든 테두리] 단추를 클릭한다.

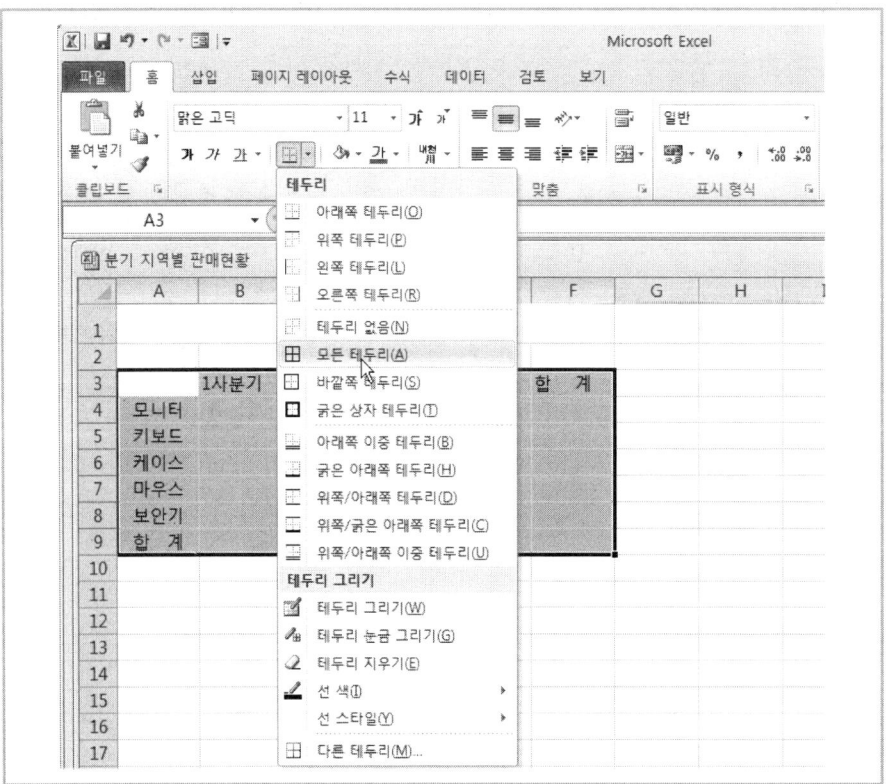

Step 09 아무 셀이나 하나를 선택해서 지정된 범위를 해제한다.

4. 분석 데이터 값 연결하기

이번에는 앞에서 만들어 놓은 판매 분석표에 각 분기별 제품판매량을 연결하는 수식을 작성해 보도록 하자. 엑셀에서는 서로 다른 시트뿐만 아니라 서로 다른 통합 서에 입력되어 있는 데이터라도 3차원 수식기능을 통해 연결해서 사용할 수 있다.

Step 01 먼저 [B4] 셀에 수식을 입력하기 위한 등호[=]를 입력한다.

	A	B	C	D	E	F
1			판매분석표			
2						
3		1사분기	2사분기	3사분기	4사분기	합 계
4	모니터	=				
5	키보드					
6	케이스					
7	마우스					
8	보안기					
9	합 계					

Step 02 마우스로 [1사분기]의 시트 탭을 클릭해서 화면에 표시되도록 한다.

	A	B	C	D	E	F
1		1사분기 지역별 판매현황				
2						
3		서울	경기	충청	전라	합 계
4	모니터	153	951	645	156	1,905
5	키보드	354	354	156	654	1,518
6	케이스	126	156	354	215	851
7	마우스	654	354	652	325	1,985
8	보안기	458	216	354	156	1,184
9	합 계	1,745	2,031	2,161	1,506	7,443

Step 03 연결할 데이터가 있는 [F4] 셀을 마우스로 클릭하고, Enter↵ 키를 누른다.

분기 지역별 판매현황

	A	B	C	D	E	F
1		1사분기 지역별 판매현황				
2						
3		서울	경기	충청	전라	합 계
4	모니터	153	951	645	156	1,905
5	키보드	354	354	156	654	1,518
6	케이스	126	156	354	215	851
7	마우스	654	354	652	325	1,985
8	보안기	458	216	354	156	1,184
9	합 계	1,745	2,031	2,161	1,506	7,443

Step 04 다음 화면과 같이 1사분기의 모니터 판매 합계 값이 [판매분석] 시트의 [B4] 셀에 자동 연결된다.

분기 지역별 판매현황

	A	B	C	D	E	F
1		판매분석표				
2						
3		1사분기	2사분기	3사분기	4사분기	합 계
4	모니터	1,905				
5	키보드					
6	케이스					
7	마우스					
8	보안기					
9	합 계					

Step 05 이렇게 연결된 3차원 참조 수식은 자동 채우기를 통해 복사할 수 있다. 다음 화면처럼, [B4] 셀의 수식을 [B8] 셀까지 자동 채우기를 한다.

Step 06 각각의 제품에 해당하는 1사분기의 총 판매량이 표시된다.

Step 07 같은 방법으로 나머지 합계 데이터들도 연결한다.

	A	B	C	D	E	F
1			판매분석표			
2						
3		1사분기	2사분기	3사분기	4사분기	합 계
4	모니터	1,905	1,245	2,323	900	
5	키보드	1,518	1,617	1,901	1,889	
6	케이스	851	884	1,099	1,657	
7	마우스	1,985	1,891	2,607	1,312	
8	보안기	1,184	1,297	1,646	1,605	
9	합 계					

Step 08 이제 연결된 데이터의 합계 값을 입력하기 위해서 다음 화면과 같이 셀 범위를 지정한 뒤, [자동 합계] 단추를 클릭한다.

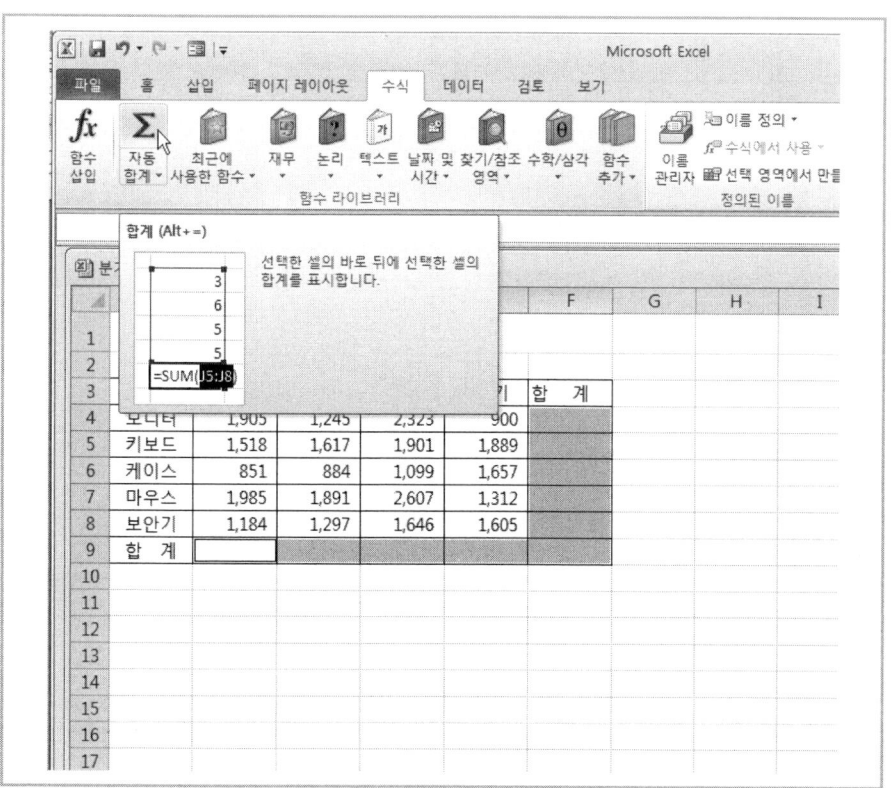

Step 09 [A1] 셀을 선택해서 판매 분석표의 작성을 마친다.

판매분석표

	1사분기	2사분기	3사분기	4사분기	합 계
모니터	1,905	1,245	2,323	900	6,373
키보드	1,518	1,617	1,901	1,889	6,925
케이스	851	884	1,099	1,657	4,491
마우스	1,985	1,891	2,607	1,312	7,795
보안기	1,184	1,297	1,646	1,605	5,732
합 계	7,443	6,934	9,576	7,363	31,316

5. 판매 분석 차트 그리기

이번에는 앞에서 만들어 놓은 판매 분석표를 사용해서 차트를 작성해 보도록 하자. 여기에서 작성되는 차트는 다음 단계에서 데이터 표를 함께 표시되도록 할 것이기 때문에, 새로운 시트에 작성한다.

Step 01 사용하지 않는 [Sheet3] 시트를 삭제하기 위해 [Sheet3]라고 되어있는 시트 탭을 클릭해서 선택한다.

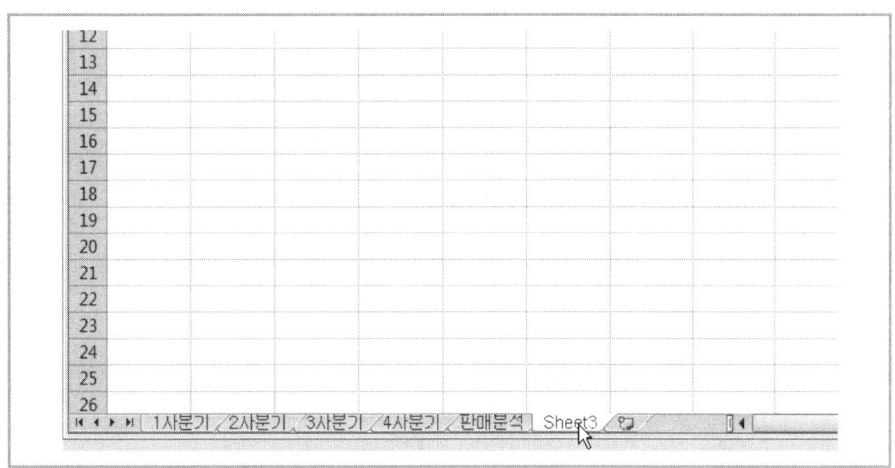

Step 02 마우스 오른쪽 버튼을 눌러 [바로 가기] 메뉴를 부른 뒤, [삭제]를 선택한다.

Step 03 시트 삭제에 대한 경고 메시지가 표시되면, [삭제] 단추를 클릭한다.

Step 04 이제, 차트를 그리기 위해 [A3]에서 [E8] 셀까지를 범위로 지정하고, 리본 메뉴에서 [삽입] → [세로 막대형]을 클릭하고 첫 번째 [묶은 세로 막대형]을 선택한다.

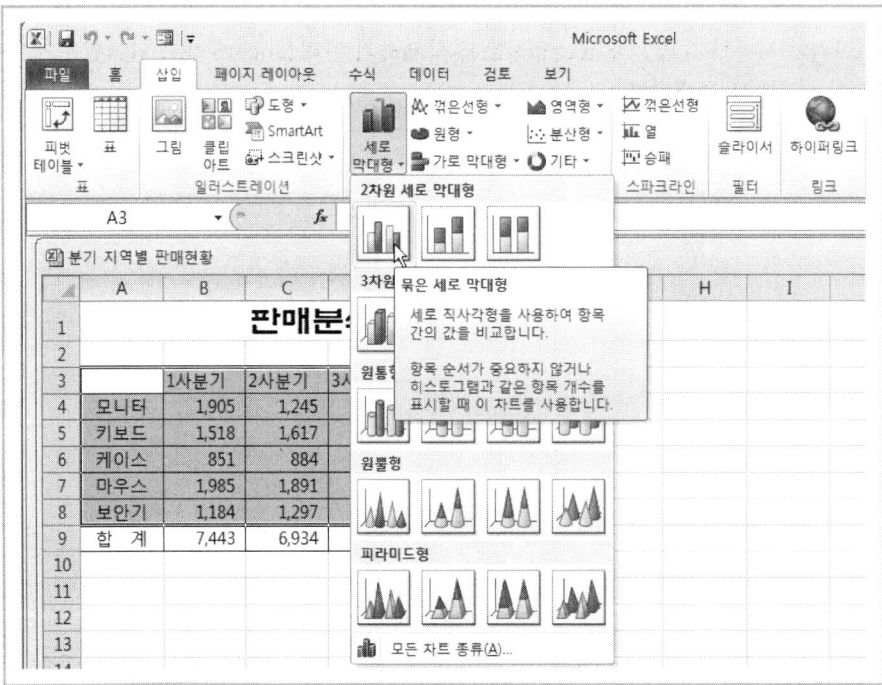

Step 05 차트가 만들어지면 차트 영역을 클릭하고 위치를 조절한다. 그려진 차트 바깥 테두리의 점이 있는 부분에 마우스를 위치시켜 크기를 조절할 수 있으며 [차트 영역] 표시와 함께 ⇕화살표로 변하면 차트 위치를 조절할 수 있다.

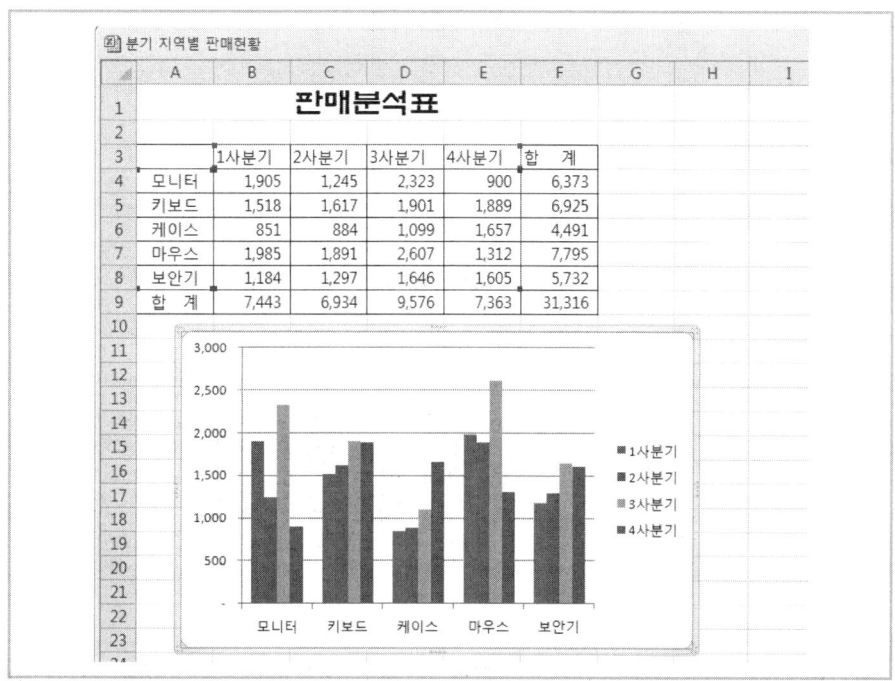

Step 06 차트의 제목을 입력하기 위해 차트 도구에서 [레이아웃] → [차트 제목] → [차트 위]를 차례로 선택한다.

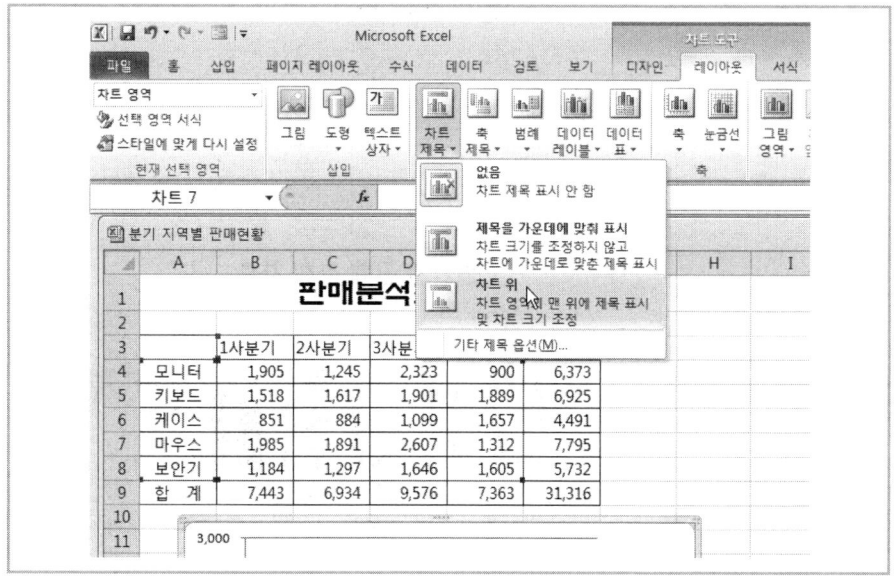

Step 07 [차트 제목] 입력 상자에 "분기별 판매 분석 차트"라고 입력한다.

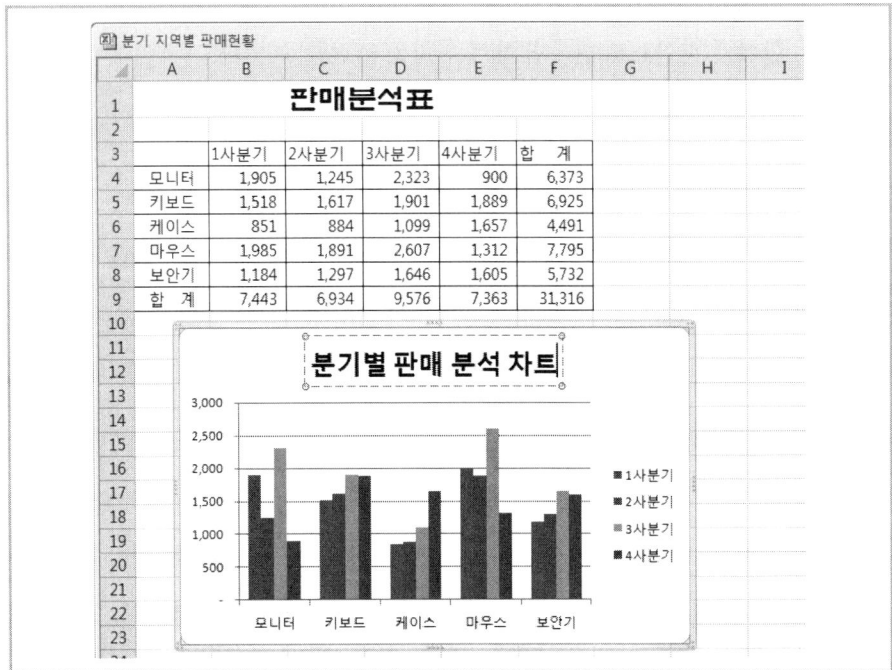

Step 08 가로 축의 제목을 입력하기 위해 [축 제목] → [기본 가로 축 제목] → [축 아래 제목]을 선택한 후 나타나는 [축 제목] 입력 상자에 [제품명]이라고 입력한다.

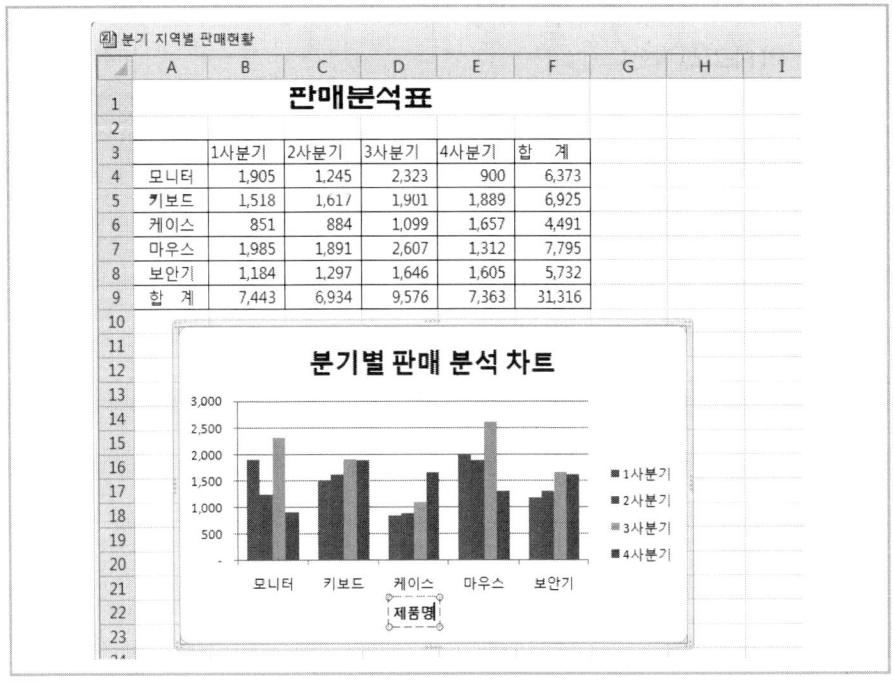

Step 09 세로 축의 제목을 입력하기 위해 [축 제목] → [기본 세로 축 제목] → [제목 회전]을 선택한 후 나타나는 [축 제목] 입력 상자에 [판매 수량]이라고 입력한다.

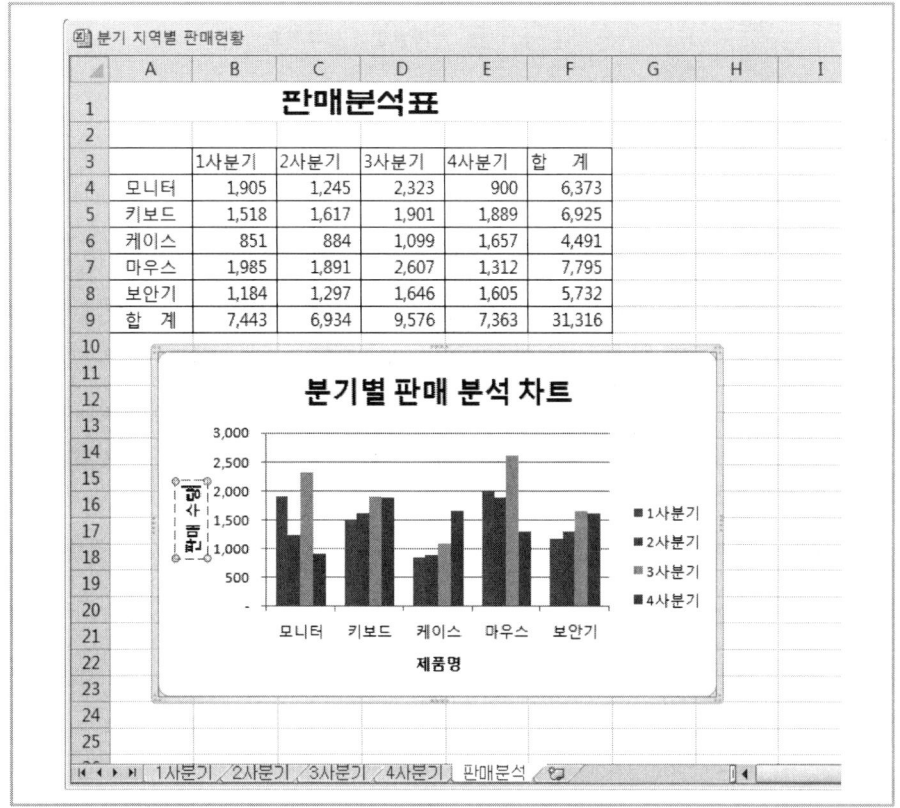

Step 10 차트 도구에서 [디자인] → [차트 이동]을 선택한 후 나타나는 [차트 이동] 대화상자에서 [새 시트]를 선택하고 [확인] 버튼을 누른다.

Step 11 다음 화면과 같이 판매분석표를 기본 데이터로 한 세로 막대형 차트가 작성된다.

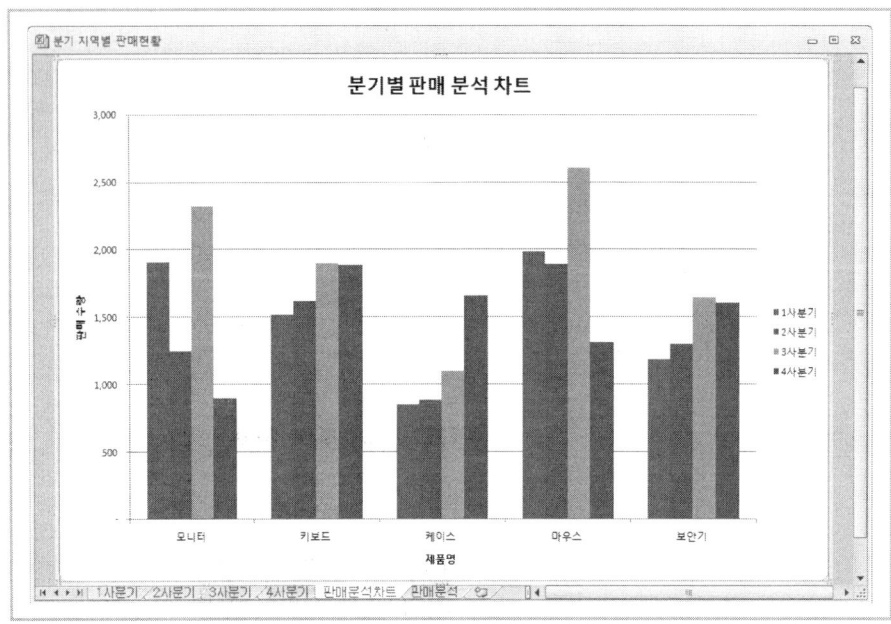

6. 데이터 표 표시하기

이제 마지막으로 앞에서 작성된 분석 차트의 항목 이름들을 정리하고, 차트 막대의 데이터 표를 표시해 보도록 하자.

엑셀에서는 작성된 차트의 아래쪽에 해당 차트의 원본 데이터와 같은 내용의 데이터 표를 붙여서 표시할 수 있다.

Step 01 차트의 제목 부분을 마우스로 클릭해서 선택한다.

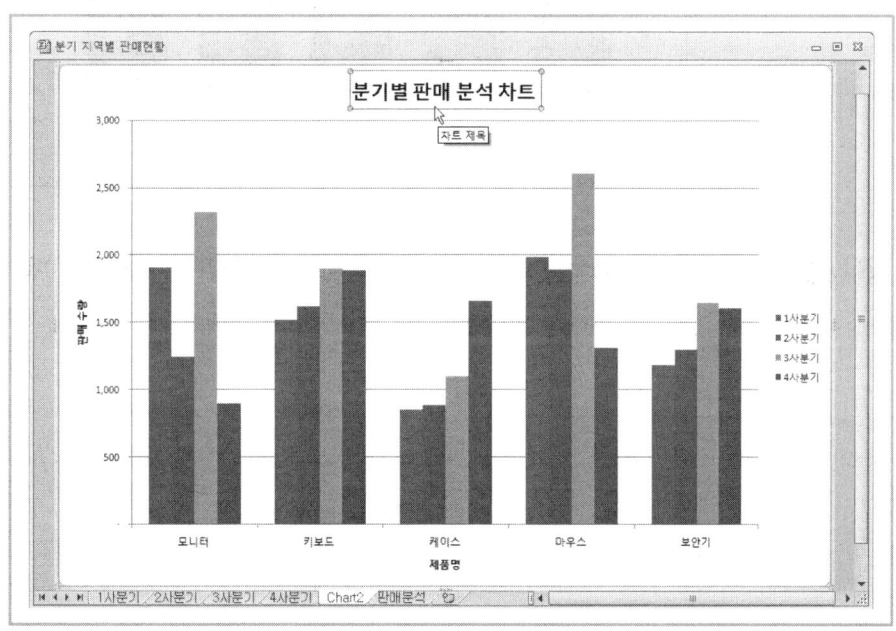

Step 02 선택된 제목의 글꼴과 글꼴 크기(글꼴-휴먼 옛체, 글꼴 크기-24)를 지정한다.

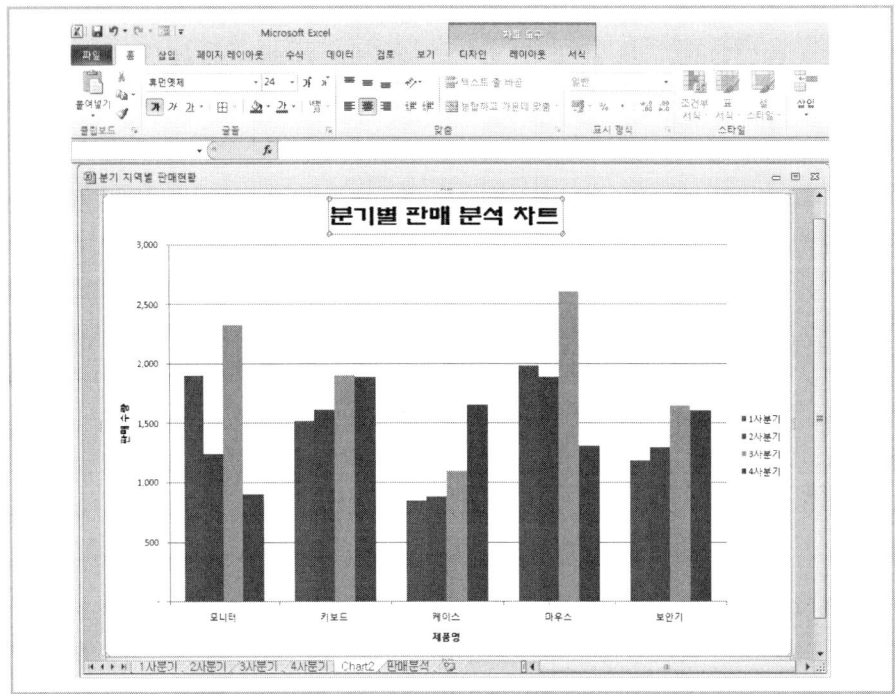

Step 03 같은 방법으로 X축과 Y축 항목 이름의 글꼴(글꼴-굴림, 글꼴 크기-16)을 변경한다.

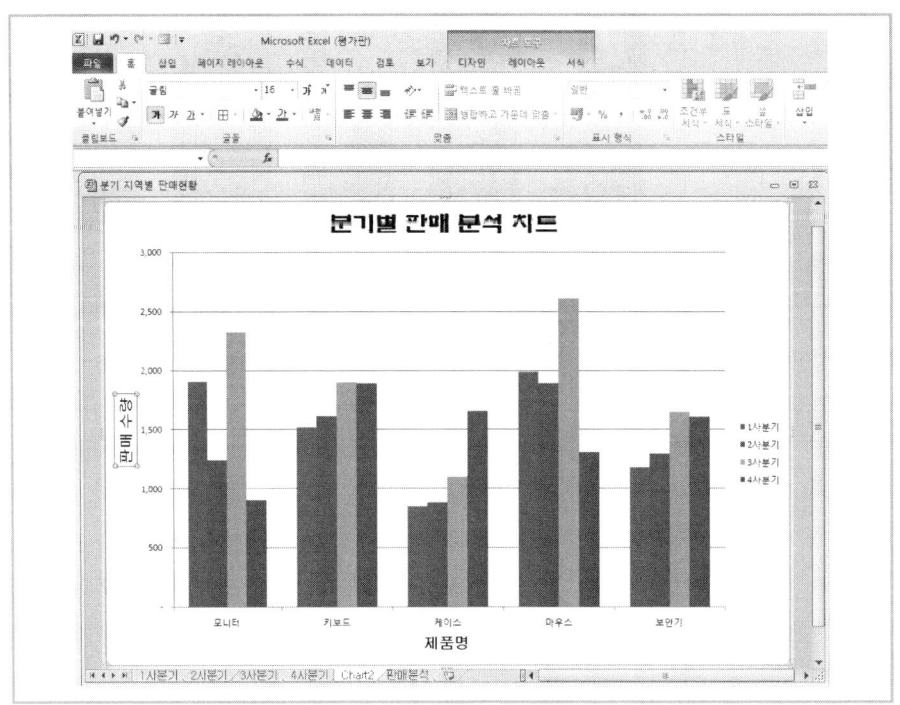

Step 04 차트 도구의 [레이아웃] → [데이터 표] → [데이터 표 표시]를 차례로 선택한다.

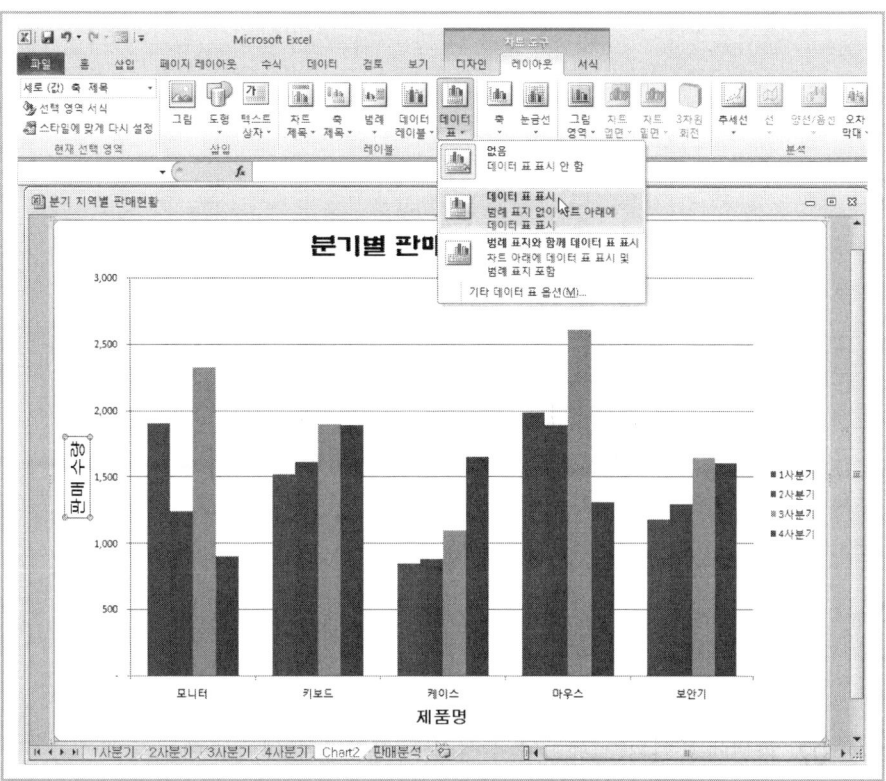

Step 05 세로 막대형 차트의 아래쪽에 다음과 같이 데이터 표가 표시된다.

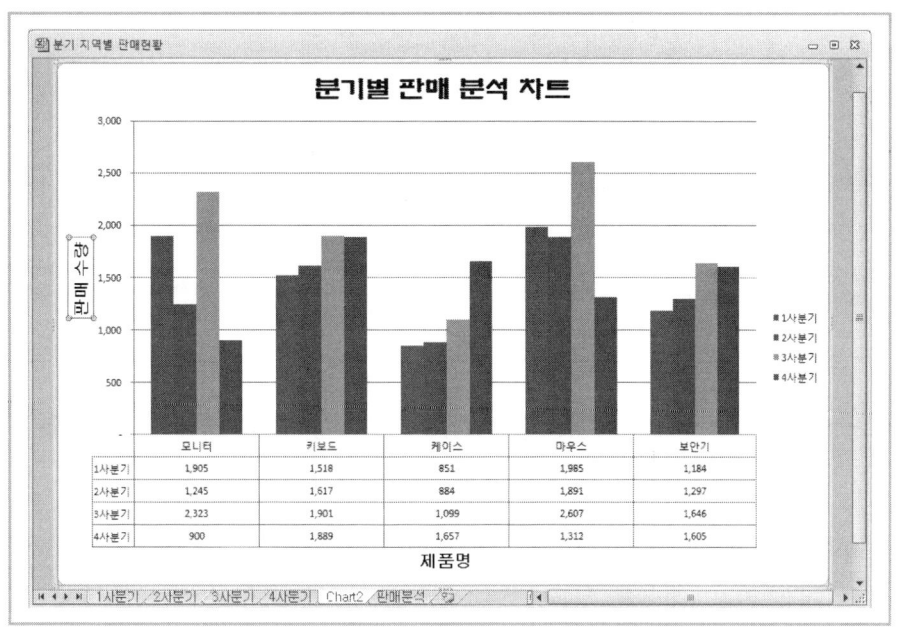

Step 06. 이제 이 데이터 표의 표시형식을 조절하기 위해 화면에 표시된 데이터 표를 더블클릭한다.

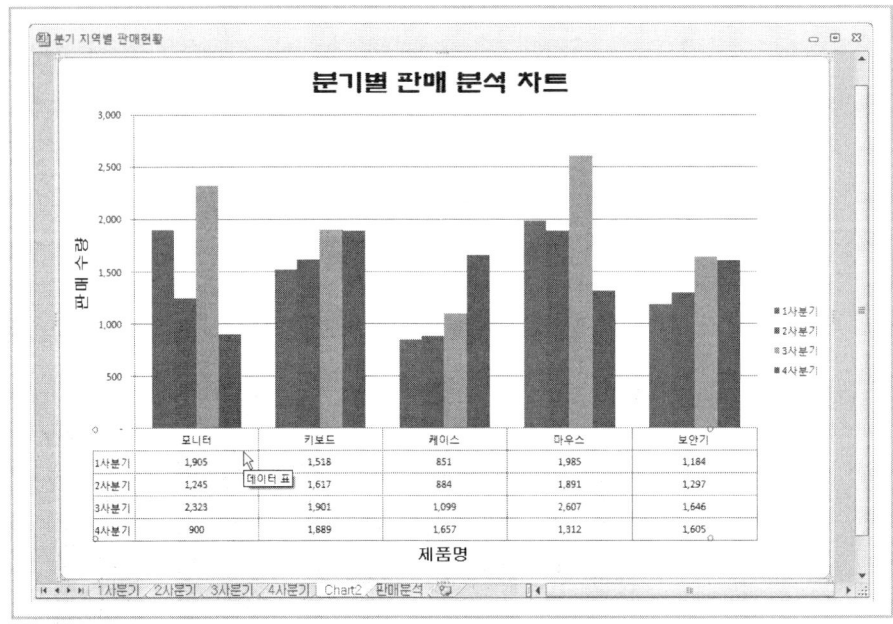

Step 07. 화면에 표시되는 [데이터 표 서식] 대화상자의 [테이블 테두리]에 있는 [가로] 옵션의 선택을 해제한 후 [닫기]버튼을 누른다.

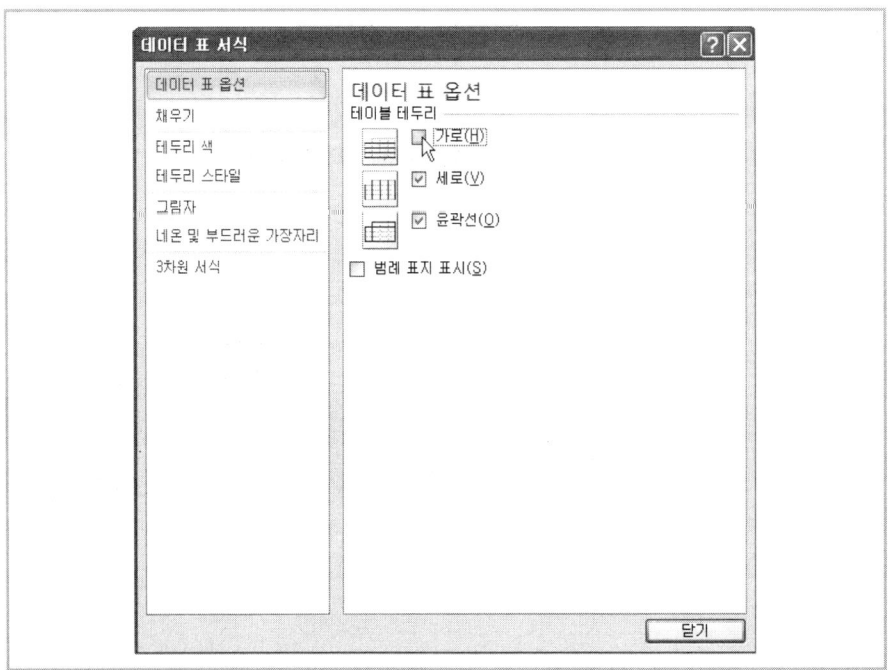

Step 08 이번에는 마우스 오른쪽 버튼을 눌러서 나타나는 바로가기 메뉴에서 [글꼴]을 선택한 후 다음 화면처럼 데이터 테이블에 표시될 글꼴의 모양(글꼴-굴림, 글꼴 크기-14, 글꼴 스타일-굵게)을 지정한다.

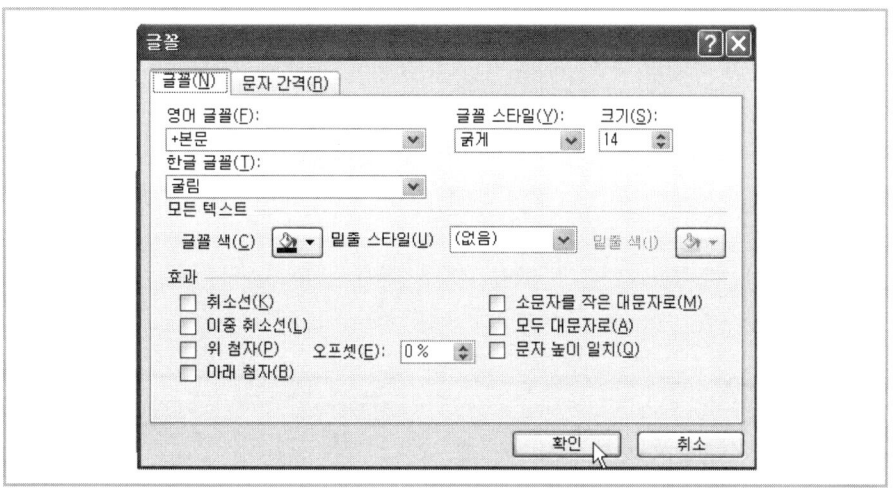

Step 09 다음 화면과 같이 지정한 내용들에 따라 데이터 테이블이 표시된다.

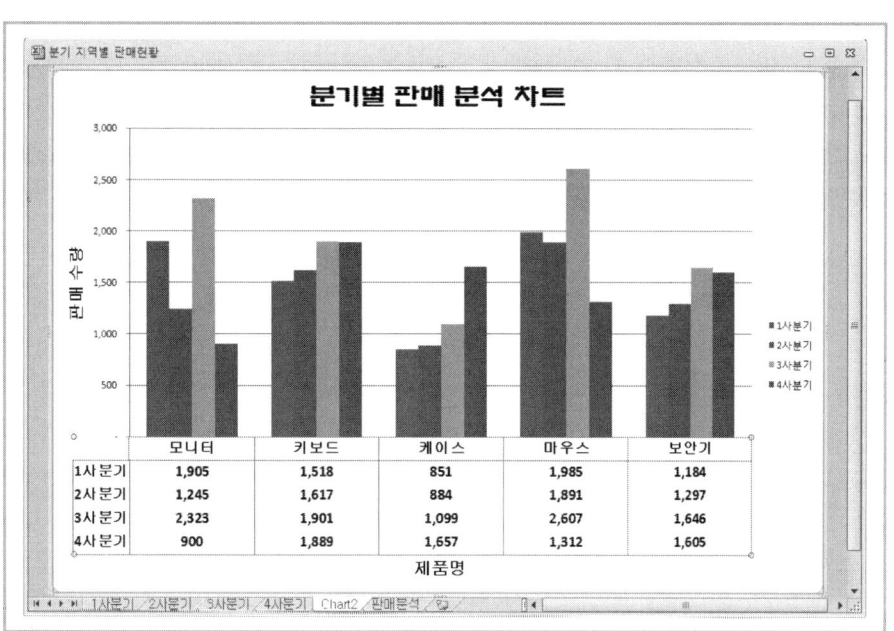

Chapter 9

매크로 사용하기

Excel 2010

일반적으로 그 프로그램을 얼마나 잘 사용하느냐를 결정짓는 가장 간단한 기준은 바로 매크로를 얼마나 잘 활용하느냐에 따라서 결정될 수 있다.
기본적으로 매크로를 사용하려면 엑셀의 세부 기능들을 잘 알고 있어야 할 뿐만 아니라 사용자의 창의력에 의해 전혀 새로운 기능을 만들어서 사용할 수도 있기 때문이다.
이번 장에서는 가장 강력하기로 소문난 엑셀의 매크로 기능을 통해 자신에게 필요한 기능을 직접 만들어서 사용하는 방법에 대해 알아보도록 하자.

1. 키 조작에 의한 매크로 기본기

단순히 여러 동작들을 순서대로 재생시켜 주는 다른 프로그램들의 매크로와 달리 엑셀의 매크로는 굉장히 다양하고 강력한 기능을 갖추고 있다. 하지만 그 모든 기능들을 여기에서 다루려면 현재 우리가 보고 있는 이 책보다 훨씬 두꺼운 책 한 권 정도는 되어야 할 것이고, 완전히 이해하기도 쉽지 않을 것이다.

여기에서는 엑셀의 매크로 레코더라는 기능을 통해 키 조작에 의한 매크로를 기록하고 실행시키는 기본적인 방법들에 대해 알아보자.

매크로 레코더 실행시키기

엑셀에서는 사용자가 좀 더 쉽게 매크로를 작성할 수 있도록 하기 위해서 매크로 레코더를 지원하고 있다. 이 기능은 마치 오디오를 사용해서 소리를 녹음하거나 재생하는 것과 비슷한 방법을 통해 매크로를 작성하고, 작성된 매크로의 내용을 자동으로 실행시킬 수 있도록 해준다.

Step 01 상단의 메뉴 바에서 [보기] → [매크로]를 차례로 선택한다.

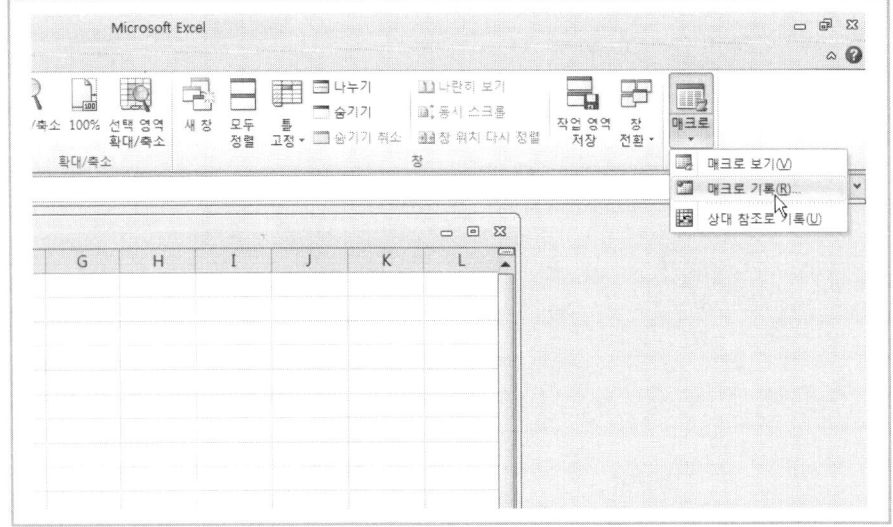

Step 02 [매크로 기록]을 누르면, 이후에 사용자가 실행시키는 모든 기능이 매크로로 기록된다. 매크로에 기록된 내용은 [매크로 보기]를 사용해서 실행시킬 수 있다.

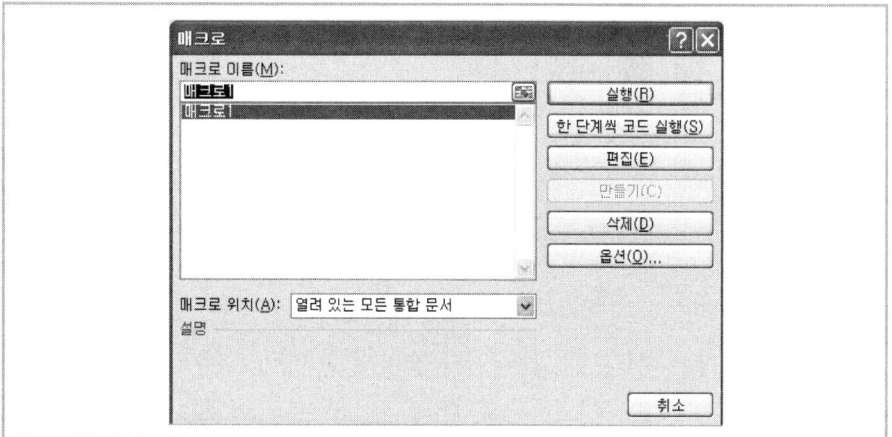

내용 입력 매크로 기록하기

엑셀에서 가장 기초적으로 작성할 수 있는 매크로는 당연히 원하는 셀에 셀 포인터를 위치시킨 뒤에 내용을 입력하는 것이다. 여기에서는 작성자의 이름과 날짜를 자동으로 입력해 주는 매크로를 작성해 보도록 하자.

Step 01 먼저 다음 화면과 같이 [D9] 셀을 선택한다.

Step 02 [매크로 기록]을 선택해서 매크로 기록의 시작을 알린다.

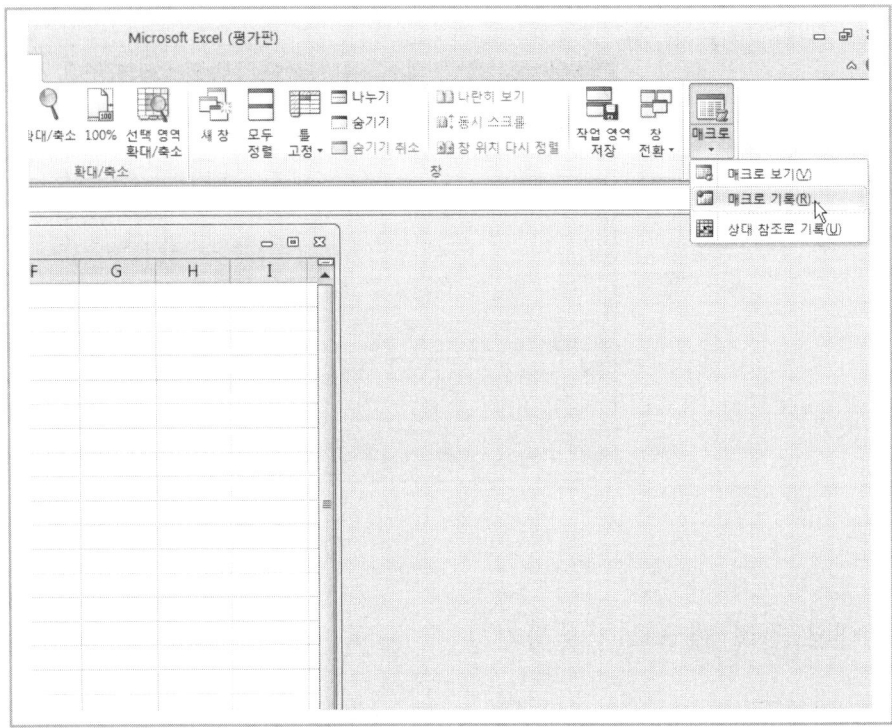

Step 03 [매크로 기록]을 선택하면 매크로 기록 대화상자가 나타나며 매크로 이름은 기본적으로 [매크로1], [매크로2]... 처럼 매크로를 기록할 때마다 자동으로 나타내 준다. 여기서는 "매크로테스트1"로 매크로 이름을 지정해 보도록 하자.

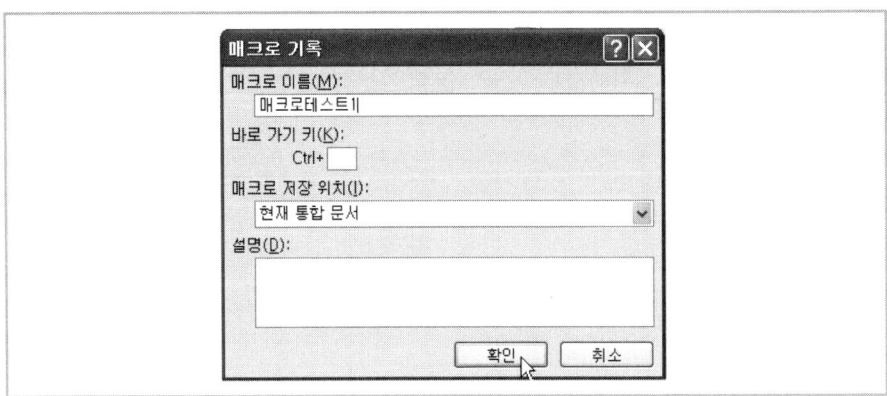

매크로 저장 위치

매크로 기록위치는 만들어 놓은 매크로파일이 저장될 위치를 지정하는 옵션인데, 여기에서 지정한 기록 위치에 따라서 사용자가 매크로를 사용할 수 있는 범위가 달라지기 때문에 잘 알아두어야 한다.

★ **개인용 매크로 통합 문서** : [Personal.xls]라는 파일명의 파일에 매크로를 기록한다. 이 파일은 엑셀을 실행시키는 동시에 숨겨진 형태로 불러와 지기 때문에, 여기에 기록해 놓은 매크로는 엑셀이 사용되고 있는 도중이라면 언제라도 실행시킬 수 있다.

★ **새 통합문서** : 매크로를 새로운 통합문서에 기록한다. 이렇게 새로운 통합문서에 매크로를 기록해 놓았을 경우, 이 파일을 불러오기 전에는 해당 매크로를 실행시킬 수 없다.

★ **현재 통합문서** : 매크로를 현재 작업중인 통합문서에 기록한다. 현재 통합문서에 기록된 매크로를 해당 파일이 사용 중일 때만 실행시킬 수 있다.

Step 04 다음 화면과 같이 [A1]에서 [F1]셀에 필요한 내용들을 차례대로 입력한다.

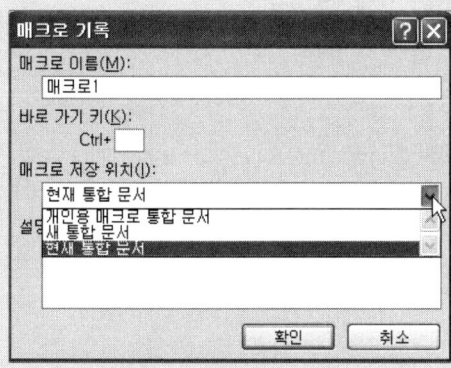

=today()

앞에서 [F1]셀에 입력한 [=today()]라는 함수는 현재의 날짜를 자동으로 표시해 주는 함수이다. 예를 들어, 이 내용이 입력되어 있는 시트를 불러올 때마다 해당 날짜의 내용이 자동으로 표시된다.

Step 05 내용 입력이 모두 끝났으면 Enter↵키를 누른 후 [매크로] → [기록 중지]를 선택해서 매크로 기록을 종료시킨다.

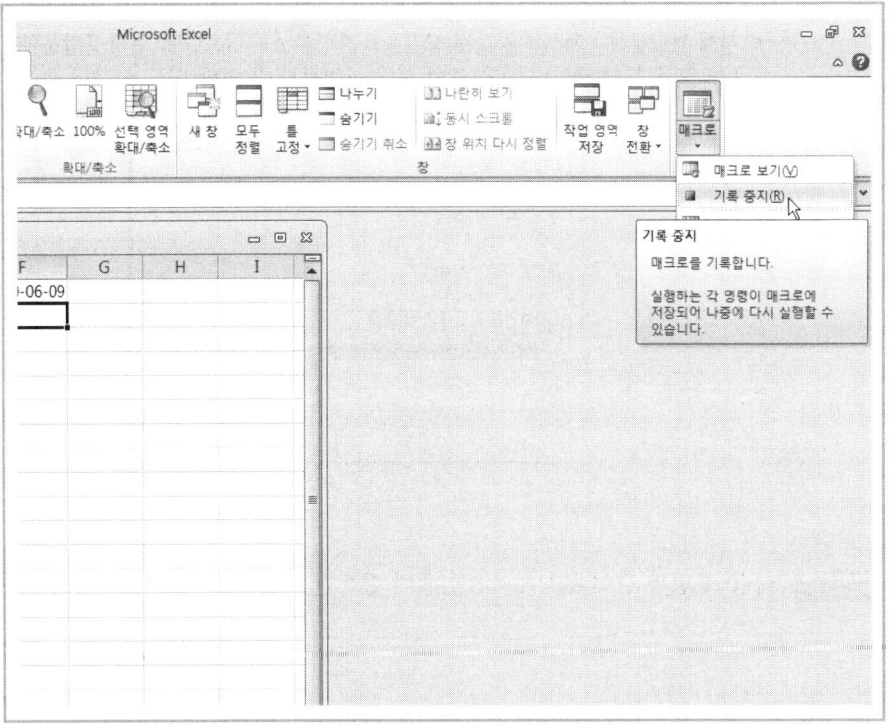

매크로 기록시 주의할 점

매크로 레코더를 사용해서 매크로를 기록할 경우에는 사용자의 틀린 동작까지 자동으로 기록되기 때문에, 기록 도중에는 가급적이면 실수하지 않도록 해야 한다. 하지만, 사람이기 때문에 할 수 있는 실수를 줄일 수 있도록 하기 위해, 매크로를 기록하기 전에 해당 작업을 한번 실행해 보는 습관을 드리는 것이 좋다. 그렇지 않으면 전혀 엉뚱한 기능을 실행하거나 쓸데없는 동작을 실행하는 매크로가 만들어질 수도 있다.

매크로 실행시키기

아무리 훌륭한 기능을 실행하는 매크로를 만들었다고 하더라도, 그 매크로를 실행시키는 방법을 알지 못한다면 쓸모없는 기능이 되고 말 것이다.

다행히 엑셀에서는 작성된 매크로를 쉽게 실행시킬 수 있는 방법들을 여러 가지 준비해 놓고 있는데, 여기에서는 가장 기본적으로 매크로를 실행시키는 방법에 대해 알아본다.

Step 01 먼저 내용이 없는 빈 시트에서 작성 내용을 자동으로 입력해 보기 위해서 [Sheet2] 시트를 클릭한 뒤 [A1] 셀을 선택한다.

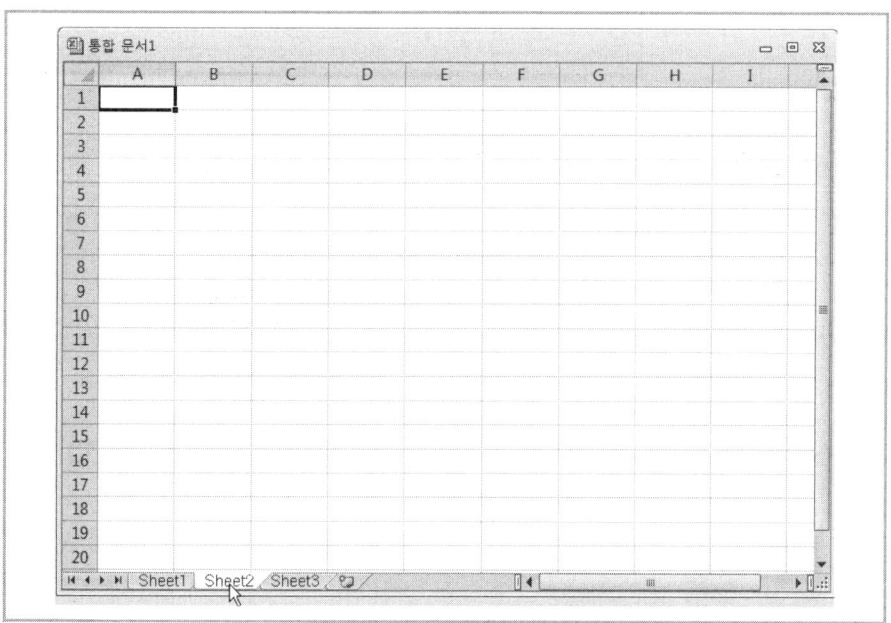

Step 02 [보기] → [매크로] → [매크로 보기]를 차례로 선택한다.

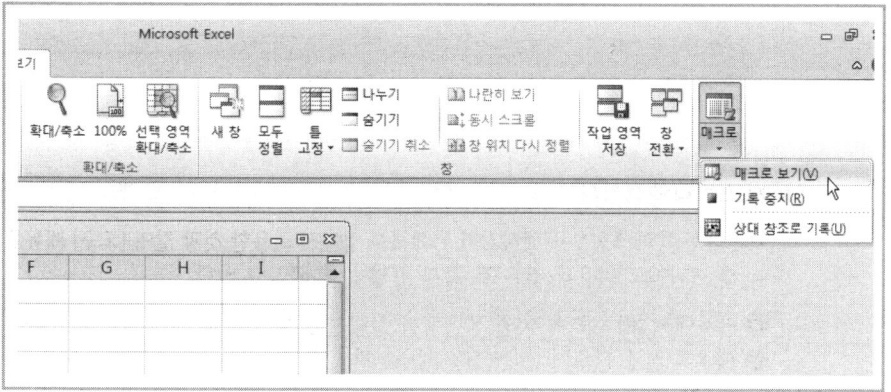

Step 03 [매크로] 대화상자가 표시되면 실행시킬 매크로를 선택한 다음 [실행] 단추를 누른다.

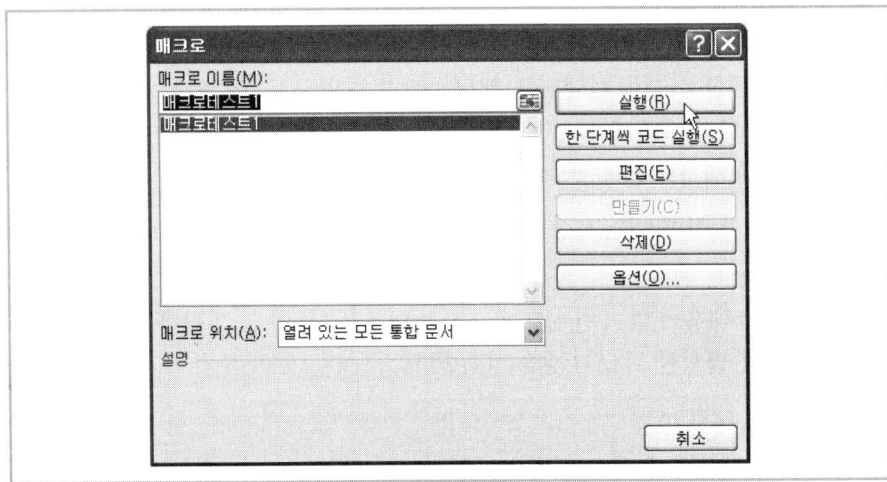

Step 04 앞에서 기록했던 것과 똑같은 내용이 자동으로 입력된다.

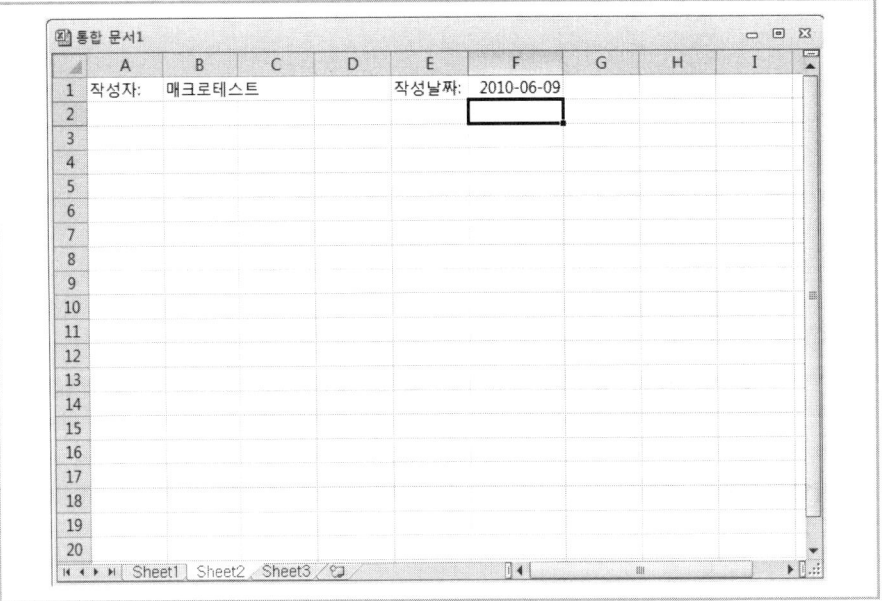

매크로 실행시키기

기록해 놓은 매크로를 시행시키기 위해서는 앞에서 사용한 것과 같이 [도구] 메뉴를 사용하는 것 이외에도 다음과 같은 두 가지 방법을 사용할 수 있다.

❶ 메뉴에서 [매크로 보기]를 선택해서 실행시킨다.
❷ 매크로 실행 단축키 [Alt]+[F8]을 입력한다.

엑셀 2010 쉽게 따라하기

초판 인쇄   2012년 6월 15일
초판 발행   2012년 6월 20일

지은이 ▪ 엑셀 2010 연구회
펴낸이 ▪ 홍세진
펴낸곳 ▪ 세진북스

주소 ▪ (우)413-100 경기도 파주시 교하로 595-24(동패동 623-1)
전화 ▪ 031-957-3092
팩스 ▪ 031-957-3093
홈페이지 ▪ http://www.sejinbooks.kr
웹하드 ▪ http://www.webhard.co.kr   ID : sjb114   SN : sjb1234

출판등록 ▪ 제 315-2008-042호(2008.12.9)
ISBN ▪ 978-89-97490-55-4 13560

값 ▪ **17,000원**

▪ 이 책의 출판권은 도서출판 세진북스가 가지고 있습니다.
▪ 이 책의 일부 또는 전체에 대한 무단 복제와 전재를 금합니다.

세진북스에는 당신과 나
그리고 우리의 미래가 있습니다.